ASTROSOPHIE

ASTROSOPHIE

als kosmische Signaturenlehre des Menschenbildes

Umfassende Tiefenschau
und
Lehre der klassischen Astrologie

von

ARTHUR SCHULT

TURM VERLAG - BIETIGHEIM/WÜRTT.

ISBN 3 7999 0013 6
© 1971 Turm Verlag, Bietigheim
Alle Rechte vorbehalten - Printed in Germany
Herstellung: Verlagsdruckerei Otto Zluhan, Bietigheim

INHALT

Die Beziehung zwischen Mensch und Gestirn, astronomisch, psychologisch und astrosophisch gesehen
I. Teil 13
II. Teil 31
Erkenntnistheoretische Grundlegung des astrologischen Denkens 49
Der Kosmos als Geistorganismus in der Schau der Steinzeitmenschen 55
Das älteste Buch der Menschheit (das chinesische I Ging) und die Himmelskunde der prähistorischen Kulturen 71
Die Sonnen- und Sternenweisheit des alten Ägypten 87
Sumerisch-babylonische Astrosophie 109
Griechisch-hellenistische Astrosophie 131
Mystisch-religiöse und rational-positivistische Astrologie in Altertum und Gegenwart 151
Die Planeten und ihre Symbole 161
Das menschliche Leben als Gang durch die Planetensphären 177
Die beiden Planetensäulen des Tierkreises 207
Die Spektralfarben der Sonne in ihrer Beziehung zu Planeten, Tierkreiszeichen und menschlicher Aura 215
Urqualitäten und Elemente im Tierkreis 231
Planeten und Urqualitäten 253
Der Jahreslauf als Naturphänomen und als Christusjahr 259
Zeichentierkreis und Sternbildertierkreis 275
Die Tierkreissymbolik in den verschiedenen Zonen 281
Die zwölf Menschentypen (Widder und Stier) 287
Die zwölf Menschentypen (Zwillinge bis Löwe) 299
Die zwölf Menschentypen (Jungfrau bis Skorpion) 323

Die zwölf Menschentypen (Schütze und Steinbock)	351
Die zwölf Menschentypen (Wassermann)	381
Die zwölf Menschentypen (Fische)	399
Die irdischen Häuser im Horoskop, ihre mathematisch-astronomischen und okkulten Grundlagen	421
Die irdischen Häuser im Horoskop und ihre astrologische Deutung	441
Das astrosophische Mandala der Horoskophäuser in seiner Beziehung zur Aura und zum Karma des Menschen	457
Astrologische Aspekte, Sphärenharmonie und pythagoräische Zahlensymbolik	479
Astrologische Aspekte und Horoskop der Welt	505
Astrologische Aspekte in ihrer Beziehung zur Symbolik der Tierkreiszeichen, Elementarqualitäten und Planeten	517
Horoskopbeispiele (Albrecht Dürer, Raffael, Leonardo da Vinci, Michelangelo Buonarotti, Leibniz, Goethe, Beethoven, Adolf Hitler, Edgar Cayce)	527
Das Platonische Weltenjahr I. Teil (Allgemeine Grundlagen. Krebs-, Zwilling-, Stier-Zeitalter)	605
Das Platonische Weltenjahr II. Teil (Widder- und Fische-Zeitalter)	637
Das Platonische Weltenjahr III. Teil (Wassermann-Zeitalter)	661

ANHANG

Leonardo da Vincis Abendmahl im Lichte des Sternenhimmels	691

VORSPRUCH

Es ist ein holder, freundlicher Gedanke,
Daß über uns in unermeßnen Höhn
Der Liebe Kranz aus funkelnden Gestirnen,
Da wir erst wurden, schon geflochten ward.
Doch was geheimnisvoll bedeutend webt
Und bildet in den Tiefen der Natur,
Die Geisterleiter, die aus dieser Welt des Staubes
Bis in die Sternenwelt mit tausend Sprossen
Hinauf sich baut, an der die himmlischen
Gewalten wirkend auf und nieder wandeln,
Die Kreise in den Kreisen, die sich eng
Und enger ziehn um die zentralische Sonne —
Die sieht das Aug' nur, das entsiegelte,
Der hellgebornen, heitern Joviskinder.
O! nimmer will ich jenen Glauben schelten
An der Gestirne, an der Geister Macht.
Nicht bloß der Stolz des Menschen füllt den Raum
Mit Geistern, mit geheimnisvollen Kräften,
Auch für ein liebend Herz ist die gemeine
Natur zu eng, und tiefere Bedeutung
Liegt in den Märchen meiner Kinderjahre
Als in der Wahrheit, die das Leben lehrt.

Friedrich Schiller

VORWORT

Warum Astrosophie?

In den letzten 400 Jahren sind alle Wissenschaften, Naturwissenschaften wie Geisteswissenschaften, Philosophie wie Theologie, in die Sackgasse eines intellektuellen Materialismus hineingeraten. Eine tragische, geistige Verfinsterung verbarg dem Menschen sein wahres Wesen. Erst in den letzten Jahrzehnten beginnt sich dieses Dunkel zu lichten. Die Alleinherrschaft eines gegenständlich veräußerlichten Bewußtseins wird von immer mehr Menschen als Illusion durchschaut, welche uns die wahre Wirklichkeit verdunkelt. Besonders deutlich manifestiert sich der Strukturwandel des europäischen Geistes in der Entfaltung neuer Wissenschaften wie Atomphysik, Parapsychologie, Tiefenpsychologie auf kosmischer Grundlage und Astrosophie. Dinge, die im Bewußtsein des abendländischen Menschen seit den Tagen Platons verblaßten und vergessen wurden, tauchen heute wieder auf. Es ist keine Frage: Der westliche Mensch ist auf dem Wege zu einem geweiteten, umfassenden, kosmischen Bewußtsein, vollzieht einen neuen Durchbruch in die Sphäre des Überbewußtseins.

Auf mich persönlich wirkte die Vertiefung in die esoterische Astrosophie bahnbrechend im Sinne eines kosmisch-supramentalen Bewußtseins. Seit dem Jahre 1927 erschloß sich mir zuerst in lebendig-imaginativer Anschauung die überwältigende Erkenntnis vom makrokosmischen Wesen des Menschen.

Zu allen Zeiten haben hervorragende und erleuchtete Geister jene umfassende, geistige Entsprechungslehre gekannt, die Mikrokosmos und Makrokosmos in lebendigem Zusammenhang erfaßt. Dieses Wissen geht von Pythagoras, Heraklit, Platon, Plotin über Hildegard von Bingen, Albertus Magnus, Thomas von Aquin, Dante bis zu Leonardo da Vinci, Melanchthon, Paracelsus, Kepler und reicht weiter bis zu Goethe und Novalis. Erst im Jahre 1835 wurde der letzte Lehrstuhl für Astrologie in Deutschland an der Universität Erlangen aufgehoben. Der Rationalismus und die einseitig naturwissenschaftlich-technische Geisteshaltung des 19. Jahrhunderts hatten kein Verständnis mehr für die großen kosmosophischen Zusammenhänge. Die uralte Erkenntnis vom makrokosmischen Wesen des Menschen war verlorengegangen. Heute aber vollzieht sich durch die Weitung unseres Bewußtseins ins Kosmische auch eine Wiedergeburt der echten Sternenweisheit. Insbesondere vermag eine aus ihren spirituellen Grundlagen heraus neu gestaltete Astrologie zu einer umfassenden kosmischen Signaturenlehre zu werden, die als Astrosophie vor allem geeignet ist, den geistlosen Rationalismus der heutigen Zeit zu überwinden und eine kulturell wichtige Brücke zwischen Wissenschaft und Religion zu bilden.

Bei der echten Astrologie, mit der wir uns allein befassen, handelt es sich um eine mythisch-symbolische Denkform, die eine tiefere Schicht der Wirklichkeit erfaßt als das kausal-naturwissenschaftliche Denken. In die Tiefen des Seins dringt nur das mythisch-symbolische Denken und auf höherer Ebene die geistig-übersinnliche Schau.

Die neuesten Erkenntnisse auf dem Gebiet der Atomphysik und der Parapsychologie haben den modernen Forschern den Weg gebahnt zur Wiederentdeckung der uralten Lehre von der Mehrdimensionalität von Mensch und Kosmos. Die dreidimensionale physische Wirklichkeit erweist sich uns dabei als Spezialfall einer höher dimensionierten Wirklichkeit, als Hülle eines feineren, ätherischen Organismus, der seinerseits von einem noch feineren seelisch-astralen Gebilde umgriffen wird, das eingebettet ist in eine geistige Kraftatmosphäre. Das gilt für das All, für den Mikro- wie für den Makrokosmos, für die atomaren Kleinwelten wie für die makrokosmischen Sternsysteme.

Diesen verschiedenen Schichten in Mensch und Welt, jeder Ebene des Daseins wollen wir gewähren, was ihr zukommt. Der physischen Ebene gehört die materielle Welt an, der ätherischen Ebene die Welt der Lebenskräfte, der Astralebene die Seelenwelt, der Mentalebene das Reich der Gedanken, der supramentalen Welt dagegen gehören wir selber an mit unserm kosmischen und überkosmischen Bewußtsein. Aus einem geistig-übersinnlichen Schauen, aus dem ins Kosmische geweiteten Überbewußtsein des Menschen ist alle echte Astrologie und Astrosophie zuletzt entstanden.

Die Astrosophische Schau, welche uns den Makrokosmos als großen, lebendigen Organismus und den Menschen als in diese Geistzusammenhänge eingewobenen Mikrokomos erleben läßt, repräsentiert die untere Ebene des kosmischen Überbewußtseins. Ein richtig gedeutetes Horoskop zeigt uns die eigene höhere Lebensführung auf. Wir erkennen darin unsere geistig-kosmische und individuell-irdische Veranlagung. Es geht uns auf, daß dieselben Faktoren, welche unseren Charakter bestimmen, auch unser Schicksal fügen. Diese Zusammenschau von innerer Veranlagung und scheinbar von außen kommendem Schicksal vermittelt uns einen Tiefblick, wie ihn keine menschliche Psychologie zu geben vermag. Wir überschauen unser Leben von einer höheren Warte und erkennen den inneren Zusammenhang unseres Wesens und Schicksals. Dadurch gewinnen wir Abstand von uns selbst. Solche Selbst- und Schicksalserkenntnis erhebt uns über unser niederes Ich und gibt uns die Möglichkeit, unser Leben im Sinne unseres höheren Selbstes zu gestalten.

Die Gestirnskonstellation unserer Geburt gehört also zu uns, wie unser Körper, unser Seelenwesen, unser Temperament zu uns gehört. Wir sind abhängig von unserm Körper, unserm Seelenwesen, unserm Temperament, unserer Gestirnung, aber keineswegs dadurch restlos determiniert. Der Mensch ist auch noch mehr als seine Gestirne. Denn die untere Ebene des kosmischen Überbewußtseins wird überhöht durch die obere Ebene des überkosmischen Überbewußtseins. Der Mensch überragt mit seinem innersten Wesen den gesamten Kosmos, reicht durch alle kosmischen Sphären bis in den Urgrund Gottes hinein. L'homme passe l'homme infiniment, „Der Mensch ragt unendlich weit über den Menschen hinaus", sagt schon der große französische Mathematiker Pascal.

Das Kraftfeld des Lebens wird, je höher wir geführt werden, um so gesättigter mit Geisteskraft. Die Erkenntnisse werden größer, umfassender und die Liebe hingebender. Je stärker das

Gottes-Ich in uns aktiv wird, das aus einer Sphäre ewigen Lebens stammt, die über allen Sternenkräften waltet, um so mehr wird der Mensch zum Meister seines Schicksals. Da wird zuletzt, wie der Apokalyptiker Johannes es schaut, der Menschensohn in uns geboren, dessen Antlitz wie die Sonne leuchtet und der als Lenker der Planetenkräfte die sieben Sterne in seiner Hand trägt. Dieser Weg zur Gotteinigung, zur unio mystica, ist im Horoskop verankert. Denn es ist ein ganz persönlicher Weg, verschieden nach Veranlagung und Schicksal bei jedem Menschen. Alles astrosophische Weistum, jede recht verstandene Horoskopdeutung soll nur Mittel sein zur wahren Selbst- und Schicksalerkenntnis auf dem Wege zu jenem höchsten Ziel der Gotteinigung.

Wir dürfen als Christen also im Horoskop nicht hängen bleiben, müssen aufsteigen aus dem kosmischen Bewußtsein mit seinen lichten und dämonischen Geisterhierarchien in das überkosmische Lichtbewußtsein des Urkosmos und der reinen Engelwelt, um uns zuletzt zu einen mit dem überkosmisch-supramentalen Wahrheitsbewußtsein des göttlichen Logos. Da erst, im Urgrund der Urbilder, im unerschaffenen Licht, hat unser höheres Ich seinen Urstand gefunden in Gott.

In diesem Sinne hat auch Dante die Astrologie aufgefaßt und vertreten, wenn er sagt:

„Gott hat seine Lenkerweisheit
Als Kraft den großen Sternen mitgeteilt.
Nicht nur der Wesen Sein ist vorgebildet
Im Geiste dessen, der vollkommen ist,
Nein alles, was sie tun und auch ihr Heil.
Wohl lenkt der Himmel eures Tuns Beginn,
Doch auch nicht ganz, und selbst gesetzt, es sei,
Bleibt euch Erkenntnis doch von Bös und Gut.
Als Freie folgt ihr einer höhern Macht
Und besseren Natur, und diese schafft
Den Geist in euch von Sterneneinfluß frei."
(Paradiso VIII, 98 — 102 und Purgatorio XVI.)

Oberstdorf (Allgäu), Ostern 1969   Arthur Schult

Die Beziehung zwischen Mensch und Gestirn,
astronomisch, psychologisch und astrosophisch
gesehen

I. Teil

Galileo Galilei, einer der Begründer des modernen astronomischen Weltbildes, schreibt einmal: „Glaube niemand, daß die höchsten Gedanken Gottes, die auf den Blättern des Buches des Himmels eingetragen stehen, zu Ende gelesen sind, wenn man nur den Glanz der Sonne und der Sterne und ihren Auf- und Niedergang betrachtet. Nein sie enthalten Geheimnisse, so tief, und Gedanken, so erhaben, daß die durchwachten Nächte, die Arbeiten und Studien von Hunderten der feinsinnigsten Geister in Tausenden von Jahren ununterbrochener Forschung in der Vergangenheit nicht ausgereicht haben und in der Zukunft nicht ausreichen werden, in sie einzudringen."

Diese Worte Galileis möchte ich meinen Ausführungen über „Astrosophie als kosmische Signaturenlehre des Menschenbildes" voranstellen. Statt des durch die Tradition allzusehr belasteten Wortes „Astrologie" habe ich die Bezeichnung „Astrosophie" gewählt, Sternenweisheit.

Der moderne Mensch erlebt sich heute nur noch als naturhaft gebundenes irdisches Wesen. Die Erde selber aber wird ihm zu einem bedeutungslosen Staubkorn im unendlichen Weltenall. Kaum je ist die Gottverlorenheit und Gnadenverlassenheit in der Menschheit größer gewesen als heute. Der „Untergang des Abendlandes", ja der „Untergang der Menschheit" scheint in drohende Nähe gerückt zu sein. Gleichzeitig aber wird durch die nie dagewesene Katastrophensituation den Menschen in immer breiteren Schichten die Vergänglichkeit aller materiell-irdischen Werte und zugleich die Unzerstörbarkeit des Geistes zum Bewußtsein gebracht. „Das Sterbliche erdröhnt in seinen Grundfesten, aber das Unsterbliche fängt heller zu leuchten an und erkennt sich selbst", sagte am Ende des 18. Jahrhunderts schon in prophetischer Voraussicht Novalis. Ein neues, übersinnliches, ins Kosmische geweitetes, supramentales Bewußtsein wird in den fortschreitenden Katastrophen der Gegenwart von immer mehr Menschen realisiert. In der Realisierung dieser neuen geistigen Wirklichkeit liegt der Sinn unseres Zeitenschicksals. So vollzieht sich durch die Weitung unseres Bewußtseins ins Kosmische heute auch eine Wiedergeburt der echten Sternenweisheit.

Astrosophie als kosmische Symbolwissenschaft kann heute in lebendiger Weise dazu helfen, das rationale Begriffsdenken umzuwandeln in ein zeitgemäßes imaginativ-bildhaftes Denken, mit dem wir die Bildersprache, die großen heiligen Zeichen, die überall im Mikro- und Makrokosmos gelten, neu verstehen lernen. Die Neugeburt einer solchen Kosmosophie, welche uns Mensch, Kosmos und Gott wieder in lebendigem Zusammenhang erleben läßt, wird die Wissenschaft zur Anerkennung der geistigen Natur des Menschen führen und kann auf diese Weise zu einer wichtigen Brücke zwischen Wissenschaft und Religion werden.

Gehen wir nun zunächst einmal aus von dem heutigen Weltbild, wie es Astronomie und Atomphysik entwerfen. Die moderne Astronomie hat uns die überwältigenden Größenmaße des Sternenalls enthüllt. Wir sehen die Planeten mitsamt ihren Monden die Sonne umkreisen. Der Erdmond ist nur 60 Erdradien von der Erde entfernt. Ein Autofahrer würde bei einer Stundengeschwindigkeit von 120 km 135 Tage zur Bewältigung dieser Strecke brauchen. Die Sonne dagegen steht der Erde bereits 388 mal ferner als der Mond. Ein modernes Flugzeug würde zur Überwindung dieser Entfernung 170 Jahre brauchen, die Raumrakete von Prof. Oberth, die eine Geschwindigkeit von 12 km in der Sekunde haben müßte, würde in 4 Tagen den Mond, in 3 — 4 Monaten die Sonne, in 2 — 5 Monaten die Venus, in 3 — 8 Monaten den Mars und in 3 Jahren den Jupiter erreichen. Das Licht, welches eine Sekundengeschwindigkeit von 300 000 km hat, braucht von der Erde bis zur Sonne nur 8 Minuten, 20 Sekunden, bis zur Venus 6^m, bis zum Mars 13^m, bis zum Saturn $1^h 19^m$, bis zum Uranus $2^h 38^m$ und endlich bis zum Pluto 5 1/2 Stunden.

Der Durchmesser unserer Erde beträgt 12750 km. Wenn wir diesen Durchmesser verkleinern auf 1,3 cm, dann hätte die Sonne einen Durchmesser von 1,4 m und befände sich 150 m von der Erde entfernt, während der Planet Pluto in 6 km Entfernung um die Sonne kreisen würde. Der Durchmesser des ganzen Sonnensystems beträgt bei diesem Maßstab 12 km. Auf diesen Raum würden sich die Planeten mit der Gesamtmasse eines mittelgroßen Kürbis verteilen. So wenig Materie enthält ein ganzes Sonnensystem.

Das nächstgelegene Sonnensystem, das durch den Fixstern α Centauri gebildet wird, ist 4 Lichtjahre von der Sonne entfernt, wäre also im gleichen Verkleinerungsmaßstab erst in 80 km Entfernung von der Sonne zu suchen. So weit voneinander entfernt schweben die Sterne im All.

Einige Milliarden solcher Fixsterne oder Sonnen schließen sich zur Sterneneinheit unseres Milchstraßensystems zusammen, das einen Längsdurchmesser von etwa 100000 Lichtjahren hat. Man hat bisher etwa 75 Millionen solcher Milchstraßen-Sternsysteme entdeckt, die einen durchschnittlichen Abstand von 2 Millionen Lichtjahren haben und sich ihrerseits zu noch größeren Sternenkosmen zusammenschließen, um zuletzt das Gesamtuniversum zu bilden. Vor diesen Größenmaßen versagt unser Vorstellungsvermögen.

Diese Stufenleiter des unendlich Großen hat nun aber auch ihre Spiegelung im unendlich Kleinen. Die moderne Atomphysik lehrt uns das Atom als eine Art Sonnensystem verstehen. Folgen wir der Darstellung jener Kleinwelten, wie sie uns die heutige Atomphysik beschreibt:

„Alle Materie läßt sich in immer kleinere Teile auflösen. Die auf physikalischem Wege nicht mehr teilbaren kleinsten Materieteilchen nennt man Moleküle. Aber diese Moleküle sind nicht Letztes, sondern bestehen wieder aus Atomen.

Diese Atome, die ‚nicht weiter teilbaren' Teilchen der chemischen Elemente — deren es über neunzig verschiedene gibt —, sind keineswegs hypothetische Gebilde, sondern ebenso greifbar vorhanden wie Bleistifte oder Kieselsteine. Man erkannte jedoch bald, daß auch sie nicht das Letzte sind, sondern kompliziert zusammengesetzte Gebilde darstellen, die mit unfaßbaren Geschwindigkeiten durch den Raum rasen.

Hätten wir vollkommenere Sehwerkzeuge, dann würden wir das ununterbrochene schwache Glimmen der Zentillionen Atomwelten, aus denen aller Stoff besteht, erkennen, würden sehen, daß alles strahlt.

Aber wir vermögen die Atome und ihre kleinsten Bausteinchen, die Elektronen, mit keinem Mikroskop zu sehen; wohl aber können wir sie in ihren elektrischen Ladungen erkennbar machen, können die Atome indirekt, in ihren Bewegungen, photographieren. Die Bahn der schnell dahinschießenden Heliumatome beispielsweise machte man dadurch sichtbar, daß man sie durch Wasserdampf hindurcheilen ließ, der sich um die Spur des Atoms sammelt und sie so wahrnehmbar macht. Auf ähnliche Weise hat man die Bahn schneller Elektronen aufzunehmen vermocht. —

Ein Wassertropfen ist etwas sehr Kleines. Unter dem Mikroskop wird er zu einem See. Aber zu einem gewaltigen Ozean scheint er anzuschwellen, wenn wir erfahren, daß er ungezählte Billionen Atome enthält, deren jedes durchschnittlich ein hundertmillionstel Zentimeter Durchmesser hat.

In einem Glas Wasser sind etwa 7000 Tropfen, also einige Billiarden Atome. Wenn wir das Glas austrinken, dann rinnt ein gigantischer Wasserfall von Billiarden Atomwelten den Abgrund unseres Rachens hinab — das sind mehr Atome, als in etwa einer Million Milchstraßen Sonnensysteme enthalten sind...

Man kann Atome heute nicht nur zählen, sondern auch messen und wiegen. Wir wissen, daß ein Wasserstoff-Atom einen Durchmesser vom hundertsten Teil eines millionstel Zentimeters hat. Zehn Millionen Wasserstoff-Atome, nebeneinander gelegt, ergeben erst die Spanne von einem Millimeter. Die Größe eines Atoms verhält sich zu der eines Apfels vergleichsweise wie die des Apfels zum Umfang der Erde. Das Gewicht eines Wasserstoff-Atoms beträgt genau den quadrillionsten Teil eines Gramms.

Vor uns liegt ein winziges Körnchen Kochsalz. Vergrößern

wir dieses Salzkriställchen in Gedanken, bis seine Kantenlänge 100 km beträgt. Dann hätten die einzelnen Atome, die in diesem riesigen Block herumschwirren, Durchmesser von etwa einem Millimeter. Die Entfernungen zwischen den einzelnen Atomen sind verhältnismäßig nicht geringer als die zwischen den Sonnen im Kosmos. Auch die Materie besteht im wesentlichen aus — leerem Raum.

Aber auch das Atom selbst ist trotz seiner Winzigkeit keine feste Masse, sondern ein sehr locker und luftig gebautes Gebilde: es besteht aus einem ‚Kern', der aus positiv elektrisch geladenen Protonen und weder positiv noch negativ geladenen Neutronen besteht. Um diesen Kern kreisen negativ elektrisch geladene ‚Elektronen', und zwar je nach dem Element in verschiedener Zahl und unterschiedlichem Abstand. Beim Wasserstoff umkreist nur ein Elektron den positiven Kern, beim Uran sind es mehr als neunzig, neueren Forschungsergebnissen zufolge sogar 238 Elektronen.

Der Aufbau eines Atoms zeigt mancherlei Verwandtschaft mit dem eines Sonnensystems; die Verhältnisse im Reich der Atome erscheinen als Wiederholung der kosmischen Verhältnisse. Nicht mit Unrecht könnte man, wie von einer Astrophysik, auch von einer ‚Atomastronomie' reden; denn die Übereinstimmungen zwischen dem unendlich Großen und dem unendlich Kleinen sind oft überraschend. Eddington vergleicht unser Sonnensystem mit dem Sauerstoffatom, das acht kreisende Elektronen enthält...

Nicht nur entspricht der Abstand der einzelnen Atome voneinander den Entfernungen der Sonne im Kosmos, auch der Abstand der Elektronen vom positiven Kern entspricht dem zwischen Planeten und Sonne, und ebenso scheint die Größe des positiven Kerns, verglichen mit dem Durchmesser des Atom-Systems, dem Verhältnis des Sonnen-Durchmessers zur Größe des Sonnensystems zu entsprechen.

Der positive Kern des Atoms ist durchschnittlich tausend bis zweitausend Mal schwerer als das einzelne Elektron. Während aber die Elektronen einander im Wesen völlig gleich zu sein scheinen, bestehen zwischen den Kernen der Atome der einzelnen Elemente offenbar grundlegende Unterschiede. Und wie es im Sonnenreich nicht nur alleinstehende Sonnen, sondern Doppel- und Mehrsonnensysteme gibt, so gibt es zudem ein- und mehrkernige Atome.

Im Vergleich zur Größe des Atoms sind Atomkern und Elektronen winzig klein: vergrößern wir den Atomkern so weit, daß sein Durchmesser einen Meter beträgt, dann würden die ihm zunächst schwebenden Elektronen in 10 km Abstand, die äußersten Elektronen des Atoms in etwa 100 km Entfernung kreisen.

Vergrößern wir den Atomkern nur auf den Umfang eines Apfels, dann umschwirren ihn die Elektronen als kleine Erbsen in Abständen von einigen hundert bis zu einigen tausend Metern. Das Atomsystem würde bei dieser Vergrößerung also den Raum einer Stadt einnehmen, seine gesamte Masse jedoch könnte man mit einer Hand umspannen.

Um das noch deutlicher zu machen: vergrößern wir das Atomsystem auf den Umfang der Erde, dann käme der Atomkern in der Größe eines kleinen Berges in den Erdmittelpunkt, während die Elektronen in verschiedenen Abständen — die äußersten etwa im Abstand der vom Menschen bewohnten Erdkruste vom Erdmittelpunkt — in Hausgröße diesen Berg umschwirren. Alles übrige ist leerer Raum. Das Atom besteht also ebenso wie ein Sonnensystem im wesentlichen aus — nichts, zum geringsten Teil aus Substanz.

Der uns so fest und undurchdringlich erscheinende, aus Dezillionen Atomen aufgebaute Stoff ist also in der Hauptsache aus leerem Raum gebildet. Könnten wir die ‚Masse', die sich in diesem leeren Raum mit rasenden Geschwindigkeiten herumtreibt, zusammenballen, dann würde ein Kubikmeter Wasser zu einem Tautröpfchen zusammenschrumpfen.

Könnten wir die Atomkerne und Elektronen des Stoffes, aus dem ein vierstöckiges Haus besteht, wie Waren so fest zusammenpacken, daß kein Zwischenraum zwischen den Atomen und Elektronen verbliebe, dann würden wir die Materie dieses Hauses bequem in einer Streichholzschachtel unterbringen. Allerdings wären wir nicht im Stande, dieses Schächtelchen zu tragen oder gar mit menschlicher Muskelkraft aufzuheben — so schwer wäre die in ihm zusammengeballte Materie! ...

Ein Elektron ist so winzig, daß es mit der gleichen Geschwindigkeit durch die Luft wie durch einen Eisenblock hindurcheilt. Seine Masse ist etwa zweitausendmal kleiner als die des Wasserstoffatoms. Das Verhältnis des Elektronen-Durchmessers zum Durchmesser des ganzen Atoms entspricht dem Verhältnis des Erddurchmessers zu dem des Sonnensystems.

Wie oben — so unten! Dieser Satz gilt für das ganze Universum. Wie die Planeten die Sonne, so umschwirren die Elektronen den Kern des Atoms — und zwar mit Geschwindigkeiten von 10 000 km in der Sekunde, was bei der Winzigkeit des ganzen Atoms bedeutet, daß die Elektronen in jeder Sekunde durchschnittlich etwa sechs Billionen Mal um den Atomkern rotieren.

Während die Planeten sich wahrscheinlich in spiraligen Bahnen langsam der Sonne nähern, scheinen die Elektronen nicht in konstanten Bahnen zu kreisen, sondern je nach dem Maße ihrer Energie zwischen verschiedenen Bahnen zu wechseln, wobei sie dem Atomkern um so näher rücken, je geringer ihre Energie ist. Wird ihre Energie durch von außen kommendes Licht verstärkt, dann vergrößern sie ihre Entfernung vom Atomkern. Kehren sie dann später auf ihre frühere oder eine dem Kern noch näher gelegene Bahn zurück, dann wird Energie frei und sie leuchten auf.

Ob Atome oder Elektronen werden und vergehen, wissen wir nicht. Dagegen wissen wir heute, daß in diesen winzig kleinen Gebilden gewaltige Energien schlummern, ja daß Atome eigentlich nichts anderes sind als Energieballungen. Die Spannung zwischen dem positiven Kern eines einzigen Wasserstoff-Atoms und seinem negativen Elektron wird auf 300 000 Volt geschätzt.

Nun können die Atome der komplizierter aufgebauten Elemente bekanntlich zerfallen, explodieren, wobei Teile des positiven Kerns sowie negative Elektronen mit unglaublicher Gewalt aus dem Atomgefüge hinausgeschleudert werden, während sich das Element, das diese Atome bilden, in ein einfacher gebautes Element verwandelt.

So wandelt sich beispielsweise durch radioaktive Atomexplosionen das Element Uran in das Element Radium, und dieses wieder in Blei. Bei einem Gramm Radium zerfällt die Hälfte aller Atome in etwa 1800 Jahren, bei einem Gramm Uran dagegen zerfällt die Hälfte der Uran-Atome erst in etwa fünf Milliarden Jahren.

Von den Energiemengen, die beim Zerfall der Atome in einem Gramm Radium frei werden, bekommen wir eine schwache Vorstellung, wenn wir erfahren, daß die dabei sich entwickelnde Wärme ausreicht, um zehn Millionen Liter Wasser zum Kochen zu bringen.

Obwohl die Elektronen bei ihrer Untersuchung jene Eigenschaften zeigen, die wir im allgemeinen der Materie zuschreiben, scheinen sie selbst nicht eigentlich Materie, sondern Ätherwirbel, Energie-Anhäufungen, Elektrizitätsballungen zu sein.

Hier hört die uns so fest und in ihrer Existenz unbezweifelbar erscheinende Materie auf, körperhafter Stoff zu sein: sie verflüchtigt sich zu etwas Ungreifbarem — zu Äther, Licht, Kraft, Geist — und scheint Schillers Wort rechtfertigen zu wollen: ‚In die Tiefe mußt du steigen, soll sich dir das Wesen zeigen.'

Nach Planck, der zu dem Schluß kommt, daß Licht zerstrahlte Materie ist, Materie geballtes Licht, wäre, da Licht ebenso wie die Elektrizität nur eine bestimmte Zustandsform des Weltäthers ist, alle Materie geballte Kraft und Kraft zerstreute Materie. Ein Elektron wäre Kraft, die in Tätigkeit ist — was der altindischen Auffassung nahe käme, die die kleinsten Bausteinchen der Materie als ‚Knotenpunkte im Äthermaschennetz' begriff.

Jedenfalls ist auch das Elektron nicht der letzte Bestandteil der Materie, sondern selbst wieder ein Zusammengesetztes, bloßes Mittelglied einer endlos scheinenden Kette...

Das aber steht schon heute unzweifelhaft fest, daß auch der Weltäther noch nicht das Letzte ist, sondern daß er seinerseits wieder aus Ätheratomen besteht, deren Größe offenbar so weit unterhalb der des Elektrons liegt, wie dessen Größe unterhalb der eines Sandkorns...

Ein Elektron wäre, so gesehen, ein ‚Bewegungszustand benachbarter Ätheratome', das heißt: dort, wo ein Elektron ist, hören die Ätheratome auf, nach allen Seiten ohne Ordnung mit Lichtgeschwindigkeit durch den Raum zu rasen; sie reichen sich hier gewissermaßen die Hände und vereinigen sich zu einem höheren System — eben zum Elektron oder Atom.

Da die Ätheratome ihrem Wesen nach Kraftballungen sind, ist alle Materie praktisch nichts als Energie oder verdichteter Geist. Kein Geringerer als Eddington, einer der bedeutendsten heutigen Astrophysiker, kommt in seinem ‚Weltbild der Physik' zu dem Schluß, daß ‚der Stoff der Welt Geist-Stoff' ist, wobei er erläuternd bemerkt, daß hier ‚Geist nicht genau Geist und Stoff durchaus nicht Stoff bedeuten soll. Der Geist-Stoff der Welt ist natürlich etwas weit Allgemeineres als unser eigener bewußter Geist; aber vielleicht brauchen wir uns sein Wesen nicht als so völlig verschieden von den Empfindungen unseres Bewußtseins vorzustellen . . .

Der Geist-Stoff ist nicht in Raum und Zeit ausgebreitet. Diese sind vielmehr Teile des Schemas, das seinerseits letztlich im Geist-Stoff wurzelt . . .

Das ist das Ende des Materialismus: daß alle ‚Materie' sich als Schein enthüllt, als ein sinnetäuschendes Produkt aus Energiekonzentrationen, als verdichteter, kristallisierter Geist oder, wie Schleich einmal sagte, als eine ‚Manifestation von Ideen'. Die einstige Entstehung selbst des letzten Körnchens Granit, ja die Bildung eines Tropfens Wasserdampf war die Inkarnation des Geistes.' . . .

Kein Geringerer als Jeans zerschlägt diesen materialistischen Wahn: die Natur liebt keine Maschinen, die ‚ewig in Gang sind, und es ist a priori sehr unwahrscheinlich, daß ihr Weltall ein Beispiel im großen Maßstab für den von ihr verabscheuten Mechanismus liefert. Das Weltall sieht viel mehr wie ein großer Gedanke als wie eine große Maschine aus. Der Geist erscheint im Reich der Materie nicht mehr als zufälliger Eindringling; wir beginnen heute zu ahnen, daß wir ihn eher als den Schöpfer und Beherrscher des Reiches der Materie begrüßen dürfen . . .'

Als lebendiger Organismus erscheint der Kosmos uns heute, von schöpferischen Kräften durchpulst, vom Geist des Lebens geleitet." (K. O. Schmidt, Stern unter Sternen, Pfullingen 1936, S. 188 — 197)

So hat die Atom-Physik den Materialismus, den einst die Physik der Renaissance begründete, endgültig überwunden. Wenn der Mystiker Jakob Böhme aus seiner geistigen Schau heraus einst Materie als „gefrorenes Licht" bezeichnete, so ist das heute eine empirisch bewiesene physikalische Tatsache. Der Physiker Planck, der Begründer der Quantentheorie, bezeichnet als moderner Physiker Materie als „geballtes Licht" und Licht als „zerstrahlte Materie". Außerdem erklärte Planck schon vor Jahrzehnten, die Vorgänge im Atomkern seien derartig kompliziert, daß sie wohl nur biologisch, nicht mehr bloß physikalisch verstanden werden könnten.

Wir dürfen uns hier daran erinnern, daß Jakob Lorber schon im Jahre 1847 die Ergebnisse der modernen Atomforschung auf Grund seiner geistigen Inspiration vorwegnahm, wenn er in Kap. 18 seines Werkes „Erde und Mond" die bedeutsamen Sätze schrieb: „Wäre es euch möglich, ein solches atomistisches Tierchen untersuchend zu betrachten, freilich mehr mit geistigem als wie mit den schärfst bewaffneten Leibesaugen, da würdet ihr in einem jeden solchen atomistischen Tierchen eine Miniatur-Hülsenglobe (d. h. ein Miniatur-Weltsystem) entdecken, in welcher im kleinsten Maßstabe das ganze Universum wie abgebildet zum Vorschein kommt!" —

Die gesamte Materie baut sich also auf aus solchen Miniatur-Weltsystemen, den Atomen, die als lebendige Wesenheiten, als „Tierchen", nur biologisch verstanden werden können. Auch unser physischer Körper besteht aus ihnen. Dieses „geballte Licht" unseres physischen Körpers ist aber seinerseits wieder durchdrungen von den noch feineren Kräften eines ätherischen Wachstumsorganismus. In ihn strahlen hinein die astralen Kräfte der Triebseele, die ihrerseits überformt ist von den mentalen Kräften des Geistes.

Die moderne Physik bahnt also der uralten Lehre von der Mehrdimensionalität von Mensch und Kosmos wieder den Weg. Die dreidimensionale physische Welt ist nur die Hülle eines feineren ätherischen Organismus, der seinerseits von einem noch feineren seelisch-astralen Gebilde umgriffen wird, das eingebettet ist in eine geistige Kraftsphäre. Das gilt sowohl für den Menschen wie für das All, für den Mikro- wie für den Makrokosmos, für die atomaren Kleinwelten wie für die makrokosmischen Sternsysteme. Wie oben so unten, wie unten so oben. — Hier erschließt sich uns neu das Wahrspruchwort unseres Dichters Novalis, das da lautet: „Der Stoff der Stoffe ist Kraft, die Kraft der Kräfte ist Leben; das Leben des Lebens ist Seele; die Seele der Seelen ist Geist; der Geist der Geister ist Gott" (Novalis, Fragmente).

In dieser Sicht verlieren die für unsern Verstand unfaßbaren Dimensionen des Unendlich-Großen und des Unendlich-Kleinen alles Erschreckende. Denn wir selber tragen als Mikrokosmos alle diese Sphären des Physischen, Ätherischen, Astralen, Mentalen und Göttlich-Geistigen in uns, können in uns selber ein kosmisches und überkosmisches Bewußtsein realisieren, das überräumlich und überzeitlich ist.

Darum haben alle geistig Schauenden von jeher gewußt. So sagt z. B. der Neuplatoniker Plotinos (204 — 270 n. Chr.) in seinen Enneaden: „Du fragst mich, wie wir das Unendliche erkennen können? Mit dem Verstande nicht. Du kannst das Unendliche nur erfassen mit einer Fähigkeit deiner Seele, die höher ist als der Verstand, indem du in einen Zustand übergehst, der jenseits deiner vergänglichen Sinne liegt, in welchem das Allsein dir unmittelbar bewußt wird. Es ist ein kosmisches Bewußtsein, in dem dein Wesen frei wird von den Beschränktheiten seines gewöhnlichen Bewußtseins. Doch nur selten können wir diese Erhebung des Geistes genießen, die uns jenseits der Schranken des Körpers und der Welt versetzt und uns die unmittelbare Gegenwart des Unendlichen erfahren läßt, das aus den Tiefen der Seele hervorleuchtet. Aber wir können sie durch Hingabe an das All-Eine erlangen."

Im gleichen Sinne versichert unser großer deutscher Mystiker Meister Eckehart: „Seelengrund und Gottesgrund sind eins", und Angelus Silesius schreibt im „Cherubinischen Wandersmann":

„Halt an! Wo läufst du hin! Der Himmel ist in dir!
Suchst du ihn anderswo, fehlst du ihn für und für.
Gott ist ganz nah bei dir mit seiner Kraft und Güte:
Er schwebt dir wesentlich im Herzen und Gemüte!"

So klein und nichtig der Mensch im Vergleich zu den unendlichen Weiten des Universums erscheint, solange er nur seinem rationalen Erkennen folgt, so groß und wesentlich ist der Mensch im Licht des kosmischen Bewußtseins. Da erkennt die Seele das Sternenall als ihr zutiefst verwandt. Sie erfährt die alldurchdringende Schöpferkraft des Gottesgeistes, der den Makrokosmos ebenso wie den Mikrokosmos liebend lenkt und alles Sein erfüllt. Wir stimmen K. O. Schmidt, einem Mystiker der Gegenwart, zu, wenn er sagt:

„Wie wenig schien der Mensch in seiner Winzigkeit, verglichen mit der Zeit- und Raumunendlichkeit des Alls! Wie gewaltig ist der Mensch, daß sein Geist das Leben der Universen liebend zu umspannen und den Allzusammenhang zu erspüren vermag! Wie wäre das möglich, wenn nicht die Allseele selbst in ihm ihre Wohnstatt hätte! Das ist vielleicht das Größte am Menschen, daß er trotz der winzigen Zeitspanne seines Erdendaseins siegüberzeugt hinausgreift ins All und den Pulsschlag des kosmischen Lebens mißt und wertet. Wie vermöchte er das Wesen des Ganzen zu begreifen, wenn nicht das All seiner Seele Heimat wäre, das ganze Universum die Kampfstatt seiner Selbstverwirklichung, wenn nicht der göttliche Funke in ihm dem flammenden Herzen des Kosmos entstammte, das die Weiten des Alls mit dem lebendigen Strom seiner Vernunft und Weisheit durchwaltet!" (K. O. Schmidt, Stern unter Sternen, Pfullingen 1936. S. 203).

Verglichen mit dem Urlicht jenes kosmischen und überkosmischen Bewußtseins ist das Intellektualbewußtsein des heutigen Menschen nur ein trübes Flämmchen, das nicht imstande ist, die wahre Tiefe unseres menschlichen Seins zu durchleuchten. Es liegt uns ferne, den Intellekt als solchen gering zu achten. Denn im wachen Denkbewußtsein erhebt sich der Mensch über die niederen Lebensreiche von Stein, Pflanze und Tier. Hier erschließt sich uns im bewußten Denken die erste Möglichkeit der Welt-

und Selbsterkenntnis. Deutlich aber können wir in dieser Sphäre des Denkbewußtseins eine niedere und eine höhere Ebene unterscheiden: die niedere Ebene des allgemeinen logischen Denkvermögens, den rationalen Verstand, und die höhere Ebene des schauenden, intuitiven Denkens.

So wichtig und notwendig eine klare Denkschulung für den Menschen ist — noch wichtiger ist es für den Menschen, Klarheit zu gewinnen über die Grenzen des wissenschaftlich-rationalen Denkens. Sehr richtig sagte einmal die Seherin von Prevorst mit Bezug auf die Grenzen des rational-logischen Denkvermögens: „Die niederste Tätigkeit ist das Denken, und alle Philosophen, welche den reinen Gedanken oder die reine Form zu denken zu oberst stellen, stehen auf der niedersten Stufe, indem sie gerade das, was die Kraft, die Fülle und das Leben in den Gedanken bringt, über seiner Form vergessen. Licht, Leben und Liebe sind nicht Erzeugnisse des Denkens, sie haben eine höhere Quelle im Menschen und beseelen erst den Gedanken. Wäre die Freiheit und das geistige Schauen nicht so sehr verkannt und nicht immer das äußere Gesetz und das Wissen über jene hinaufgestellt worden, so würde die Philosophie der göttlichen Dinge schon längst einen anderen Charakter haben und nicht an den leeren Vernunftformeln hängen geblieben sein."

Im Gegensatz zur niederen Ebene des rational-logischen Verstandes bezeichnet Goethe die höhere Ebene des schauenden, intuitiven Denkens mit Vernunft, weil diese Kraft vernimmt (Vernunft kommt ja von vernehmen), was aus der Höhe und Tiefe in unser Bewußtsein hineintönt als seiende Wahrheit. In diesem Bereich spricht ferner die Stimme des Gewissens und realisiert sich die Willensfreiheit im Menschen. Auch der echte Glaube als Seinserfahrung und überlogisches, intuitives Erfassen göttlicher Wirklichkeit erschließt sich uns hier (Hebr. 11, 1: „Es ist also der Glaube die Seinserfahrung des Erhofften und die begründete Überzeugung von unsichtbaren Wirklichkeiten"). Hier vernimmt der Mensch endlich die Stimme der Stille, die im Herzen ertönt als das „innere Wort".

Wie die Welt des Bewußtseins zwiefach gestuft ist in eine niedere und eine höhere Ebene, so unterscheiden wir auch in der

Welt des Unterbewußtseins, des unbewußten Seelenlebens, zwei verschiedene Stufen: die niedere Ebene des persönlichen Unbewußten mit seinen persönlichen Süchten und Komplexen und die höhere Ebene des überpersönlichen Unbewußten mit den archetypischen Urbildern, die das Wesen des Menschen konstituieren.

Die niedere Schicht des persönlichen Unbewußten, die Welt der verdrängten seelischen Komplexe, der verborgenen Süchte und Leidenschaften wurde der wissenschaftlichen Forschung erst im 20. Jahrhundert zugänglich gemacht durch die Tiefenpsychologie Sigmund Freuds und die Individualpsychologie Alfred Adlers. In diesem Bereich liegt das größte Arbeitsfeld des Psychotherapeuten. Denn in dieser Sphäre sind die meisten Ursachen und Wirkungen der kranken Seele zu suchen. Es ist der „Ort der Dämonen", gleichsam eine Zwischenwelt zwischen Tier und Mensch.

Aber diese Sphäre des persönlich Unbewußten ist auch, wie die moderne Parapsychologie nachgewiesen hat, durch zahllose geheime und unübersehbare Fäden verbunden mit den Seelen anderer Menschen, mit der Menschheitsseele und außermenschlichen Geistwesen. Wie durch die moderne Physik die Vorstellung eines materiell-körperlichen Atoms als Illusion erwiesen ist und der Geist selbst im Reiche der Materie als der Herrscher erkannt wird, so hat die Tiefenpsychologie und Parapsychologie auch die Vorstellung einer auf das Körperliche begrenzten Seele überwunden und die außersinnlichen und außerkörperlichen Beziehungen der menschlichen Psyche zur Menschheitsseele und zu außermenschlichen Geistern wissenschaftlich bewiesen.

Georg Krönert, ein bekannter parapsychologischer Forscher, formuliert diesen Tatsachenbefund richtig mit folgenden Worten: „Die Parapsychologie weiß um das parapsychische Myzelium, d. h. jenes dem Pilzgeflecht vergleichbare System unübersehbarer und unzählbarer von Seelen zu Seelen bestehender außersinnlicher und außerkörperlicher Beziehungen, die natürlich auch von menschlichen Seelen zu außermenschlichen Geistheiten bestehen können. Die Parapsychologie hat also die Umzäunung des ‚Nur-Menschlich-Immanent-Geistigen' ein für allemal durchbrochen und damit die große ‚Auflassung' vollzogen für die Einströmung, Einwohnung des Extrasubjektiv-Transzendenten in unser Sein. Es gibt ein in das Diesseits einwirkendes Jenseits" („Neue Wissenschaft", 7. Jahrg., Heft 2, S. 71).

Soviel über die niedere Schicht des persönlichen Unbewußten. Die höhere Schicht des überpersönlichen Unbewußten wurde der Forschung zugänglich gemacht durch Prof. C. G. Jung in Zürich. Es war eine merkwürdige Erfahrung, durch die Jung zuerst auf diese höhere Schicht des überpersönlichen Unbewußten aufmerksam wurde. Neger, die direkt aus Afrika kamen und keinerlei Berührung mit der europäischen Kultur gehabt hatten, wurden ihm in geistig gestörtem Zustand in seine Züricher Klinik eingeliefert. Diese Neger reproduzierten nun in ihren Wahnzuständen ganze Komplexe aus der griechischen Mythologie, ohne je mit griechischer Mythologie Bekanntschaft gemacht zu haben. Es muß also, folgerte Jung, eine mythenbildende Schicht des überpersönlichen Unbewußten geben, die unabhängig ist von Volkstum, Rasse und Kultur. Wie der menschliche Körper über alle Rassenunterschiede hinaus eine gemeinsame Anatomie aufweist, so besitzt auch die Psyche jenseits aller Kultur- und Bewußtseinsunterschiede ein gemeinsames Substrat (vgl. R. Wilhohn u. C. G. Jung, Das Geheimnis der goldenen Blüte, München 1929, S. 16).

Jung wandte der Erforschung dieses überpersönlichen Unbewußten im Menschen seine besondere Aufmerksamkeit zu. Dabei entdeckte er jene Archetypen oder Urbilder der menschlichen Tiefenpsyche, die nicht getrübt oder verdunkelt werden dürfen, wenn der Mensch geistig gesund bleiben will. Zu diesen archetypischen Urbildern gehört z. B. die Vorstellung des persönlichen Weiterlebens nach dem Tode, ferner die Vorstellung eines persönlichen und zugleich überpersönlichen Gottes sowie die Überzeugung, daß der Mensch weder gut noch schlecht ist, sondern in jedem Menschen, im Heiligen und Genialen ebenso wie in jedem Verbrecher, ein Licht- und Dunkelwesen steckt. Hier manifestiert sich psychologisch die Tatsache des Sündenfalls, durch den der Mensch zu einem in Licht und Dunkel zwiegeteilten Wesen wurde.

Werden diese Urbilder infolge einer einseitig intellektualistischen Weltanschauung nicht mehr für real genommen, wie das heute weithin der Fall ist, so ist nach Prof. Jungs Erfahrungen der Keim zur Neurose bereits gelegt. Bei ca. 80 % der modernen Intellektuellen sind diese Urbilder heute verdunkelt, d. h. der überwiegende Teil der heutigen Intellektuellen trägt den Keim zur Neurose in sich. So werden von der medizinischen Psychologie her heute wichtigste religiöse Grundwahrheiten bestätigt (vgl. C. G. Jung, Von den Wurzeln des Bewußtseins, Studien über den Archetypus, Zürich 1954).

Das überpersönliche Unbewußte des Menschen enthält nun, wie Jung in seinem Werke „Psychologie und Alchemie", Zürich 1952, nachgewiesen hat, auch uralte astrale Archetypen. Dabei ist es bezeichnend, daß die astralen Urbilder schon vor Jahrtausenden bei den verschiedenen Völkern in allen Erdteilen vorhanden waren, was auch durch die Übereinstimmung der Mythen und Volksmärchen bewiesen wird. Die grundlegenden astrologischen Symbole gehören also ebenfalls zu den allgemein gültigen archetypischen Urbildern der Menschenseele.

Schon seit langen Jahren hatte Prof. Jung sich ernsthaft für die astrologischen Zusammenhänge interessiert. Horoskope, die er von Astrologen für seine Patienten aufstellen ließ, erwiesen sich als verblüffend zutreffend. Trotzdem meinte Jung wie die meisten heutigen Astronomen, einen Realzusammenhang zwischen Gestirnskonstellation und Menschenleben ablehnen zu müssen. Vom materialistischen Weltbild der modernen Astronomie aus müssen ja die astrologischen Zusammenhänge wirklich ganz unverständlich bleiben. Die zutreffenden Horoskopdeutungen glaubte Jung mit psychischer Hellsichtigkeit der Astrologen erklären zu können. Wie etwa eine hellsichtige Wahrsagerin aus dem Kaffeesatz zutreffende Prophezeiungen macht, so, meinte Jung, ließen sich die Astrologen durch die Gestirnsfigur des Horoskopes inspirieren und machten dann vermöge ihrer psychischen Hellsichtigkeit richtige Aussagen, ohne daß irgendein Realzusammenhang zwischen Mensch und Gestirn bestünde.

Genauere statistische Untersuchungen von Geburtsbildern veranlaßten dann aber später Prof. Jung, seine Ansicht zu ändern. Bei diesen statistischen Forschungen ergab sich nämlich als Tatsache, daß Patienten, welche am psychoanalytischen Vaterkomplex litten, im Horoskop eine schwere Belastung der Sonne, des kosmisch-männlichen Prinzips, durch Saturn aufzuweisen hatten, und daß Patienten, die am psychoanalytischen Mutterkomplex litten, entsprechend in ihrem Horoskop eine schwere Belastung des Mondes, des kosmisch-weiblichen Prinzips, durch Saturn zeigten. Damit war dann für Jung der Realzusammenhang zwischen Gestirnskonstellation und Charakterveranlagung des Menschen erwiesen. Prof. Jung war großzügig genug, seine frühere irrtümliche Auffassung öffentlich zu widerrufen und die Wirklichkeit eines Zusammenhangs zwischen dem Lauf der Sterne und dem Menschenleben anzuerkennen.

Auch die Astronomie, welche Jahrhunderte lang diese Zusammenhänge geleugnet hat, beginnt heute, ihre traditionell-materialistischen Anschauungen zu revidieren. Ich verweise da auf das besonders aufschlußreiche Buch von Dr. Wilhelm Hartmann, Die Lösung des uralten Rätsels um Mensch und Stern, Verlag Karl Ulrich, Nürnberg 1950. Dr. Hartmann war Astronom an der Sternwarte Hamburg und später Direktor der Sternwarte und des Planetariums in Nürnberg. Er forderte seinerzeit seine Kollegen auf, die Grundlagen der Astrologie astronomisch zu überprüfen, stieß aber dabei durchweg auf Ablehnung. Die meisten Astronomen wollten von einer solchen Arbeit nichts wissen, weil sie es für gänzlich unwahrscheinlich hielten, daß der von den Astrologen behauptete Realzusammenhang zwischen Mensch und Gestirn bestünde. Ein anderer bedeutender Astronom sagte zu Dr. Hartmann: „Ich lehne es ab, mich mit Astrologie zu beschäftigen, denn es könnte etwas Positives dabei herauskommen — und dann bin ich als Wissenschaftler erledigt" (a. a. O. S. 35).

So machte Dr. Hartmann sich denn allein an die astronomische Überprüfung der Astrologie. Er stellte zunächst fest, daß es Gegner der Astrologie mit praktischen Erfahrungen in der Bearbeitung von Geburtsbildern von Menschen überhaupt nicht gibt. Seine rein astronomischen Untersuchungen aber führten zu einem für die Astrologie positiven Resultat. Dr. Hartmann schließt sein Buch mit den schwerwiegenden Worten:

„Für mich ist diese kosmische Impulslehre kein ‚Glaube' mehr, keine ‚Annahme', sondern in ihren Grundzügen ein an tausend Beispielen bewiesenes Wissen. Es mag sein, daß einige Voraussetzungen später durch andere ersetzt werden müssen, daß einige weitergehende Schlüsse falsch sind, der Schluß jedoch, zu welchem diese Grundzüge führen, nämlich, daß wir Menschen dauernd kosmische Impulse empfangen, die unser Handeln, Fühlen und Denken beeinflussen, ist für mich eine unerschütterliche Tatsache" (a. a. O. S. 117).

Es besteht also ein wirklicher Zusammenhang zwischen der Gestirnskonstellation und dem Leben und Schicksal des Menschen, wie das heute selbst moderne Psychologen und Astronomen von Rang zugeben. Alle seelischen Bewegungstendenzen hängen zusammen mit den Grundfunktionen des Seins überhaupt. Der Mensch ist sinnvoll eingeordnet in die das All bewegenden und durchpulsenden Kräfte. Er ist eine kleine Welt, ein Mikrokosmos, der in weitgehender Korrespondenz mit der großen Welt des Makrokosmos steht.

Die uralte Mysterienweisheit vom makrokosmischen Wesen des Menschen wird damit auch der modernen Wissenschaft wieder faßbar.

Die Beziehung zwischen Mensch und Gestirn,
astronomisch, psychologisch und astrosophisch
gesehen

II. Teil

Johannes Kepler, einer der größten die moderne Astronomie begründenden Geister in der beginnenden Neuzeit, wurde geboren am 27. Dezember 1571, dem Feste des Evangelisten Johannes. Er starb zu Regensburg am 15. November 1630. Auf seinen Grabstein ließ er die Inschrift setzen:
„Mensus eram coelos, nunc terrae metior umbras,
Mens coelestis erat, corporis umbra iacet."
zu deutsch:
Himmel durchmaß mein Geist,
Nun meß ich die Tiefen der Erde.
Ward mir vom Himmel der Geist,
Ruht hier der irdische Leib."
Aber diese Übersetzung ist unvollkommen. Leider lassen sich diese lateinischen Verse nur unzureichend ins Deutsche übertragen. Denn eine wesentliche Pointe dieser Verse liegt in den beiden Worten „mensus coelus" und „mens coelestis". Im Lateinischen ist nämlich das Wort „mens", „Geist", ähnlich dem Worte „mensus", „gemessen". So kommt in den lateinischen Versen durch ein Wortspiel schön zum Ausdruck, daß das Messen der Himmel ein Zeichen für die himmlische Herkunft des Geistes ist. Der Mensch, so will Kepler sagen, kann die Himmel nur durchmessen, weil die Himmel seinem eigenen Geist eingeschrieben sind. Kepler wußte noch um den Zusammenhang von Kosmos und Menschengeist.

Diese Erkenntnis vom makrokosmischen Wesen des Menschen ging den Forschern der folgenden Jahrhunderte weitgehend verloren. Erst in den letzten Jahrzehnten haben die neuesten Erkenntnisse auf dem Gebiete der Astronomie, der Atomphysik und der Tiefenpsychologie den modernen Forschern den

Weg gebahnt zur Wiederentdeckung der uralten Lehre von der Mehrdimensionalität von Mensch und Kosmos.

Ausgehend vom heutigen Weltbild, wie es uns die neuzeitliche Astronomie und die moderne Atomphysik entwirft, die zu einem neuen, gewaltigen Vorstoß der naturwissenschaftlichen Erhellungen der Welt geführt hat, versuchte ich im vorangehenden Kapitel eine Zusammenschau der makrokosmischen Sternsysteme mit den Miniatur-Weltsystemen der Atome zu bieten. Die Atomphysik entdeckte im winzigen Sandkorn eine Klein-Sterneninsel von Trillionen Atom-Sonnenwelten, deren jede wieder von Elektronen-Planeten umkreist wird.

Die dreidimensionale physische Welt erwies sich uns dabei als Spezialfall einer höher dimensionierten Wirklichkeit, als die Hülle eines feineren ätherischen Organismus, der seinerseits von einem noch feineren seelisch-astralen Gebilde umgriffen wird, das eingebettet ist in eine geistige Kraftsphäre. Das gilt sowohl für den Menschen wie für das All, für den Mikro- wie für den Makrokosmos, für die atomaren Kleinwelten wie für die makrokosmischen Sternsysteme.

„Es gibt in der Tat nichts Größeres, Befreienderes und Beglückenderes als dieses Bewußtsein und Gewißsein, daß unser relativ kleines Wesenskraftfeld mit dem Urkraftfeld des Weltengeistes unlösbar verbunden ist und an seiner Macht- und Lebensfülle im Maße unserer willigen Hingabe teilhat, daß die Hilfe von oben und damit unser Wohl und Geborgensein allezeit gesichert ist" (R. Zimmer u. K. O. Schmidt, Heilströme und Kraftfelder des Geistes, Bad Godesberg 1967. S. 87).

Kurz hingewiesen sei hier noch auf die Phänomene der Teleplastie und der Materialisation, die das Erstaunlichste unter allem Erstaunlichen in der Parapsychologie darstellen. Bei der Teleplastie wird ein feiner, seiner Natur nach bisher unbekannter Stoff aus dem Körper eines Mediums ausgesondert, das sogenannte „Teleplasma", und zu sichtbaren Gebilden gestaltet, welche sich teils zu menschlichen Händen, Köpfen, ganzen menschlichen Gestalten mit völlig normalen physiologischen Funktionen ausbilden, teils die Form von stoffartigen Umhüllungen dieser Materialisationen annehmen. Man kennt alle Stufen dieser Gebilde von kaum sichtbarem schwachleuchtendem Nebel über schaumige oder gallertartige weiße Masse bis zur vollendeten Ausbildung menschlicher Hände, Köpfe und ganzer Menschengestalten mit natürlich sich anfühlender Haut, Haaren, Knochen und Muskelunterlagen sowie stoffartigen Umhüllungen. Die Echtheit solcher Teleplastie und solcher Materialisationsphänomene ist durch zahlreiche Forscher ganz unbezweifelbar festgestellt worden.

Zum Verständnis solcher Phänomene verweise ich auf zwei grundlegende Werke des Rostocker Hochschulgelehrten Dr. Emil Mattiesen, „Das persönliche Überleben des Todes", 3 Bde., Walter de Gruyter & Co., Berlin 1962, und den dazugehörigen Band, der den Titel trägt „Der jenseitige Mensch", Berlin 1925. Als kleinere, aber zuverlässige Schrift nenne ich die Broschüre meines Freundes Wilhelm Otto Roesermueller, „Unsere Toten leben", Nürnberg 1958, und meinen eigenen Vortrag „Parapsychologie heute", den ich am 7. Mai 1963 vor dem psychotherapeutischen Arbeitskreis des Münchner Psychotherapeutischen Instituts gehalten habe.

Dr. Erich Petersen, der 1958 Materialisationsphänomene bei dem dänischen Medium Einer Nielsen miterlebte, bekennt mit Recht:

„Wenn wir uns daran erinnern, daß bei Geistwesen, die durch Einer Nielsens Medialität entstanden sind, Herztöne gehört werden konnten, daß ihre Atemluft Kalkwasser trübte, also ihre Lungen normal funktionierten, daß sie nicht nur sprechen, sondern auch sehen und hören können, daß ihr Körper sich anfühlt wie der eines Erdenmenschen, so treffen wir wohl das Richtige, wenn wir annehmen, daß sie in der so kurzen Zeit ihres Bestehens einen vollwertigen Menschenkörper besitzen, daß alle Organe funktionieren, daß die zahllosen lebendigen Zellen mit ihrem Protoplasma, ihrem Zellkern, ihren Chromosomen usw. da sind, als ob diese sekundenschnelle Menschenschöpfung eine selbstverständliche Kleinigkeit wäre! Und nach Sekunden oder Minuten ist dieser ganze Wunderbau wieder verschwunden, zu gestaltlosem Teleplasma geworden, das seinerseits wieder im Medium verschwindet. Aber bedenken wir vor allem, daß nicht nur ein vollendeter menschlicher Körper für kurze Zeit ‚hervorgezaubert' wurde, sondern daß auch das Seelisch-Geistige nicht fehlte, daß es eine ‚Person' war mit ihren charakteristischen Merkmalen, die sich, wie es sich immer wieder geistig gezeigt hat, dauernd konstant halten... Das alles muß in seiner ganzen Größe erkannt und gewürdigt werden! Erlebnisse dieser Art bereichern und beglücken den denkenden und forschenden Menschen. Er betrachtet sie als ein kostbares Geschenk. Er ist dem akademischen Streit der Skeptiker entrückt, die selbst nichts oder nur Unvollkommenes erlebt haben. Möge die Zeit nicht lange auf sich warten lassen, wo die Tatsachen des okkulten Geschehens Allgemeingut der Wissenschaft sein werden zur Erweiterung und Vervollständigung des menschlichen Weltgefühls!" (Okkulte Stimme, 9. Jahrg., Juli 1958, Heft 7, S. 16.)

Diese Tatsachen erschließen uns Tiefendimensionen der Welt, die das rationale Denken der Wissenschaft bislang immer negieren zu müssen glaubte nach der Maxime: „Es darf nichts geben, was man nicht rational erklären kann." Die erwähnten parapsychologischen Phänomene zeigen aber eindeutig, daß es außerhalb der uns bekannten Kausalzusammenhänge noch Geistwesen gibt, die aus einer anderen Dimension in diese unsere materielle Welt hereinwirken und durch Menschen, die sie als Organe gebrauchen, Erscheinungen hervorrufen, die nach den materiellen Gesetzen unserer dreidimensionalen Welt unerklärlich sind.

Durch diese parapsychologischen Tatsachen wird unser ganzes altes Weltbild ebenso zum Einsturz gebracht wie durch die Ergebnisse der Atom- und Quantenphysik. Nur werden die Tatsachen der Parapsychologie und des Okkultismus auf wesentlich breitere Volksschichten wirken als die Entdeckungen der modernen Physik. Sehr richtig schreibt der bekannte Tübinger Universitätsprofessor für evangelische Theologie, Karl Heim, in seinen Lebenserinnerungen:

„Soweit ich sehen kann, wird der Materialismus nicht durch die Quantenphysik des heutigen Atomzeitalters den Todesstoß erhalten, weil diese den meisten Menschen nicht zugänglich ist. Ich glaube, dieser Todesstoß wird von einer ganz anderen Seite kommen, von der man ihn gar nicht erwartet hätte, deren Bedeutung aber heute in zunehmendem Maße erkannt wird, nämlich vom Okkultismus und der Fülle von unleugbaren Tatsachen, die dieser uns erschließt" (Karl Heim, Ich gedenke der vorigen Zeiten, Furche-Verlag, Hamburg 1967, S. 303).

Ebenso unverständlich wie diese parapsychologischen Phänomene sind für unser rationales Denken die Tatsachen der Astrosophie, die Beziehung zwischen Gestirnskonstellation, Charakterveranlagung und Schicksal des Menschen. Nach anfänglicher Skepsis und eingehender Prüfung kam ein so gründlicher Gelehrter wie Prof. Jung schließlich zur Anerkennung der Wirklichkeit eines Zusammenhangs zwischen dem Lauf der Sterne und dem Menschenleben. In einer Nummer der Londoner Zeitschrift „Prediction" vom Mai 1948 äußert er sich zu diesem Thema so: „Ich kann Ihnen sagen, daß ich an dieser Betätigung des menschlichen Geistes — an der Astrologie — seit mehr als 30 Jahren interessiert war. Da ich Psychologe bin, interessierte mich das besondere Licht, welches das Horoskop auf gewisse Komplikationen im Charakter wirft. In schwieriger psychologischer Diagnose beschaffte ich mir gewöhnlich ein Horoskop, um einen weiteren Gesichtspunkt von einem anderen Gesichtswinkel her zu bekommen. Ich muß sagen, daß ich sehr oft gefunden habe, daß die astrologischen Daten gewisse Punkte erhellten, die ich sonst keinesfalls hätte verstehen können."

Das „Daß", die Tatsächlichkeit dieser Beziehungen, kann objektiv festgestellt werden. Das „Wie" dieser Beziehungen aber kann mit dem kausal-naturwissenschaftlichen Denken grundsätzlich nicht erfaßt werden, gehört, wie auch Prof. Jung richtig festgestellt hat, in den Bereich der akausalen Beziehungen. Die Gestirnskonstellation am Himmel könnte man betrachten als ein großes kosmisches Ziffernblatt der für die Erde gültigen Weltenuhr. Wie ich aus der Zeigerstellung auf dem Ziffernblatt meiner Taschenuhr schließen kann auf die jeweilige Stellung von Erde und Sonne zueinander, ohne daß die Zeigerstellung des Ziffernblattes der Grund, die kausale Ursache, für die Stellung von Erde und Sonne zueinander ist, so ist auch die Gestirnskonstellation am Himmel das große Ziffernblatt der Weltenuhr, auf dem ich ablesen kann, was für schöpferische Kräfte in jedem Augenblick im Kosmos wirksam sind; keineswegs aber sind die Gestirne selber die kausale Ursache für diese Kräfte. Nicht dem naturwissenschaftlich-kausalen Denken erschließen sich diese in einem überphysisch-übersinnlichen Bereich wirksamen Potenzen.

Es ist wichtig, sich darüber klar zu werden, daß es sich bei der Astrologie und Astrosophie um eine großartige Symbolwissenschaft, um eine kosmische Entsprechungslehre handelt. Diese Auffassung von der Astrologie finden wir auch bei Jakob Lorber in der „Geistigen Sonne", Bd. II, Kap. 15. Dort heißt es: „Es hat jede Sache zwei Seiten, nämlich eine Licht- und eine Schattenseite. Wir wollen uns daher nicht der Schatten-, sondern der Lichtseite dieses altertümlichen Mysteriums der Astrologie bedienen. Wie lautet aber diese? — Ihr Name heißt: Kunde der Entsprechungen! Auf dem Wege der Entsprechung aber hat ein jedes Ding, eine jede Form und ein jedes gegenseitige Verhältnis der Formen wie der Dinge — einen entsprechenden geistigen Sinn, und so hatten einen solchen Sinn und haben es noch alle die Sterne und ihre Bilder. Wer demnach diese Dinge von dieser Lichtseite lesen und verstehen kann, der ist auch ein Astrologe; aber kein Astrologe mit Hilfe der finsteren Mächte, sondern ein Astrologe aus dem Reiche der Geister, des Lichtes, d. h. er ist ein wahrhaftiger Weiser, wie da auch die drei Astrologen aus dem Morgenlande wahrhaftige Weise waren. Sie hatten den Stern des Herrn erkannt, haben sich von ihm führen lassen und haben durch ihn den Herrn der Herrlichkeit gefunden!" (Man vergleiche dazu meine Arbeit „Der Stern von Bethlehem" in der Zeitschrift „Das Wort" vom Januar 1962.)

Bei der echten Astrologie, mit der wir uns allein befassen, handelt es sich also um eine mythisch-symbolische Denkform, die eine tiefere Schicht der Wirklichkeit erfaßt als das kausal-naturwissenschaftliche Denken. In diese Tiefen des Seins dringt nur das mythisch-symbolische Denken und auf höherer Ebene die geistig-übersinnliche Schau. Aus einem geistig-übersinnlichen Schauen, aus dem ins Kosmische geweiteten Überbewußtsein des

Menschen ist alle echte Astrologie und Astrosophie zuletzt entstanden.

Erst jetzt berühren wir jene geistige Sphäre, der die wahre Astrologie entstammt, für die ich die Bezeichnung „Astrosophie", „Sternenweisheit", gewählt habe. Was ich erwähnte an grundstürzenden Erkenntnissen aus dem Gebiete der Astronomie und Atomwissenschaft, die uns den Geist als Herrscher auch im Gebiete der Materie erahnen ließen, was ich berichtete von jenen für unser an die dreidimensionale Welt gebundenes Denken restlos unerklärlichen parapsychologischen Phänomenen, die selbst dem materiell orientierten Physiker die Augen öffnen müssen für die reale Existenz einer übersinnlichen Geisterwelt, wurde nur angeführt als elementare Vorbereitung für die viel höhere Sphäre der kosmischen Initiationswissenschaft, der die Astrosophie angehört. Man könnte sagen, die irdische Physik tut in Atomwissenschaft und Parapsychologie die ersten elementaren Schritte in das Neuland einer überirdischen Physik. Nach der bisherigen „Physica terrestris" beginnt da die „Physica coelestis". Ohne die Wirksamkeit realer Geistwesen, lichter sowohl wie dunkler, ohne die Vorstellung des Kosmos als eines großen, geistlebendigen Organismus ist die Astrologie in ihrem wahren Wesen nicht zu begreifen. Planeten und Tierkreiszeichen, in ihrem Wesen erfaßt, sind Symbole für kosmische Götter und Dämonen. Nachdem wir zuerst die Beziehung zwischen Mensch und Gestirn astronomisch, physikalisch und psychologisch zu verstehen suchten, wollen wir sie nun astrosophisch betrachten. Da reichen die Erkenntnisse des Intellektualbewußtseins und auch die Forschungsergebnisse auf dem Gebiet des Unterbewußtseins nicht mehr zu. Jetzt müssen wir uns erheben in die hohe Sphäre des menschlichen Überbewußtseins, wie es uns erschlossen wird durch Mysterienweisheit, Mystik und Gnosis.

Das bloße intellektuelle Denken, die empirische Naturforschung dringt in diese hohe Sphäre der wahren Astrosophie nie ein. Das Denkbewußtsein muß selber gewandelt werden in ein geistig-schauendes Bewußtsein. Wie wir in der Sphäre des Intellektualbewußtseins die niedere Ebene des Verstandes und die höhere Ebene der Vernunft unterscheiden und im Bereiche des unbewußten Seelenlebens die niedere Ebene des persönlich Unbewußten von der höheren Ebene des überpersönlichen Unbewußten mit seinen archetypischen Urbildern unterscheiden, so können wir nun auch in der Sphäre des menschlichen Überbewußtseins die niedere Ebene des kosmischen und die höhere Ebene des überkosmischen Bewußtseins unterscheiden, in der sich uns die ewig göttlichen Urbilder und unser eigenes, ewiges Gottes-Ich offenbaren, das als Geistessonne in unserem Herzen aufleuchten will.

Wer Astrologie treibt und dabei der unteren Ebene des Überbewußtseins, dem kosmischen Bewußtsein, verhaftet bleibt, begibt sich in große Gefahr, wird abhängig von den Geistern des Kosmos. Der Astrologe muß, wenn er mit seiner Wissenschaft den Menschen helfen will, den Kontakt mit dem Überkosmisch-Ewigen gefunden haben, mag dies in den Formen einer Religion, einer Philosophie oder auf dem Wege der mystisch-gnostischen Erfahrung geschehen. Es ist darum von besonderer Wichtigkeit, die Ebene des kosmischen von der Ebene des überkosmischen Bewußtseins zu unterscheiden. Suchen wir also zuletzt noch diese beiden Ebenen des menschlichen Überbewußtseins, das kosmische Bewußtsein und das überkosmische Gottesbewußtsein gegeneinander abzugrenzen. Beide Sphären des menschlichen Überbewußtseins wollen im Gegenwartsmenschen zum Durchbruch kommen.

Wir stehen heute mitten in einem gewaltigen Bewußtseinswandel. Dinge, die im Bewußtsein des abendländischen Menschen seit den Tagen Platons verblaßten und vergessen wurden, tauchen heute wieder auf. Es ist keine Frage: der westliche Mensch ist auf dem Wege zu einem geweiteten, umfassenden kosmischen Bewußtsein, vollzieht einen neuen Durchbruch in die Sphäre des Überbewußtseins.

Heute verstehen wir wieder die Mysterienworte aus dem Poimander des Hermes Trismegistos, die da lauten: „Horchet hinein in euer Innerstes und richtet den Blick auf die Unendlichkeit von Raum und Zeit. Da vernehmt ihr den Sang der Sterne, die Stimmen der Zahlen und die Harmonien der Sphären. Jede Sonne ist ein Gedanke Gottes und jeder Planet ein besonderer Ausdruck dieses Gedankens. Den göttlichen Gedanken zu erkennen, o Seelen, stiegt ihr herab und erklimmt unter Pein und Schmerz wieder den Pfad der sieben Planeten und ihrer sieben Himmel. Was ist die Botschaft der Sterne, was sagen die Zahlen — was die kreisenden Sphären? Oh ihr verlorenen und ihr geretteten Seelen! Sie sprechen, sie singen, sie kreisen, sie wirken euer Geschick."

Diese Worte künden von dem esoterischen Aspekt der Astrologie, von der echten Astrosophie, wie sie aus der Geistesschau der antiken Mysterien herausgestaltet wurde und auch heute noch einem ins Kosmische geweiteten Überbewußtsein sich erschließt.*

Die astrosophische Schau, welche uns den Makrokosmos als großen geistlebendigen Organismus und den Menschen als in diese Geistzusammenhänge eingewobenen Mikrokosmos erleben läßt, repräsentiert die untere Ebene des kosmischen Überbewußtseins.

Die esoterische Astrologie anerkennt als geistige Grundlage für das Horoskop die bedingte Wirksamkeit von Karma und Reinkarnation, so wie sie im Urchristentum bis zu den Zeiten des großen Kirchenvaters Origenes anerkannt wurde. Wer in der Schicksalsfrage nicht auf jede Rechtfertigung Gottes verzichten will, wird die Lehre von Reinkarnation und Karma ernst nehmen müssen. Sie allein gibt dem Kosmosophen die wahrhafte Erklärung für die Tatsachen des Horoskopes und der Astrologie. Die westliche Astrologie hat im Gegensatz zur indischen Astrologie die karmisch-kosmisch-astralen Zusammen-

---

* Zur Orientierung seien empfohlen:
Wilhelm Knappich, Geschichte der Astrologie (Vittorio Klostermann), Frankfurt/M. 1967.
Wilhelm Knappich, Der Mensch im Horoskop (Moritz Stadler), Villach 1951.
Alfons Rosenberg, Zeichen am Himmel (Metz-Verlag), Zürich 1948.
Dr. Otto Lankes, Das Weltbild der Astrologie nach den Quellen des Altertums dargestellt (Verlag Josef C. Huber), Diessen vor München 1956.
Dr. Alfred Fankhauser, Das wahre Gesicht der Astrologie (Verlag Orell Füssli), Zürich 1932.
Oscar A. H. Schmitz, Der Geist der Astrologie (Georg Müller), München 1922.

hänge aus den Augen verloren und wirkt oberflächlich im Vergleich zur indischen. Das Horoskop spiegelt den vorgeburtlichen Durchgang der Persönlichkeit durch die astralen kosmischen Sphären, und darüber hinaus enthält es auch symbolische Hinweise auf das vorangegangene Erdenleben. Auch die Astrologie gewinnt ihre wahren Erklärungsgründe erst wieder, wenn sie die Lehre von den wiederholten Erdenleben anerkennt.

Die Inkarnation auf der Erde erfolgt in dem Augenblick, wo die kosmische Sphärenharmonie das Wesen des sich inkarnierenden Menschen am reinsten zum Ausdruck bringt. Jeder Mensch wählt sich unter Führung der kosmischen Hierarchien seine Sterne selber, sucht sich also vor der Geburt sein Schicksal selbst aus, wie er es für seine Höherentwicklung auf der Erde braucht. Mögen die Schicksalsprüfungen noch so hart sein, der Schauende erkennt hinter allen diesen Prüfungen ein so unfaßbar ungeheures Maß göttlicher Barmherzigkeit und Liebe, daß er zutiefst erschüttert ist. Wenn wir so weise und gütig gegen uns selber wären, wie Gott gegen uns, so würden wir aus eigener Erkenntnis und freiem Entschluß alles das wollen, was uns das Schicksal bringt.

Die Gestirnskonstellation ist also nichts uns Fremdes, sondern Ausdruck unseres eigensten Wesens. Wir tragen die Strahlkräfte unseres Geburtsfirmamentes in unserer eigenen Aura. Hellseher können daher die ganzen horoskopischen Stellungen aus der Aura des Menschen ablesen, wie sie sich ja auch noch in der Physiognomik der Menschengestalt manifestieren. Die Strahlungsforschung ist heute bereits in der Lage, diese Aurastrahlung des Menschen wenigstens zum Teil mit physischen Apparaten zu registrieren. Ich verweise auf das Buch von Professor Dr. Eugen Matthias, Die Strahlen des Menschen künden sein Wesen, Europa-Verlag, Zürich 1955.

Die Gestirnung des Geburtsfirmamentes offenbart sowohl Charakter und Veranlagung des Menschen als auch sein Schicksal. Um ein Horoskop richtig deuten zu können, muß allerdings dem Astrologen vorher Rasse, Volkstum, Geschlecht, Entwicklungsstufe und kulturelles Milieu des Horoskopeigners bekannt sein. Denn diese Dinge sind aus der Geburtskonstellation nicht zu ersehen. Ein richtig gedeutetes Horoskop zeigt uns die eigene höhere Lebensführung auf. Wir erkennen darin unsere geistig-kosmische und individuell-irdische Veranlagung. Es geht uns auf, daß dieselben Faktoren, welche unsern Charakter bestimmen, auch unser Schicksal fügen. Sehr schön sagt der Tiefenpsychologe Willi Bergien:

„Schicksal und Seele gehören zusammen. Aus beiden erst ergibt sich der ganze Mensch. Im Schicksal erkenne ich mich in meinen Handlungen und Taten, die aus meiner Seele kamen. Im Schicksal erlebe ich, ob diese Taten gut oder böse, positiv oder negativ sind. Indem ich die Folgen meines Denkens und Tuns in der Außenwelt erlebe, vermag ich über die Qualität meines Tuns ein Urteil zu gewinnen. Im Schicksal erkenne ich mich selbst und damit die Notwendigkeit einer steten sittlich-charakterlichen Reifung. Wandelt sich mein Charakter zum Guten, dann wandelt sich auch mein Schicksal zum Guten. Immer bin ich handelnd. Aber das Schicksal ist das Spiegelbild meines Handelns. Immer gibt es mir die Möglichkeit, mich objektiv in meinen falschen wie auch in meinen richtigen Handlungen zu sehen, so wie ich tatsächlich bin. — Ich schaffe mein Schicksal! — Das Schicksal ist die Wirklichkeit meines Lebens. Ich habe es geschaffen und geformt. — Es ist die Gewalt meines eigenen Lebens, das — aus den Tiefen des Unbewußten hervorbrechend — sich im Schicksal Ausdruck verschafft, das im Schicksal Erfahrung gewinnt und aus der Erfahrung lernt und nach und nach ‚weise' wird. — Ich beginne zu ahnen, daß die Kapitel meines Schicksalsbuches in mir selber verborgen sind, daß die ‚Schläge', unter denen ich leide, innerseelischer Art sind. Der Schlag, der mich durch das Schicksal scheinbar von außen trifft, kommt in Wahrheit aus meinem Innern. Habe ich die ‚Feinde', die mir von ‚außen her' drohen und zusetzen, nicht selber zu Feinden gemacht? Meine subjektive Einstellung ist es, die diesen als Freund und jenen als Feind empfindet. Ich sehe in der Außenwelt genau dasselbe Angenehme oder Unangenehme, das in mir selbst angenehm oder unangenehm ist. Ich könnte weder dieses noch jenes erkennen, trüge ich es nicht selbst in mir. — Ich bejahe alles, was ich erlebe, denn was ich erlebe, ist die

Fülle meines Lebens. Ich liebe, was das Leben schickt. Ich bejahe auch meine Feinde und Gegner. Sie haben die Aufgabe, mir die Augen zu öffnen über das ‚Feindliche und Gegnerische' in mir selbst. Sie nötigen mich zur Selbstbesinnung, zur Besinnung auf mein Wesen, das in seinem Kern Wahrheit und Liebe ist" (W. Bergien, Mensch sei frei! S. 212 f.)

Diese Zusammenschau von innerer Veranlagung und scheinbar von außen kommendem Schicksal vermittelt uns einen Tiefenblick, wie ihn keine menschliche Psychologie zu geben vermag. Wir überschauen unser Leben von einer höheren Warte und erkennen den inneren Zusammenhang unseres Wesens und Schicksals. Dadurch gewinnen wir Abstand von uns selbst. Solche Selbst- und Schicksalserkenntnis erhebt uns über unser niederes Ich und gibt uns die Möglichkeit, unser Leben im Sinne unseres höheren Selbstes zu gestalten.

Die Gestirnskonstellation gehört also zu uns, wie unser Körper, unser Seelenwesen, unser Temperament zu uns gehören. Wir sind abhängig von unserm Körper, unserm Seelenwesen, unserm Temperament, unserer Gestirnung, aber keineswegs dadurch restlos determiniert. Der Mensch ist auch noch mehr als seine Gestirne. Denn die untere Ebene des kosmischen Überbewußtseins, die das Horoskop uns erschließt, wird im Menschen überhöht durch die obere Ebene des überkosmischen Überbewußtseins. Hier offenbart sich uns die Welt der ewigen göttlichen Urbilder und Ideen, die noch in direkter Verbindung mit dem Einheitsbewußtsein Gottes steht. Da ist jede Sonne ein Gedanke Gottes und jeder Planet ein besonderer Ausdruck dieses Gedankens.

Für Jakob Böhme werden die Planeten zu Symbolen der 7 Quellgeister und auf höchster Ebene zu Symbolen der 7 Geister Gottes. Wörtlich sagt Böhme: „Die alten Weisen haben den sieben Planeten Namen gegeben nach den sieben Gestalten der Natur; aber sie haben viel anderes damit verstanden, nicht nur allein die sieben Sterne, sondern auch die siebenerlei Eigenschaften in der Gebärung aller Wesen. Es ist kein Ding im Wesen aller Wesen, es hat die sieben Eigenschaften in sich."

Dante nennt diese Sphäre der Urbilder und Ideen Kristallhimmel. Sri Aurobindo spricht vom „überkosmischen Lichtbewußtsein". Die höchste Sphäre dieses überkosmischen Überbewußtseins, das reine, göttliche Identitätsbewußtsein, von Aurobindo „Supramentales Bewußtsein", bei Dante Empyreum genannt, ist der Ewigkeitsbereich Gottes, aus dem unsere göttliche Entelechie, der Gottesfunke unseres Geistes, stammt.

Der Mensch überragt mit seinem innersten Wesen den gesamten Kosmos, reicht durch alle kosmischen Sphären bis in den „Ungrund Gottes" hinein. „C'est l'homme, qui se passe infiniment", „Der Mensch ragt unendlich weit über den Menschen hinaus", sagt der große französische Mathematiker Pascal. Gott und das „Reich der Himmel", von dem das christliche Evangelium kündet, ist gegenüber dem irdischen und auch gegenüber dem kosmischen Lebensraum transzendent. Über die Mittlerschaft der Sterne und des Kosmos regiert zuletzt Gott das Schicksal des Einzelmenschen wie der Menschheit. Da aber Gott dem Menschen als göttliches Pneuma einwohnt und das überkosmische Himmelreich, wie Christus sagt, auch „inwendig in uns" ist, ist der Mensch seinem innersten göttlichen Wesenskern nach dem gesamten Kosmos überlegen und kann seine Sterne beherrschen und wandeln. „Die Sterne machen geneigt, aber sie zwingen nicht." „Der Weise beherrscht seine Sterne", „Sapiens dominat astra", sagte der mittelalterliche Astrologe. Er beherrscht sie durch den Gottesfunken, den jeder Mensch, wenn auch oft tief verschüttet, als innersten Wesenskern in sich trägt, durch sein ewiges, göttliches Über-Ich. Der Mensch bleibt nur wahrhaft Mensch, wenn er sich dieser seiner überragenden Wesenheit bewußt ist.

Am klarsten hat das wohl Paracelsus ausgedrückt mit folgenden Worten: „Das Gestirn ist dem Weisen unterworfen, es hat sich nach ihm zu richten und nicht er nach dem Gestirn. Nur einen Menschen, der noch tierisch ist, regiert, meistert, zwingt und nötigt das Gestirn, daß er nicht anders kann, als ihm zu folgen... Das aber rührt daher, daß ein solcher Mensch sich selbst nicht kennt und die Kräfte, die in ihm verborgen liegen, nicht zu gebrauchen versteht und er nicht weiß, daß er das Gestirn auch in sich trägt, daß er der Mikrokosmos ist und so das gesamte Firmament mit all seinen Wirkekräften in sich birgt. Mit Recht kann er dann als töricht und unweise gescholten werden und muß in harter Knechtschaft allem Irdisch-Sterblichen unterworfen sein" (Theophrastus Paracelsus, Lebendiges Erbe, Eine Auslese aus seinen Schriften. Hrsg. von J. Jakobi 1942).

Die Astrosophie kann wohl ein wichtiges Hilfsmittel sein für die esoterische Selbst- und Schicksalserkenntnis; sie kann auch eine kulturell wichtige Brücke bilden zwischen Wissenschaft und Religion. Eine aus ihren spirituellen Grundlagen heraus neu gestaltete Astrosophie wäre durch ihre umfassende kosmische Signaturenlehre vor allem dazu berufen, die anderen Wissenschaften aus der Sackgasse des geistlosen Rationalismus herauszuführen, in die sie sich seit etwa 100 Jahren verrannt haben. Aber niemals dürfte die Astrosophie zur Religion werden. Denn Gott ist überkosmisch. — Die Kosmosophie darf uns auch nicht dazu verführen, die uralten Lehren von Karma und Reinkarnation zu verabsolutieren. Die Esoteriker aller Religionen der Erde wissen: wenn der Gottesfunke in uns zur Flamme wird und das Über-Ich in uns voll zum Durchbruch kommt, sind alle kosmischen und karmischen Bindungen überwunden, da wird der Mensch frei vom Gesetz der Reinkarnation. So wie die physischen Naturgesetze aufgehoben werden können durch kosmisch-astrale Kräfte, so können die kosmischen Wirkungen des Karmagesetzes verwandelt oder aufgehoben werden durch die übergreifenden, höherdimensionalen Kräfte der göttlichen Geistwelt. Je mehr der Mensch erlebnismäßig Kontakt gewinnt mit diesen höheren, überkosmischen Kräften, um so unabhängiger wird er vom Karma-Gesetz. —

Weil der Mensch mit seinem Gottesfunken, seinem Über-Ich, den Kosmos überragt, darf ihm die Astrologie und das Horoskop auch nie zur Lebenskrücke werden. Nie darf er sich abhängig machen in seinen Lebensentscheidungen von horoskopischen Stellungen. Wir wollen auf unserm Lebensweg stets der eigenen Intuition, unserem freien innersten Empfinden folgen, der Stimme der Stille, die in unserm Herzen spricht, wenn wir nur recht zu lauschen verstehen.

Diese Stimme der Stille offenbart sich zunächst in der Stimme des Gewissens. Beim modernen Verstandesmenschen allerdings, der sich in seinem Intellektualismus rational verkrampft hat, ist jegliche Intuition so gut wie erstorben und die Empfindung für alles Übersinnliche und Transzendente erloschen. Infolgedessen ist auch das Gewissen weitgehend abgestumpft bei den zahllosen Menschen, die alles mit dem Verstande erfassen wollen und ohne seelische Innerlichkeit leben. Diese seelisch Verschrumpften sind in Wahrheit die geistig Beschränkten, wenn sie auch noch so stolz sind auf ihren hellwachen Intellekt. — Immer bleibt der Verstand künstliches Licht, das nur leuchtet, wo die Sonne des Geistes, der im Herzen wohnt, noch nicht aufgegangen ist. Wir müssen den Zwiespalt zwischen Kopf- und Herzenswissen überwinden. Wenn wir es wieder lernen, mit dem Herzen zu denken und mit dem Kopf zu fühlen, dann vollzieht sich in uns das, was die Mystik mit der „Umstellung der Lichter" bezeichnet.

Da wird jede Betrachtung von Stein, Pflanze, Tier, Mensch und Stern zu einem geistig-seelischen Eintauchen in den Gegenstand, gleichzeitig erschauend, empfindend, erfühlend, also ganzheitlich gnostisch erkennend in realer Wesenseinigung. Dann sprechen Sterne, Steine, Pflanzen, Tiere, Menschen im „innern Wort" ihr Wesen aus und der Mensch, vom kosmischen Logos erleuchtet, lernt es wieder, die geheime Chiffrenschrift der Natur zu lesen. Die Natur, der Kosmos, wird ihm zum lebendigen Buch, zur Heiligen Schrift, die ihm den Weg zu Gott und Christus in noch viel umfassenderer Art zu weisen vermag als alle überlieferten heiligen Schriften der Menschheit. — Der göttliche Logos, die Idee aller Ideen, durchkraftet als Ewiges Licht und Leben Kosmos und Mensch. In der Natur gilt es den Geist, im Geiste die Natur zu finden. Der den Makrokosmos durchdringende und erlösende Schöpferlogos lebt als Mikrologos, als Gottesfunke, auch im Herzen jedes Menschen.

Aber freilich, dieser Gottesfunke in unserm innersten Zentum, der als göttliche Entelechie unser Schicksal weisheits- und liebevoll leitet, kann uns nur voll bewußt werden, wenn wir uns ihm öffnen, ihm nahen in liebevoller Versenkung, in Meditation und Gebet. Hier gilt das Wort: „Nahet euch Gott, und er wird euch nahe kommen!" (Jakob 4, 8). Je stärker unsere Gottverbundenheit wird, um so lichter wird unsere Geist-Erkenntnis, um so liebevoller unser Verhältnis zum Mitmenschen.

Wenn der Mensch in vertrauendem Glauben offen ist für Gott und seine Offenbarung in Natur und Geschichte, ist er auch offen für seine Mitmenschen. Dann lebt er aus einem tiefen Vertrauen zu den Wachstumskräften des Schicksals in Frieden mit Gott, Welt und Mensch. Er weiß, daß alles Mißtrauen nur Ausdruck einer verdorbenen Seele ist. Ehrfurcht, Weisheit und Güte blühen auf in der geläuterten Seele, Hilfsbereitschaft und Gerechtigkeitssinn. Eine natürliche Würde, eine erwärmende Herzensheiterkeit geht von ihm aus, der sich niemand entziehen kann. Aus einer inneren Fülle, einem strömenden Reichtum heraus handelt und lebt er. Von nichts und niemandem läßt er sich mehr kränken oder beleidigen. Denn wo ein Mensch noch gekränkt oder beleidigt werden kann, ist das ein sicheres Zeichen dafür, daß er von selbstsüchtigen und hochmütig-luziferischen Impulsen erfüllt ist. „Die sich vom Geiste Gottes leiten lassen, sind Söhne Gottes" (Röm. 8, 14), sind von oben her, d. h. aus dem Geiste geboren.

„Die Frucht des Geistes aber ist: Liebe, Freude, Friede; Weite des Herzens, Freundlichkeit, Güte; Glaube, Milde, Selbstbeherrschung" (Paulus, Galat. 5, 22 f.).

Glaube, Liebe, Geist-Erfahrung sind da eines. Denn nur wer im Geiste wandelt, dem offenbart sich der Geist, oder, wie Christus sagt: „Nur wer die Wahrheit tut, kommt an das Licht!" (Joh. 3, 20).

Ein ernsthaft gepflegtes meditatives Leben, die Vertiefung in Mythen und Märchen, die Entwicklung einer kosmisch-psychologischen Signaturenlehre kann heute einer Intensivierung des geistigen Bewußtseins dienen, kann vor allem die Kräfte der reinen seelischen Empfindung, das erstorbene Gewissen, die Fähigkeit der Intuition und des bildhaften Schauens, der geistigen Gnosis neu im Menschen beleben. Auch die Astrosophie wird hier dem Menschen der Gegenwart eine wesentliche Hilfe sein können zur Erweckung eines kosmischen Bewußtseins, indem sie in ihm die

Erinnerung wach ruft an seinen Sternenursprung und sein himmlisches Sternenwesen.

„Gott schuf den Menschen helleuchtend und gab ihm, der jetzt im Dunkel lebt, die Kraft, wieder licht zu werden!" So sagte einmal sehr schön Hildegard von Bingen (1099 — 1179), die selber in hoher Vollendung das kosmisch schauende Bewußtsein besaß. Sie war keine weltfremde Schwärmerin, sondern eine lebensbejahende und vielseitig wissenschaftlich, organisatorisch und politisch tätige Frau. Ihr Rat wurde von geistlichen und weltlichen Fürsten begehrt und eingeholt, vom Papste bis zu Kaiser Friedrich Barbarossa und zu Bernhard von Clairvaux, wodurch sie sowohl religiös wie politisch ihr Zeitalter auf das nachhaltigste in reformatorischem Sinne beeinflußte. Ihr ins Kosmische und Überkosmische geweitete Bewußtsein beschreibt sie selbst mit folgenden Worten:

„Von meiner Kindheit an bis zu dieser Stunde, da ich mehr denn 70 Jahre zähle, bewahre ich ununterbrochen ein Licht in meinem Innersten. In diesem Licht erhebt sich meine Seele auf Gottes Geheiß zur Höhe des Himmels, in die Lüfte und zu den Wolken, zu den entferntesten Orten und ihren Bewohnern. Ich sehe alles bis ins Kleinste. Aber ich vernehme es nicht durch die 5 Sinne meines Körpers, ich erreiche es nicht durch intensive Gedankenarbeit, sondern alles steht klar vor meinem Geiste. Meine Augen sind offen, keine Ekstase umfängt mich... Die Gestalt des Lichtes umfasse ich so wenig, als ich die Sonnenkugel mit meiner Hand umspannen kann. In diesem Licht sehe ich zuweilen ein anderes Licht, das mir als das lebendige Licht bezeichnet wird (gemeint ist hier das göttliche Licht des überkosmischen Bewußtseins). Wann und wie ich es sehe, vermag ich nicht zu beschreiben. Aber solange ich es schaue, wird jede Traurigkeit und Beängstigung von mir genommen. Dann fühle ich mich wieder jung und vergesse, daß ich eine alte Frau bin." (K. O. Schmidt, In dir ist das Licht, Drei-Eichen-Verlag, München 1959. S. 159 ff.)

Wir haben die verschiedenen Bewußtseinsformen zu charakterisieren versucht: Das Intellektualbewußtsein mit den beiden Ebenen des Verstandes und der Vernunft, das unterbewußte

Seelenleben mit den beiden Ebenen des persönlichen und überpersönlichen Unbewußten, das Überbewußtsein mit den beiden Ebenen des kosmischen und des überkosmischen Bewußtseins, in dem sich die ewige Ideenwelt und das in göttlichem Lichte strahlende Urbild des Menschen offenbart. Dieser leuchtende Mensch, der sich seines Ursprungs im Lichte bewußt ist, das erst ist der wahre Mensch, der mit seiner Strahlenaura durch alle Weiten des Kosmos bis in die Tiefen der Gottheit hineinreicht. Wo dieses kosmische und überkosmische Bewußtsein im Menschen aufbricht, da wird die vielstufige Himmelsleiter, die vom Himmel durch das ganze Universum zur Erde führt, dem Gegenwartsmenschen wieder neu erlebbar.

Erkenntnistheoretische Grundlagen des astrologischen Denkens

> „Müsset im Naturbetrachten
> Immer eins wie alles achten;
> Nichts ist drinnen, nichts ist draußen;
> Denn was innen, das ist außen.
> So ergreifet ohne Säumnis
> Heilig öffentlich Geheimnis."

In diesem Wahrspruchwort formuliert Goethe das Prinzip seiner Naturbetrachtung, seiner Naturwissenschaft, die er damit abgrenzt gegen die an Newton anknüpfende, einseitig der äußeren Wirklichkeit verfallende Naturwissenschaft seiner Zeit. Diese veräußerlichte, am physikalisch Meßbaren orientierte naturwissenschaftliche Denkart hat seit den Tagen Goethes Triumphe über Triumphe gefeiert.

„Die bis in die tiefsten Geheimnisse der Natur vordringenden Erkenntnisse der Naturwissenschaft, die im wahren Sinne des Wortes himmelstürmenden Leistungen der Technik, die alles durchdringende Fähigkeit zur Organisation und alles das, worauf der westliche Mensch stolz ist, hat die Bewußtseinsform, die all dem zu Grunde liegt, die rationale, in einem Ausmaße zur einzig gültigen werden lassen, daß alles, was ihrer Sicht nicht zugänglich ist, verstellt ist." (Karlfried Graf Dürckheim, Zen und Wir, Weilheim, Obb., 1961, S. 27)

Im Wesen dieser rationalen Denkart liegt es, daß sie sich nicht über die äußere, gegenständliche Wirklichkeit hinauswagt. In ihrem Objektivitätsstreben trennt sie scharf das Subjekt vom Objekt und hat vergessen, daß alles Sichtbare im Unsichtbaren, dem Ewig-Faßbar-Unfaßlichen, seinen Wurzelgrund hat. Diese Trennung von Subjekt und Objekt, dieses veräußerlichte Objektivitätsstreben kann nie zur seienden Wahrheit führen. Darum sagt Friedrich Schiller: „Wer sich über die Wirklichkeit nicht hinauswagt, wird nie die Wahrheit erobern."

Das Zeitalter dieses einseitig rationalen Denkens geht heute zu Ende. „Aus den Tiefen des rational nicht faßbaren Lebens wächst das Neue, Zukunftweisende hervor und der Zeichen, durch die das Neue sich ankündigt, sind mehr, als wir ahnen. Mehr Menschen, als wir wissen, machten Erfahrungen, in denen das Wesen selbst zu ihnen sprach. Erfahrungen, die sie erschütterten und beglückten, weil sie schlagartig eine andere, tiefere Wirklichkeit spüren ließen als die, von der sie bislang wußten." (Karlfried Graf Dürckheim a. a. O., S. 28)

Wir stehen mitten in einem großen Bewußtseinswandel. Die Alleinherrschaft des gegenständlich veräußerlichten Bewußtseins wird von immer mehr Menschen als eine Illusion durchschaut, welche uns die wahre Wirklichkeit verdunkelt. Der Umschwung vom rationalen Begriffsdenken zum symbolhaften Bilddenken, vom intellektuellen Erfassen zur Schau, von der Ratio zur geistigen Gnosis, zu einem kosmisch geweiteten Bewußtsein ist heute überall nachzuweisen. Dieses neue Bewußtsein zeigt sich in ganz verschiedenem Gewand bei modernen Physikern wie Planck und James Jeans, bei Paläontologen wie Edgar Dacqué, bei Psychologen wie C. G. Jung, bei Malern wie Cézanne, van Gogh und Gauguin, bei Musikern wie Bruckner, bei Okkultisten wie H. P. Blavatsky und Rudolf Steiner, bei Philosophen wie Jean Gebser. Besonders deutlich manifestiert sich der Strukturwandel des europäischen Geistes in der Entfaltung neuer Wissenschaften wie Parapsychologie, Astrosophie und Kosmosophie, sowie in der wechselseitigen Durchdringung und geistigen Befruchtung zwischen Amerika — Europa und den Hochkulturen Großasiens, zwischen Okzident und Orient.

Seit den Tagen Goethes und Rückerts ist der geistige Austausch zwischen Asien und Europa in vollem Gange. Goethes Bemühungen um den geistigen Brückenschlag zwischen Abendland und Morgenland und seine aus echter Symbolschau geborene naturwissenschaftliche Weltsicht gehören eng zusammen. Mit Recht weist Goethe die falsche Trennung von Subjekt und Objekt zurück, diese irreführende Behauptung, daß Objektivität gleich Wahrheit sei. In seiner weisheitsvollen Denkart ist er in voller Übereinstimmung mit der Beschaulichkeit und meditativen Erlebnisweise aller alten Hochkulturen.

Für das beschaulich-meditative Denken der alten Hochkulturen besteht die Subjekt-Objekt-Trennung nur an der Oberfläche. In der Tiefenschicht des Seins gilt das „Tat-twam-asi" der Inder, „Dieses, das ist die Natur, das Objekt, bist Du."

„Der östliche Mensch trennte sich nicht als Subjekt von den Erscheinungen, machte sie nicht zu selbständigen, autonomen Objekten, sondern nahm sie gleichsam, ohne ihre Andersartigkeit zu verkennen, in sein Subjektsein hinein. Er sah sich mit ihnen zusammen in einem nicht von widerstreitenden, sondern von polaren Gegensätzen bewegten Nebeneinander. Sein Gefühl, mit den Phänomenen Teil eines ursprünglichen magischen Zusammenhangs zu sein, war so stark, daß sich ihm die Erscheinungswelt als relative, auf das Subjekt bezogene Wirklichkeit darstellte" (Gerhard Rosenkranz, Was heißt heute Absolutheit des Christentums? in „Asien missioniert im Abendland" hrsg. von Kurt Hutten, Stuttgart 1962, S. 282).

Freilich sind die Menschen des Ostens bei dieser Haltung weitgehend einer einseitigen Überbetonung des Subjektes verfallen. Wie der Westen die Welt vergegenständlichte und nach dem absoluten Objekt suchte, so entgegenständlichte der Osten die Welt und begab sich auf die Suche nach dem reinen Subjekt, das Individuum und Kosmos in sich vereint. Für die Persönlichkeit und Gestaltung der äußeren Wirklichkeit bleibt da kein Raum mehr, sie versinkt im All-Einen. Auch das Erlebnis des geschichtlichen Ablaufs, der auf ein Ziel gerichteten Zeit, geht unter im ewig gleichen Kreislauf der Äonen. Erlösung von diesen Kreisläufen im Nirwana, im All-Einen, ist das einzige Vollendungsziel. In solch befreiender Erleuchtung, sei es im Höchststufenerlebnis des Yoga, im Samadhi, sei es im Höchststufenerlebnis des alten Buddhismus, im Nirranoc, oder sei es auch im Höchststufenerlebnis des Zen, im Satori, wird sich der Mensch des Truges seiner Individualität, der Scheinhaftigkeit der zeitlichen Wandelwelt und seiner Identität mit allen Lebewesen und Dingen bewußt.

Wie der westliche Mensch zur Vergegenständlichung der Welt, zur Erstarrung in abgegrenzten Formen und persönlicher Ich-Verhaftung neigt, so tendiert der östliche Mensch zur schrankenlosen Entgrenzung und zur Aufgabe von Person und Gestalt.

Bei den wahrhaft großen Erleuchteten werden allerdings im Osten wie im Westen beide Pole gesehen und als untrennbar miteinander verbunden erlebt, wenn dabei auch der eine oder der andere gemäß der westlichen oder östlichen Veranlagung stärker hervortritt.

Jedenfalls muß der westliche Mensch sich lösen aus der entpersönlichten Objektivität seiner vergegenständlichten Welt, und der östliche Mensch darf im Erleben der Einheit von Subjekt und Objekt nicht versinken in der Realisierung des reinen Subjektes. Richtig aber ist, daß Subjekt und Objekt nicht voneinander getrennt werden können. Sie bilden das eine wahrhafte Sein.

So durchdringen einander auch die sichtbare und die unsichtbare Welt. Dabei ist das Unsichtbare stets als das Ursächliche und Wesentliche, das Sichtbare als Erscheinung und Gestaltwerdung des Unsichtbaren zu betrachten. Daraus ergibt sich dann eine dem äußeren naturwissenschaftlichen Denken niemals faßbare Hierarchie und Einheit aller Dinge, Kräfte und Schwingungen. Das Leben in all seinen Wandlungen, Wirkungen, Wechselfällen und Werten wird da erlebt als durchpulst von einem großen Strom, den Laotse das Tao nennt. Geborgen fühlt sich der Mensch nur im Seinsgrund des Ewigen, der Subjekt und Objekt umfaßt.

Nur wer die große Stromflut des Seienden bis zur Unsichtbarkeitswelle innerlich überschaut, lebt als Weiser aus der seienden Wahrheit heraus. Er versteht die Chiffrenschrift der Natur zu deuten, weil ihm die Ähnlichkeit, die Entsprechung der unteren und oberen Ebenen, ihrer Schwingungs- und Wirkungsformen offenbar wird. Aus diesem Ähnlichkeits- und Einheitserleben mit der Natur erwuchs jene umfassende kosmische Entsprechungslehre, welche die Grundlage für die Menschen-, Erd- und Weltallslehre der alten Kulturen bildete.

Richtig sagt Prof. Edgar Dacqué in seinem Buche „Das verlorene Paradies" (S. 159 f.): „Wenn der Mensch eine mikrokosmische Wesensenthüllung des gesamten von ihm innerlich erlebten Kosmos ist, so muß jeder Wesensimpuls dieses Ganzen in ihm fühlbar sein und wenigstens grundsätzlich ihm zum Bewußtsein kommen können. Geschieht dieses, so hat er ein mythisches Bild, aber er hat zugleich auch eine magische Berührung mit entsprechenden Kräften. Und er sieht, bald deutlich, bald weniger deutlich, wie sich alle die Dinge in der Schöpfung nach inneren Entsprechungen aufeinander beziehen und zugleich auf ihn, den Menschen selbst, beziehen ... Dies ist die erkenntnistheoretische Grundlage und Sinngebung des astrologischen Wissens." Wir können hinzufügen: Das ist auch der Schlüssel zu den Götterlehren der alten Völker, das Geheimnis ihrer Magie und Mystik, die Wurzel und Krone ihrer Kosmologie.

Es ist nur zu begreiflich, daß die neuzeitliche Naturwissenschaft in ihrer stofflich induktiven Denkart die durchgeistigt deduktive Art der Alten nicht mehr verstand. Dem modernen Menschen, der durch die intellektuell-abstrakten Begriffe der Naturwissenschaft den Kosmos völlig entseelt und entgöttert hat, zeigte Goethe in seinen naturwissenschaftlichen Schriften den Weg, auf dem er den Geist in der Natur wiederfinden und das Wirken der göttlichen Ideen in der naturwissenschaftlichen Erfahrung selber nachzuweisen vermag. (Man vergleiche dazu Rudolf Steiner, Grundlagen der Erkenntnistheorie der Goetheschen Weltanschauung).

Unter den großen Astronomen der Neuzeit hat als einziger Johannes Kepler, der die drei grundlegenden Gesetze der Planetenbewegung entdeckte, neben der von ihm genial gehandhabten neuzeitlichen Denkweise das Recht der großartigen kosmosophischen Schau der Alten gewahrt. In seinem Mysterium Cosmographicum und seiner Harmonice Mundi trägt er hochbedeutsame kosmosophische Impulse in die Zukunft hinein. Kepler war darum nicht nur Astronom im modernen Sinne, sondern auch Astrologe im Sinne der Alten. Die von Kepler entwickelte harmonikale Weltbetrachtung läßt die Seele des Menschen harmonisch zusammenklingen mit der Weltseele und bildet die Grundlage seines astrologischen Denkens. Kepler ist sich dabei voll bewußt, daß er die Sternenweisheit der altägyptisch-babylonischen Epoche aus den Tempeln des Orients in die Wissenschaft des christlichen Abendlandes tragen soll. In der Harmonice Mundi steht das stolze Wort: „Mögen mich die Menschen auch verhöhnen ob meines freimütigen Bekenntnisses: Ja! Ich habe die goldenen Gefäße der Ägypter gestohlen, um meinem Gott aus ihnen ein Heiligtum zu errichten — weit, weit von den Grenzen Ägyptens!"

Die harmonikale Weltbetrachtung Keplers wurzelt im Mysterienwissen des Altertums, das auch die Grundlage aller modernen Kosmosophien und Astrosophien bildet. In der modernen Kosmosophie und Astrosophie vollzieht sich eine Wiedergeburt der harmonikalen Weltbetrachtung des Altertums, eine zeitgemäße Erneuerung des Mysterienwissens der Antike. Eine aus ihrer spirituellen Grundlage heraus neu gestaltete Astrologie vermag heute zu einer umfassenden kosmischen Signaturenlehre zu werden, die als Astrosophie vor allem geeignet ist, den geistigen Rationalismus der Moderne zu überwinden und eine kulturell wichtige Brücke zwischen Wissenschaft und Religion zu bilden. Soviel also sei gesagt über die erkenntnistheoretischen Grundlagen des astrosophischen Denkens.

Der Kosmos als Geistorganismus in der Schau der Steinzeitmenschen

Der weltbekannte Psychoanalytiker Prof. Carl Gustav Jung hat, wie schon erwähnt, nachgewiesen, daß die grundlegenden astrologischen Symbole zu den allgemeingültigen Urbildern der Menschenseele, den Archetypen des überpersönlichen Unbewußten gehören. Diese tiefenpsychologischen Forschungen werden bestätigt durch die modernen Entdeckungen auf dem Gebiete der Ethnologie, der Ur- und Frühgeschichte der Menschheit. Daß die astralen Urbilder schon vor Jahrtausenden bei den verschiedenen Völkern in allen Erdteilen vorhanden waren, wird z. B. auch schon bewiesen durch die erstaunliche Übereinstimmung der Mythen und Volksmärchen in allen Erdteilen.

Tief in vorgeschichtliche Zeiten reicht der astrologische Urgedanke vom Zusammenhang des kosmischen und irdischen Geschehens. Die Menschen der Frühzeit hatten eine Natursichtigkeit, mit der sie die Lebensprozesse des Kosmos in Stein, Pflanze, Tier, Mensch und Stern erspürten. Dieser urzeitliche Mensch, den der Paläontologe Edgar Dacqué in seinen Büchern „Urwelt, Sage und Menschheit", München 1924, und „Das verlorene Paradies", München 1938, eingehend zu schildern versucht, war mit dem Kosmos innig verflochten und partizipierte geistig an allen Vorgängen im Himmel und auf Erden, in Wald und Busch, in Tier und Pflanze, in Steinen und Sternen. Er interessierte sich nicht für die Materie, sondern für deren Belebtheit. Vor der Ausbildung von Sprache und Schrift herrschte das imaginativ geschaute Bild, das Symbol. An Gestirnsymbolen orientierte der Mensch sich, noch ehe er eine Begriffssprache entwickelte. Das beweisen die aus der Steinzeit stammenden astralen Felszeichnungen der Höhlenbewohner. Der urweltliche Mensch erfaßte die ganze Natur in einer Art natursomnambulen, geistigen Schauens. Auch heute noch schauen und beschreiben Somnambule ohne astrologische Kenntnisse Planetensphären mit den gleichen Attributen, welche die esoterische Astrologie den Planeten zuteilt. Durch die Sterne vernahm der natursichtige Mensch die Stimme der Götter.

Das Zeitalter der großen kosmisch-geistigen Religionen beginnt bereits in der Altsteinzeit, dem Paläolithikum, mit echter Astrologie und Sonnenkultus. In der jüngeren Steinzeit zeigen uns die inschriftlichen Zeichen bereits eine hoch entwickelte kosmische Symbolik. Das hat neuerdings Hermann Wirth („Der Aufgang der Menschheit", Jena 1928, und „Die heilige Urschrift der Menschheit", Leipzig 1931 — 1936) an einem weitschichtigen Material eingehend bewiesen. Wie auch immer man diese Forschungen im einzelnen beurteilen mag, sicher ist jedenfalls, daß kosmische Geistigkeit die Entwicklung des menschlichen Geistes impulsiert hat. Hingewiesen sei hier auch noch auf das erst kürzlich erschienene Buch von Dr. H. Rudolf Engler, „Die Sonne als Symbol, der Schlüssel zu den Mysterien", Küsnacht-Zürich 1962, das eine Fülle von historischen Dokumenten zum mythisch-symbolischen Denken der Astrologie aus der Ur- und Frühzeit zusammenträgt und geistesgeschichtlich als Mysterienwissen zu deuten versucht.

Tiefenpsychologie und historische Erforschung der astralen Symbole zeigen in gleicher Weise, daß die mythisch-symbolische, prälogische Denkform uns eine tiefere Schicht der Wirklichkeit erschließt als das kausalgegenständliche Denken. Aus einem geistig übersinnlichen Schauen, aus dem ins Kosmische geweiteten Überbewußtsein des Menschen ist alle echte Astrologie und Astrosophie entstanden.

Zu den erstaunlichsten Dokumenten der frühen Prähistorie der Menschheit gehören die farbenprächtigen, hochkünstlerischen Felsbilder aus den Höhlen der Altsteinzeit in Südfrankreich und Spanien. Die Forscher datieren diese Felsbilder auf etwa 20 000 bis 15 000 Jahre vor Christus und schreiben sie der sog. Cro-Magnon-Rasse zu, die in nichts dem heutigen Menschen unterlegen war, außer etwa durch ihre technisch-materielle Unerfahrenheit. Diese Cro-Magnon-Rasse hat nichts mit dem auf niedriger Kulturstufe stehenden Neandertaler zu tun. Woher diese Rasse kam, die heutigen Menschen an Gestalt und schöpferischem Genie in keiner Weise unterlegen war, wissen wir nicht. Da sie besonders stark vertreten ist an den Randgebieten des atlantischen Ozeans in Südfrankreich und Spanien, hat man vermutet, daß sie vom untergegangenen Erdteil Atlantis herstammt. Doch das bleibt nur Vermutung. Staunend aber stehen wir vor den malerischen Kulturschöpfungen dieser Menschen. Die Forscher sind sich heute darüber einig, daß diese herrlich ausgemalten Höhlen nie Wohnhöhlen gewesen sind, wie man früher annahm, sondern Kulthöhlen. Diese Höhlen sind die Urform aller Kirchen, Krypten und Orakelhöhlen späterer Zeiten.

Diese Kultgrotten, die sich meist am Wasser befanden oder in denen sich Wasser befand, waren in der Regel bestimmt zur Vollziehung gewisser winter-sonnwendlicher Kultriten. Die Zeichnungen mit dem Rentier (Elch), dem Stier (Büffel, Bison) — Darstellungen, zu denen in der jüngeren Steinzeit noch das Roß und der Bock hinzukommen — zeigen sinnbildliche Wintersonnwend-Tiere, aber auch zahlreiche andere Tiere. Die Vorstellungen eines primitiven Jagdzaubers reichen nicht aus, um solche Höhlenmalereien zu erklären. Denn das Tier wurde damals vom Menschen allgemein als Repräsentant der astralen, kosmischen Kräfte erlebt. Noch heute nennen wir die Triebseele, welche wir mit dem Tiere gemeinsam haben, die Astralseele, weil das seelische Wesen des Menschen mit den astra, den Gestirnen, in enger Verbundenheit steht, wie das jedes Horoskop zeigt. So folgt auch in der biblischen Schöpfungsgeschichte auf die Erschaffung der Pflanzen die Erschaffung der Himmelslichter und der Tiere. Tiere und Planeten gehören, geistig betrachtet, eben eng zusammen. Deshalb spielt auch das Tier bzw. die tierisch-menschliche Mischgestalt als Darstellung göttlicher Wesen in der ägyptischen und babylonischen Kunst eine so große Rolle. Der Zodiakus, der Tierkreis am Himmel, besteht noch heute überwiegend aus Tierbildern. Erst in der griechischen Kultur werden die Götter rein menschlich dargestellt.

Die großartigsten Tierbilder zeigt in der Altsteinzeit die erst im Jahre 1940 entdeckte Kulthöhle von Lascaux im Tal der Vézères im Südwesten Frankreichs. Die besten Wiedergaben dieser Höhlengemälde finden wir in dem schönen Werk von

Georges Bataille, „Lascaux oder die Geburt der Kunst", Genf 1955 (Skira). Man hat Lascaux mit Recht „die Sixtinische Kapelle der Vorgeschichte" genannt. Diese Bilder muten in ihrer Dynamik und naturalistischen Lebendigkeit ganz modern an, fügen sich aber als Bilder einer Kulthöhle in ganz bestimmte Riten ein, die wir nicht näher kennen.

Hinweisen möchte ich nur auf die Einweihungsszene im tiefsten Teil der Grotte von Lascaux, dem sog. Schacht. Am Ende der Apsis öffnet sich ein tiefes Loch, in das man heute über eine eiserne Leiter leicht hinabsteigen kann. In vorgeschichtlicher Zeit freilich war der Abstieg, vielleicht vermittels eines Seiles, wesentlich schwieriger. Etwa 4 m unterhalb des Bodens der Apsis stellt uns eine schmale Plattform einer Wand gegenüber, an der die älteste uns erhaltene Einweihungsszene der Steinzeitmysterien dargestellt ist, datiert auf etwa 15 000 v. Chr. Zwischen einem rückwärtsblickenden alten Bison, auf relativ dünnen Beinen stehend, und einem jungen kräftig ausschreitenden Eberschwein sehen wir den im Trance-Zustand in scheinbarer Todesstarre nackt am Boden liegenden einzuweihenden Adepten, der den Sonnengott selber darstellt. Diese Gestalt ist stark stilisiert. Die nach unten gesenkten Arme charakterisieren den wintersonnwendlichen Sonnengott. Die vier Finger an jeder Hand weisen auf die vier Jahreszeiten des Sonnenjahres, zu Füßen der Gestalt sehen wir als Symbolzeichen das Sonnenkreuz, mit der Todes- und Gott-Rune ti (⋏). Von der gleichen Todesrune (⋏) wird auch der rückwärtsblickende alte und sterbende Bison durchkreuzt. Unter seinem Bauch erkennen wir das gespaltene Sonnenjahres-Zeichen, die Rune der Wintersonnwende. Der alte, sterbende Bison repräsentiert das alte, sterbende Jahr, das junge Eberschwein dagegen stellt das neue Jahr dar, den aus dem Grabe auferstehenden Jahrgott. Die sechs Punkte hinter diesem Eber weisen wie Sechsstern und sechsstrahlige Hagalrune auf den Gott-Menchen hin. Zwischen beiden Tieren sitzt ein Vogel auf einer Stange oder einem Strahl, und unter der Vogelstange erkennen wir das Gabelkreuz (ⵙ), das Runen-Zeichen der Auferstehung. Die stilisierte Gestalt des Sonnengottes hat ebenfalls einen Vogelkopf. Vogel und Vogelkopf bei der Menschengestalt deuten hin auf den Himmelsflug des Adepten, der im Trance-Zustand in die geistig-kosmischen Sphären aufsteigt. Noch heute spielen in Sibirien bei der Schamanen-Einweihung die Vögel eine wichtige Rolle. Manchmal trägt der Schamane sogar ein Vogelkleid.

Das Mysterium der Wintersonnenwende ist das große Tiefwinter-Fest dieses frühen Steinzeitmenschen. In ihm offenbart sich das große göttliche Gesetz des kosmischen Wandels, die Gewißheit, daß alles Sterben nur ein Werden ist und der Tod durch das Licht Gottes wieder zum Leben führt.

Auf deutschem Boden stellen die Externsteine, ursprünglich wohl „Eggesternsteine", im Teutoburger Wald bei Horn die älteste steinzeitliche Mysterienstätte dar. Es sind jene denkwürdigen ca. 30 m hohen, säulenförmigen Naturfelsen, in denen sich Kulträume für die Feier der Wintersonnwend- und der Sommersonnwendmysterien befanden. Bereits in der älteren Stein- und Bronzezeit wurden diese Kulträume von Menschenhand aus den Felsen gehauen. Das kreisrunde Fenster über dem Altar-Tisch im Kopf des etwa 30 m hohen mittleren Felsens war genau gegen die aufgehende Sonne am Tage der Sommersonnenwende gerichtet. In der unteren Grotte des benachbarten Felsens wurden die Wintersonnwendfeiern begangen. Dort findet sich das Symbol des die Arme abwärts senkenden Gottessohnes in der Form eines umgekehrten eckigen ∩ als ⅄⅄. Hier geht der Gottessohn ins Ur, in die Mutter Erde, in die Grab- und Mutterhöhle ein. Ein großes kesselförmiges Taufbecken ist im Boden der unteren Grotte ausgehöhlt. Vor jenem Felsen ist außerdem ein Sarg in einen Felsblock eingehauen. Über dem Sarg ist eine halbkreisförmige Nische in den Stein eingelassen, so daß der in den Sarg eingelegte Adept beim Ritus der Sarglegung sich symbolisch im Ur, dem kleinen Sonnenbogen der Wintersonnwendzeit, befand. Für den aus dem Steinsarg Auferstehenden ist in der Seitenwand eine Vertiefung angebracht, die dem Griff der Hand entsprechend geformt wurde und das Aufstehen aus dem Sarg erleichterte. Auf der Felsoberfläche des Grabes aber sieht man das Malkreuz der Doppel-⋀ Rune (⋇), die sog. Lina-Laukar-Formel, die „Leinen-Lauch"-Formel, welche sich ursprünglich auf die Grablegung des Gottessohnes bezog. Die Externsteine bargen auch die Irminsul, die zugleich als Weltenlichtsäule und Weltenlebensbaum galt. Die ganze Anlage wurde 772 n. Chr. von Karl dem Großen im Sachsenkrieg zerstört.

Man kann von den vorhandenen Resten der alten Anlagen ausgehend noch folgende Kulturschichten dieser dem kosmischen Sonnenkultus geweihten Mysterienstätte unterscheiden:

1. Die Alteuropäische Schicht, etwa 7000 — 1500 v. Chr.
2. Die Wodanschicht, etwa 1500 — 530 v. Chr.
3. Die keltische Schicht, etwa 530 — Chr. Geburt.
4. Die germanische Schicht, von Chr. Geburt — 772 n. Chr.
5. Die christliche Schicht, etwa 772 — 1648 n. Chr.

Zur näheren Orientierung verweise ich auf das Buch von Hans Gsänger, „Die Externsteine", Freiburg i. Brg. 1964.

Nun seien anschließend noch einige der bedeutendsten Hieroglyphen aus dem reichentfalteten Runenkreis der jüngeren Steinzeit, wie wir ihn um 4000 v. Chr. in ganz Nordeuropa vorfinden, gedeutet. Zum Teil gehen freilich diese heiligen Zeichen in noch ältere Zeiten zurück, bis etwa 15 000 v. Chr. Es sind heilige, magische Zeichen aus dem Kultus des Sonnenjahrgottes. Im Jahresrhythmus der Sonne erfuhr der Steinzeitmensch das Leben, Leiden, Sterben und Auferstehen des Jahrgottes, des „sun", des Gottessohnes. Die Jahresabschnitte der Sonnenbahn waren für ihn verschiedene Offenbarungsstufen der physischen, der geistigen und göttlichen Schöpfer-Sonne. Das Symbol des Lichtes wurde diesen Menschen zum Symbol der Gottheit. Diese ganze steinzeitliche nordisch-atlantische Hieroglyphik und Kultsymbolik beruht auf einer Gottessonnenreligion und nicht auf einer Sonnengottreligion. Es war eine einheitliche, monotheistische, kosmische Lichtreligion, in der die göttliche Schöpfersonne klar unterschieden wurde von der physischen Sonne. Die Schöpfersonne, Gott selber, war für diesen Frühzeitmenschen unvorstellbar und unerfaßbar, er konnte nur mit verschiedenen bildhaften Mitteln, in heiligen Zeichen und Runen symbolisch zur Darstellung gebracht werden. Die Ur-Religion ist ein hochgeistiger Ur-Monotheismus, dargestellt im Symbol einer immateriellen Lichtreligion.

Die Träger dieser urzeitlichen Religion kamen aller Wahrscheinlichkeit nach von dem untergegangenen Erdteil Atlantis zu Schiff nach Nord- und Südamerika, nach Afrika, Europa, Nordafrika und Asien. Denn in all diesen Gebieten finden wir bereits in der Steinzeit die Hieroglyphik und Kultsymbolik dieser Sonnenlicht-Religion. Professor M. F. Homet nennt diese Atlantier darum „Die Söhne der Sonne".

Das Jahr ist für diesen Frühzeitmenschen die große Offenbarung des göttlichen Wirkens im Weltall. Dieses Jahr Gottes in der Natur hat sein Spiegelbild in jedem Tag. In jedem Tag erfüllt sich wieder das Gleichnis des Jahres. Was Frühling, Sommer, Herbst und Winter im Laufe des Jahres sind, das sind im Tagesrhythmus Morgen, Mittag, Abend und Nacht. Viele Tage bilden ein Jahr und viele Jahre formen ein Menschenleben. So weitet sich der Tages- und Jahres-Kreis zum Kreislauf des Menschenlebens. So erschaut dieser Steinzeitmensch das Gleichnis seines Lebens täglich und jährlich: den Morgen seiner Kindheit und den Lenz seiner Jugend, den Mittag und den Sommer seiner vollen Reife und den Herbst und Abend seines Alters, der durch die Winternacht des Todes zu neuem Leben, zum Wiedergeboren-Werden führt. Der kosmische Kreislauf ist das große kosmische Gesetz Gottes, die sittliche Grundlage des Weltalls und alles Daseins. Auf dieser Grundlage baut sich alles Gott-Erleben und alles Recht-Erkennen auf; es findet sein Sinnbild im Jahres-Welten- oder Lebensbaum.

Das drückt sich deutlich noch heute im kultsprachlichen Wortschatz dieser Völker auf. Ein Beleg dafür ist der alte Wortstamm t-r, wie er erhalten ist in „drehen", „Drehung", „Dorn" (mit der Bedeutung Baum) oder in umgekehrter Konsonantenfolge als r-t in „Rad", „ruota", „Ritus", „Rhythmus", „Rita" in der Bedeutung „Ordnung", „Gesetz", „göttliche Satzung".

Diese ganze hochgeistige Sonnenreligion des Steinzeitmenschen erwuchs aus dem lebendigen Erleben der kosmischen Rhythmen von Sonne, Mond und Sternen, aus der Verwurzelung im Schwingen der Tages- und Jahreskreisläufe. Weil der

Mensch in der Urzeit dem Kosmos noch so lebendig und unmittelbar aufgeschlossen war, darum konnte sich diese Sonnenlichtreligion in so großartiger Weise entfalten. Ihren symbolischen Ausdruck fand sie in jenen Zeichen der „heiligen Jahresreihe", aus denen die Schriftsysteme der Welt in den verschiedenen Ländern der Erde entstanden sind. Sie stammen also zuletzt aus dem höchsten Wissen um die Gottesoffenbarung im Weltall, aus dem Wissen um den Jahresablauf, um das Licht der Welt, das von Gott kommt.

Wie arm ist dem gegenüber der städtische Mensch von heute, der wenig mehr erlebt vom Auf- und Untergang der Gestirne, von Sonnen- und Mondlauf, vom Kreisen der Planeten. Das Jahr ist für ihn ein äußerlicher, zeitlicher Begriff, dem er nicht mehr Wert beimißt als jeder anderen Zeiteinteilung. Das Jahr ist ihm symbolisiert im Schreibtisch- oder Abreißkalender, im Wechsel sommerlicher und winterlicher Vergnügungen, sonst aber hat der religionslos gewordene städtische Mensch zum Rhythmus der Schöpfung keine innere Beziehung mehr. Sein Arbeits- und Lebenstempo wird immer schneller. Kreislaufstörungen sind darum heute die häufigste Todesursache. Das Weltbild dieser Steinzeitmenschen war also wesentlich spiritueller als unser neuzeitliches, materialistisches Weltbild.

Noch heute verwenden die Astronomen der ganzen Welt als Zeichen für die Sonne den Kreis ⊙ mit dem Punkt in der Mitte. Dieses Sonnensymbol ist schon in der jüngeren Steinzeit allgemein als heiliges Kultsymbol verbreitet und hat die Bedeutung Sonne, Geist und Gott. Der Kreis, die vollkommenste mathematische Figur — jeder Punkt der Peripherie hat gleichen Abstand vom Mittelpunkt und kreisend kehrt die Peripherie in sich selber zurück —, ist Sinnbild des vollkommenen, ewigen, unendlichen Gottes. Gott aber ist nicht nur ewig und unendlich, sondern zugleich auch persönlich. Auf dieses Personsein Gottes deutet der Mittelpunkt im Kreis. So erlebte schon der Steinzeitmensch die Gottheit zugleich als persönlich und überpersönlich und stellte sein Gotterleben auf diese Weise im Sonnensymbol dar. Gott war für ihn unfaßbar, unschaubar — „er wohnt in einem Licht, da niemand zukommen kann", wie Paulus sagt (1. Tim. 6, 16),

— aber er offenbart sich in der Sonne, die als dreifache Sonne, als physische, als geistige Sonne und als göttliche Schöpfersonne erlebt wird.

Wird der Kreis geteilt ⊖ durch eine Waagerechte, so entsteht damit ein Oben und Unten, eine Oberwelt und eine Unterwelt. Die Waagerechte wird dabei zur Raumachse. Wird der Kreis durch eine Senkrechte geteilt ⊘, so entsteht ein Vorher und Nachher und die Senkrechte wird so zur Zeitachse. Zeichnen wir beide Linien, die Raumachse und die Zeitachse in den Kreis, so entsteht das Kreuz ⊕ im Kreis, das Symbol des raum-zeitlichen Kosmos, das später auch als Symbolzeichen für die Erde verwendet wird.

Wir erwähnten bereits, daß die verschiedenen Jahreszeiten und Monate als Offenbarungsstufen des Sonnensohnes, des Jahrgottes im raum-zeitlichen Kosmos erlebt und durch magische Runen-Zeichen dargestellt wurden.

Der Jahrgott hatte auch verschiedene Namen in den verschiedenen Jahreszeiten. Im Tiefwinter, in der Zeit vor der Wintersonnenwende, hieß er der ul, nach der Wintersonnenwende hellte sich bei steigendem Licht das u auf zum a, und nun hieß er der al. Im Frühjahr, nach der Tag- und Nachtgleiche hieß er der el, im Hochsommer, zur Zeit der Sommersonnenwende war er der il, und in der Herbsttag- und Nachtgleiche hieß er der ol. Immer wird in diesen Namen des Jahr- und Lichtgottes das l, der Buchstabe, der auf Licht, Leben, Liebe deutet, verbunden mit einem dunklen oder hellen Vokal, entsprechend dem dunklen oder hellen Charakter der verschiedenen Jahreszeiten, vom dunklen u geht es zum a, zum e, zum i und wieder abwärts in die dunkle Jahreszeit zum o und zurück zum u.

Das Zeichen der Wintersonnenwende, das im heutigen Tierkreis durch den Steinbock dargestellt wird, galt zugleich als Grabhaus und Mutterschoß und wurde symbolisiert durch den kleinsten Sonnenbogen in der Form des ∩ oder ∪. Aus diesem Zeichen entstand später der Buchstabe U.

Zur Bezeichnung der Winter- und auch der Sommersonnenwende wurde auch der geteilte Kreis (⊘) verwendet, jene Rune, die als Jahrrune galt. Denn das Jahr begann in der Winter- oder der Sommersonnenwende. Teilt man diese Jahrrune, so erhält man die Zeichen ꞯ und ꝓ, die Dorn- oder Thorsrune, die die Germanen auf den Hammer des Thor bezogen. Auch das im kretisch-mykenischen Kulturkreis so häufig vorkommende Symbol der Doppelaxt (ⵜ) ist eine Abwandlung dieser Jahrrune.

Das Zeichen der Frühlings-Tag- und -Nachtgleiche ist die Man-Rune (ᛉ), welche den Jahrgott mit erhobenen Armen in stilisierter Form darstellt. Sie hat die Bedeutung Man, Mensch, Tag, Frühling, Leben, Geborenwerden. Das Zeichen der Herbst-Tag- und -Nachtgleiche ist die ti-Rune (ᛣ),[1] welche den Jahrgott mit gesenkten Armen in stilisierter Form darstellt. Sie hat entsprechend die Bedeutung: Gott, Nacht, Herbst, Weib, Tod, Sterben. Die Man- und ti[2]-Rune ergibt zusammengefügt die Hagalrune (ᛡ ᚼ) mit der Bedeutung Gottmensch, Jahreskreis, Lebenskreis, in Worten gedeutet als „ich hege das All".

Zur Bezeichnung der Sommer- und Wintersonnenwende wurde auch das einfache + verwendet, das den Jahrgott mit waagerecht ausgebreiteten Armen in stilisierter Form darstellte. Dieses einfache Kreuz mit den waagerechten Armen bildete ja den Übergang vom Man (ᛉ) zum ti- (ᛣ) im Hochsommer und ebenso den Übergang vom ti[3]- (ᛣ) zum Man (ᛉ) im Tiefwinter.

Zwei Kreise miteinander verbunden durch einen Strich (⚭) oder in Form der Lemniskate (8 ∞) wurden gelesen als „Verbindung vom Sommer und Winter, Tag und Nacht, Außen und Innen, Sinnenwelt und Geistwelt, Oberwelt und Unterwelt, Leben und Tod". Die Lemniskate ist noch heute in der Mathematik das Zeichen für „unendlich".

Halbiert man die Lemniskate, so entsteht aus deren oberem Teil die Rune od mit der Bedeutung „Odem", „Leben" oder in Kombination mit il, dem Namen des Lichtgottes zur Zeit der Sommersonnenwende, od — il als „Leben aus Gott". Auch die Verbindung der ti- und od-Rune als ᛉ (ti-od) ergibt die Bedeutung „Leben aus Gott". Von tiod ist später das Adjektiv thiotisk abgeleitet, das die Urform des Wortes „deutsch" dar-

[1-3] deren bekannterer Name Yr ist

stellt. Thiotisk heißt also nicht nur „völkisch", sondern ureigentlich „aus Gott lebend". Im Sprichwort „vox populi vox dei" haben wir noch einen Nachklang dieser Bedeutung. Auch dürfen wir uns hier erinnern an ein schönes Wort unseres großen Philosophen Fichte, der sagt: „Wessen Leben ergriffen ist von dem Wahrhaftigen und Leben unmittelbar aus Gott geworden ist, der ist frei und glaubt an Freiheit in sich und anderen."

Verbinden wir die Hagalrune (✶) mit der Dorn- oder Thor-Rune (ᚦ), so entsteht ein uraltes vorchristliches Heilszeichen, ⳩, das später als Christus-Monogramm verwendet wurde, weil es als Chi (✕) und Ro (ᚦ) die Anfangsbuchstaben des Namens Christus bezeichnete.

Die Hagalrune wurde in verschiedenen Formen geschrieben, als Sechsstern (✶) oder auch als ᚺ oder H. Auf die Hagalrune folgen die Not-, Is- und Ar-Rune. Die Is-Rune (|) bezeichnet das Ich. Sie stand in der Runenreihe zwischen der Not-Rune (ᚾ) und der Ar-Rune (ᚨ), die auf die Adlergeistigkeit des freien Geistes, auf Geistesfreiheit hinwies. Damit soll gesagt sein, daß zwischen Not und Freiheit, zwischen Schicksalszwang und Geisteskraft alles Leben im Ich des Menschen und im großen Weltall, im Is und im Hagal schwingt. Auf die Ar-Rune folgt dann in der Runenjahresreihe die Sig-Rune (ᛋ) mit der Bedeutung sol, sal, Sieg, also Sonne, Heil und Sieg, wie sie dem wahrhaft freien Menschen zuteil werden.

Die Zusammenstellung der Is-, Hagal- und Sig-Rune (IHS) ergibt die Bedeutung Sonnensieg in Ich und All. Sie wurde später auch als Christusmonogramm gedeutet, indem man in diesen Zeichen den Namen „Jehoschua" (= Jesus) las oder die Buchstaben deutete als „Jesus, Heilig-Seligmacher". Entstanden aber ist dieses Heilszeichen bereits 10 000 Jahre vor Christi Geburt.

Die Hagalrune erhält man auch, wenn man die Auf- und Untergangspunkte der Sonne zur Zeit der Sommersonnenwende und zur Zeit der Wintersonnenwende miteinander durch ein Malkreuz verbindet und die Nord-Südlinie als dritte Linie dazunimmt. Nimmt man als vierte Linie die Ost- und Westpunkt verbindende Linie hinzu, so entsteht der Acht-Stern oder das achtspeichige Sonnenrad. Sechsstern wie Achtstern sind steinzeitliche Symbole des Jahreskreises.

Drei übereinander gewölbte Halbkreise waren Symbol für den Sonnenlauf im Tiefwinter, zur Zeit der Tag- und Nachtgleichen und im Hochsommer.

Drei ineinander gelegte Vollkreise stellen die drei Sonnen dar, die physische Sonne, die geistige Sonne und die Schöpfersonne.

In der Kulthöhle von St. Marcel fand man eine Felszeichnung aus der Zeit zwischen 25 000 und 15 000 v. Chr., auf der aus den drei Sonnen der zwölfastige Lebens- oder Jahresbaum her-

vorwächst, der seinerseits wieder an der Spitze das Sonnensymbol als zweifachen Kreis trägt. Das Symbol stellt die Wiedergeburt der Sonne in der Zeit der Wintersonnenwende dar, das Hervorgehen des kosmischen Jahresbaumes und der physischen Sonne aus der göttlichen Schöpfersonne. Diese Hieroglyphe ist das vieltausendjährige erste Zeugnis für unseren Weihnachtsbaum. Wir wissen aus den isländischen Sagas, daß die Germanen zur Zeit der Wintersonnenwende eine mit Lichtern geschmückte Tanne in oder vor ihrer Wohnhalle aufstellten. Dieser Brauch geriet im Mittelalter in Vergessenheit. Erst im 17. und 18. Jahrhundert lebte er von neuem auf. Goethe sah den ersten Christbaum im Elsaß.

Die Doppelspirale ist ein altes steinzeitliches Symbol für Einwickelung und Entwicklung, für Involution und Evolution, für den Abstieg des Geistes in die Materie und für die Entfaltung des Geistes in der stofflichen Welt.

Das letzte Bild zeigt im Kreise das Sechseck mit Hagalrune und Sechsstern. Die Seite des Sechsecks ist gleich dem Radius des Kreises. Der Sechsstern ist wie die Hagalrune Symbol des Makrokosmos. Er besteht aus zwei Dreiecken, von denen das eine mit der Spitze nach oben und das andere mit der Spitze nach unten weist. Das mit der Spitze nach oben weisende Dreieck deutet hin auf den zeugenden Geist und das mit der Spitze nach unten weisende Dreieck weist hin auf die Welt der Materie. Geist und Materie durchdringen einander und bilden zusammen den Makrokosmos. Bei den Juden wurde dieser Sechsstern zum Symbol Jahwes. Er steht noch heute auf allen jüdischen Synagogen und wird gewöhnlich Salomonssiegel oder Davidsschild genannt.

Aus der jüngeren Steinzeit sind uns viele megalithische Kultstätten in Nordeuropa, besonders in der Normandie und England, erhalten. Die bedeutsamste ist der große Sonnentempel von Stonehenge bei Salsbury in England, erbaut etwa zwischen 2000 und 1800 v. Chr. Diese Tempelanlage beweist, daß die Träger dieser Megalithkultur außer jener großkosmischen Schau auch schon eine hochstehende Kalenderwissenschaft entwickelt hatten.

Dieser Sonnentempel stellte einen Rundbau mit einem Durchmesser von 88 m dar und war umgeben von einem Ringwall, zu dem von außen her eine von Wall und Graben flankierte Zugangsstraße führte. Die Achse dieses Sonnentempels ist genau auf den Sonnenaufgangspunkt zur Zeit der Sommersonnenwende gerichtet. 30 große Tragsteine von je 4 m Höhe bilden den äußeren Umfassungskreis des Heiligtums und tragen aneinander gefügte große Decksteine, die einen geschlossenen Kreis bilden. Im nächstfolgenden konzentrischen Kreis standen 48 Steine von je 1,80 m Höhe. Die innersten 21 Megalithe von über 2 m Höhe bildeten ein Hufeisen, das Ur-Zeichen (∩) des kleinsten Sonnenlaufbogens. Die Mitte zierte eine große altarähnliche Steinplatte. Außerdem befanden sich im Inneren fünf hufeisenförmig angeordnete Tore aus drei riesigen Steinen von 6,70 m Höhe, von denen zwei aufrecht standen, während der dritte als Deckplatte darüber lag.

Die Erbauer dieses Sonnentempels teilten das Jahr in 4 Jahreszeiten und rechneten mit Perioden von 4 Jahren, wobei sie das Jahr bereits bestimmten als einen Zeitraum von 365 1/4 Tagen. 4 Jahre hatten also 4 × 365 1/4 Tage = 1461 Tage. Diese erstaunlich genaue Zeitrechnung ist aus den Steinkreisen abzulesen. Der äußere Steinkreis mit seinen 30 Steinen weist auf die Tage des Monats. Der aus 48 Steinen bestehende zweite Steinkreis zählt die Monate der 4 Jahre, wobei das Jahr zu 12 Monaten gerechnet wird (4 × 12 = 48). Da jeder Monat mit 30 Tagen gerechnet wird, ergibt das ein Jahr von 12 × 30 = 360 Tagen. In 4 Jahren oder 48 Monaten beträgt dann die Zahl der Tage 48 × 30 = 1440 Tage. Da nun das wirkliche Jahr nicht 360, sondern 365 1/4 Tage hat, müssen für 4 Jahre 4 × 5 1/4 = 21 Tage hinzugerechnet werden. Die zu ergänzenden 21 Tage werden durch die innersten 21 Megalithe angegeben. 48 × 30 + 21 ergeben 1461 Tage, also die Zahl der Tage in 4 Jahren, wobei das Jahr genau zu 365 1/4 Tagen gerechnet wird.

Hier dürfen wir uns daran erinnern, daß im Jahre 4241 vor Chr. in der Gegend von Memphis der altägyptische Kalender eingeführt wurde, der mit der Sothis-Periode rechnete. Dieser Kalender zählt das Jahr auch zu 12 Monaten von 30 Tagen, also mit 360 Tagen und 5 angehängten Schalttagen. Das ergibt dann ein Jahr von 365 Tagen. Die Außerachtlassung des Vierteltages hatte zur Folge, daß der Jahresanfang sich nach jeweils 4 Jahren um einen Tag verschob. Auf das richtige Datum fiel der Jahresanfang dann erst nach 4 × 365 Jahren, d. h. nach 1460 Jahren. Das war die ägyptische Sothisperiode. Rechnet man das Ausgangsjahr hinzu, so bekommt man 1461 Jahre = 4 × 365 1/4 Jahre.

Erst Julius Caesar hat im Jahre 46 v. Chr. im Anschluß an diesen altägyptischen Kalender den nach ihm genannten julianischen Kalender in Rom eingeführt. Er rechnete das Jahr zu 365 Tagen und fügte dann alle 4 Jahre einen Schalttag hinzu, wodurch sich dann der Näherungswert von 365 1/4 Tag pro Jahr ergab.

Diese relativ genaue Kalenderrechnung, die für Europa bis zur Gregorianischen Kalenderreform im Jahre 1582 n. Chr. gültig blieb, war aber den Erbauern des Sonnentempels von Stonehenge schon um 2000 v. Chr. bekannt.

In Verbindung mit dem Sonnentempel von Stonehenge stand eine prähistorische Rennbahn, auf der jedes 4. Jahr zur Zeit der Sommersonnenwende ein fünftägiges Fest mit Wettkämpfen zur Feier des höchsten Sonnenstandes begangen wurde. Die späteren olympischen Spiele in Griechenland wurden ebenfalls jedes vierte Jahr, d. h. jedes Schaltjahr zur Zeit der Sommersonnwende fünf Tage lang gefeiert, zum ersten Male im Jahre 776 v. Chr. in Olympia. Die indogermanischen Ahnen der Griechen haben also diesen Brauch aus der nordischen Megalithkultur nach Griechenland mitgebracht. Die uralte nordische Rennbahn der Megalithkultur wurde dabei zum griechischen Stadion.

Mit staunender Verehrung stehen wir vor dieser uralten astralen Symbolik, die uns Einblick gewährt in jene steinzeitliche Astrologie, die von Horoskopie noch nichts wußte, aber den astrologischen Urgedanken vom Zusammenhang des kosmischen und irdischen Geschehens in großartiger Weise zum Ausdruck brachte. In dieser Frühzeit war Astrologie Licht- und Gottsonnen-Religion, Kosmosophie und Kalenderwissenschaft zugleich. Diese uralte Astraltheologie, diese ehrfurchtgebietende Licht- und Sternenreligion, die im großen kosmischen Gesetz zugleich die sittliche Grundlage des Weltalls und des Menschenlebens sah, muß man in sich lebendig machen, wenn man dem wahren Wesen der echten Astrosophie gerecht werden will. Da dürfen wir uns der schönen Verse Friedrich Rückerts aus der Weisheit des Brahmanen erinnern:

„Kennst du den Boten nicht, der dir allein Bericht
Von höher'n Welten bringt? Der Bote heißet: Licht.
Das Licht nur steiget dir aus höchsten Sphären nieder
Und steigt mit deinem Blick zu höchsten Welten wieder.
Folge nur seiner Spur! Verständest du es nur,
Und unverstanden wär dir nichts in der Natur!
Wie von der Sonne gehn viel Strahlen erdenwärts,
So geht von Gott ein Strahl in jedes Dinges Herz,
In diesem Strahle hängt das Ding mit Gott zusammen
Und jedes fühlet sich dadurch von Gott entstammen."

Das älteste Buch der Menschheit
(das chinesische I Ging)
und die Himmelskunde der prähistorischen Kulturen

Die astrale Symbolik der jüngeren Steinzeit ließ uns den astrologischen Urgedanken vom Zusammenhang des kosmischen und irdischen Geschehens mit voller Deutlichkeit erkennen. Das kosmische Gesetz war für diese steinzeitlichen Menschen zugleich die sittliche Grundlage des Weltalls und des Menschenlebens. Dieses großartige Geisteswissen der Steinzeit weist nun seinerseits zweifellos zurück auf die geistigen Errungenschaften der untergegangenen Vorgeschichtskulturen, deren Existenz heute durch die prähistorische Forschung einwandfrei erwiesen ist. Als bahnbrechende Forscher seien hier nur genannt Edgar Dacqué, Leo Frobenius, Hermann Wirth, Henri Lhote und Marcel Homet.

Aber schon lange, bevor wir durch die prähistorische Forschung Einblick gewannen in die Geistesart des Steinzeitmenschen, war den Historikern die Realität vorgeschichtlicher, aber untergegangener Hochkulturen durchaus wahrscheinlich geworden. Als nämlich die geschichtlichen Kulturen in Ägypten, Sumer-Babylon, China und Indien in das Blickfeld der abendländischen Geschichtsforschung traten, wurde offenbar, daß sie alle bereits auf einer hohen Ebene von Kultur und Weltanschauung standen und eine übereinstimmende geistige Struktur besaßen, die sie aus viel früheren Zeiten übernommen haben mußten. Uns unbekannte, längst verschollene Kulturen müssen sich jenes allumfassende geistige Weltsystem erarbeitet haben, ein Urbilderysystem, das zugleich eine umfassende Kosmosophie, eine im kosmischen Gesetz verankerte Sittenlehre und eine Ehrfurcht gebietende geistig orientierte Sternen- und Sonnen-Religion in sich begriff.

Was wir aus den Runen und Hieroglyphen der Steinzeit bruchstückweise entziffern können, das finden wir nun als ein uraltes, einheitlich-gestaltetes System wieder im „Ältesten Buche der Welt", dem „I Ging" der Chinesen. Hier ist uns jenes Urbildersystem, das als eine „philosophia perennis", eine „ewig währende Philosophie" weiter gewirkt hat in allen historischen Kulturen, am reinsten erhalten. Auf die aus verschiedenen Zeitaltern stammenden Schichten des „I Ging" brauchen wir hier nicht einzugehen. Wir halten uns an die acht Urbilder des Fuhi-Strukturbildes, das die Grundlage des ganzen kosmosophischen Systems bildet und mindestens bis 3000 v. Chr. zurückreicht.

Der deutsche Sinologe Richard Wilhelm brachte 1924 mit seinem „I Ging, Buch der Wandlungen" (Eugen Diederichs-Verlag, Jena) eine der chinesischen Tradition entsprechende Übersetzung dieses Textes erstmalig nach Europa. E. H. Gräfe, „I Ging, Buch des Stetigen und der Wandlung" (1967) und „Die acht Urbilder des I Ging" (1968) hat den fünftausendjährigen Geistorganismus der vorgeschichtlichen Hochkulturen an der Yin-Yang-Lehre des I Ging in seiner universalen geschichtlichen Bedeutung aufgezeigt.

Ihm geben wir darum hier das Wort zu einer kurzen Charakterisierung jenes vorgeschichtlichen, aber in allen geschichtlichen Kulturen nachwirkenden Urbilder-Systems des „I Ging" und der Himmelskunde der alten Völker. In seinem Buche „Die acht Urbilder des I Ging" heißt es:

„Die Grenzen der unbekannten Vergangenheit weichen immer weiter zurück, so daß wir Konturen eines Geisteskosmos erblicken, der der Menschheit seit früher Zeit Führung gegeben hat. Es war das allumfassende Weltsystem der Vorgeschichtskulturen, das dem Forschen nach Wahrheit-Wirklichkeit ein gemeingültiges Erkennen zu geben verhieß. Von der alten Weisheit sprach auch Leibniz, der mit seinen vielen hilfreichen Anregungen und mathematischen Errungenschaften der lebendigste Geist seines Jahrhunderts gewesen ist: ‚Würde man aber die Spuren der Wahrheit bei den Alten ... sichtbar machen, so zöge man das Gold aus dem Schlamm, den Diamanten aus dem Berg und das Licht aus der Finsternis, das wäre in der Tat perennis quaedam Philosophia.'[1]'

---

[1] Nie versiegendes Forschungsobjekt der Philosophie.

Leibniz erkannte (vor 250 Jahren) aus den damaligen von China kommenden Berichten sofort das Wesentliche, er sah in der chinesischen Philosophie den gemeinsamen Grundgedanken der Religionen aller Zeiten und Völker, das Urprinzip, Tao, die All-Einheit, den Ersten Beweger oder die Ursache aller Dinge. Es sei die umfassende Substanz, Sein oder Seinsvernunft, von der alle Tugenden ausgehen, die Ehrfurcht, die Geradheit und die Gerechtigkeit; die Chinesen rühmten Schang-ti, den Himmelskönig, und sie setzten das Wort Himmel nicht für das Firmament, sondern für das ganze Universum, das sich ja in ihm befinde. Was wir als Seinsgeschehen oder Schicksal bezeichnen, nannten sie deshalb ‚Befehl des Himmels'" (S. 13 f.).

„Uralte Begriffe treten uns im I Ging entgegen, es sind die Ursymbole, die seit fünf- bis zehntausend Jahren unveränderlich gültig sind: Geist und Kraft, deren vier Phasen aus Aktiv- und Negativpol, in Bewegung und Ruhe. In ihrer gesetzlichen Ordnung zeigen sie sich hier überliefert, mathematisch niedergelegt und bewiesen am lebendigen Geschehen. Wenn sie uns geistig-seelisch und sinnlich wahrnehmbar werden in der Erscheinungswelt, müssen wir sie als real anerkennen. Unsere heutigen Begriffe, die eines kurzen Jahrhunderts, betreffen nur Teilgebiete; sie sind enorm differenziert, überaus nützlich, dabei sind sie dennoch Abstraktionen aus dem mehr als fünftausendjährigen Geisteswissen" (S. 25).

„Das Geisteswissen war die Grundlage der vorgeschichtlichen Menschheitskultur, die Einheitswissenschaft, deren Spuren wir finden bei den Germanen des europäischen Nordens, ferner in Ägypten und Babylonien, China und Indien, anscheinend auch in Südsee und Pazifik, und zweifelsfrei bei den Sumerern, letztere werden wir zuerst am indischen Meer und am Indusbogen zu vermuten haben, als einem Bindeglied zum Pazifischen Gebiet. Von der pazifischen Küste her, und mit mancherlei pazifischem Gut, fand das alte Wissen um 3000 v. Chr. Eingang nach China, wo es bis heute aufbewahrt wurde. Und überall, über den ganzen eurasischen Kontinent hin, herrschten die gleichen Urbilder, die als notwendiges Secretum gepflegt wurden, secret

= Geheimnis und Absonderung, die erforderlich sind zu seiner Erhaltung" (S. 26).

„Die Naturverbundenheit der Alten, Jahrtausende vor der geschichtlichen Zeit, machte den Menschen mit dem Wesen der irdischen Natur, von Berg und Wald, von Wolken, Wind und Wasser ganz vertraut, und noch mit dem Wunder des Himmels, dem stets gleichen Stand der Fixsternbilder und dem allezeit genauen Umlauf von Sonne, Mond und der fünf Planeten. Sein eigenes Leben und Himmel und Erdnatur zeigten ihm den Zusammenklang gleicher Rhythmen, und darüber hinaus die Analogiegesetzlichkeit in Seele und Welt. Er erkannte die Dreischichtigkeit von Geist, Seele, Körper, und spürte in allem ein inniges Verwobensein jedes einzelnen im All und seiner Gesetzmäßigkeit" (S. 29).

„Unser heutiges Leben vollzieht sich in der Enge fester Wohnstätten, isoliert von der Natur, wir sind den Eindrücken alles wirklichen Naturwesens für immer entzogen. Wenn wir aber die freie Natur noch erreichen können, wo sie uns mit großen Weiten, Gebirgen, Einsamkeit und Wettergewalten entgegentritt, wenn wir dort eine Zeitlang uns einzuleben und ihr Eigentliches zu erkennen trachten, dann werden auch wir jene Hauptwesenszüge der Natur entdecken, deren sich die Alten bewußt waren, deren Gewalten sie lebenslang, bei Tag und Nacht und allem Geschehen sich ausgesetzt sahen. Wir könnten wie sie acht Naturwesenheiten als Analogien unserer Seelenvermögen erfahren und erkennen, daß Seele und Natur den gleichen urbildhaften Charakter bekunden.

Wie jenem Robinson Crusoe würde uns zuerst das Leben ringsumher auffallen, alles, was da läuft und fliegt oder kriecht, was sich bewegt in unserem Bereich. Das Lebenspendende ist das Urvermögen des Schöpferischen in unserer Seele. Im Lebendigen von Mensch und Natur entdecken wir die geistigen Bezüge, die alle neue Gestaltung nach ihrem Urbild schaffen. Es ist das Symbol des Schöpferischen ☰, Kien."

In der Astrosophie der alten Völker wird dieses Urbild durch die Sonne (☉) dargestellt. „Sodann würden wir bemerken, wie ein jedes Leben seine Nahrung findet. In der Natur ist die Erde die große Vorratskammer, welche alle Keime aufnimmt, trägt, zur Reife bringt und darbietet, sie dient allen mit gleicher Güte. Unsere Seele besitzt das gleiche Vermögen, es ist die dienende Hingabe an Menschen und Werk, das geduldige Tragen von Mühe und Arbeit und freudige Aufnahmebereitschaft, es ist das Symbol des Empfangenden — Hingebenden ≡ ≡, Kun."

Die alte Himmelskunde rechnete die Erde nicht zu den 7 Planeten, da sie das Beziehungszentrum der 7 kosmischen Planetenkräfte darstellt, und hatte für sie das Symbolzeichen des Kreuzes im Kreise ⊕. „Wenn unser Auge dann die Weite der Natur umfaßt, wird es gebannt von dem Bild der gewaltig sich erhebenden Berge. Diese mächtigen Felsgebilde beeindrucken durch ihre Bewegungslosigkeit und große Festigkeit, zugleich erregen sie den Eindruck einer Sicherheit, die in ihrer Isoliertheit gefeit ist gegen den Einfluß der Umwelt und sich völlig unempfindlich zeigt gegen alles Geschehen in der äußeren Natur. Ihr Wesen scheint allein Stillehalten, Grundpfeiler und Unterpfand der riesigen Landmassen zu sein. Ihrer Unbewegtheit sprachen es die Alten zu, daß in ihnen sich die Keime aller künftigen Bewegung bilden und in sie alles wieder eingeht zur letzten Ruhe.

Auch in unserer Seele gibt es die Region des stillen Innehaltens und Unbeeinflußtseins, die immer wieder aufgesucht werden muß, als eine besondere Ebene, die der sicheren Selbsterfassung des Menschen: Es ist eine Haltung unbewegter Leere, die man täglich am Morgen oder Abend herbeiführen muß, damit innere Kräfte das Wesentliche in Ruhe und ganz von selbst, aus ursprünglichem Gedächtnis herbeitragen können, wodurch unbemerkt, in der unbewußten Seele, sich das künftige Ziel und die Mittel formen, die uns Hilfe bringen. Es ist das Symbol des Innehaltens, Stillehaltens ≡ ≡, Gen."

In der Astrosophie der alten Völker wird dieses Urbild durch Saturn (♄) dargestellt.

„Die weiteren Naturwesenheiten finden wir in dem, was wir selbst zum Leben nötig haben: das Wasser nehmen wir wahr in seinem unendlichen Kreislauf, aus den Wolken den Regen, der bis zum Grundwasser hinabstürzt und die Quellen, Flüsse, Meere speist; stets wiederum das nährende Eingehen in alle Lebewesen und das Verdunsten und Verdampfen aller Feuchtigkeit, das Aufsteigen in die Wolken, das Symbol ewiger Fruchtbarkeit aus dem Innern der Erde.

In der Seele ist es die Ebene des ruhigen Nachsinnens und der inneren Vergewisserung, einer ursprünglichen Erinnerung, aus der die Keime aufsteigen, die Einfälle, die dann die Seelenschichten durchlaufen werden bis zur schließlichen Gedankenbildung. Es ist das Symbol des Dunklen, Tiefen, Abgründigen ☵, Kan."

In der Himmelskunde der alten Völker wird dieses Urbild durch den Mond (☽) dargestellt.

„Ein weiterer Urzusammenhang tut sich auf im organischen Wachstum, wie dem von Holz, Pflanze, Baum. Es beginnt stets ganz zart und versteht doch, in seiner sanften Art alle Hindernisse zu umgehen, sie sogar zum Aufstreben zu nützen. Sein spezifisches Merkmal ist, daß organisches Wachstum stets gemessen vor sich geht, aber niemals aufhört oder stockt. Deshalb gleicht es dem Wind, der Luft, die unablässig vordringt, vor- oder zurückströmt und kein Vakuum unausgefüllt läßt. Alles organische Wachstum geschieht allmählich, niemals überstürzt, nach festen Regeln und Gesetzen.

Auch in der Seele gibt es die Ebene des Fühlens, des sorgfältig eindringend Beachtens, des stetigen, allmählichen Wachsens und Entwickelns der Dinge, des Gefühls, des Sinns für Maß und Mitte, für die echten Werte, Ehrfurcht vor dem Hohen, Gerechtigkeit und Nächstenliebe, das Ethos, das Religiöse, die zu innerer Erfahrung und Wachstum führen. ‚Das Sanfte fühlend Eindringende macht alle Wesen rein und völlig.' Es ist das Symbol des Sanften, Eindringenden ☴, Sun."

In der Astrosophie der alten Völker wird dieses Urbild dargestellt durch den Jupiter (♃).

„Wenn wir ein weiteres Entsprechen von Naturwesen und Seelenvermögen recht verstehen wollen, müssen wir uns in die schroff gegensätzliche Natur Asiens versetzen, weil zu deren Härte das Entgegengesetzte, das Heitere, sich als Naturbild zeigt. Das strenge Kontinentalklima des riesigen Landmassivs bringt drückende Sommerglut und eisige Winter, heiße Tage und kalte Nächte. Rauhe Gebirgsketten und große Sandwüsten grenzen an fruchtbare Ebenen, Sandstürme wehen bis nach Peking hinein. Aber nahe der Mittagshitze ist es einer jener herrlichen Flecken des grünen Gestades: ‚Es lächelt der See, er ladet zum Bade', der See, er zeigt entgegen aller Strenge und Unerbittlichkeit der Natur ihr Heiterstes: Schönheit, Freude, mädchenhafte Anmut. Dies entspricht einer Ebene der Seele, jener der Sinnesempfindungen, sinnlicher Wahrnehmung und Erfahrung, des vollen Sinnenschauens, der Lockerung des ganzen Menschenwesens, des Schönen, der Freude, der Phantasie, der Kunst, des Eros. Es ist das Symbol des Heiteren ☱, Dui."

In der Himmelskunde der alten Völker wird dieses Urbild durch die Venus (♀) dargestellt.

„Die nächste Analogie ist in einer Naturkraft gefunden, die ebenso mächtig ist wie die wohltätige des Wassers: das Helle, Klare, das Feuer, Licht, Blitz. Das Helle besteht nicht aus sich, es ist einem Stoffe verhaftet, denn seine Wirkung beruht stets auf einem anderen.

Das Helle, Klare der Seele ist das Denkvermögen. Aus sich selbst vermag es nichts zu schaffen, denn dem Verstand muß alles von den anderen Seelenvermögen gegeben werden. Er haftet an dem, was sie ihm herbeischaffen, er muß allein ordnen, die Klarheit im Mannigfaltigen herbeiführen. Es ist das Symbol des Hellen, Klaren, an etwas Haftenden ☲, Li."

In der Astrosophie der alten Völker wird dieses Urbild durch den Merkur (☿) dargestellt.

Einen letzten Hauptwesenszug fand man im Bild der erregten Gewitternatur. Der Donner folgt der elektrischen Entladung, dem Blitz, und zeigt an, daß die Natur sich in heftiger Bewegung befindet. Dem entspricht in der Seele die Ebene der Erregung und spontanen Bewegung: der Wille. Es ist das Symbol des Erregenden, Bewegenden ≡ ≡ , Dschen." (a. a. O. S. 39 — 43)

In der Himmelskunde der alten Völker wird dieses Urbild durch den Mars (♂ [oder ☿]) dargestellt.

„Die Acht Urbilder des Fuhi beschließen in sich das kosmische Grundgesetz, das Strukturbild nimmt weniger Raum ein als die kleinste Kinderhand und erweist sich dennoch als die Ordnung der Ganzheit, dargestellt in der Geistesgliederung und in deren Kraftaufbau." (a. a. O. S. 51)

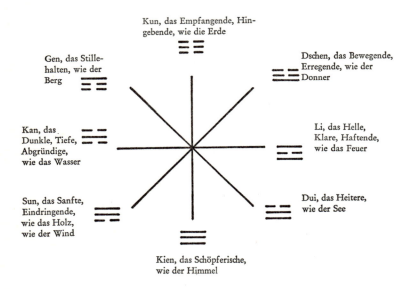

„In den Urbildern ist auch je einer der Himmelskörper unseres Sonnensystems zu finden und sie haben schließlich die Grundeinteilung des Ganzen abgegeben, und dies nicht, bevor man nach ihren Beziehungen zum Weltall-Ganzen geforscht und ein zwölfgliedriges Stellensystem aufgestellt hatte. In der alten Himmelskunde der Völker war es durch den ‚Astralen Tierkreis' dargestellt. Wir haben ihn zwar bis heute beibehalten, aber er übersteigt die Fassungskraft unseres Zeitalters." (a. a. O. S. 45)

„Astraler Tierkreis der Alten Völker: Der nachstehende Sechslinienkörper trägt die astronomischen Zeichen des Tierkreises als der geometrischen Orte im Weltall, durch welche das ‚geistige Bezugsystem am Himmelsgewölbe' sich darstellt. Das absolute Gleichmaß des Kräfteaufbaus und die gleiche Summe auf den sechs Stufen, die sich aus den Monatszahlen der Zeichenanfänge ergibt, weist die mathematische Gesetzmäßigkeit des Systems aus. Wobei wir bemerken, daß die Summe von zwei Monaten (z. B. 1. und 12. Monat) stets die Zahl 13 ergeben muß.

Den Planeten haben wir die chinesischen Urbilder-Trigramme beigefügt!

7. Löwe (+)	☉	☰	☷ ☽	Krebs (—)	6. = 13
8. Jungfrau (—)	☿	☱	☶ ☿	Zwillinge (+)	5. = 13
9. Waage (+)	♀	☲	☵ ♀	Stier (—)	4. = 13
10. Skorpion (—)	♂	☳	☴ ♂	Widder (+)	3. = 13
11. Schütze (+)	♃	☴	☳ ♃	Fische (—)	2. = 13
12. Steinbock (—)	♄	☵	☲ ♄	Wassermann (+)	1. = 13

Die gemeinsamen Konstanten und Geisteskategorien beider Systeme weisen darauf hin, daß ‚I Ging' und ‚Alte Himmelskunde' auf dem Einen Geistesgesetz gründen. Ihre Auskünfte betreffen Verschiedenes, weil die Fragestellung und dementsprechend die beiden Konstruktionen divergieren.

In der ‚Alten Himmelskunde' der Völker zeigte der Planetenstand zur Zeit einer Geburt die Prägung des Individuums an; er gab Auskunft über Charakter und Veranlagung und über den Verlauf des ganzen Lebens.

In der heutigen Astrologie scheinen wichtige Faktoren der ‚Alten Himmelskunde' verlorengegangen zu sein. Ernsthafte Astrologen (z. B. Fankhauser, v. Xylander) sind deshalb zurückhaltend im Voraussagen künftiger Ereignisse. Der Vorteil der Astrologie liegt in ihrer hervorragenden Charakterologie, die den Einzelnen über seine Anlagen unterrichtet, so daß sie ihm außerordentlich hilfreich sein kann für die rechte Lebensführung und ebenso für das Vermeiden enger Bindungen an

Menschen, die künftig, aufgrund ihrer inneren Natur, in ernsten Gegensatz zu ihm kommen werden und dadurch Unglück bringen. Es ist eine Kleinigkeit, dafür einen Horoskopvergleich einzuholen. In China und Indien sind die Jahrhunderte hindurch bis heute die Ehen grundsätzlich nach dem Horoskopvergleich geschlossen worden, was an sich nichts mit Wahrsagen, aber sehr viel mit der Sicherung des persönlichen Wohlbefindens und dem Gemeinwohl zu tun hat. Amtliche Geburtenregistrierung nach Uhrzeit (Viertelstunde) ist dafür auch heute für jeden Kulturstaat eine selbstverständliche Voraussetzung. Hervorragende Ärzte notieren genaue Geburtszeit. Die 12 Tierkreiszeichen auf dem 360° Himmelskreis stellen ein feinst differenziertes Kräfte-Bezugssystem in mathematischer Ordnung dar, das zusammen mit dem Geburtsplanetenstand des Einzelnen ein Bild seiner Veranlagung und Begabung gibt, und damit ein Leitbild für Ausbildung und Bestrebungen, das Erfolgsmöglichkeiten aufzeigt.

Eine Bewußtseinshaltung von Ehrfurcht und Selbstlosigkeit ist stets die Grundlage der ‚Alten Himmelskunde' gewesen; das zeigen noch ihre späten Adepten Kepler und Melanchthon. Mit der Schnellebigkeit und Oberflächlichkeit in neuerer Zeit ist die ‚Alte Himmelskunde' nicht zu erfassen.

Mathematische Berechnungen allein führen in der Astrologie nicht zur Klarheit, sondern oft ins Ungefähre. Das ‚Alte Wissen' vom Geistesgesetz ist nicht nur eine Ordnungslehre, sondern Wirklichkeitslehre; sie verlangt Seinserkenntnis und Unterordnung, denn sie zielt auf Lebensweisheit und Selbstverwirklichung. Wenige Wissende verstanden noch in der Neuzeit, das Wesen und Schicksal des Einzelmenschen zu erfassen aus Zeit und Ort der Geburt, aus Gestalt, Kopf, Hand, Haltung und Gesten, Rede und Schrift, und dies gemeinsam aus allen Zeichen (s. Harald Weber, Das chinesische Horoskop, Leipzig 1930). Dennoch ist daran festzuhalten: Wer sich und seinen Kindern ein Geburtsbild aufzeichnen läßt (wofür er die genaue Geburtszeit angeben muß), wird daraus Freude und viele Vorteile im Leben haben, weil er auf Wesensbildung achtet, auf rechtes Verhalten und auf Vorsicht vor falschen Bindungen fürs Leben, die vernichtend ausfallen können. Auf ein Voraussagen ferner Zukunft soll er sich dabei nicht einlassen." (a. a. O. S. 188 — 190)

„Die aus der Richtung der 12 Weltraumorte wirkenden Prinzipien können wir, auch wenn wir heute nichts darüber wissen, so lange nicht leugnen, als wir fast jedem Menschen den Geburtsmonat aus Gesicht, Gestalt und Gesten ablesen können, was uns über seine allgemeinen Lebensgewohnheiten Auskunft gibt, über seine generelle Neigung, sich zu den Dingen zu verhalten oder wie er das Leben anzupacken pflegt, und zu welcher anderen Menschengruppe er sich im Gleichklang oder hingezogen fühlt. Ein Tierkreiszeichen hat jedoch nichts mit Charakterqualität zu tun, so daß es über das Verantwortungsbewußtsein, über Geradheit und Gerechtigkeitssinn eines Menschen nichts aussagt." (a. a. O. S. 130)

„Eine individuelle Prägung ist einem jeden ins Leben mitgegeben, sie kann aber eine Begründung nur daraus haben, daß er sie sich in früheren Leben selbst bereitet hatte. In den alten Kulturen erkannte man sie aus dem Zeitpunkt und Ort der Geburt, weil man vom Gesetz des Entsprechens wußte, von der Analogie-Gesetzlichkeit in Mensch-Erdennatur-Himmelsbewegung. Da alles Wirklichkeitsgeschehen von höchster Vernunft getragen sein muß, wird sich in einem bestimmten Augenblick und Ort nur diejenige Seele verkörpern können, die in ihrem Vorleben ein Lebewesen oder ein Verantwortungsbewußtsein ausgebildet hatte, das nun diesem kosmischen Augenblick (zur Zeit der Geburt) genau entspricht: Die individuelle Prägung, die der Mensch ins Leben mitbekommt, bringt ihn in Gefahr, sich einseitig statt rundum zu entwickeln und damit unversehens sich in eine Richtung drängen zu lassen, die ihn weiterhin vereinseitigt, die seine wahre Entwicklung und vielleicht auch sein Leben bedroht...

Das völlig neue Erlebnis, daß die Urbilder den Geist in seiner Gliederung nachweisen, könnte uns aber künftig eine gesetzmäßige Auskunft geben, auch über unsere persönliche Daseinsverfassung und über unser Gestimmtsein, das von größtem Einfluß auf unser Verhalten und Gesamtbefinden ist. Das war ja die hohe Errungenschaft der Vorgeschichtskultur, aus der uns die selten be-

griffenen Forderungen überkommen sind: ‚Erkenne dich selbst!'
‚Bewirke zentrale Harmonie!' ‚Wahre Maß und Mitte!' ...

Harmonische Stimmung oder Mißstimmung, ihrem Wechsel unterliegen wir lebenslang. Gegen Depressionen stehen wir mitunter in ohnmächtigem Kampfe, weil wir ihre Gründe nicht kennen. Heitere Stimmung oder gedrückte Stimmungslage scheinen, von der unbewußten Seele gesteuert, gesetzmäßig einzutreten. Depression wäre ihr Notsignal, das uns eine Störung anzeigt, damit wir sie beheben können. Ebenso wie Körperschmerzen uns anzeigen, daß und wo im Körper etwas nicht in Ordnung ist, damit der Weg der Heilung beschritten werden kann.

Aus der Art der Depression müssen sich Schlüsse ziehen lassen auf diejenigen Seelenvermögen, in denen wir durch eine einseitige Lebensweise aus dem Gleichgewicht gekommen sind: Einige Seelenfunktionen werden wir maßlos übersteigert haben, während wir ihre Gegenvermögen in unserem Bewußtsein unbeachtet verkümmern ließen; automatisch macht sich vom Unbewußten her tiefe Mißstimmung bemerkbar. Die Heilung kann der Einzelne selbst einleiten, wenn er die ihm nun plötzlich vor Augen tretenden Fehler nicht gleichgültig abweist, sondern sie sich eingesteht und wirklich zu beheben trachtet ...

Oft bedarf es gar keiner äußeren Einwirkung und wir bemerken erstaunt, daß wir selber die Ursache der Disharmonie in uns sind, mit ihrer Auswirkung der Unzufriedenheit und Hast oder der Niedergeschlagenheit und Angst, denen wir immer wieder verfallen können. Deshalb muß es uns helfen, wenn wir Einsicht in diese seelischen Zusammenhänge gewinnen." (a. a. O. S. 164 — 166)

„In den Urbildern blieb Unendlichkeit gewahrt und diese klare Gliederung, nicht Teilung, des Geistes reicht in die analogen Glieder der Seele, der Erdnatur und in den Bau des Universums hinein. Sie ermöglicht ein verantwortliches Erkennen und Erleben der ethischen ====, der ästhetischen ====, der logischen ====, der schöpferischen ==== und der anderen Wirklichkeitsebenen der Seele, für deren jede eines der Acht Urbilder steht." (a. a. O. S. 47)

Zum Strukturbild des Fuhi (vgl. oben S. 78) lesen wir im „I Ging" (Schuo Gua Ziff. 3):

„Himmel und Erde bestimmen die Richtung.
Berg und See stehen in Verbindung ihrer Kräfte.
Wasser und Feuer bekämpfen sich nicht.
Wind und Donner regen einander auf.
So werden die acht Zeichen zueinander geordnet.
Das Vergehende aufzuzählen, beruht auf der Vorwärtsbewegung.
Das Kommende zu wissen, beruht auf der rückläufigen Bewegung."

Unter Vorwärtsbewegung ist die rechtsläufige Bewegung im Kreis zu verstehen, wie sie die Sonne im Tagesrhythmus von links nach rechts, von Osten über Süden und Westen vollzieht. Mit der rückläufigen Bewegung dagegen ist gemeint die Bewegung der Sonne im Jahresrhythmus, die von Westen über Süden nach Osten, also von rechts nach links verläuft.

Im Strukturbild zeigen die Urbildertrigramme ihre Beziehungen zueinander an, indem sie auf Achsen stehen, auf denen sie zum Zentrum gerichtet sind, wobei sie aber auch der festen Aufeinanderfolge des Kreises eingeordnet sind. Nach der Tradition ist der Berg das geistig-seelische ‚Stillehalten', ruhig-bewegungslose Leere, der feste Ort, aus dem alle Bewegung ihren Anfang nimmt und alles Leben wieder zur Ruhe eingeht.

Das Fuhi-Strukturbild läßt sich in seiner Bedeutung klar bezeichnen, es stellt die Ordnung des Seins (Tao) oder des Geistes dar. Linksläufig im Kreis führt es zum geistig-seelischen Gestalten aller Wesen und Dinge, im Menschen zum wahren Erkennen und Verhalten, wodurch die Keime entstehen, die die Zukunft formen! Rechtsläufig im Kreis ist das Geschehende in seiner Ordnung aufgezeichnet und läßt sich ablesen, wie in der Natur die Keime wirken und vergehen. In dieser Folge verläuft das Naturgeschehen. So sind Morgen-Frühjahr-Jugend dem Osten ☰ zugeordnet. Mittag-Sommer-Lebensmitte dem Süden ☱ und so fort. Das Wirken und Erleiden auf dieser Welt entsteht nach festen Gesetzen, was der Einzelne in seinem

Handeln je nach seinem Bereich zu verantworten hat." (a. a. O. S. 141 — 142)

Im Da Dschuan des I Ging (VI, 3) heißt es: „Indem der Mensch dadurch dem Himmel und der Erde ähnlich wird, kommt er nicht in Widerspruch mit ihnen. Seine Weisheit umfaßt alle Dinge und seine Seins-Vernunft ordnet die ganze Welt; darum macht er keinen Fehler. Er wirkt allenthalben, aber er läßt sich nirgends hinreißen. Er freut sich des Himmels und kennt das Schicksal, darum ist er frei von Sorgen. Er ist zufrieden mit seiner Lage und ist echt in seiner Gütigkeit. Darum vermag er Liebe zu üben."

In der Schuo Gua des I Ging lesen wir: „Die Alten brachten sich in Übereinstimmung mit Sein und Leben und stellten demgemäß die Ordnung des Rechten auf. Indem sie die Ordnung der Außenwelt bis zu Ende durchdachten und das Gesetz des eigenen Innern bis zum tiefsten Kern verfolgten, gelangten sie bis zum Verständnis des Schicksals."

„Die Seinsordnung der Vorgeschichtskulturen hat die Menschheit in den Jahrtausenden in Erregung gehalten, selbst als nur fast unerkennbare Bruchstücke aus ihr bekannt waren. Die Pythagoräer (die vermeintlich ‚die Zahl anbeteten') gründeten in ihrer mehrjahrhundertelangen Gemeinschaft auf dieser wertverpflichteten Vernunft. Sokrates, Platon widerlegten die Verstandesakrobatik der Sophisten, die zu allen Zeiten, auf allen Gebieten, ihre üppigen Blüten treibt.

Platons Akademiegründung galt dem Ziel langfristiger Selbsterziehung: Der Mensch kann an den Urbildern den Sinn seines Daseins erkennen, er gewahrt das Höchste Gute, das Absolute; von der Ganzheit her kann er sich selbst ordnen, in geläuterter Erkenntnis sich vervollkommnen, er ist aufgerufen, auf seine Umwelt einzuwirken. Das Erkannte soll nach außen, in die Gemeinschaft und den Staat wirken. Die Stoa übernahm diese Forderungen, sie strahlten weit und nachhaltig ins Christentum über.

Das Mittelalter durchzog die Alte Forderung als Universalien-Nominalienstreit. Der Kampf hat bis heute niemals geruht, nur die Namen änderten sich; er setzte sich fort zwischen Leibniz und Descartes, zwischen Idealismus und Realismus, zwischen Spiritualismus und Materialismus, zwischen dem deutschen Existenzialismus und dem Positivismus-Neurealismus, in unzähligen Variationen.

Goethe sah in dem ewigen Kampfe den Sinn der Weltgeschichte, Pestalozzis Ziel der Erziehung war die Emporbildung der inneren Kräfte der Menschennatur für ein tätiges Wirken in der Gemeinschaft, er wollte das geistige Streben im engsten Lebenskreise jedes Einzelnen wirksam wissen, damit es sich von da aus in den Staat und die Menschheit auswachse.

Diese geschichtlichen Grundzüge bekunden, daß der Mensch in einer jeden Zeit vor der Entscheidung gestanden hat, entweder sich den äußeren Umständen bequem anzupassen, um von ihnen getragen zu werden, oder aber, durch eifrige und beharrliche Selbstbildung und Harmonisierung eine eigene feste Stellung zu beziehen, die Schritt für Schritt seine wirkliche Entfaltung herbeiführt, aus welcher für ihn selbst und die Gemeinschaft erst die wahre Sicherheit erwächst." (a. a. O. S. 190 f.)

So sehen wir, daß die Lebenswirklichkeit und Geist-Erkenntnis der vorgeschichtlichen Kulturen sich als eine wahre „philosophia perennis", eine „ewig währende Philosophie", durch alle Zeiten hindurch fortgewirkt hat. Das gleiche gilt von der Himmelskunde und Sternenweisheit der Alten.

Den astralen Tierkreis der alten Völker, das „geistige Bezugssystem am Himmelsgewölbe", finden wir wieder in Sumer-Babylon, in Ägypten, in Persien und, für uns am greifbarsten ausgebildet, in den griechisch-hellenistischen Mysterien. Wir überschauen heute auch die Wanderwege, auf denen die astrologischen Systeme aus Sumer-Babylon, Ägypten, Persien, in den fernen Osten nach Tibet, China und Japan gelangten.

Doch sind die Forscher sich heute noch nicht endgültig klar über das Verhältnis der altchinesischen Astrologie zur Astrologie Vorderasiens. Wir wissen von einem uralten vierteiligen Tierkreis in China. Die Chinesen berichten, daß in der Urzeit der Himmel in vier Sternbilder gegliedert wurde: Im Norden die Schildkröte, im Süden der rote Vogel, im Osten der blaue Drache, im Westen der weiße Tiger. Der blaue Drache umfaßte die

Sternbilder Jungfrau, Waage, Skorpion und war das Symbol des Frühlings und der kaiserlichen Macht. Es heißt : „Wenn der Kopf des Drachen am Himmel erscheint, beginnt der Frühling." Die Konstellation des Herbstes war der weiße Tiger. Er umfaßte Andromeda, Widder, Stier und Orion. Die Konstellation des Sommers war der rote Vogel und erstreckte sich über Zwillinge, Krebs, Hydra, Krater und Rabe. Zum Winter gehörte die Schildkröte, welche ungefähr dem Schützen, Steinbock, Wassermann und Pegasus entsprach.

Gemäß diesen Angaben gehörte also die Schildkröte (Steinbock) zum Norden und zum Winter, der rote Vogel (Krebs) zum Süden und zum Sommer, der weiße Tiger (Widder) zum Westen und zum Herbst, der blaue Drache (Waage) zum Osten und zum Frühling. Das heißt, der Frühlingsanfangspunkt muß damals in der Waage gelegen haben. Das würde etwa auf die Zeit von 15 000 vor Christus deuten. Das wäre also ein Zeugnis für eine uralte Tierkreisteilung der Chinesen, die in eine Urzeit zurückreicht, die lange vor der Zeit Fuhis (3000 v. Chr.) und auch lange vor der Blütezeit Sumer-Babyloniens anzusetzen wäre. Man vergleiche dazu: Friedrich Normann, Mythen der Sterne, Gotha 1925, S. 28 — 34.

Die Astrologie der griechisch-hellenistischen Mysterien gelangte zuletzt durch Vermittlung der Araber über Sizilien und Toledo in das abendländische Mittelalter. Auf dieser Tradition beruht dann auch die Astrologie der Renaissance- und Barockzeit. Nur der Rationalismus und die einseitig naturwissenschaftlich-technisch gerichtete Weltanschauung des 19. Jahrhunderts hatten kein Verständnis mehr für die großen kosmisch-geistigen Zusammenhänge.

Heute aber vollzieht sich durch die Weitung unseres Bewußtseins ins Kosmische auch eine Wiedergeburt der echten Sternenweisheit.

Die Sonnen- und Sternenweisheit des alten Ägypten

In den vorangehenden Kapiteln haben wir gesehen, wie der Mensch der Steinzeit und der prähistorischen Kulturen den Kosmos als Geistorganismus erlebte. Bis etwa 20 000 v. Chr. konnten wir den astrologischen Urgedanken vom Zusammenhang des kosmischen und irdischen Geschehens in die Prähistorie hinein verfolgen.

Nun wollen wir in die historische Zeit eintreten. Da gelangen wir zunächst nach Ägypten, wo sich der jungsteinzeitliche Sonnenkult, die uralte, prähistorische Gott-Sonnenreligion, am reinsten erhalten hat. Wenn die altägyptische Kultur auch nicht um Zehntausende von Jahren hinter unserer Zeit zurückliegt wie die Zeit der Cro-Magnon-Rasse und der untergegangenen Atlantiskultur, so trennen uns doch heute viele Jahrtausende von jener Hochkultur der alten Ägypter. Machen wir uns zunächst einmal diesen zeitlichen Abstand recht deutlich, der die Pyramidenzeit von unserer Gegenwart trennt. Als die sog. erste Dynastie in Ägypten zu herrschen begann, im Jahre 3000 v. Chr., war der ägyptisch-astronomische Kalender schon über 1000 Jahre alt. Ed. Meyer setzt seine Einführung ins Jahr 4242 v. Chr. Und als die letzte, die 26. Dynastie in Ägypten zu Ende ging (525 v. Chr.), da dauerte es noch ein halbes Jahrtausend, bis der Stern über Bethlehem leuchtete.

Wir müssen uns darüber klar sein, daß wir mit unserem heutigen Intellektualbewußtsein den Menschen der altägyptischen Kultur niemals verstehen können. Recht gut hat schon vor ca. 50 Jahren Oswald Spengler in seinem Buche „Der Untergang des Abendlandes" die geistige Grundhaltung des alten Ägypten mit folgenden Worten charakterisiert:

„Die ägyptische Seele sah sich wandern auf einem engen und unerbittlich vorgeschriebenen Lebenspfad, über den sie einst den Totenrichtern Rechenschaft abzulegen hatte (125. Kap. des Totenbuches). Das war ihre Schicksalsidee. Das ägyptische Dasein ist das eines Wanderers in einer und immer der gleichen Richtung; die gesamte Formensprache seiner Kultur dient der Versinnlichung dieses einen Motivs. Sein Ursymbol läßt sich neben dem unendlichen Raum des Nordens und dem Körper der Antike durch das Wort ‚Weg' am ehesten faßlich machen. Es ist dies eine sehr fremdartige und dem abendländischen Denken schwer zugängliche Art, im Wesen der Ausdehnung die Tiefenrichtung allein zu betonen. Die Grabtempel des Alten Reiches, vor allem die gewaltigen Pyramidentempel der 4. Dynastie, stellen nicht wie Moschee und Dom einen sinnvoll gegliederten Raum dar, sondern eine rhythmisch gegliederte Folge von Räumen. Der heilige Weg führt vom Torbau am Nil durch Gänge, Hallen, Arkadenhöfe und Pfeilersäle sich stets verengend bis zur Totenkammer, und ebenso sind die Sonnentempel der 5. Dynastie kein „Gebäude", sondern ein von mächtigem Gestein eingefaßter Weg. Die Reliefs und Grabgemälde erscheinen stets in Reihen, die mit eindringlichem Zwang den Betrachter in einer bestimmten Richtung geleiten; die Widder- und Sphinxalleen des Neuen Reiches wollen dasselbe... Nur indem der Mensch sich vorwärts bewegt und damit selbst zum Symbol des Lebens wird, tritt er in Beziehung zu dem steinernen Teil dieser Symbolik. ‚Weg' bedeutet zugleich Schicksal und dritte Dimension." (A. a. O. S. 244 f.)

Dieses Ursymbol des „Weges" muß verstanden werden als „Einweihungspfad". Spengler sagt: „Das Leben der Ägypter bestand in der Wanderung zum Tode." Er könnte auch sagen „in dem Pfad in die göttliche Geistwelt". Deshalb schreibt Plutarch: „Im Augenblick des Todes macht die Seele die gleichen Erfahrungen durch wie jene, die in die großen Mysterien eingeweiht werden" (De anima II, 9). „Daher haben die Griechen für Einweihung in die Mysterien und für Sterben verwandte Ausdrücke: τελευτᾶν und τελεῖν " (Vom Gericht im Monde 28). τέλος kann „Ende" und „Einweihung" heißen. Der Weg als Einweihungspfad ist das Ursymbol Ägyptens, der Weg über die Schwelle, das Hindurchschreiten durch die Pforte des Todes. Das Symbol der Tür und Scheintür in ägyptischen Gräbern, die verborgenen Gänge der Pyramiden, die Kultbilder und Prozessionen der ägyptischen Wandreliefs künden eindringlich von diesem Geistespfad.

„Pir em us", das ägyptische Wort für Pyramide, heißt „Austritt aus dem Haus" — gemeint ist der Austritt der Seele aus dem Körper. „Pir em haru", das heißt „Austritt der Seele zum vollen Licht", so nannten die Ägypter jene Sammlung von magischen Sprüchen und mystischen Einweihungstexten, die moderne Ägyptologen (zuerst Lepsius) „Totenbuch" genannt haben. Beide Bezeichnungen, „pir em us" und „pir em haru", weisen hin auf jenen Weg über die Todesschwelle, auf das Verlassen des Erdenhauses, des Leibes, und auf das Eintreten in das Licht der Sternen- und Geistwelt. Totenbuch und Pyramide interpretieren einander gegenseitig.

Wir wissen heute wieder, daß die ägyptische Welt nur von der antiken Mysterienweisheit aus verstanden werden kann. Die Entzifferung der Hieroglyphen durch François Champollion war zwar ein glänzender Triumph philologischen Scharfsinns. Aber das alte Ägypten blieb den Gelehrten trotzdem verschlossen und unzugänglich. Champollions Entdeckung hat nur dazu beigetragen, die Existenz des Mysteriums hervorzuheben, nicht aber es zu deuten. Noch vor 50 Jahren bezeichnete der Altmeister der europäischen Ägyptologie, Adolf Erman, die Weltanschauung der alten Ägypter als „Wahnsinn, Unsinn und Aberwitz". Die Mediziner fügten hinzu: „Die Ägypter zeigen die Symptome einer kollektiven Hysterie und einer ausgesprochenen Schizophrenie." Der Geist, der die altägyptische Welt beseelt, blieb trotz aller philologischen Entzifferung der Hieroglyphentexte unbekannt, mißverstanden, verneint, verhöhnt. Erst heute ist eine esoterische Ägyptologie im Entstehen — ich weise hin auf die Ägyptologen Herman Junker und Gregoire Kolpaktchy —, die uns befähigen wird, das geistige Phänomen Ägypten zu verstehen.

In der ägyptischen Sonnenreligion finden wir Mythos und Kultus des jungsteinzeitlichen Jahrgottes in nur leicht verwandelter Gestalt wieder. Der Hauptgott der jungsteinzeitlichen Sonnenreligion war der Jahrgott, der im Frühling, zu Ostern, die Herrschaft des Winters bricht, die Erdgöttin befreit und das

Leben in der ganzen Natur neu erweckt. Durch Vermählung mit der Erdgöttin in der Hohen Zeit der Sommersonnenwende — Hohe Zeit ist Hochzeit — bringt die Erdgöttin die Fruchtbarkeit und Lebensfülle der Erntezeit hervor. Nach der Ernte, im Herbst, erliegt der Sonnenheld seinem finsteren Bruder, dem Herrn der kalten Jahreshälfte, stirbt und geht als Toter in den Erdberg ein (Totenfest). Dem Verstorbenen gebiert die treue Gattin zur Zeit der Wintersonnenwende, zu den „Wihenachten" (Weihnachten) in der Höhle das junge Licht, das Sonnenkind, das heranwächst, den Vater zu rächen und die Welt zu erlösen. Die Doppelaxt oder der Doppelhammer sind Licht- und Sonnensymbole dieses Jahrgottes in altnordisch-atlantischer Zeit. Das altnordische Kreuzzeichen ist der Vorläufer unseres Hammers.

Dieser nordisch-atlantische Mythos wurde in Ägypten gewandelt zum Osiris-Mythos. „Usiri-Unnofer" — „Osiris, das gütige Wesen" entspricht hier dem Jahrgott des Nordens. „Die Ägypter verehren nicht alle einerlei Götter auf einerlei Weise, außer Isis und Osiris — diese ehren sie alle auf einerlei Art", bezeugt Herodot (II, 38). Osiris, der lichte Jahrgott, wird von seinem mißgünstigen Bruder Seth, dem Herrn der dunklen Jahreshälfte, auf listige Weise getötet. Isis, die Schwester und Gattin des Osiris, Bildgestalt der fruchtbaren Mutter Erde, flüchtet, wird von dem durch Zauber wieder belebten Osiris schwanger und gebiert im Verborgenen den Sohn Horus. Dieser reift zum Manne heran, fordert Seth zum Zweikampf, um den Vater zu rächen. Seth wird besiegt und schwer verwundet. Horus verliert im Kampf ein Auge. Das eine Auge des Horus versinnbildlicht die aufgehende Sonne. Horus führt den Beinamen „Herr des Hammers" nach dem Hammersymbol des nordischen Jahrgottes. Der besiegte Seth erkennt Horus als Herrscher der Erdenmenschen an. Sein Vater Osiris ist Herrscher der Geistwelt im Totenreich.

Die Seele des Horus-Osiris sahen die Ägypter am Sternenhimmel auch im Bilde des Orion, die Seele der Isis im Sirius- oder Sothis-Gestirn, die Seele des Seth im nördlichen Sternbild des großen Bären (Plutarch, Über Isis und Osiris, cap. 21), das sie als Stierschenkel bildlich darstellten. Die eingeweihten Priester Ägyptens aber wußten, daß Horus der neugeborenen, aufsteigenden Sonne, Osiris der untergehenden Sonne und Isis dem Monde entsprach. Die Sonne am Mittag aber schauten sie im Bilde des die Sonne hoch emportragenden Falken. Auch galt den ägyptischen Eingeweihten Osiris als Sonnenherrscher — Usiri heißt „Kraft des Auges", „Kraft der Sonne" —, Isis als Mondenkönigin und Horus als Erdherrscher. Osiris — Sonne, Isis — Mond, Horus — Erde bildeten die grundlegende Göttertrinität der Ägypter.

Wieder in anderem Aspekt erscheint diese göttliche Trinität bei Plutarch, wenn er „Über Isis und Osiris" (cap. 56) schreibt: „Es haben die Ägypter die Natur des Weltalls zunächst unter dem Bilde des schönsten Dreiecks sich gedacht. Dieses Dreieck enthält den aufrechten Teil von 3 Abschnitten, eine Grundlinie von 4 Abschnitten und eine Hypotenuse von 5 Abschnitten, welche ebensoviel enthält als die umgebenden Seiten. Man kann nun die senkrecht stehende Linie mit dem Männlichen, die Grundlinie mit dem Weiblichen, die Hypotenuse mit dem aus beiden Geborenen vergleichen und sonach den Osiris als Ursprung, die Isis als Empfängnis und den Horus als die Geburt der beiden denken" ($3^2 + 4^2 = 5^2$, $9 + 16 = 25$). Osiris als Sonnenwesenheit entspräche hier dem Mann und dem Geist, Isis als Mondenwesenheit der Frau und der Seele, Horus aber als Kind wäre Bildgestalt des mann-weiblich-androgynen Gottmenschen und der Sonnen-Erde.

Drei, Vier und Fünf, die Osiris-, Isis- und Horuszahl, die Zahlen des ägyptischen Dreiecks, das die Natur des Weltalls darstellt, sind nun gleichzeitig die konstituierenden Zahlen der ägyptischen Pyramide. Über einem Viereck als Grundfläche erheben sich da vier Dreiecke und bilden den Körper der Pyramide, die im ganzen 5 Ecken hat, 4 Ecken an der Grundfläche und als fünfte dazu die Spitze. Jede über einem Viereck errichtete Pyramide ist also gleichsam ein körperhaft gewordenes „schönstes Dreieck" und stellt somit die Natur des ganzen Weltalls dar.

Den Jahr- oder Sonnengott haben die Ägypter auch im Bilde

der großen Sphinx von Gizeh plastisch gebildet. Im Ägyptischen ist Sphinx männlich, nicht weiblich. Wir müßten also, indem wir uns unabhängig machen vom Griechischen (ἥσφιυξ), eigentlich „der Sphinx" statt „die Sphinx" sagen.

In einem Hieroglyphentext von Dendera (Thes. 55) heißt es vom Sonnengott, der als Sphinx gebildet war: „Ein Kind in der Frühe, ein Jüngling zur Mittagszeit, ist er ein Greis am Abend." So wird auch noch in der griechischen Oidipussage der Sinn der Sphinx gedeutet. Das Rätsel, welches die Sphinx dem Oidipus aufgibt, entspricht jenem Hieroglyphentext von Dendera und heißt: „Am Morgen geht es auf vier Beinen, am Mittag auf zweien, am Abend auf dreien, was ist das?" Die Antwort lautet: Der Mensch, welcher als Kind auf allen Vieren kriecht, als Erwachsener auf zwei Beinen, als Greis mit dem Stock auf drei Beinen geht. Als die Sphinx in der Oidipussage diese Antwort hört, stürzt sie sich überwunden in den Abgrund, da ihr Rätsel enthüllt ist.

Der Sonnenlauf am Tage entspricht dem Kreis des Menschenlebens und der Jahresbahn der Sonne. So wurde es schon in der Gottsonnenreligion des Steinzeitmenschen erlebt. Was im Tagesrhythmus Morgen, Mittag, Abend und Nacht sind, das sind im Jahreslauf der Sonne Frühling, Sommer, Herbst und Winter. Für den Steinzeitmenschen wie für den Ägypter war der kosmische Sonnenlauf am Tage und im Jahr das große kosmische Gesetz, die sittliche Grundlage des Weltalls und allen Daseins. Die Sonnenbahn, der Tierkreis, ist der kosmische Mensch. Der Mikrokosmos ist das Abbild des Makrokosmos. Wie oben so unten, wie unten so oben.

Später wurde diese uralte kosmische Entsprechungslehre formuliert in den Prinzipien der ägyptisch-hermetisch-alchimistischen „Tabula smaragdina". Dort heißt es: „Dies so unten, ist gleich dem Oben, und dies so oben, ist gleich dem Unten. Damit kann man erlangen und verrichten Wunderdinge eines einigen Dinges... Sein Vater ist die Sonne und seine Mutter der Mond. Die Luft trägt es gleich als in ihrer Gebärmutter. Seine Ernährerin oder Säugamme ist die Erde. Dies Ding ist der Ursprung aller Vollkommenheiten, so in der Welt sind. Seine Kraft ist am vollkommensten, wann es wieder in Erde verwandelt ist. Es steigt von der Erde zum Himmel und von dannen wieder zur Erde und nimmt an sich die Kraft des Oben und Unten. Also wirst Du haben die Herrlichkeit der ganzen Welt."

Nun, das sind späte Formulierungen dieser uralten kosmischen Entsprechungslehre vom makrokosmischen Wesen des Menschen. Aber auch schon im altägyptischen Totenbuch (Cap. 120) lesen wir: „Wenn Ra (der Sonnengott) einen Blick auf den Leib und die Glieder des Verstorbenen wirft, sieht er das Folgende: er sieht den Leib wie ein ungeheures Panorama der göttlichen Hierarchien." D. h. der Menschenleib spiegelt als Mikrokosmos wieder die Hierarchien des Makrokosmos.

Die Sphinx aber als Darstellung des Jahrgottes, des kosmischen Sonnenmenschen, wird in Ägypten zugleich zum Bilde des Sonnenmenschen auf der Erde, des Sonneneingeweihten, also des Pharao. Sie trägt einen Pharaonenkopf. Sie wird so zum Symbol für die Inkarnation des Sonnengottes im Menschen, für die Geburt des Geistmenschen auf der Erde.

Die mit der großen Sphinx von Gizeh verbundene Cheopspyramide dagegen weist wie jede Pyramide hin auf den Tod, auf das Mysterium der Exkarnation. Sie kündet vom Herausgehen aus dem Erdenleib — „Pir em us" heißt ja „Austritt aus dem Haus" —, vom Aufsteigen des Menschen, zunächst des Pharao, in die kosmischen Sphären.

Den Sinn der Pyramide und das Rätsel der Sphinx kann uns am besten das ägyptische Totenbuch deuten. Sein altägyptischer Titel hieß ja in Entsprechung zu „Pir em us" (Pyramide) „Pir em haru" „Austritt zum vollen Licht". Im Totenbuch heißt es einmal vom Pharao mit Bezug auf die Pyramide: „Eine Rampe wird dir gebaut, daß du darauf zum Himmel emporsteigst" und an anderer Stelle: „Der Himmel hat für dich die Strahlen der Sonne gestärkt, auf daß du dich zum Himmel emporheben mögest, wie das Auge des Re."

Die Pyramiden zeigten ursprünglich eine glatte, glänzende Oberfläche und hatten als Sonnenspiegel die Bedeutung einer kosmischen Lichtquelle. Die am besten erhaltene Spitze der Pyramide des Königs Amenemhet III. (um 1820 vor Chr.) bei

Dashur weist mit ihrer Inschrift und der glänzenden Politur auf diese kosmische Lichtsymbolik hin. Die Inschrift lautet: „Amenemhet schaut die Schönheit der Sonne ... geöffnet ist das Auge des Königs Amenemhet. Er schaut den Herrn des Horizontes, wie er den Himmel durchfährt ... Höher ist die Seele des Königs als die Höhe des Orions, und sie vereinigt sich mit ihm in der Unterwelt". Die Pyramiden waren also nicht nur Gräber der Könige, sondern zugleich auch Einweihungstempel, ebenso wie das ägyptische Totenbuch nicht nur Totenbuch mit magischen Totensprüchen ist, sondern auch eine Sammlung von alten Einweihungstexten darstellt.

Besonders deutlich läßt sich das zeigen an der Cheopspyramide von Gizeh. Ich möchte nicht näher eingehen auf die zum größten Teil fragwürdigen Zahlenspekulationen, die man an die Baumaße der Cheopspyramide geknüpft hat, will nur hinweisen auf einige einfache und augenfällige Tatsachen.

Die Grundkantenlänge der Cheopspyramide beträgt 230,348 m, ihre Höhe 146,7 m. Zum Vergleich sei erwähnt, daß der Turm des Straßburger Münsters 142 m hoch ist und die Türme des Kölner Domes 160 m messen. Daß wie bei jeder Pyramide die viereckige Grundfläche, die dreieckigen Seitenflächen und der fünfeckige Gesamtkörper der Cheopspyramide durch die Zahlen 4, 3 und 5 auf das sogenannt schönste ägyptische Dreieck hinweisen, auf die ägyptische Trinität von Isis, Osiris und Horus, wurde schon erwähnt. Entsprechend dieser Trinität, welche auf Sonne, Mond und Erde deutet, hat nun auch die Cheopspyramide 3 Kammern, die sog. Königskammer, die Kammer der Königin und die Erdkammer im Felsengrund der Pyramide. Richtiger würde man die Königskammer als Sonnenkammer, die Kammer der Königin als Mondenkammer bezeichnen. Dann ergibt sich wieder die Dreiheit von Sonne, Mond und Erde.

Legt man durch die Bodenebene der Königskammer einen quadratischen Querschnitt durch die ganze Pyramide, so hat dieses Quadrat genau die halbe Größe des Grundflächenquadrates der Pyramide. D. h. die Königs- oder Sonnenkammer liegt genau in der Mitte des Weges zwischen Grundquadrat und

Spitze, da also, wo das Basisquadrat auf die halbe Fläche zusammengeschrumpft ist. In der Spitze ist das Grundquadrat auf den Wert 0 zusammengeschrumpft. Darum weist sie hin auf den Eingang des Pharao in die überkosmische Himmelswelt der höchsten Gottheit.

Die Mitte des Aufstiegs von dem die Erde symbolisierenden Grundquadrat zur Spitze der höchsten Himmelswelt bildet also die Sonnensphäre. Zwischen der Sonnen- oder Königskammer und dem Grundquadrat, das die Erde symbolisiert, liegt die Königinnen- oder Mondenkammer, so wie der Mond zwischen Sonne und Erde steht und astrologisch als Seelenplanet zwischen dem durch die Sonne repräsentierten Geist und dem irdischen Körper das Mittelglied bildet.

In den ägyptischen Mysterien wurde die Isis-Monden- oder Seelen-Einweihung scharf unterschieden von der Osiris-Sonnen- oder Geisteinweihung. Die Isis-Einweihung vermittelte dem Menschen das Erlebnis der vom Leibe gelösten, selbständigen Seelenwesenheit, also die reale Erfahrung der Unsterblichkeit seiner Seele. Die Osiris-Einweihung dagegen vermittelte dem Adepten den Aufstieg in die Sonnengeistsphäre und weiter in die überkosmische Welt der höchsten Schöpfergottheit.

So schildert es Apulejus im XI. Buch seiner Metamorphosen. Und richtig sagt Paul Brunton: „Es gab einen höchsten und letzten Grad der Einweihung, in dem die Seelen der Menschen nicht nur zeitweise von ihren Körpern in einem Zustand anscheinenden Todes befreit wurden, um die Wahrheit des Weiterlebens nach der großen Verwandlung zu beweisen, sondern zu den höchsten Sphären des Seins, zum Reiche des Schöpfers selbst, emporgehoben wurden... Dies war die vornehmste und eindrucksvollste Offenbarung, die damals dem ägyptischen Menschen möglich war, und die heute noch, wenn auch auf anderen Wegen, dem modernen Menschen möglich ist." (Geheimnisvolles Ägypten, Zürich 1951. S. 223 f.)

Bedeutsam sind zweifellos auch noch folgende Maße der Cheopspyramide: Beschreibt man um die Spitze der Pyramide mit ihrer Höhe einen Kreis, so ist der Umfang dieses Kreises gleich dem Umfang des Grundquadrates der Pyramide. So wird die Zahl π, das Verhältnis von Umfang zum Durchmesser des Kreises, durch die Form der Pyramide in einem guten Näherungswert dargestellt. Das Quadrat ist Sinnbild der Erde, der Kreis Symbol des Himmels. Wenn bei der Pyramide der Umfang des mit der Höhe um die Spitze beschriebenen Kreises gleich dem Umfang des Grundquadrates ist, so drückt sich darin wieder anschaulich das Grundgesetz der hermetischen Mysterienlehre von Entsprechung zwischen Himmel und Erde aus: Wie oben, so unten, wie unten, so oben.

Ferner verhält sich bei der Cheopspyramide die Grundfläche zum Mantel wie der Mantel zur Gesamtoberfläche. D. h. der Pyramidenmantel mit seinen 4 Dreiecken ist die mittlere geometrische Proportionale zwischen der die Erde symbolisierenden Grundfläche und der Gesamtoberfläche, die den Gesamtkosmos umgrenzt. Hier bestimmt also die harmonische Proportion des Goldenen Schnittes das Verhältnis von Grundfläche, Mantel und Gesamtoberfläche.

Weiter beträgt die Neigung des absteigenden Eintrittsganges ebenso wie die Neigung des zur Höhe der Königin- oder Mondenkammer aufsteigenden Ganges genau 26 1/2 Grad. 2 · 26 1/2 Grad ergibt 53 Grad. Und 53 Grad beträgt exakt die Neigung der Seitenflächen des Mantels gegen die Grundfläche. Noch einmal tritt die Winkelgröße 26 1/2 Grad an bedeutsamer Stelle in der Cheopspyramide auf. Der Grundriß der Königs- oder Sonnenkammer stellt ein Doppelquadrat dar von 10,40 m Länge und 5,20 m Breite. Ihre Höhe mißt 5,81 m. Die Diagonale in diesem Doppelquadrat hat dann gegen die Längsseite eine Neigung von 26 1/2 Grad. Was hat dieses merkwürdige Winkelmaß von 26 1/2 Grad zu bedeuten? Im Tutenchamun-Grab hat man vergoldete Stäbe mit 26 1/2 Grad Winkelbrechung gefunden. Aller Wahrscheinlichkeit nach handelt es sich hier um sakrale Maßstäbe, die den Neigungswinkel des einfallenden Sonnenlichtes angeben. Der Ägyptologe J. G. S. Edwards schreibt in seinem Buche: „Die Pyramiden von Ägypten": „Wenn man auf der Straße von Sakara steht und nach Westen blickt, so kann man die Sonnenstrahlen in ungefähr dem gleichen Winkel zu Boden fallen sehen, wie ihn die Schrägseite der großen Pyramide bildet" (mit 53° = 2 · 26 1/2°). (Vgl. L. Cottrell, Das Geheimnis der Königsgräber, Zürich 1952. S. 135.)

Das Doppelquadrat endlich, das den Grundriß der Königs- oder Sonnenkammer darstellt, ist ein Rechteck, das aus zwei aneinandergefügten Quadraten besteht, und galt als Symbolfigur der Heiligen Acht. Die Acht ist jene Zahl, die über die Sieben, die alle Zeitenläufe gliedert, hinausführt in den Bereich des Überzeitlichen, Ewigen. Die deutschen Worte Achtung, achten, aber auch verachten oder ächten, sowie der Bergname „Hohe Acht" leiten sich von jener Ewigkeitsbedeutung der Acht her. In der Reihe der arabischen Zahlen ist die Lemniskate ihr Symbol, die in der Mathematik als Zeichen für „unendlich" verwendet wird. So kannten die Ägypter 8 Götterurwesen, welche aus dem einheitlichen Weltengrunde als schöpferische kosmische Kräfte hervorgehen. Es sind 4 Paare von Gottheiten, welche die Elemente Feuer, Luft, Wasser, Erde verkörpern. Diese 4 zu einer Einheit verbundenen Götterpaare der Elementarqualitäten sind nach ägyptischer Anschauung die Urwesen, welche das Ganze der Welt tragen. Das Doppelquadrat ist nun der geometrische Bildausdruck für jene Urmonas, welche aus sich die schaffende Achtheit hervorgehen läßt. Sie führte den Namen Chnum. Nach ihr nannte sich der Pharao Cheops, dessen Name auf ägyptisch lautete „Chnum chufu", d. h. „Chnum beschützt mich".

Die magisch entwickelte Acht erhält man, wenn man die Zahlen von 1 bis 8 addiert. Diese Addition ergibt die Zahl 36. Das altägyptische Jahr hatte 36 Wochen von 10 Tagen. $10 \times 36 = 360$ Tage, wie der Kreis auch 360 Grad hat. Die 36 Dekansternbilder waren Bildausdruck für die Gesamtheit des Sternenhimmels. Noch heute zählen wir außer den 12 Sternbildern der Ekliptik 36 Sternbilder an der gesamten Himmelssphäre. Plutarch schreibt über jene doppelte Vierheit, welche die Acht und die 36 bildet: „Die sogenannte Tetraktys, die aus 36 besteht, galt bekanntlich als der höchste Eidschwur und wurde ‚Welt' genannt, weil sie entsteht aus der Verbindung der vier ersten geraden und ungeraden Zahlen" $(2 + 4 + 6 + 8) + (1 + 3 + 5 + 7) = 36$. (Über Isis und Osiris, cap. 76)

Chnum, die Urmonas, welche den Weltengrund darstellte, wurde später von den Ägyptern identifiziert mit dem Gott Thot-Hermes, der dann als Pneuma, als Geist des Chnum galt. In christlicher Auffassung entsprach dieser schöpferische Urgrund der Welt dem Logos. Von da aus ist es zu verstehen, wenn noch Clemens Alexandrinus als Christ schreibt: „Wen Christus wieder zum Leben gebiert, der wird in die Achtheit versetzt", d. h. in den allumfassenden, ewigen Schöpfergott.

Die makrokosmische Dreiheit von Sonne, Mond, Erde, welche ihr mikrokosmisches Spiegelbild in der menschlichen Dreiheit von Geist, Seele, Leib hat, beherrscht, wie wir sahen, als Formprinzip die Pyramide. Sie beherrscht ebenso den ägyptischen Tempelbau mit der Dreigliederung von Vorhof, Heiligtum und Allerheiligstem, die dann durch Moses auch übernommen wurde in der Gestaltung der Stiftshütte und fortlebt im jüdischen Tempelbau des Königs Salomon zu Jerusalem.

Die kosmische Dreiheit von Sonne, Mond, Erde wurde als Osiris, Isis, Horus auch erlebt als Vater, Mutter und Sohn. Die Urchristenheit erlebte entsprechend die göttliche Trinität als Vater, Mutter und Sohn, wobei die Mutter den Heiligen Geist darstellte.

Aus der „Heiligen Achtheit", die überkosmisch zu denken ist, geht gemäß der ägyptischen Theologie hervor das Weltei, aus dem dann als zweites Göttergeschlecht die große kosmische Neunheit entstand, die von Re (Sonne) — Schu (Luft) — Tefenet (Licht) — Geb (Wasser — Erde) — Nut (Himmel) und den Geschwistern Osiris, Isis, Seth, Nephthys gebildet wurde. Das dritte Göttergeschlecht war die sogenannte „kleine Neunheit", die unter Führung der Hathor die Lokalgötter umfaßte.

Die Drei und die Neun wurden so zu den grundlegend ordnenden Zahlen für die ägyptischen Götterhierarchien und für die Gliederung der Menschenwesenheit. Breasted sagt daher in seiner „Geschichte Ägyptens" (Berlin 1910, S. 54): „Schließlich besaß jeder Tempel eine künstlich geschaffene Dreiheit, auf der dann eine Neunheit aufgebaut wurde."

Neben der Dreigliederung von Körper, Seele, Geist kennt die

ägyptische Anthropologie bereits folgende Neungliederung der Menschenwesenheit:

1. Der Chat, der physische Körper.
2. Der Ka, der Ätherkörper.
3. Der Ba, die Astralseele.
4. Das Ab, das Herz, welches als Träger der guten und bösen Eigenschaften im Menschen galt und eng mit dem Ba verbunden war.
5. Der Chaibit oder Schatten, der Astralkörper.
6. Der Ren oder Name, das Ich.
7. Der Chu, d. h. das „Glänzende". Auch Jakhu, „das Strahlende", oder Ach, „Licht", genannt, meint das geistige Urbild des Ba, entsprechend dem Manos oder der Geistseele.
8. Der Sechem, die „ehrwürdige Gestalt", die im Himmel ihren Wohnsitz hat und das geistige Urbild des Ka oder Ätherkörpers darstellt, entsprechend dem Buddhi oder Lebensgeist.
9. Der Sahu. Er bildet die Behausung des Sechem und bestand aus allen geistigen Eigenschaften des Chat, des physischen Körpers, entsprach also dem Atman oder Geistmenschen.

Manche dieser Wesensglieder werden schon in den Pyramidentexten der Unaspyramide gelehrt.

Ob wir die Anthropologie oder die Theologie der Ägypter betrachten, ob wir den Sinn ihres Tempel- und Pyramidenbaues oder der Sphinx zu enträtseln suchen, überall sehen wir, daß es sich hier um eine hohe Sternen- und Sonnenweisheit handelt. Sonnensymbole sind auch jene hohen, aus einem Stück Granitfelsen gehauenen Obelisken, welche vor den Eingangstoren der Tempelpylonen standen. Diese Sonnensymbole bestanden immer aus einem Sockel, einem vierkantigen schmal und steil sich nach oben verjüngenden hohen Träger, der von einer kleinen mit Goldblech beschlagenen Pyramide gekrönt war. Der Träger war von eingehauenen Schriftzeichen bedeckt, und zuoberst sieht man oft die Hieroglyphen des Sonnenfalken, so z. B. am großen Obelisken Sesostris des I. in Heliopolis, der aus rotem Granit besteht. Beim Aufgang der Sonne leuchteten die Obelisken mit ihrer goldbeschlagenen Pyramidenspitze wie riesige

Kerzen auf, selber eindrucksvolle Symbole der Sonnenstrahlen und der Aufrichtekraft im Menschen. Gewöhnlich standen vor jedem Tempeltor zwei Obelisken, die offenbar auf die große Zweiheit von Tag und Nacht, Leben und Tod, Werden und Vergehen hindeuten sollten.

Die Vorgänger der Obelisken finden wir in den Menhiren der nordischen Megalithkultur. Die weitere Entwicklung der Obelisken ist im späteren Säulenkultus zu sehen. Im salomonischen Tempel standen vor dem Eingang zum Heiligtum die Bronze-Säulen Jachin und Boas, welche Tag und Nacht, den aufsteigenden und absteigenden Bogen des Tierkreises symbolisierten. Jachin stand zur Rechten und war die Säule des steigenden Lichtes, Boas stand zur Linken und war die Säule des fallenden Lichtes. So mögen auch die beiden Obelisken vor den ägyptischen Tempeltoren schon darauf hingewiesen haben, daß dem Menschen mit dem Durchschreiten des Tempeltores im Leben der Tod und im Tode das Leben offenbar werden soll. Wahrscheinlich stehen mit diesen beiden Obelisken oder Säulen auch die beiden schlanken, himmelragenden Türme der gotischen Dome des Mittelalters im Zusammenhang. Auf den beiden Türmen der Kathedrale von Chartres sieht man noch heute einen vergoldeten Halbmond und eine vergoldete Sonne. So werden hier jedenfalls eindeutig die Türme als riesige Sonnen- und Mondensäulen gekennzeichnet. Auch der Hahn auf unseren Kirchtürmen, der als erster das neue Licht am Morgen begrüßt, ist ein Licht- und Sonnensymbol. So führt zweifellos eine geistige Linie vom Menhir zum Obelisken, zur Säule, zu Kirchturm und Minarett.

Die letzten Tiefen der ägyptischen Sonnen- und Sternenweisheit aber erschließen sich uns erst, wenn wir versuchen, das ins Kosmische und Überkosmische geweitete Bewußtsein der alten ägyptischen Eingeweihten zu verstehen. Auf dem Grabmal des Ptah-Mer, des Hohenpriesters von Memphis, das sich heute im Louvre zu Paris befindet, steht die Inschrift: „Er drang in die Geheimnisse jedes Heiligtums ein; nichts blieb ihm verborgen. Er bedeckte mit einem Schleier alles, was er gesehen hatte." Eindeutig klar wird damit auf die ägyptische Eingeweihtenweisheit hingewiesen, die dem Nicht-Geweihten verschleiert werden soll. Auch sonst haben wir in der antiken Literatur zahlreiche Hinweise auf die ägyptische Mysterienweisheit. Sonderbarerweise aber wird das ägyptische Mysterienwesen in der wissenschaftlichen Literatur der meisten Ägyptologen kaum berührt, noch weniger dargestellt, weil das heutige Intellektualbewußtsein zu dieser hohen Initiaten-Weisheit keinen Zugang findet. Wir müssen uns hier mit wenigen Hinweisen begnügen.

Plutarch sagt in seiner Schrift über Isis und Osiris: „Während wir uns hier unten befinden, belastet mit körperlichen Zuständen, können wir keinen Verkehr mit Gott pflegen, es sei denn, daß wir durch philosophisches Denken ihn wie in einem Traum leise berühren. Aber wenn unsere Seelen befreit sind (durch die Mysterien) und sich aufgeschwungen haben in die Region des Reinen, Unsichtbaren und Unveränderlichen, wird dieser Gott Führer und König für jene sein, die ihm vertrauen und mit unersättlichem Verlangen die Schönheit anschauen, die für Menschenlippen unaussprechlich ist."

Noch deutlicher schreibt Jamblichos in seinem Buch „Über die Mysterien der Ägypter" VII, 1 — 3 in folgender Weise: „Die Essenz und Vollendung alles Guten ist in den Göttern zusammengefaßt, und ihre höchste und älteste Macht steht uns Priestern zur Seite. Die Erkenntnis der Götter kann nur dadurch erfolgen, daß wir in uns selbst einkehren und uns selbst erkennen lernen. Deshalb sage ich, daß der göttliche Teil des Menschen, der einst mit den Göttern dadurch verbunden war, daß er ihres Daseins gewahr wurde, später in einen anderen Zustand geriet, und durch die Bande der Notwendigkeit und des Schicksals in Fesseln gelegt wurde. Daher ist es nötig zu bedenken, wie er aus diesen Fesseln befreit werden könnte. Es gibt keine andere Lösung dafür als die Erkenntnis der Götter. Dies ist das Ziel der Ägypter in ihrem priesterlichen Erheben der Seele zur Gottheit."

Das ägyptische Totenbuch kann als Handbuch der ägyptischen Einweihung betrachtet werden. Es enthält Texte sehr verschiedenen Alters. Die ältesten Texte aus der Zeit des alten Reiches waren als Pyramidentexte in die Wände der Pyramidenkammern eingehauen, so z. B. die blauen Hieroglyphentexte in der Unaspyramide. Blau ist die Farbe des Himmels und des Geistes. In der Esoterik gilt Blau als die wahre Farbe der Sonne. Darum sind die Pyramidentexte der Unaspyramide in blauer Farbe geschrieben, etwa ab 2500 v. Chr. Dazu kommen seit ca. 2000 v. Chr. die in die Särge geschriebenen Sargtexte des Mittleren Reiches und im Neuen Reich ab ca. 1550 die auf Papyrusrollen geschriebenen Texte, die man in die Särge hineinlegte. Am bekanntesten ist der Turiner Papyros mit 160 Kapiteln. Im 7. Jahrhundert vor Christus fand eine zusammenfassende Redaktion des Totenbuches statt. Das uns heute vorliegende, von Lepsius zuerst 1842 herausgegebene Totenbuch zählt 190 Kapitel. Eine Neuausgabe wurde 1898 von Wallis Budge in London veranstaltet (bei K. Paul Trench und Trübner). Nach diesem hieroglyphischen Text brachte Gregoire Kolpaktchy in Paris 1954 eine französische Übersetzung heraus, die 1955 in deutscher Übertragung beim Otto Wilhelm Barth-Verlag in München-Planegg erschienen ist. Aus ihr zitiere ich:

> Das Totenbuch beginnt mit folgenden Worten:
> „Hier beginnen die Sprüche,
> Die vom Hinausgang der Seele berichten
> Zum vollen Licht des Tages,
> Berichten von ihrer Auferstehung im Geiste,
> Dem Eintritt in die Bereiche des Jenseits,
> Von ihren Reisen darin."

Das letzte, 190. Kapitel spricht von der Bedeutung des Buches als Einweihungsschrift: „Dieses Buch behandelt die Vervollkommnung des geheiligten Geistes im Schoße des Ra ... Dieses Buch offenbart die Geheimnisse der verborgenen Wohnstätten von Duat; es kann als Führer für die Einweihungen der Unterwelt dienen ... Es hält vor dem geheiligten Geiste Wache, macht seine Schritte groß, schaltet seine Taubheit aus und ermöglicht es ihm, in die Berührung mit den Göttern zu treten ... Dieses Buch wird dich die Verwandlungen lehren können, die eine Seele uner dem Einfluß des Lichtes durchmacht. Wahrlich, dieses Buch ist ein großes und tiefes Geheimnis. Laß es nicht in den Händen eines Unwissenden oder in denen eines Menschen, der dir unbekannt ist."

Kap. 64 ist überschrieben „Pir em haru", „Vom Heraustreten der Seele in das Tageslicht". Es beginnt mit folgenden monumentalen Worten:

„Ich bin das Heute,
Ich bin das Gestern,
Ich bin das Morgen.
Meine wiederholten Geburten durchschreitend
Bleibe ich kraftvoll und jung;
Ich bin dem Geheimnis
Verwobene göttliche Seele,
Die einstmals, in frühester Zeit
Die Göttergeschlechter erschuf
Und deren verborgenes Wesen ernähret."

D. h. der Eingeweihte weiß nicht nur um seine wiederholten Geburten, die ihn kraftvoll und jung erhalten, er weiß auch, daß seine Geistseele göttlich ist, höher als alle kosmischen Götter, bis in den Urgrund des höchsten Schöpfergottes hineinreicht, der die kosmischen Göttergeschlechter erschaffen hat.

Kap. 42 spricht vom nachtodlichen Leben:
„Ich erreiche nun ein Gebiet, wo, mit weißer Krone geziert, ein Zepter in seiner Hand, weilet das göttliche Wesen (Osiris). Vor ihm laß ich stillstehn mein Boot. Und spreche die Worte: ‚Gewaltiger Gott, der du gebietest dem Durst, schau mich an, der ich eben geboren! Eben geboren! Eben geboren! (Gemeint ist: eben in der Geistwelt geboren). Er sagt: ‚Auf dem Blutgerüste vor dir siehst du hier auf die Folter gespannt deine Missetaten. Du erkennest sie wohl! Jetzt werde ich dieser Toten Andenken erwecken in dir.' (Erinnerungstableau Totengericht) vgl. Cap. 125.

Nun erwidere ich: ‚Ich bin Ra, der kräftig macht die Seelen seiner Erkorenen. Ich bin der Knoten des Weltenschicksals, im schönen und heiligen Baume (im Weltenbaum) verborgen. Wisse, wenn ich gedeihe, gedeihet auch Ra! Wohlan! Schaue! (Erwachen des göttlichen Bewußtseins).

Wahrlich! In jedem Glied meines Körpers lebt eine Gottheit; und Thoth beschützet und pfleget das Ganze. Gleich Ra erneure ich mich täglich... Ich bin die Seele, die Hemmung nicht kennt im Vorwärtsschreiten. Und mein Name — Geheimnis. Ich bin das Gestern. ‚Der Beschauer von Jahrmillionen', so ist mein Name. Die Pfade des Himmels durchlauf ich und ausgerufen ward ich zum Fürsten der Ewigkeit, zum Meister der Königskrone. Im Horus-Auge, im Weltenei verweil ich. Das Horus-Auge verleihet das ewige Leben; und es beschützt mich, auch wenn es sich schließt. Von Strahlen umringt, durchzieh ich die Bahnen. Des Herzens Wunsche gehorchend gelang ich überall hin. Ich bin und ich lebe. Horus bin ich, der Jahrmillionen durchläuft... Seht, umgewendet sind jetzt meine Formen (Innenwelt wird Außenwelt). Ich bin Unnefer, das vollkommene Wesen (Osiris), Gott, der nach Zeitenrhythmen sich richtet... Nun öffne ich die Pforten des Himmels und sende Geburten zur Erde... Ich bin das Gestern. Ich bin das Heute der unzähligen Geschlechter. Ich bin euer Beschützer, solange ihr lebt (Genius der Menschheit)... Nicht zweimal werd ich die Pforten des Todes durchschreiten (Ende der Reinkarnation).

Mein Wesen sendet zu euch nur wenige Strahlen, aber die vielfachen Formen bleiben verborgen in mir. Denn niemand vermag mich je zu erkennen... Fern meinem Namen (Ren. Ich) ist die Befleckung des Bösen ... und in blendendem Licht erstrahlt meine Seele ... Unbeweglich bin ich der große Knoten des im Gestern Verborgenen. In meiner Hand lieget das Heute. Niemand kennt mich, aber ich kenne euch; niemand kann mich ergreifen, aber ich kann euch ergreifen. O Weltenei, erhöre mich! Ich bin Horus von Jahrmillionen. Zu euch entsend ich die Glut meiner Strahlen. Auf daß eure Herzen sich kehren zu mir. Ich bin der Herr und Meister des Thrones. Vom Übel erlöst, durchzieh ich die Zeiten und Räume, die grenzenlos."

Von der höchsten Einweihung, der Osiris-Einweihung, spricht weiter cap. 174:

„Wahrlich, da ich im Jenseits geboren wurde, erblickte ein neuer Gott das Licht der Welt: Ich war es. Mit meinen Augen vermag ich nun zu sehen; ich schaue um mich. Ich bin! Ich lebe! Scharf ist und durchdringend mein Blick! Nun, aufrecht ragend, nehme ich wieder den Faden auf meines unterbrochenen Daseins. Alles, was mir von den Göttern befohlen, führte ich aus. Denn ein Abscheu ist mir jede Starrheit und Schlaffheit... Nun gelang ich zum Ort: er war mir bestimmt. Das Haupt geziert mit der Krone, durchschreite ich die Pforte... Ich bin der heilige Lotus. Meine Strahlen durchdringen die Tiefe des Himmels. In seinem Schoß empfängt mich das Lauterkeitsreich. Dort werd ich für ewige Zeiten verbleiben neben dem heiligen Antlitz der Gottheit; denn im Feuersee habe ich lange geweilt. Und dort für das irdische Böse Vergeltung empfangen. Nun Hüter geworden des heil'gen Gewandes, beschütze ich Isis und Nephtys während der Nacht des Welteneinsturzes... Denn ich bin, fürwahr, Saa, der Weisheitsgott, selber! Amenti-Ra bin ich auch (Amenti = Westen). Dann erzwing ich den Eintritt und tauch ein in den Abgrund des Himmels." Nicht die Götter beschützen jetzt den Menschen, der Mensch beschützt die Götter zur Zeit des Welteneinsturzes und der Götterdämmerung. Denn das tiefste Wesen des Menschen ist überkosmisch im Ewigkeitsgrunde der höchsten Gottheit geborgen.

Vom gleichen Mysterium spricht auch das Kap. 130. Dort sagt der in den Ungrund Gottes eingegangene Tote:

„Hier bin ich, ich komme hierher, um wieder zu beleben, zu verjüngen die Weltenordnung... Und trotz der Gegenwehr des mächtigen Löwengottes erwächst nur durch mich der Wiederaufbau der Weltenordnung... Für Jahrmillionen werd ich begründen die göttlichen Hierarchien... Ra selber preist meine Taten, denn geleistet hab ich mein Höchstes, um die Folgen zu mildern des Zusammensturzes der Urzeit."

Das will sagen: Der Mensch ist der Grundstein des Kosmos mit all seinen Götterhierarchien. Der Kosmos mit all seinen Göttern kann in seiner Integrität wiederhergestellt und erlöst werden nur durch die freie Opfertat eines geheiligten, vollkommenen Menschenwesens. Diese erhabene kosmische Erlösungslehre, die im Christentum ihre historische Erfüllung fand, wurde als Geheimlehre in vielen Mysterien des Altertums überliefert. Auch in der jüdischen Kabbalah des Mittelalters lesen wir: „Warum wurden die früheren Welten zerstört? Weil der Mensch noch nicht geformt war. Denn die Form des Menschen schließt alle Dinge in sich und alles, was besteht, hat nur durch sie Bestand. Da diese Form noch nicht vorhanden war, hatten die früheren Welten keinen Bestand." Das Menschen-Urbild durchdringt und übersteigt also schon nach der Anschauung des altägyptischen Totenbuches alle Weiten des Kosmos, alle kosmischen Hierarchien.

Um diese abgründig tiefe Wahrheit wissen auch die indischen Upanishaden, in denen es heißt: „Gleich einem Reiskorn trage ich den ewigen Urmenschen in meinem Herzen, Ihn, aus dessen Gliedern die Welt entstand. Gleich dem strahlenden Licht ist Er größer als der Himmel, größer als alle Dinge, die sind. Er, mein eigenes Wesen. Und wenn ich von hinnen gehe, wird mir dieses Selbst zuteil. Wahrlich — wen dieser Glaube trägt, dem ist nichts ungewiß." (Chandogya Upan. 3, 14, 3 — 4)

Die monumentalen Tempel- und Pyramidenbauten Ägyptens sind zutiefst Ausdruck dieser monumental-abgründigen Mystik und Gnosis. Neben diesem groß-kosmischen Bilde vom Menschen mutet das Menschenbild der Gegenwart geradezu zwergenhaft an. Die Verkümmerung des Menschenbildes, der Untergang der alten Mysterienweisheit und die erschreckende Verödung des Lebens, wie wir sie heute erfahren, wurde in den spätägyptisch-hellenistischen Schriften des Hermes Trismegistos schon vorausgesagt. Diese prophetisch-apokalyptischen Worte, mit denen ich schließen will, können uns eine ernste Mahnung sein:

„Weißt du nicht, o Asklepios, daß Ägypten das Bild des Himmels und das Widerspiel der ganzen Ordnung der himmlischen Angelegenheiten hienieden ist? Doch du mußt wissen: Kommen wird eine Zeit, da es den Anschein haben wird, als hätten die Ägypter dem Kult der Götter vergeblich mit so viel Frömmigkeit obgelegen, als seien alle ihre heiligen Anrufungen vergeblich und unerhört geblieben.

Die Gottheit wird die Erde verlassen und zum Himmel zurückkehren, da sie Ägypten, ihren alten Sitz, aufgibt, verwaist von Religion, beraubt der Gegenwart der Götter. Dann wird dies von so viel Heiligtümern und Tempeln geheiligte Land mit Gräbern und Toten übersät sein.

O Ägypten, Ägypten! Von deiner Religion werden nur leere Erzählungen, welche die Nachwelt nicht mehr glauben wird, und in Stein geschlagene Worte bleiben, die von deiner Frömmigkeit erzählen. Dann wird dem Ekel der Menschen die Welt kein Gegenstand der Bewunderung und Verehrung mehr sein. Man wird die Finsternis dem Lichte vorziehen und den Tod für tauglicher halten als das Leben.

Eine schmerzvolle Trennung zwischen Göttern und Menschen tritt ein, nur die bösen Engel bleiben. Es wird eine Zeit kommen, in der es aussieht, als habe Ägypten umsonst mit frommem Gemüt an der Verehrung der Gottheit festgehalten." (Corpus Hermeticum, Asclepius 24)

Sumerisch-babylonische Astrosophie

Die von Hermann Wirth entdeckte steinzeitliche Urschrift der Menschheit ist bereits um 4000 v. Chr. über Nordamerika, Europa und Asien verbreitet. Wie weit sie zurückreicht, läßt sich heute noch nicht sicher bestimmen. Aber zweifellos stammt sie aus den Jahrtausenden unmittelbar nach dem Untergang der Atlantis. Wir sind berechtigt, in ihr atlantische, kosmische Runenzeichen zu sehen.

Den jungsteinzeitlichen Sonnenkult, die uralte prähistorische Gott-Sonnenreligion, finden wir in verwandelter, systematischer Ausgestaltung wieder in der altsumerischen Kultur Südbabyloniens. Die Sumerer sind um 5000 v. Chr. von Osten her, wahrscheinlich auf dem Seewege nach Südmesopotamien gekommen. Das Sumerische ist weder eine semitische noch eine indogermanische Sprache, es gehört der Gruppe der agglutinierenden Sprachen an, wie sie im Kaukasus, im Uraltai und auch in Indien gesprochen wurden. Die Forscher vermuten heute, daß diese sicher nicht semitischen Sumerer aus Indien gekommen sind und dabei eine Kultur nach Mesopotamien brachten, die wahrscheinlich noch um Jahrtausende älter ist als die im 4. Jahrtausend blühende älteste Induskultur.

Wenn die Sumerer auch der um 3000 v. Chr. beginnenden akkadisch-semitischen Eroberung politisch unterlagen, so behaupteten sie doch kulturell ihre Vorherrschaft über die eindringenden Semiten. Die politischen Sieger sind hier die geistig Besiegten geblieben, wie in ähnlicher Weise die von den Römern besiegten Griechen geistig-kulturell den Römern überlegen blieben. Die altsumerische Geisteskultur bestand — wenn auch teilweise getrübt — lebendig weiter in der Kultur Babyloniens und Assyriens. Ihre Sprache erhielt sich als Sprache des Kultus und der Schule, als eine Art heilige Sprache bis herab an die Schwelle des Christentums.

Die Zeit Hammurabis um 2000 v. Chr. ist für Mesopotamien bereits eine Periode der Spätzivilisation, das vorangehende

Jahrtausend seit etwa 2800 v. Chr. würde dem Barock entsprechen und die der Gotik vergleichbare Schöpfungsperiode der rein sumerischen Kultur fiele ins 4. Jahrtausend vor Christus.

Diese altsumerische Kultur nimmt in der Kulturgeschichte der Menschheit eine besondere Stellung ein wegen ihres hochgeistigen Charakters. Sie zeigt ähnlich wie die altägyptische Kultur eine besondere Nähe zur Kultur der untergegangenen Atlantis. Was Hermann Wirth gelesen hat in der steinzeitlichen Urschrift der Menschheit, das findet sich in reicher Ausgestaltung wieder in den Bildzeichen, Inspirationen und Gestalten der sumerischen Hochkultur Südmesopotamiens. Was von der prähistorischen Gott-Sonnenreligion der Steinzeit und von der altägyptischen Kultur mit ihren Pyramiden und Sphinxen gilt, das gilt in gleicher Weise auch von den himmelragenden Tempeltürmen und den sphinxartigen Cheruben der sumerisch-babylonischen Kultur: Alle diese alten Hochkulturen können nur verstanden werden aus einem ins Kosmische und Überkosmische geweiteten Bewußtsein. Nicht zufällig wird daher durch die Vorgeschichtsforschung diese Menschheitsurzeit neu entdeckt gerade in unserer Zeit, wo auch ein neues kosmisches und überkosmisches Bewußtsein in der Menschheit der Gegenwart zu erwachen beginnt.

Ein Epos wie das bis in sumerische Zeit zurückreichende Gilgameschepos ist z. B. von so ausgeprägt kosmischer Gestaltung, daß die meisten Forscher des 19. Jahrhunderts es für Astralmythologie ohne historischen Hintergrund hielten. Heute dagegen dürfen wir die Funde der IV. Schicht von Uruk berechtigterweise mit dem Namen des Gilgamesch verknüpfen. Aber Gilgamesch war wirklich kein bloßer Mensch, er war, wie es im Epos heißt, 1/3 Mensch und 2/3 Gott. Kosmische Impulse wirkten durch ihn hindurch wie bei allen führenden Eingeweihten der prähistorischen Zeit.

Diese Menschen der Frühzeit hatten ihr eigenes menschliches Seelenleben noch nicht abgetrennt vom Naturleben. Man erlebte sich selber in der Natur und die Natur in sich. Bei Betrachtung der Naturvorgänge und des eigenen Seelenlebens stieg im Inneren des Menschen ein Bilderlebnis auf, das sowohl die inneren

Seelenvorgänge als auch die äußere Natur spiegelte. Beim Eingeweihten aber wurden Seelenvorgänge und Naturkräfte zugleich transparent für die göttliche Welt. Erst als im Fortgang der Menschheitsentwicklung das Bilderlebnis allmählich in das intellektuelle Gedankenerleben überging, entstand immer klarer die Empfindung des Gegensatzes von Natur, Seele und Gotteswelt. Der Mensch der Frühzeit dagegen lebte gleichsam noch unter offenem Himmel. Raumes-, Zeiten- und Stoffeswesen bilden für den Sumerer einen geistlebendigen Kosmos, der in äonischem Kreislauf schwingt.

„Die Zeit ist eine blühende Flur, ein großes Lebendiges ist die Natur, und alles ist Frucht, und alles ist Same."

Die geschaffene Welt ist nach der Schau der Sumerer ein Ganzes, aus dem Geiste kommend und damit grundsätzlich durchgehend geheiligt. Wohl weiß auch der Sumerer um die Realität des kosmischen Sündenfalls. Dem Sündenfall in der Menschenwelt ist der Sündenfall in der Götterwelt vorangegangen. Durch diesen kosmischen Sündenfall kommt es zum Kampf der Finsternismächte gegen die Lichtmächte im Kreislauf der Äonen. Der Erlösergott aber, der alle Finsternismächte überwindet, ist für den Sumerer der Schöpfergott selber. Eben weil er aus dem Urgrund der Dinge stammt, kann er die Welt erlösen. In ihm wirkt der „Zi (Nisch) Himmels und der Erde", d. h. die Geistseele, der Name, der schöpferische Logos des Alls. Denn nach sumerischem Empfinden ist der Name die Wesensoffenbarung der Seele, ihre Geistgestalt. Der gesamte Kosmos wird dabei als von einem einheitlichen Leben durchwaltet geschaut, und zwar so, daß eine Harmonie zwischen dem oberen Sein und Geschehen und dem unteren Sein und Geschehen besteht. Wie für den Ägypter gilt auch für den Sumerer der Satz von der präfigurierten Harmonie zwischen Himmel und Erde: Wie oben, so unten, wie unten, so oben. Im Menschen sieht der Sumerer die Welt im Kleinen, den Mikrokosmos, und in der großen Welt erschaut er den „großen Menschen", den Makroanthropos.

Der Orientalist Alfred Jeremias beschreibt die Weltschau der Sumerer (Der Kosmos von Sumer, Leipzig 1932, S. 7) mit folgenden Worten: „Die geiststoffliche Wirklichkeitswelt rollt kreisläufig-äonisch: wie im kleinen Lauf der Jahre durch Sommer-Winter-Sommer, und wie im kleinsten Lauf des Tages durch Licht-Nacht-Licht, so im großen Wege Gottes durch Weltjahreszeiten zu immer neuen Weltfrühlingen. Es gibt keine Weltuntergänge, sondern nur Weltumwandlungen. Die stoffliche Welt geht durch Schöpfung zum Chaos, durch Chaos zur Neuschöpfung, wie das Naturleben durch Sommer zum Winter und Sommer, wie die Vegetation durch Frucht zum Samen, zur Frucht. Das Ziel der Schöpfung ist geistleibliche Weltvollendung" — „Das weiß der Wissende, der Wissende teilt es dem Wissenden mit, der Nicht-Wissende soll es nicht erfahren, denn es ist das Geheimnis Himmels und der Erde." Es wird auch genannt „das Geheimnis des Oberen und des Unteren", das man nur mit „geöffnetem Ohr" und mit „weitem Sinn" erfassen kann.

Das sumerische Ursymbol für dieses harmonische Zusammenklingen von Himmel und Erde, Mensch und Gott ist die Zahl 6, die Grundzahl des sumerischen Sexagesimalsystems. 6 ist die Summe und auch das Produkt der ersten drei Zahlen der Zahlenreihe, welche die Dreiteilung, die Dreifaltigkeit von Gott und Mensch, darstellen. Denn $1 + 2 + 3 = 6$, wie auch $1 \cdot 2 \cdot 3 = 6$ ist.

Bildlich dargestellt wurde die Sechszahl durch das Sechseck mit den eingezeichneten Sechseckdiagonalen, die den Sechsstern und das später sog. Salomonsiegel, das Zeichen des Makrokosmos, bilden. Das regelmäßige Sechseck ist die vollkommene Figur, welche den Kreis der Ewigkeit ausmißt. Indem der Radius sechsmal als Sehne in den Kreis gelegt wird, bildet er die Seite des Sechsecks. Sechs gleichseitige, aus dem Radius gebildete Dreiecke, deren Spitzen im Kreismittelpunkt zusammentreffen, füllen den Kreis. Das eine Diagonalsystem dieses Sechsecks ergibt die Figur des Sechssterns, den wir aus dem germanischen Runenalphabet als Hagalrune kennen, das andere Diagonalsystem bildet den aus zwei ineinandergefügten, gleichseitigen Dreiecken gebildeten Sechsstern, der später als Salomonsiegel zum Sechsstern der jüdischen Synagogen geworden ist und in der Esoterik als Zeichen des Makrokosmos gilt. Das beide Diagonalsysteme umfassende Sechseck ist das Bildsymbol der 6, der Grundzahl des Sexagesimalsystems, dessen wichtigste Zahlen 6, 60 und 6 · 60 = 360 sind. Das babylonische Keilschriftenzeichen für 1 (ᛉ) ist zugleich das Zeichen für 60. Das Jahr wird in Sumer wie im alten Ägypten zu 360 Tagen gerechnet, wobei die Differenz zum realen Sonnenjahr von 365 1/4 Tagen durch Anfügen von Schalttagen ausgeglichen wird. Dementsprechend wird der Kreis in 360° eingeteilt, der Grad in 60 Minuten, die Minute in 60 Sekunden. Diese vom Himmel abgelesenen Zahlen werden nicht nur für die Messung der Zeit, sondern auch für die Raum-Maße und für die Materie-Maße, die Gewichte, verwendet.

Wenn die Sonne im Jahreslauf den Himmelskreis von 360° einmal durchläuft, wird der Mond 12 mal voll. 12 · 29 1/2 = 354 Tage (Mondjahr). Der zwölfte Teil von 360 ist 30. 30 Tage hat darum der Monat und 30° sind ein Zwölftel des Kreisumfangs. Der 30. Teil eines Monats ist ein Tag, der wiederum einem Kreisgrad entspricht. Nach dem gleichen System wird der Tag als kleines Jahr eingeteilt. Der zwölfte Teil des Tages ist die sumerische Doppelstunde, die den Kleinmonat im Tagesrhythmus repräsentiert. Der 30. Teil der Doppelstunde ergibt die sumerische Minute als Entsprechung zum Tag mit dem Wert von einem Kreisgrad oder 4 Zeitminuten. Noch heute lebt diese Zeiteinteilung in unserer Tages- und Jahresrechnung fort. Wie der Mond im Sonnenjahr zwölf Umläufe vollendet, geht bei unseren Uhren der große, den Mond repräsentierende Zeiger, zwölfmal im Kreise herum, während der kleine, die Sonne symbolisierende Zeiger einen Umlauf vollendet. 360 · 10 ergibt 3600. Eine Periode von 3600 Jahren nannten die Sumerer ein Weltenjahr, einen Saros. Das Bildzeichen für den Saros war ein Kreis (○) und bedeutete zugleich „Welt".

Wir kennen noch heute die deutsche geographische Meile in Größe von 7,5 km. Sie geht zurück auf die Wegstrecke, welche der Sumerer in einer sumerischen Doppelstunde zurücklegte. Das Gewicht des Wassers, das in 2 Doppelstunden aus der Wasseruhr auslief, bezeichnete man als Mine, die das Grundgewicht für alle Messungen abgab. Der 60. Teil der Mine ist das Lot und

60 Minen sind ein Talent. Noch heute sind bei uns folgende Maßzahlen in Gebrauch, die auf das sumerische Sexagesimalsystem zurückgehen:

1 Dutzend = 12 Stück
1 Schock = 5 Dutzend oder 60 Stück
1 Groß = 12 Dutzend oder 144 Stück
1 Mandel = 15 Stück oder 1/4 Schock (60 : 4 = 15).

In der sumerisch-babylonischen Kulturwelt gab es Goldgeld, Silbergeld und Kupfergeld, weil Gold das Metall der Sonne, Silber das Metall des Mondes und Kupfer das Metall der Venus war. Das Verhältnis des Silberwertes zum Goldwert wurde bestimmt nach den Umläufen von Sonne und Mond im Tierkreis. Auf einen Sonnenumlauf kamen genau 13 1/3 siderische Mondumläufe. Daher setzte man das Verhältnis zwischen Silber- und Goldwert fest als 1 zu 13 1/3.

Diese sumerischen Maßsysteme für Zeit, Raum, Gewichte und Münzen zeigen deutlich, daß der gesamte Kosmos von den Sumerern noch als raumzeitliches Kraft-Kontinuum erlebt wurde. Raumes-, Zeiten- und Stoffeswesen bilden für den kosmisch lebendig empfindenden Menschen von Sumer den einen geistlebendigen Organismus. Raumordnung und Zeitenlauf sind Taten geistiger Wesen, die sich zugleich in allem Stofflich-Materiellen der Welt offenbaren.

Saros bedeutet zugleich Großjahr und Welt, Aion oder Kosmos. So bedeutet auch im Hebräischen ólam und im Griechischen Aion (im Lateinischen aevum, im Deutschen Ewigkeit) zugleich Zeitenkreis, Welt und Ewigkeitsbereich Gottes. Raumordnung, Zeitenlauf und der Schöpfergott einer bestimmten kosmischen Raumesordnung in einer bestimmten Liebes-Schöpfungsperiode durchdringen einander. Worte wie ólam und Aion sind eigentlich unübersetzbar. Wenn man sie übersetzt durch „Kosmos" oder „Zeitenkreis", so muß man sich bewußt machen, daß damit gemeint ist ein lebendiger, in sich geschlossener Raum- und Zeitorganismus mit einem schöpferischen Geistmittelpunkt. Übersetzt man aber diese Worte mit „Ewigkeit", so muß man spüren, daß „Ewigkeit" nicht endlose „Zeit" ist, nicht nur am „Ende der Zeit" kommt, sondern vielmehr der immerwährende schöpferische Quellpunkt der Zeit ist, jene „reale Dauer", in der Vergangenheit, Gegenwart und Zukunft gleichzeitig erlebbar werden. Zur geschaffenen Welt gehört eine erdfreie Geisteswelt. Der gesamte Kosmos ist von Geistwesen erfüllt. Aber die „Götter" sind nicht die Schöpfer des Kosmos, sondern gehören zum Kosmos, regieren ihn in seinem Bestand und in seinem äonischen Lauf. Philo, Quis hereses (Wendland III, 18) sagt das von der chaldäischen Lehre. Es ist in Wahrheit sumerisch. Überkosmisch ist der Zi (Nisch) Himmels und der Erde, der dem Schöpferlogos in der griechischen Gnosis entspricht und zugleich zum Erlöser des gefallenen Kosmos wird. Die Welt des reinen Geistes ist jenseits von Gut und Böse. Sünde ist im sumerischen Sprachgebrauch „Aufruhr" innerhalb des Äonenlaufes, der zur Weltvollendung führen soll.

Die ganze sichtbare Erde ist nach altsumerischer Lehre kampflos aus der geistigen Urflut emporgestiegen, nachdem im Laufe der Äonen alte Welten vergangen sind. Die Gigantomachie, wie sie das babylonische Weltschöpfungsepos „Enûma elisch" schildert, ist wahrscheinlich spätere semitische Zutat. Die aus den Urwassern auftauchende Erde ist nun „das Untere" als Gegenstück zu „dem Oberen" des über der Erde sich wölbenden Sternenhimmels. Im Oberen und Unteren waltet einheitlich „die göttliche Geistseele" (Zi, Nisch), der Schöpferlogos des Alls.

Dreifach geteilt in eine obere, mittlere, untere Region ist sowohl die Himmelswelt wie die irdische Welt. Dem Feuer-Lufthimmel, der Erde und dem Ozean in der Erdenwelt entspricht die Feuer-Luftregion am nördlichen Sternenhimmel, die himmlische Erde als Tierkreis und der Himmelsozean am südlichen Sternenhimmel. Die hohe Himmelswelt der Feuer-Luftregion um den Nordpol herum ist dem Vatergott Anu zugeordnet; die himmlische Erde, der Tierkreis gehört dem Sohnesgott Enlil; der Himmelsozean am südlichen Sternenhimmel ist das Gebiet des Geist- und Weisheitsgottes Ea.

Diese großkosmische Dreiheit von Vater-, Sohn- und Geistgott spiegelt sich im planetarischen Bereich wider als Mond, Sonne, Venus — Sin, Schamasch, Istar. Diese beiden Triaden sind aber erst die Weltenherren des vierten Äons. Diesem vierten Äon gehen drei Äone voran: der 3. Äon von Anschar und Kischar, der 2. Äon von Iachmu und Lachamu, der 1. Äon von Apsu, Mimmu und Tiamat. Früher aber und höher als alle diese Äone ist die große Weltenmutter Ba'u, und ihr Bereich ist hoch über den kosmischen Sphären im 8. Himmel, der ebenso hoch über dem Feuerhimmel des Vatergottes Anu liegt wie dieser über der Erde.

Die Weltenmutter Ba'u, welche in Zukunft einmal den Welterlöser gebären soll, steht dem Urgrund der Dinge am nächsten. Von diesem Urgrund, der unerforschlich ist, sind, geboren von der Weltenmutter, auch die Götter der überirdischen Genealogien ausgegangen. Sie sind geschaffen wie die Menschen, denen nur das „ewige Leben" versagt blieb. Die Götterwelt kämpft polarisch und antipolarisch um die Menschenwelt. Die äonische Entwicklung des Gesamtkosmos ist am himmlischen Tierkreis abzulesen.

Der Tierkreis erhebt sich nach Norden und Süden um 23 1/2 Grad über den Himmelsäquator. Indem der Tierkreis als himmlische Erde erlebt wird, werden diese beiden Erhebungen, also der nördliche und südliche Höhepunkt der Sonnenbahn, als Himmelsberge geschaut. Auf dem Tierkreis der himmlischen Erde wandeln die Planeten und steigen an diesen Himmelsbergen auf- und abwärts. Das tun sie in sieben Sphärenkreisen oder auf sieben verschiedenen Stufen. So entsteht das Bild eines siebenstufigen Berges. Die sumerischen und babylonischen Stufentürme oder Sikurrats bilden als Tempel diesen Himmelsberg ab. Sie stellten die Himmelsleiter der Planetensphären dar, auf der die Götter zu den Menschen herab- und die Menschen zu den Göttern emporstiegen. Mehrfach wurden die Turmtempel in sieben Stufen erbaut, und jede einzelne Stufe stellte dann eine Planetensphäre dar. Aufsteigend bis zu einer Höhe von etwa 90 Metern verjüngten sich die Stufen nach oben hin. Die unterste, umfassendste Stufe, auf der die übrigen sechs ruhten, stellte die Saturnsphäre dar, die ja auch alle anderen Planetensphären umschließt. Als zweite Stufe von unten folgte die Jupiterstufe, dann die Marsstufe, die Sonnenstufe, die Venusstufe, die Merkurstufe und zuletzt als oberste Stufe die Mondenstufe.

An einem bestimmten Fest führten die Priester eine jungfräuliche Priesterin auf den Turm. Die Jungfrau durchschritt da in feierlichem Kultus alle Planetenstufen. Auf jeder Stufe legte sie eines ihrer Gewandstücke ab. Siebenfach verhüllt ist das wahre Wesen des Menschen. Wer zur Einigung mit dem Gotte kommen will, muß seine sieben Leibeshüllen ablegen. In reiner Nacktheit betrat die Jungfrau den Gipfeltempel der Sikurrat. Die Nacktheit war dem Sumerer heilig. Die altsumerischen Priester zelebrierten vollkommen nackt, wie es die Bildwerke zeigen. Die Sumerer empfanden die Nacktheit noch so wie die paradiesischen Menschen vor dem Sündenfall, von denen die Genesis (2, 25) sagt: „Sie waren nackt und schämten sich nicht." Erst in akkadischer Zeit wird als Priesterkleid das weiße Linnengewand bezeugt. Im Tempel auf der obersten Turmspitze war für die Priesterin ein wohl zubereitetes Bett gerichtet und ein goldener Tisch (Herodot I, 181). Dort verbrachte die Jungfrau allein eine Nacht unter sternenklarem Himmel, um als kosmische Jungfrau die Vereinigung mit dem Gott zu erleben.

Wie in den kreisenden Sphären des Himmels ist auch im Turm-Symbol der Sikurrats der Raum und Zeit vereinheitlichende Gedanke des Abrollens anschaubar geworden. — Auch hinter dem hartnäckigen Festhalten der Siegel als Roll-Siegel in Sumer und Babylon steckt dieses Erlebnis. So etwas kann man nicht aus den Bedürfnissen der Praxis erklären. Wie unscheinbar ist solch ein kleines tönernes Rollsiegel mit seinen Schriftzeichen und Bildern! Wie tief aber ist das Erleben, aus dem heraus es gefunden wurde! Lesbar wird es erst, wenn man es abrollt auf weichem Ton. Erst wenn die kleine Rolle einmal kreisend ganz herumgerollt ist, erscheint die vollständige Schrift. So ist das Rollsiegel Bild jedes himmlischen und irdischen Zeitenkreises, Bild auch z. B. des Menschenlebens. Wir gehen von der Kindheit zur Jugend, zum Mannes- und Greisenalter mit sich ständig wandelndem Bewußtsein. In ihrer Ganzheit aber wird die Persönlichkeit erst faßbar im Tode, wenn das ganze Rollsiegel des Lebens abgerollt ist. Erst jetzt steht die Lebensschrift vor unserem geistigen Auge ganz da; nun wird das Fazit gezogen. Die schöpferische Lebensschwungkraft wirkt im Zentrum des Siegels und schafft im lebendigen Umschwung die Schriftzeichen des Lebens. Mit dem Tode kehren wir ins Zentrum zurück.

Auch viele Erdenleben bilden wiederum einen höheren Zeitenkreis, der aus dem göttlichen Ich-Zentrum seinen Umschwung erhält. Immer ist dieses Zentrum des Gottes-Ich auf verborgene Weise da in jedem einzelnen Leben. Die Apokalypse, welche erst am Ende der Zeiten da sein wird, wenn das große Rollsiegel der ganzen Weltentwicklung abgerollt ist, beginnt schon heute, wofern der Mensch nur den Anschluß findet an das Zentrum des Gottes-Ich in seinem Geiste. Dann wird die Schrift der gesamten Weltentwicklung lesbar. So wird „Ewigkeit" erfahrbar nicht als „unendliche Zeit", sondern als immerwährender, schöpferischer Quellpunkt der Zeit, als reale Dauer. „Das wird erst sein und ist schon jetzt" (Joh. 5, 25). Im Rollsiegel, im Stufenturm und uranfänglich im Kreisen der himmlischen Sphären spricht anschaulich zum alten Sumerer dieses kosmische Erleben der Raum-Zeit-Stoffes-Einheit durch das göttliche Ich.

Das sumerische Schriftbild für Stern, Mul, wird akkadisch durch šiṭru, Schrift, erklärt. Die Gestirne sind šiṭir šamê, Schrift des Himmels. Alfred Jeremias sagt: „Daß man dabei bereits in sumerischer Zeit an Sternkonstellationen, Sternbilder gedacht hat, zeigen die Gudea-Texte. Also: ‚In den Sternen steht's geschrieben' ist sumerische Weisheit." (Handbuch der altorientalischen Geisteskultur, Leipzig 1929, S. 41)

Für den Menschen der jüngeren Steinzeit wie für den Ägypter und den Sumerer war der kosmische Sonnenlauf am Tage und im Jahreskreis das große kosmische Gesetz, die sittliche Grundlage des Weltalls und alles Daseins. Wie in der Steinzeit und in Ägypten erfuhr auch in Sumer der Mensch im Jahresrhythmus der Sonne das Leben, Leiden, Sterben und Auferstehen des Jahrgottes, des Gottessohnes. Der Jahrgott wird in Sumer und Babylon in zweierlei Gestalt erlebt: Als Enlil-Marduk symbolisierte er die steigende, siegende Sonne, welche den steigenden Jahresbogen der Ekliptik von der Wintersonnenwende bis zur Sommersonnenwende beherrscht. Als Lillu-Tamuz symbolisierte er die fallende, sinkende, leidende Sonne, welche den absteigenden Jahresbogen der Ekliptik von der Sommersonnenwende bis zur Wintersonnenwende beherrscht. Während in Babylon zur Zeit Hammurabis um 2000 v. Christus das Jahr in der Zeit der Frühlings-Tagundnachtgleiche mit dem Sonnenstand im Widder begann, feierte man Neujahr in Sumer zur Zeit der Wintersonnenwende. Geboren wird da der Jahrgott Enlil in der Wintersonnenwende. Von dort bis zur Sommersonnenwende zählt man 7 Sternzeichen. Die Mitte der Sieben ist 3 1/2. 3 1/2 Zeiten nach der Geburt des Sonnenkindes siegt in der Frühlings-Tagundnachtgleiche die Sonne, der Jahrgott, über den Winterdrachen.

Aus den Zusätzen zum biblischen Buche Daniel kennen wir die Geschichte vom „Drachen zu Babel", der im Tempel des Sonnengottes Bel-Marduk als heiliger Sonnendrache verehrt wurde. Der dem Marduk heilige Sirusch, die „gehende Schlange", war ein Mischbild aus Drache, Schlange, Löwe, Adler, Stier und stellte die ganze Sonnenbahn, den Tierkreis dar. Die Farbe des Jahresdrachens war in Babylon rot. Die Worte „Jahr" und „Rot" hatten im Babylonischen und Hebräischen den gleichen Wortstamm (hebräisch „sana" = Jahr, „sani" = rot). Wir verstehen von da aus, warum der Jahresdrache „rot" ist. Eine alte babylonische Weltkarte nennt „das Jahr des großen, roten Drachen".

Wenn im christlichen Festkalender der Gedenktag des Drachenbesiegers Georg auf den 23. April angesetzt wurde, so geht das letztlich zurück auf den Drachensieg Enlil-Marduks, der in Babylon zur Zeit der Frühlings-Tagundnachtgleiche gefeiert wurde. Wenn dann die Sonne weiter steigt zur Sommerhöhe des Solstitiums, feiert man die „hohe Zeit", die Hochzeit des Jahrgottes. In der Sommersonnenwende, wo der Tag die Nacht durchdringt, erlebte man die Hochzeit von Himmel und Erde, die Weltvollendung. Im späteren Babylon war es die Hochzeit Marduks mit Szarpanitu. In einem Jahrkalender heißt es mit Bezug auf das 12tägige babylonische Neujahrsfest im Monat Nisan: „Marduk, der Allweise, eilt zur Brautschaft." Wahrscheinlich sind die kultischen Feiern an jedem dieser 12 Tage auf die zwölf Monate des Jahres, auf die zwölf Sternzeichen der Sonnenbahn zu beziehen.

Der Bogen des fallenden Jahres von der Sommersonnenwende bis zur Wintersonnenwende gehört dem sterbenden Jahrgott in der Gestalt des Lillu-Tamuz. In der Monatsliste der Hammurabizeit hat der Monat der Sommersonnenwende den Namen Du'uzu (akkadisch), Schu-numun-na (sumerisch), Tamuz (hebr.). Im fallenden Jahresbogen der Sonne steht am Himmel die große Wasserschlange und über dem Drachen Skorpion der Schlangenträger, welcher die Schlange aufrichtet, über dem Steinbock der Adler, der einen Menschen zum Himmel emporträgt. Uns ist eine Festperikope erhalten, welche sich literarisch bis in die Hammurabi-Zeit zurück verlegen läßt und diesen Teil des Sternenhimmels mythisch interpretiert. Das ist die sog. Etana-Legende, die auch auf alten Siegelzylindern dargestellt wird. Die Geburt des göttlichen Kindes wird zur Zeit der Wintersonnenwende auf Erden erwartet. Es soll „Hirte der Menschen" werden. Auf der Erde ist Kampf zwischen dem Adler und der Schlange. Die Schlange hat den Adler bezwungen. Der Mensch, Adapa, befreit den Adler aus der Grube, in die ihn die Schlange geworfen hat. So wird der Adler zum Freunde des Menschen. Etana sucht im Advent für sein Weib das „Kraut des Gebärens", das er nur aus dem höchsten Himmel der Göttermutter holen kann. Da trägt der Adler den Menschen empor durch alle himmlischen Sphären in drei Doppelstunden bis zum Himmel des Vatergottes Anu, in drei weiteren Doppelstunden zum Himmel der Himmelskönigin Ischtar, die hier die allumfassende Madonna, die kosmische Jungfrau Sophia Ba'-u, repräsentiert, welche Herrin des 8. Himmels über den 7 Planetensphären ist. Da gewinnt der Mensch das Gebärkraut und das göttliche Kind kann geboren werden. Die uns erhaltene akkadische Version der Legende ist allerdings pessimistisch umgebogen. Da stürzt Etana mit dem Gebärkraut ab, so wie in der akkadischen Version des Gilgamesch-Epos, die ebenfalls eine pessimistische Tendenz hat, die Schlange dem Gilgamesch das „Kraut des Lebens" entwendet (Alfred Jeremias, Handbuch der altorientalischen Geisteskultur, Leipzig 1929, S. 432 f.).

Ein anderes heiliges Textbuch, das uns erhalten blieb, schildert das Ersterben des Naturlebens im Herbst, das immer tiefere Sinken der Sonne in dem großartig tiefsinnigen Mythos von Ischtars Höllenfahrt, zu dem man auch Bruchstücke in sumerischer Sprache gefunden hat. Durch sieben Sphärentore der Unterwelt steigt Ischtar, die Göttermutter, hinab in das Reich ihrer dunklen Schwester. An jedem Sphärentor opfert sie mit einem Gewandstück einen Teil ihres Wesens, bis sie nackt und bloß der Todesgöttin gegenübersteht. Da wird die Herrin des Lebens selber mit allen irdischen Krankheiten geschlagen und gefangengehalten im Reiche der Schatten. Auf der Erde hört alle Zeugung auf. Das Mineralische der Erde ist zum Grab geworden für die aus Sternenhöhen niedergesunkene Mutter des Lebens. Die Rettung bringt als Erlöser der Sohn und Gatte der Ischtar, Lillu-Tamuz, der sterbende, todüberwindende Jahrgott, dessen zentrale Fixsternoffenbarung im Sternbild des Orion erlebt wurde. Ihm voran schreitet Asuschunamir (d. h. „sein Lichtaufgang strahlt"). Durch die Musik des Flötenspiels bezwingt Lillu-Tamuz die Todesgöttin. Ischtar wird mit dem „Wasser des Lebens" besprengt, empfängt ihre Sternengewänder zurück und steigt durch die sieben Sphärentore wieder auf zum Himmel. Das Leben der Welt ist gerettet. (Zu Ischtars Höllenfahrt siehe die Textausgabe von H. H. Figulla, Memnon VI., S. 177 f. Im übrigen sei für die urkundlichen Belege verwiesen auf Hugo Greßmann, Altorientalische Texte, Berlin und Leipzig 1926).

Der große Erscheinungstempel Marduks in Babylon hieß Esagila, d. h. „Haus der Haupterhebung". Dieser Name bezog sich auf das Widdergestirn, das Haupt des Tierkreises, in dem damals der Frühlingsanfangspunkt lag. Der neben diesem Tempel liegende gigantische Stufenturm hieß Etemenanki, d. h. „Haus des Fundamentes Himmels und der Erde". Die ganze Esagila-Anlage sollte der irdische Repräsentant des Frühlings- und Neujahrssternbildes Widder sein, und feierlich begrüßte der babylonische Oberpriester vom Kulthof des Tempels aus das in den ersten Tagen des Nisan dort heliakisch aufgehende Widdersternbild mit den Worten: „Du Widdergestirn, Esagil, Ebenbild von Himmel und Erde!"

Die zwölf Tage des babylonischen Neujahrsfestes hatten wahrscheinlich eine kultische Beziehung zu den 12 Monaten und den 12 Sternbildern der Sonnenbahn. Bruchstücke des Festrituals für dieses Neujahrsfest, wie es etwa im 6. Jahrhundert, zur Zeit Nebukadnezars und seiner Nachfolger, in Babylon gefeiert wurde, sind uns erhalten. Danach können wir uns wenigstens für einige Tage dieser Festzeit ein Bild von dieser Neujahrsfeier machen. Wir dürfen annehmen, daß die kultischen Zeremonien in sehr viel ältere Zeit zurückreichen und in ihrem Kern auf sumerischer Tradition beruhen.

In den uns erhaltenen Keilschrifttexten wird für den 8. Nisan, der dem 8. Tierkreiszeichen, dem Herbst- und Todeszeichen Skorpion entsprach, ein Festspiel erwähnt, in dem Bel-Marduk wie Tamuz als leidender, erniedrigter, sterbender, zur Unterwelt hinabgesunkener und von da dann wieder zum Licht emporsteigender Gott gefeiert wird. Am 8. Tage des Festes, also im Zeichen des „Stirb und Werde", im Todeszeichen des Skorpion, fand auch die Schicksalsbestimmung statt. Sie wurde vorgenommen im Schicksalsgemach zu Esagil, ehe dann wohl am gleichen 8. Tage der große Auszug der Götter, die Festprozession begann.

Der Zug ging vom Tempeltor nach Westen zum Brückentor. Hier lagen am Euphratkai die Götterschiffe bereit, und jedes Gottesbild „bestieg" das seinige. Damit traten alle Götter den Todesweg an, der überwunden werden mußte. Dabei ruderten die Boote wider die Strömung flußaufwärts nach Norden, der Quelle entgegen. In Wirklichkeit geht also der Todesweg auf dem Wasser der Geistwelt zum Quell neuen gestaltenden Lebens. Die Prozession auf ihren Schiffen landete draußen vor der Stadt, wo das Neujahrsfesthaus (Bit-akiti) sich befand. Das Festhaus lag gemäß einer kultischen Forderung im Freien, umgeben von nach außen hin ausstrahlenden Gärten. Menschen und Götter sollten hier außerhalb der Verkapselung in der Stadt den 8. bis 11. Tag des Festes zubringen, in Verbindung mit der Natur, dem Außen, dem Unberührten, dem Wachstum, den Elementen. Da wurde das Leben der Götter erneuert.

Dann zog am 11. Tage die Festprozession zu Lande in die

Stadt zurück, wobei die Götterschiffe wahrscheinlich auf Räder gelegt wurden, um auf dem Lande fahren zu können. Das sind dann die „Schiffswagen", „carrus navalis", von denen unser Wort „Karneval" sich herleitet. Die Prozessionsstraße auf dem Lande hat Nebukadnezar II. in großartiger Weise künstlerisch mit Bildwerken geschmückt, die den heiligen Pfad der Initiation, den die Festprozession symbolisierte, imaginativ-bildhaft den Prozessionsteilnehmern vor Augen stellte. Das Procedere, das Voranschreiten über die Feststraße, versinnbildlichte das Betreten des Einweihungspfades, den Gang durch den kosmischen Tierkreis, dessen Abbild das Menschenleben war. Die Jahreszeiten der Sonnenbahn, Frühling, Sommer, Herbst und Winter haben ihr irdisches Abbild in Jugend, Mannesalter, Greisenalter und nachtodlichem Leben des Menschen. Wenn die Ganzheit des Tierkreises im Menschen lebendig wird, dann ist der Mensch über alle astralen Einflüsse hinausgeschritten und kann das Schloß der goldenen Sonne, den heiligen Tempel seines Gottes-Ich betreten.

So sehen wir in Babylon auf der Prozessionsstraße den Festzug mit den Götterbildern zur Königsburg, der Sonne entgegen nach Süden ziehen. Er tritt ein in die Stadt durch das Nordtor und begegnet dort sphinxartigen Bildern, organisch zusammengesetzt aus Stier, Löwe, Adler-Skorpion und Mensch, den vier Hauptsternbildern der Sonnenbahn, die Frühling, Sommer, Herbst und Winter symbolisieren und zugleich hindeuten auf Leib (Stier), Seele (Löwe), Geist (Adler) und Gottes-Ich (Mensch) in der Menschenwesenheit. Wie die ägyptische Sphinx stellen auch diese babylonisch-assyrischen Cheruben oder Lamassu zugleich den makro- und den mikrokosmischen Menschen, den Tierkreis der Sonnenbahn und die Wesensglieder des Menschen dar.

Was beim Eintritt in die Stadt in der Sphinx-Hieroglyphe zusammengefaßt war, das wurde im einzelnen weiter entfaltet im Fortgang der Prozessionsstraße. Sie führte durch die lichte Weite der Löwenstraße, auf der mindestens 120 buntfarbige Löwenreliefs auf hellblauem oder dunkelblauem Grunde sowohl links wie rechts die Straße säumten, traf dann auf das

Ištar-Tor, dessen Wände ebenfalls mit farbig emaillierten Ziegeln und Tierreliefs bekleidet waren, die auf dunkelblauem Grunde schwebten. Da sah man Stiere und Drachen, die aus Schlangenleib- und -kopf, Pantherbeinen, Adlerklauen, Skorpionstachel zusammengesetzte Mischwesen waren und das Sternzeichen des Adler-Skorpions, das Zeichen des „Stirb und Werde", symbolisierten. Der dunkelblaue Grund, auf dem die Bilder schwebten, weist auf den nächtlichen Himmel. Aus ihm leuchten die weißen und gelben Tierbilder wie Sternbilder hervor. Weiß entspricht dem Silber, dem Metall des Mondes, gelb dem Gold, dem Metall der Sonne. So vorbereitet gelangten die Prozessionsteilnehmer zum Südpalast, „dem Alten Palast der Väter" mit dem großen Haupthof, an dessen Südseite die mächtige, wieder mit farbig-emaillierten Reliefs geschmückte Thronhalle lag. Löwenstraße, Ischtar-Tor und Thronsaalfront gehören zusammen. Im Vorderasiatischen Museum zu Berlin kann man sie heute in großartig gelungenen Rekonstruktionen bewundern.

Die Thronsaalfront zeigt in farbigen Emaille-Reliefs jene eindrucksvollen Säulen oder Lebensbäume, die mit ihren drei Voluten auf Körper, Seele und Geist des Menschen hindeuten und jeweils ganz oben die weiß-goldene Blüte tragen, welche das Gottes-Ich im Menschen symbolisiert. Wenn diese Blüte im Menschengeiste aufbricht, dann ist seine Einweihung vollendet. Vor diesen Reliefs des Engelmenschen endete die Prozession am 11. Nisan.

Im Tierkreis entspricht der 8. — 11. Nisan den Zeichen Skorpion, Schütze, Steinbock, Wassermann, also den Zeichen, die in jenen Nisantagen beim Frühaufgang des Widders in Babylon den hohen Bogen der Himmelsmitte bildeten. Am 11. Nisan fand nochmals eine Versammlung der Götter im Schicksalsgemach von Esagil statt, und am nächsten Tage, am 12. Nisan, der dem letzten Tierkreiszeichen der Fische entsprach, wurden die Götterbilder, die von auswärts zum Neujahrsfest nach Babylon gebracht worden waren, an ihre heimischen Kultorte zurückgebracht. Damit endete die Feier. Zur näheren Orientierung verweise ich auf Heinrich Zimmer, Das babylonische Neujahrsfest,

Leipzig 1926, und Walter Andrae, Alte Feststraßen im nahen Osten, Stuttgart 1964.

Die beiden Erhebungen des himmlischen Tierkreises, in denen er um 23 1/2 Grad nach Norden und Süden über den Äquator emporsteigt, bezeichneten die Sumerer als Himmelsberge. Beide Himmelsberge werden doppelgipfelig gedacht. Sie haben einen Sonnen- und einen Mondengipfel, entsprechend dem Höhepunkt der Sonnen- und Mondenbahn in der Ekliptik. Zwischen beiden Gipfeln liegt eine Talsenke. Das ist die Stelle, wo Sonnenbahn und Mondenbahn im nördlichen und südlichen Höhepunkt sich schneiden.

Dieser doppelgipfelige Himmelsberg mit der Talsenke dazwischen wurde bei vielen zentralen irdischen Kultstätten nachgebildet. Es sei erinnert an den Doppelgipfel von Sinai und Horeb mit der Offenbarungsschlucht. Sinai hat seinen Namen von Sin, Mond. Mondenhaft war das auf dem Sinai gegebene jüdische Gesetz. Horeb bedeutet Sonnenfeuer. Am Horeb erlebte Moses die sonnenhafte Offenbarung des Gottes, der sich selber nennt, „der Ich bin". Jerusalem lag auf dem doppelgipfeligen Berge Moria und Zion. Auf dem Moriafelsen wurde der esoterische jüdische Tempel erbaut, der mondenhafter Natur war. Die Gartenstadt Zion muß die Mysterienstätte Melchisedeks gewesen sein, der seinem Gott die Sonnengaben von Brot und Wein darbrachte. In dieser Gartenstadt lag später auch das Davidsgrab und der Gemeinschaftsraum der Essäer, in dem Christus das Abendmahl einsetzte und in dem der Auferstandene seinen Jüngern erschien. Sichem lag zwischen dem Sonnenberg Garizim und dem Mondenberg Ebal. Sichem kommt von schekem = Aushöhlung. Es liegt in der Talsenke, dem sog. Geistertal. Delphi, die Orakelstätte des pythischen Apoll, der den Feuerdrachen besiegt, liegt mit der Kastalischen Quelle zwischen den beiden Phädriaden. Nach mittelalterlichem Volksglauben offenbaren sich die Geister besonders gern im Tale zwischen Sonnen- und Mondenberg zur Zeit der Sonnenwende bei Vollmond. Darum schreibt noch Heinrich Heine (Atta Troll XVIII):

> „Und es war die Zeit des Vollmonds
> In der Nacht vor Sankt Johannis,
> Wo der Spuk der wilden Jagd
> Umzieht durch den Geisterhohlweg."

Der doppelgipfelige Weltberg am Nordhimmel ragt in die Feuer- und Luftregion empor, der doppelgipfelige Weltberg am Südhimmel taucht in die Wasserregion des Himmels ein. So wird die Welt, so werden alle Gestirne auf ihrem Kreislauf bedroht in sommerlicher Höhe durch das Feuer, in winterlicher Tiefe durch das Wasser. In ihrem äonischen Kreislauf geht die Welt durch Wasser- und Feuerkatastrophen hindurch. Die aus dem Wasser neu geborene Welt vergeht durch Feuer. Die durch Feuer geläuterte Welt versinkt wieder im Wasser. Auf die Sintflut, den Untergang der Atlantis, wird in der Zukunft eine planetarische Feuerkatastrophe folgen. Die germanische Seherin spricht von Ragnarök, dem kommenden Weltbrand.

In großen Äonen, in Fluch- und Segenszeiten, verläuft so die Weltgeschichte. Die vollkommene Zeit liegt am Anfang und die Weltentwicklung hat als Ziel geistleibliche Weltvollendung. Weit in die Zukunft voraus schaut so der sumerische Eingeweihte und auch weit zurück in die Vergangenheit. Die in den zwanziger Jahren unseres Jahrhunderts in Sumer gefundenen Keilschrifttafeln mit den Listen der alten sumerischen Königsdynastien haben den Bericht des babylonischen Geschichtsschreibers Berossos über die 10 Könige vor der Sintflut als echt bestätigt. Jene Listen beginnen mit den Worten: „Als das Königtum vom Himmel herabkam." Dann folgen die Namen der Urkönige mit riesigen Regierungszahlen. Am Ende heißt es: „Danach brach die Flut herein. Nachdem die Flut beendet war, stieg das Königtum wieder vom Himmel herab."

Wir wissen heute, daß die Namen jener 10 sumerischen Urkönige vor der Flut sich in exakte Parallele setzen lassen zu den 10 biblischen Urvätern im 5. Kapitel der Genesis, die von Adam bis Noah reichen. Diese 10 sumerischen Urkönige sind ebenso wie die 10 biblischen Urväter nicht Namen von Einzelpersönlichkeiten, sondern Symbolgestalten für ganze Äonen, für riesige Menschheitswerdekreise. Im Vergleich zu den Regierungsjahren der 10 sumerischen Urkönige sind die Lebenszahlen der 10 biblischen Urväter, die ja niemals 1000 Jahre erreichen, klein zu nennen. Der erste, sechste und achte sumerische Urkönig regieren z. B. jeder 10 Saren, d. h. 36 000 Jahre. 36 000 aber ist die im Altertum am häufigsten genannte Zahl für das große Weltenjahr, in dem der Frühlingsanfangspunkt einmal den Tierkreis durchläuft. Der zweite sumerische Urkönig regiert 3 Saren, d. h. 10 800 Jahre, der 3. Urkönig regiert 13 Saren, d. h. 46 800 Jahre, der vierte 12 Saren, d. h. 43 200 Jahre, der fünfte, siebte und zehnte Urkönig regiert je 18 Saren = 64 800 Jahre. Der neunte Urkönig regiert 8 Saren = 28 800 Jahre. Das ergibt für die zehn Urkönige zusammen 120 Saren = 432 000 Jahre. Das ist die Zahl, welche in Indien für das Kali-Yuga, das finstere Zeitalter, mit seinen Dämmerungen genannt wird.

Im Grimmsmal der nordischen Edda wird ebenfalls die gleiche Zahl 432 000 als Zahl der Weltvollendung genannt. Damit ist der Äonen-Charakter dieser Urkönige einwandfrei nachgewiesen. Für das ins Kosmische geweitete Bewußtsein der sumerischen Eingeweihten werden die geschichtlichen Werdekreise der Menschheit transparent für die planetarischen Werdekreise des Kosmos. Die Anthropologie weitet sich dabei zur Kosmologie.

Im Zentrum der sumerischen Kosmologie aber steht die Gestalt der einen Madonna, die dem Urgrund der Dinge näher ist als alle kosmogonischen Göttergenerationen und von der der Schöpfungserlöser ausgeht. Man nennt sie die „Gebärerin der Götter", die „Herrin der Götter", „die Mutter aller Menschen". Die Urmutter-Allmutter ist mann-weiblich, bzw. weibmännlich, also jungfräulich nicht im physiologischen, sondern im kosmischen Sinn. Sie wohnt über den sieben planetarischen Sphären, hoch über dem höchsten Himmel des Vatergottes Anu, im achten Himmel. Darum ist der Achtstern ihr Schriftsymbol in der altsumerischen Bilderschrift. Dieser Achtstern (*) hat zugleich die Bedeutung: Stern, Himmel, Gott und Urmutter-Allmutter. Der urtümlichste Name für die Allmutter ist im Sumerischen Ba-'u oder Ba-bu.

Der erste Monat im ältesten sumerischen Kalender ist nach

Ba-'u genannt. Das heilige Jahr schreitet in der Weihe- oder Mutternacht vom dunklen u durch die Stille der Ewigkeit ('-) zum hellen a. Der Jahrgott hieß im Norden vor der Wintersonnenwende der ul, nach der Wintersonnenwende der al. Im b-Laut aber liegt das Bergende des Mutterschoßes: a - u im b geborgen, das ist Ba-'u oder Babu, die Allmutter, welche aus der Stille der Ewigkeit den Weltenschöpfer und Erlöser in das zeitliche Werden eintreten läßt. Der Babu entspricht ebenso die nordische Baba, der Name für die wintersonnwendliche Mutter Erde. In der Mittwinternacht „geht die Sonne in die Baba". Baba heißt noch heute bei uns der weihnachtliche Ringkuchen, das Abbild des Sonnenrings.

Andere Namen der Urmutter sind die dem lallenden Kindermund abgelauschten Worte „Ma-ma" oder „Ma-mi". Das sumerische Ninmach heißt „die große Herrin", das babylonische Bel-ti „meine Herrin", also wörtlich „Madonna". Besonders charakteristisch ist für Ba'-u auch der Name Ninchursag, „die auf dem Weltberg Thronende", „die Herrin des Weltberges". Ninchursag ist Herrin der Sommer- und der Wintersonnenwende. Sie verbindet die Weltenhöhen mit den Weltentiefen. Die Urmutter wirkt in Sternen und Steinen. Sie ist gleichzeitig Sternenkönigin und Stoffesmutter. Ba'-u Ninchursag ist schwarz und weiß. Noch die christliche Überlieferung kennt neben der weißen eine schwarze Madonna. Das geht letzthin zurück auf die sumerische Ba'-u.

Die kosmische Äonenlehre von den großen Weltenjahren und Zeitenkreisen fand eine besonders eindrückliche, bildhafte Darstellung in jenem altsumerischen Mythos vom geheimnisvollen Kinde der androgynen und jungfräulichen Urmutter Ba'-u, das kämpfend und siegend oder leidend, sterbend und auferstehend, das göttliche Licht und Leben durch Segenszeit und Fluchzeit in kleinen und großen Äonen hindurchträgt. Der Name dieses geheimnisvollen göttlichen Erlöserkindes ist in Sumer Lillu oder Dumu-zu-absu, d. h. „wahrhafter Sohn des göttlichen Abgrundes". Diese altsumerischen Mysterien bilden eine genaue Entsprechung zu den Mysterien von Isis und Osiris in Ägypten und hängen von Uranfang her zusammen mit der kosmischen Entwicklungslehre und den Äonen des großen Weltenjahres. Näheres über die große sumerische Madonna enthält das erste Kapitel meines Buches „Maria-Sophia".

Die ganze Himmels- und Sternenweisheit der Sumerer geht hervor aus einer imaginativ-geistigen Schau. Der sichtbare Himmel war für das spirituell-natursichtige, übersinnliche Schauen der alten Eingeweihten noch Ausdruck übersinnlicher Geist- und Gottesmächte. Die Wandelsterne und die mit ihnen in Beziehung gesetzten Fixsterne galten als Dolmetscher der göttlichen Urweisheit und des göttlichen Urwillens. In der späteren sumerischen Zeit und besonders in Babylon wurde diese alte Himmelsschau zu einer systematischen Lehre ausgebildet. So wurde auch die altsumerische Bilderschrift, die aus einfachen ideographischen Bildern bestand und sich später zu einer Silbenschrift in Bildern entwickelte, zuletzt umgeformt zur babylonischen Keilschrift, die sehr abstrakten Charakter hat. War der Sternenhimmel ursprünglich in imaginativer Geistesschau als göttliches Bilderbuch erlebt worden, so wurde er nun zu einem kosmischen Rechenbuch mit exakten astronomischen Beobachtungen.

Aber auch jetzt noch war dieses kosmische Rechenbuch eng gebunden an die Religion und ihre Mysterien. Man las aus den Sternen das Schicksal der Völker, Länder und Städte und regelte nach dem Gang der Sterne die ganzen Grundlagen des gesellschaftlichen Lebens. Aber man kannte noch kein persönliches Horoskop. Die Priester waren die Hüter dieser Sternenweisheit. Im antiken Orient ist alle Wissenschaft religiös fundiert. Mit Recht sagt Alfred Jeremias:

„Alle sumerisch-altbabylonische Himmelskunde war ein Stück der Religion, ja sie war das Herz der Religion" (Handbuch der altorientalischen Geisteskultur, Berlin und Leipzig 1929, S. 254).

Griechisch-hellenistische Astrosophie

So uralt die astrologischen Grundgedanken sind, so verhältnismäßig jung ist die individuelle Geburtsastrologie, die sogenannte Horoskopie. Erst in Griechenland, wo die Prinzipien der abendländischen Philosophie entwickelt wurden und wo auch das einzelne Individuum im politischen Gemeinwesen etwas galt, konnten die noch heute gültigen Grundlagen der Individualastrologie entwickelt werden. Sie beruht auf griechisch-babylonisch-ägyptischer Mysterienweisheit sowie auf der gemeinsamen Arbeit griechischer Philosophen und der in großer Zahl nach Griechenland gezogenen hellenisierten „Chaldäer".

Das älteste bisher aufgefundene babylonische Horoskop für eine einzelne Persönlichkeit bezieht sich auf die Geburt des Schuma-Usur-Sohnes und geht nach Prof. A. Sachs auf den 29. April des Jahres 410 v. Chr. Geburt (Journ. of Couneiform Studies Vol. VI Nr. 2, 1952). Es hat noch keinen Aszendenten, nennt aber die Positionen der Planeten in den Zeichen und den sideralen Mondstand.

Die Entwicklung der griechischen Astrologie skizziert Alfons Rosenberg in seinem Buche „Zeichen am Himmel", Zürich 1949, S. 24 ff., treffend mit folgenden Worten:

„Am Beginn des 6. Jahrhunderts v. Chr. leuchteten morgenfrisch neue Möglichkeiten der Verbindung von menschlicher Erkenntnis und Frömmigkeit auf. Und der hohe Name, mit dem dieses aufgehellte Lebensgefühl im griechischen Mittelmeergebiet erstmals ertönte, hieß Pythagoras (582 — 507 v. Chr.). Mit diesem Namen wird nicht nur eine persönlich geprägte, nur in geringen Bruchstücken erhaltene Lehre überliefert, sondern auch eine weithin in der Entwicklung des griechischen Geistes wirksame Schul- und Denkrichtung und darüber hinaus auch der Typus einer Seelenhaltung bezeichnet: ‚Pythagoras ist eine einheitliche Erscheinung: Mensch und Idee zugleich ... ein führender Geist, von dessen Wirkung wir viel mehr wissen als von seinem Leben ... In der 2. Hälfte des 6. Jahrhunderts kam Pythagoras von seiner Heimatinsel Samos unter der Herrschaft des Tyrannen Polykrates nach der unteritalienischen Griechenstadt Kroton, dem heutigen Cotrone' (Kerenyi, Pythagoras und Orpheus, Zürich 1950). Hier gründete er einen aristokratischen Geheimbund, der über eine eigenartige politische und religiöse Lehre verfügte. Wie der große chinesische Religionsphilosoph Kung-fu-tse wollte Pythagoras mit seiner Philosophie Staat und Religion reformieren, nicht als ein weltabgewandter Gelehrter, sondern als geistig-politischer Weltgestalter. Jedoch schlug des Pythagoras Unternehmen, wenigstens politisch, fehl, ähnlich wie ein gleichgearteter Versuch des Philosophen Kung-fu-tse in China... Wie sehr es diesem aristokratischen Weisheitskünder auf die Geheimhaltung seiner Lehren ankam, erweist das Beispiel des griechischen Philosophen und Dichters Empedokles von Akragas (Agrigent) auf Sizilien, eines der eindrucksvollsten Persönlichkeiten des griechischen Westens im 5. Jahrhundert. Die Überlieferung beschuldigt diesen Pythagoräer, er habe in seinen Gedichten pythagoräische Geheimlehren mitgeteilt, darum sei er aus dem Bund ausgestoßen worden.

‚Die pythagoräische Schule stellte eine Beziehung zwischen Zahlen und Tönen her durch den Nachweis der einfachen Zahlenverhältnisse, die zwischen den Saitenlängen bestehen. Diese Untersuchungen wurden am Monochord gemacht, einem einfachen, mit einem beweglichen Steg und wohl auch mit einer Meßskala versehenen Brett oder Gestell, das mit einer durch herabhängende Gewichte verschieden stark zu spannenden Saite bespannt war', so berichtet E. Hommel über die musikalisch-symbolische Grundlage der pythagoräischen Geheimlehre. ‚Aus den einfachen, am Monochord abhörbaren Zahlengesetzen stifteten Pythagoras und seine Schule jene eigenartige Verbindung zwischen Musik und Mathematik, die typisch für den griechischen Geist und seine Nachwirkungen geblieben ist. Mit dieser Lehre verband sich die Anschauung, daß das ‚Oben' die Stätte der Ruhe, des Friedens, das Reich des Lichtes und des Guten sei, der ‚Himmel', ‚unten' hingegen das Gebiet der ewigen Bewegung, des unruhvollen Streites. Darum bei Pythagoras die Lobpreisung der Harmonie, welche die Gegensätze ausgleicht, und seine Liebe zur Musik! Zudem betrachteten die Pythagoräer die Gestirne mit religiöser Andacht; sie waren ihnen als Träger des lebenschaffenden Feuers heilig und galten als die ‚Wohnsitze der Seligen', eine Anschauung, die ihre Wirkungen noch bis in Dantes Göttliche Komödie erstreckt. Die Wechselwirkung zwischen Mensch und Gestirnswelt, von Mikro- und Makrokosmos entwickelten die Pythagoräer aus jenen geometrischen Gesetzen, die sie musikalisch am Monochord gewonnen hatten... Pythagoras fand auf seine Weise eine tönende Brücke zwischen der kosmischen und der menschlichen Welt. ‚Die Materie erhielt eine psychische Tektonik und das Geistige, das Reich der Ideen, einen konkreten Halt in den harmonikalen Gestalten und Formen: eine Brücke zwischen Sein und Wert, Welt und Seele, Materie und Geist war gefunden' (Hans Kayser, Akroasis). Diese pythagoräische Lehre sollte unabsehbare Folgen für die Neugestaltung einer im wesentlichen nicht mehr auf mythischer Bildschau beruhenden Astrologie haben.

Wie Pythagoras, wagt es auch der als ‚dunkel', d. h. schwer verständlich gescholtene Philosoph Heraklit (540 — 480 v. Chr.), wenn auch noch innerhalb einer geschlossenen, einheitlichen und göttlichen Welt, den Schritt zur Erforschung der Natur und ihrer immanenten Gesetze zu vollziehen, wobei er die Natur noch anders als die Heutigen, als vom Feuer und vom Geist des Göttlichen durchwaltet erkennt. Doch ist sie für ihn bereits auch jenes Gemeinsame, Universelle in Bezug auf den Menschen, wovon er die Einheit des Menschengeschlechtes und die Möglichkeit, die Natur nach dem Menschen zu deuten, ableitet. ‚Denn die Natur ist gleichsam der Allmensch, regiert von der Allseele', sagt Karl Joël von Heraklit in seinem ‚Ursprung der Naturphilosophie aus dem Geiste der Mystik'. Heraklit hat insofern eine kosmologische Psychologie angestrebt, als er das Wesen der Seele, das will sagen: des ganzen Menschen, aus dem Kreislauf des Werdens und Entwerdens, aus dem polaren Spannungscharakter des Lebensganzen deutet. Doch andererseits deutet er die Welt ebenso nach dem Wesen der Seele: nach ihrem Schwanken zwischen Mangel und Sättigung, nach ihren Gegensätzen, die sich bedingen und durch die Innen- und Außenwelt zusammengehalten werden, durchflutet von einem schöpferischen Urstoff, den er symbolisch Feuer nennt. Dies ist das Symbol einer Kraft, die im Alten Testament als das sich bezeugende Wesen Gottes verstanden wurde. Heraklit kam aus dieser paradoxalen Philosophie zu einer ähnlichen Idee von der Entsprechung des großen Menschen, dem Kosmos — und des kleinen Menschen, dem Mikrokosmos — wie der griechische Arzt Alkmaion von Kroton, ein Schüler des Pythagoras und berühmt als ‚Vater der Medizin'...

Erst in der Blütezeit der griechischen Philosophie, in der Zeit zwischen dem Auftauchen des Pythagoras und der Bildung der Akademie Platons entfaltete sich die astrale Theologie der Griechen allmählich zu einem immer feiner verästelten astrologischen System. Der Ansatzpunkt liegt durchaus im Umkreis Platons. Denn besonders in der Spätzeit der platonischen Akademie wurden Elemente der orientalischen Astralsymbolik in das griechische Denken aufgenommen. Platon (427 — 347 v. Chr.) selber war mit den Theorien babylonischer Sterndeutung vertraut und spricht von ihnen in seinem ‚Timaios', so z. B. von der Ereignisse auslösenden Wirkung von Planetenkonjunktionen. Mit Platon vollzieht sich eine Wende im astrologischen Denken Griechenlands, weil er, wohl als erster, die Anteilnahme der Sterngötter am Individualschicksal der Menschen vertrat und damit diese dem griechischen Individualismus entsprechende Anschauung, die im Gegensatz stand zu derjenigen der persischen und babylonischen ‚Barbaren', in Griechenland heimisch machte. Sein Schüler Philippus von Opus fügte nach seinem Tode den zwölf Büchern seiner ‚Gesetze' ein dreizehntes (die sog. ‚Epinomis') hinzu, in dem die Sternenweisheit des Ostens noch weitgehender, als es Platon selber unternahm, in das griechische Denken eingefügt wird...

Die Geistesströmung des Hellenismus oder Synkretismus, die mit Alexanders des Großen Zug nach dem Osten (334 v. Chr.) anhebt, die Vereinigung griechischen und östlichen Denkens, wird nun der rechte Pflanzboden für die weitere Ausbreitung der Astrologie und für ihre Umformung im Sinne des griechischen Humanismus. Denn, hat das Griechentum durch Alexanders gewaltsame Eröffnung des Ostens seine Philosophie, seine Sprache und seine Kunst bis an die Grenzen Indiens ausgebreitet, so flutet nach dem Tode dieses ‚Napoleons der Antike' die Jahrtausende alte kosmische Weisheit des Ostens unaufhaltsam in das offene Gefäß des werdenden Römerreiches hinein, nach dem Gesetz, daß der Besiegte geistig immer den Sieger erobert und ihm sein Wesen aufprägt. Später wurde ein ägyptisches Werk, unter dem Namen eines ägyptischen Königs aus dem 7. Jahrhundert, Nechepso, und eines Priesters Petosiris bekannt. Dieses Werk, in Wirklichkeit aus dem 2. Jahrhundert vor Christus stammend, übte einen großen Einfluß auf die Mit- und Nachwelt aus. Es ist aber noch nicht als ein astrologisches Lehr- und Nachschlagebuch für das Volk oder für jedermann gedacht, sondern erhebt den Anspruch, Offenbarungsweisheit für ‚Königliche Geister', für Fürsten und Priester, für Völkerführer zu sein, die allein zum Empfang solcher Erleuchtungen befähigt sind. Und die Verfasser berufen sich zu ihrer Legitimierung als Glieder einer nie abgerissenen Urtradition auf Überlieferungen des Thot, des ägyptischen Hermes, den Schreiber der Götter und Künder der Weisheit. Wie Nostradamus (1503 — 1566) zwei Jahrtausende später in dunkler Nacht seine astrologischen Prognosen und visionären Schauungen in die Folge seiner Zenturien faßte, so berichtet der Priester Petosiris, daß er aus dem dunklen Gewand des ‚Nachthimmels', nach vorbereitendem Gebet, die unvergängliche Ordnung und die Bewegung des Weltalls erfahren habe. In diesem griechisch verfaßten ersten synkretistischen Werk strömen die Traditionen mehrerer Kulturen zusammen: babylonische, griechische und ägyptische Lehren der Astrologie."

Dieses wichtige Buch ist später zur eigentlichen Astrologenbibel geworden. Leider ist es uns nur in höchst dürftigen Fragmenten erhalten (s. dazu: Boll-Bezold, Sternglaube und Sterndeutung, Leipzig 1931, S. 23 f. und S. 96 f.). Aller Wahrscheinlichkeit nach hat der Stoiker Poseidonios (geb. ca. 135 v. Chr.) seine astrologischen Lehren aus diesem Buche geschöpft. R. Reitzenstein vermutet in seinem Buche „Poimandres" (Leipzig 1904, S. 4 ff.), daß der Poimandres des Hermes Trismegistos in seinen

Grundlagen auf Nechepso und Petosiris zurückgehe. Da aber Nechepso und Petosiris, wie wir wissen, sich ihrerseits auf den ägyptischen Hermes-Thot berufen, könnte das Verhältnis sehr wohl auch umgekehrt sein. Dann wäre das Corpus Hermeticum, der Poimander des Hermes Trismegistos Quelle für Nechepso und Petosiris gewesen, müßte also dann jedenfalls älter als 150 v. Chr. sein.

Nun wurde freilich bisher dieser Poimander des Hermes Trismegistos, das „Heilige Buch" aller abendländischen hermetischen Esoterik, auf viel spätere Zeit datiert, entweder auf das Ende des 3. Jahrhunderts nach Christus (Überweg, Grundriß der Geschichte der Philosophie I[10], 326) oder frühestens auf den Anfang des 2. Jahrhunderts nach Christus (R. Reitzenstein, Poimandres, Leipzig 1940, S. 2 ff.).

Die neueren Forschungen aber haben ergeben, daß die unter dem Namen des Hermes Trismegistos gehende Literatur wesentlich älter sein muß. Unter den im Jahre 1946 zu Nag Hamadi in Oberägypten gefundenen gnostischen Papyri, die um 150 n. Chr. geschrieben wurden, fand sich auch ein „Logos Authentikos von Hermes an Tat" und ein neuer Text der Schrift, die „Asklepios" genannt wird und mit dem Poimandres zum Grundstock der hermetischen Schriften gehört. Die hermetischen Schriften müssen also jedenfalls älter als 150 n. Chr. sein. Ferner hat Wilhelm Gundel im Jahre 1936 „Neue astrologische Texte des Hermes Trismegistos" (Abhandlungen der Bayerischen Akademie der Wissenschaften, Philos. histor. Abteilung, Neue Folge, Heft 12) veröffentlicht, die beweisen, daß dieses Corpus Hermeticum, der Liber Hermentis Trismegisti, in seinen astrologischen Grundanschauungen bis ins Ende des 4. oder jedenfalls bis in den Anfang des 2. Jahrhunderts vor Christus zurückreicht (a. a. O. S. 133, 187, 353, 355)

Noch weiter zurück datiert die Schriften des Hermes Trismegistos ein moderner italienischer Forscher, Carlo Croce, der die hermetischen Fragmente aus griechischen und lateinischen Urkunden in italienischer Übersetzung unter dem Titel „Hermete Trismegisto" 1962 im Verlag Giovanni Semerano, Rom, herausgab. Eine Edition der griechischen Urschriften mit eingehendem kritischen Apparat soll folgen. Für den Verfasser der hermetischen Schriften hält Carlo Croce einen Erzpriester von Eleusis, der gegen 420 v. Chr. in Athen geboren wurde, das heilige Amt der Hierokeryx in den Eleusinischen Mysterien durch lange Jahrzehnte verwaltete und ca. 335 v. Chr. in Eleusis starb. Croce macht den gewagten Versuch, aus den erhaltenen griechischen und lateinischen Texten des Hermes Trismegistos die Vier libri Sublimi, Ἱεραὶ βίβλοι, die „heiligen Bücher" der eleusinischen Mysterien zu rekonstruieren, die er als die Bibel der griechischen Mysterienweisheit betrachtet.

Carlo Croce faßt seine Überzeugung in folgende Worte zusammen: „In der Tat, eine kritische Betrachtung der ‚Libri Sublimi' überzeugt mit drückender Logik davon, daß die Eleusinischen Mysterien ihre hauptsächlichste Grundlage, geschichtlich und geistig, bestimmten, ihr wahres Daseinsrecht. Trismegistos und seine Bücher — und das ist auch unsere tiefe Überzeugung — sind unauflöslich der geheimnisvollen Welt der Mysterien verbunden, der unverfälschtesten Religiosität der Griechen" (a. a. O. S. 16). In bezug auf das Verhältnis von Mysterienweisheit und Philosophie sagt Carlo Croce sehr richtig: „Die Mysterienweisheit im allgemeinen und der eleusinischen im besonderen ging durch viele Jahrhunderte den Philosophenschulen von Athen voran, wie jetzt allgemein angenommen wird... Man kann nur voll davon überzeugt sein, daß es nicht die Hierokeryken waren, die aus dem Wissen der Philosophen Nutzen zogen, sondern es waren im Gegenteil die letzteren, welche ihre philosophische und religiöse Bildung aus den eleusinischen Mysterien schöpften. Erinnern wir an Jamblichos, der bei Behandlung der Materie die Überzeugung äußerte, daß Plato jene Vorstellung über die Materie dem Hermes entnahm, während Laktanz nicht zögert zu erklären, daß Hermes Trismegistos vor und über allen Philosophen stehe" (a. a. O. S. 61 f.).

Der Versuch Carlo Croces, die hermetischen Schriften als die „Heiligen Bücher" der eleusinischen Mysterien zu erweisen, ist nicht überzeugend. Carlo Croce arbeitet mit allzu gewagten Hypothesen und einer fast romanhaften Phantasie. Schon die Tatsache, daß 2 von den 4 Heiligen Büchern eine ganz differenzierte Astrologie enthalten, die offenbar zusammengeflossen ist aus babylonischer, ägyptischer und griechisch-hellenistischer Sternenweisheit, schließt es aus, daß diese Bücher die heilige Schrift der Mysterien zu Eleusis im Zeitalter Platons gewesen sein können. Mit Recht dagegen betont Carlo Croce, daß im allgemeinen die Mysterienweisheit Quellgrund der griechischen Philosophie gewesen ist und nicht umgekehrt die Philosophen die Weisheit der Mysterien geprägt haben. So ist auch die griechische Astrologie und Kosmosophie hervorgewachsen aus den antiken Mysterien. Wenn wir die astrologische Weltsicht der Griechen verstehen wollen, werden wir also gut daran tun, uns zunächst einmal vertraut zu machen mit dieser Welt der griechischen und hellenistischen Mysterien.

Sinn und Zweck der antiken Mysterieneinweihung war es, den Menschen durch Initiation, d. h. durch Einweihung und Erleuchtung, zur wahren Geist- und Selbsterkenntnis, zur göttlichen Gnosis zu führen, die zugleich Schicksalswelt- und Gotterkenntnis ist. Darum stand über dem Eingang des Apollotempels zu Delphi das Wort „Erkenne dich selbst!" Im Innern des Tempels aber las man über der gleichen Pforte das ergänzende Wort: E (= εἶ), „Du bist!" Nur der sich selbst Erkennende kann, wenn er in das Sonnenheiligtum Apolls eingetreten ist, im Innern des Tempels diese Inschrift lesen und zum Gotte sprechen: „Du bist!" Die wahre Selbsterkenntnis erschließt dem Menschen erst die rechte Gotteserkenntnis (Plutarch, Über das Ei zu Delphi).

Dieses E hat aber im Griechischen zugleich die Zahlbedeutung 5 und weist hin auf das fünfte, rein geistige Element, auf die Quinta essentia, die Quintessenz, aus der die vier kosmischen Elemente Feuer, Luft, Wasser und Erde, strahlungsförmiger, gasförmiger, flüssiger und fester Aggregatzustand entstanden sind. Über dem Steinreich, dem Pflanzenreich, dem Tierreich, dem Menschenreich erhebt sich als fünftes Lebensreich die göttliche Geistwelt, auf die jenes E, jene Fünf, ebenfalls hinweist. Wer sich selbst erkennt, der erkennt den Ursprung des Kosmos mit seinen vier Elementen im rein geistigen, fünften Element, in der Geistwelt Gottes.

Diese geistige Bedeutung der Fünfzahl fand auch bei vielen alten Völkern eine bildhaft symbolische Darstellung in der Figur des Fünfsterns, des Pentagramms oder Drudenfußes. In Griechenland erwählten sich die Pythagoräer den Fünfstern als Erkennungszeichen. Er ist nicht nur der symbolische Schlüssel für den Geistmenschen, für die Quintessenz in Mensch und Kosmos, sondern auch der symbolische Schlüssel für die geheimnisvolle Entsprechung zwischen Mikro- und Makrokosmos, zwischen Innenwelt und Außenwelt, zwischen Geist und Natur. Denn zieht man in einem regelmäßigen Fünfeck die 5 Diagonalen, so entsteht ein Fünfstern, der wieder ein Fünfeck umschließt, in dem dann abermals durch das Ziehen der Diagonalen ein Fünfstern entsteht. Fünfeck und Fünfstern vermögen so nach ihren eigenen Gesetzen nach außen und innen ins Unendliche zu wachsen. Das Außen spiegelt sich im Innern und umgekehrt, wie der Makrokosmos im Mikrokosmos.

Der Eingeweihte der Mysterien durfte über seine Erlebnisse nicht sprechen. Dieses heilige Schweigen ist auch im allgemeinen streng bewahrt worden. Nur fragmentarische Mitteilungen sind darüber aus der Antike auf uns gekommen. Sie lassen uns aber deutlich erkennen, daß bei der Einweihung das Bewußtsein des Menschen ins Kosmisch-Übersinnliche hinein geweitet wurde. So berichtet z. B. Apulejus, der in die Isis-Mysterien eingeweiht wurde, wie er bei seiner Initiation die Wirklichkeit der kosmischen Mächte erfuhr. Was er im einzelnen erlebte, darf er nicht sagen. Nur in wenigen symbolischen Worten spricht er von jener Weitung seines Bewußtseins ins Kosmische.

„Ich ging an die Grenzscheide zwischen Leben und Tod. Ich betrat Proserpinas Schwelle, und nachdem ich durch alle Elemente gefahren bin, kehrte ich wieder zurück. Zur Zeit der tiefsten Mitternacht sah ich die Sonne im hellen Lichte leuchten; ich schaute die unteren und oberen Götter von Angesicht zu Angesicht und betete sie in der Nähe an" (Metamorphosen XI, 23).

Am Ende des XI. Buches berichtet dann Apulejus davon, wie er ein Jahr später auch noch in die Mysterien „des großen Gottes, des höchsten Vaters der Götter, des unüberwindlichen Osiris" eingeweiht worden sei. Aber von den Erlebnissen bei dieser Weihe spricht er nicht einmal in Andeutungen. Wir dürfen annehmen, daß die Osiris-Weihe, die er in zweifacher Gestalt, als Serapis- und Osiris-Weihe empfing, sein Bewußtsein ins Überkosmische weitete und ihn in die höchste göttliche Lichtwelt entrückte, in jene Sphäre, die Platon als τόπος ὑπερουράνιος, als „überuranische, überkosmische Welt", bezeichnet. Tausendmal heller als die Sonne, birgt diese Hochwelt die vollkommenen Urbilder aller kosmischen und irdischen Wesen, die höchste Vollendung und Schönheit, das einzig wahre Sein.

Eine ganze Reihe moderner Altertumswissenschaftler haben sich um die Erschließung der antiken Mysterien bemüht, so z. B. Erwin Rohde, der Freund Nietzsches, R. Reitzenstein, Albert Dietrich, Franz Cumont, R. Eisler, Franz Boll, Wilhelm Bousset, Walter F. Otto, J. O. Plassmann, Paul Wendland u. a.

Neben den Isis- und Osirismysterien waren von besonderer Bedeutung die orphischen und eleusinischen Mysterien, sowie in der Spätzeit der Antike die Mithrasmysterien. Die Spender der Gnosis, der hohen Geisterkenntnis, sind die verschiedensten Götter. Eine bunte Fülle von Erlösern und Mittlern tritt uns da entgegen: Dionysos, Demeter, Isis, Serapis, Marduk, Attis, Hermes, Mithras u. a. So verschieden die Ausgestaltung dieser Mysterienreligionen im einzelnen war, im großen Ganzen bilden sie doch eine einheitliche Geistesströmung. Dr. Leopold Feiler sagt in seinem Buche Mysterien, Wien 1946, S. 65 f., sehr richtig:

„In der ersten Hälfte des Jahrtausends vor der Zeitwende wird der Einbruch von Orphismus und Gnosis im Orient und Abendland sichtbar, wird diese in geheimen Kreisen längst gelehrt, ohne Orthodoxie, ohne den späteren, die Weltgeschichte bestimmenden Kampf um das Jota. Diese Religion durchdringt die Philosophie eines Heraklit, der Eleaten, Pythagoras', Platons, Poseidonios', Philos, Plotins — um nur einige ragende Gipfel zu nennen —, beseelt ebenso die eleusinischen, orphischen und andere heidnische Mysterien wie die essäischen und urchristlichen, erfüllt die Dichtungen der Tragiker, eines Pindar und Vergil. Diese religiöse Weltanschauung formt die Götter und ihre Kulte von Indien bis Rom um und schickt sich im hellenistischen Zeitalter an, zu einer die Menschheit umfassenden einheitlichen Religion zu gelangen."

In engem Zusammenhang mit diesen griechisch-hellenistischen Mysterien steht nun auch die Ausbildung der griechisch-hellenistischen Astrosophie. Wir haben bereits gezeigt, daß der Ursprung des Tierkreises weit zurückreicht in vorgeschichtliche Zeiten. Vedische Mythen und germanische Göttersagen kennen bereits eine Zwölfheit von Göttern mit deutlicher Beziehung auf die astralen Hintergründe. Das gleiche gilt von den alten amerikanischen Kulturen. Wir kennen auch noch eine alte Zehnteilung oder Elfteilung des Tierkreises, die sich aber nicht weiter verbreiten konnte. Die umfassendsten Möglichkeiten bot die Zwölfteilung, welche Mond- und Sonnenlauf gleichmäßig berücksichtigte (12 Mondumläufe in einem Sonnenjahr) und allen Phänomenen von Mensch und Welt am besten entsprach. Die Namen und Bilder für diese Zwölfteilung sind freilich bei verschiedenen Völkern und in verschiedenen Kulturkreisen verschieden. Die heute allgemein-üblichen Namen und Bilder für die 12 Abschnitte der Jahressonnenbahn stammen aus der ägyptisch-babylonischen Kulturepoche, also aus der Zeit zwischen 4000 und 2000 v. Chr. Schon alte babylonische Grenzsteine und die 12 Tafeln des sumerisch-babylonischen Gilgamesch-Epos deuten auf sie hin. Die endgültige Redaktion der Namen und Bilder dieses zwölfteiligen Zodiakus ist mit einer gewissen Wahrscheinlichkeit auf etwa 1600 — 1400 v. Chr. anzusetzen. Das aus dem 3. Jahrtausend vor Christus stammende babylonisch-astronomische Lehrbuch Mul-Apin kennt in seiner im 8. Jahrhundert v. Chr. neu redigierten Fassung bereits unsere Tierkreisbilder. Um 500 v. Chr. hat Kleostrat von Tenedos diesen babylonischen Tierkreis nach Griechenland gebracht (Knappich, Beiträge zur Geschichte der Astrologie, München 1958, S. 48 f.).

Diese Namen und Bilder des astrologischen Tierkreises bezogen sich ursprünglich nicht auf Fixsternbilder, sondern sind imaginativ geschaute Symbole für die 12 Monate des Sonnenjahres, beziehen sich also auf die 12 Kraftfelder der Erde-Sonne-Relation. Richtig sagt Knappich: „Da das durch den Umlauf der Erde um die Sonne sich dauernd bildende Kraftfeld, das solche

Reizwirkungen hervorbringt, nicht sichtbar ist, wurden diese Bilder (die in visionärer Schau die Jahreszeitenabschnitte symbolisierten) einfach auf die dahinter liegenden Sternbilder wie auf eine Hohlwand projiziert" (a. a. O. S. 48). Die Sternbilder bekamen also von den Zeichen ihre Namen, nicht umgekehrt. Diesen Zeichen- und Fixsternbilder-Tierkreis übernahmen also die Griechen von den Babyloniern.

Anders steht es nun mit den mannigfaltigen Gliederungen dieses Tierkreises und seinen vielfältigen Beziehungen zu den Planeten, den Elementarqualitäten und Jahreszeitenkreuzen. Die Ausbildung dieses großartigen astralen Schemas, auf dem auch noch unsere heutige Astrologie beruht, steht in engem Zusammenhang mit den griechisch-hellenistischen Mysterien. Wie die Gnosis der griechischen Mysterien, die in den letzten Jahrhunderten vor Christus zu einer die Menschheit umfassenden einheitlichen Religion zu werden beginnt und indische, persische, babylonische, ägyptische, syrische, griechische, jüdische Mythen und Einflüsse zu einem bunten Ganzen vereinigt, so ist auch der Tierkreis der heutigen Astrologie, der mit seinen mannigfaltigen Gliederungen und Beziehungen erst in hellenistischer Zeit (wohl im 4. Jahrhundert vor Christus) endgültig ausgeformt wurde, ein ähnliches Mischprodukt aus babylonischem, persischem, ägyptischem, syrischem, griechischem Geistesgut. In der Überlieferung wird deutlich der Zusammenhang der Tierkreissymbolik mit der Mysterienweisheit betont.

Die Natursymbolik des Tierkreises beruht auf dem jahreszeitlichen Erleben der Seele. Die Sternmythen und Sagen sind bildhafte Einkleidungen astraler Mysterienweisheit. Die Zahlensymbolik, die Teilungen des Tierkreises, die Polaritäten, Quaternitäten, Trigone, Hexagone, die Lehren von den Aspekten wurzeln in der Lehre der Pythagoräer, von denen Aristoteles sagt, daß sie „die Zahlen als Elemente aller Dinge und den ganzen Kosmos in Harmonie und Zahlen erfaßten". Die Grundlage für die Zuordnung der Planeten zu den Tierkreiszeichen bildet das sogenannte Horoskop der Welt (Thema mundi), das uns Firmicus Maternus überliefert hat und von dem er ausdrücklich erwähnt, daß es aus den ägyptischen Mysterien des Hermes

Trismegistos stamme. Die Vervollständigung der Planetenzuordnung zu den 12 Zeichen im harmonisch aufgebauten Sonnen- und Mondsektor des Tierkreises findet sich zuerst bei Poseidonios (um 100 v. Chr.), dessen Philosophie ganz durchdrungen ist von Orphismus und Gnosis.

Auf den ägyptisch-hellenistischen Reliefbildern des Hathortempels zu Dendera finden wir die Zuordnung der Planeten zu den Tierkreiszeichen, sowohl ihre Domizile als ihre Erhöhungen, bildhaft dargestellt. Prof. Dr. Franz Boll schreibt mit Bezug auf diese Reliefs von Dendera: „Auf dem Rundbild von Dendera steht Saturn vor der Waage, Jupiter vor dem Krebs; Mars über dem Steinbock; Venus vor den Fischen; Merkur vor der Jungfrau. Also ein kleiner Lehrgang der Astrologie im Tempel von Dendera. Im Pronaos konnte man die Planeten in ihren Häusern betrachten, an der Decke eines Osiriszimmers in ihrer Exaltation. Häuser hat jeder Planet zwei, Exaltation nur eine; daher die zweimalige Darstellung jedes Planeten im Pronaos, dagegen die einmalige im Osiris-Zimmer" (Franz Boll, Sphaera, Leipzig 1903, S. 235). Da sehen wir also den zwölfteiligen Tierkreis, wie wir ihn heute noch verwenden, dieses großartige astrale Schema mit seinen vielfältigen Beziehungen zu den Planeten anschaulich in Tempelbildern vor uns.

Sowohl im Horoskop der Welt als in der jüdischen Gnosis wird der Tierkreis in Menschenform vorgestellt. Wie der Mensch im Mutterleib noch kugelförmig zusammengerollt ist, so berührt auch der Tierkreis-Mensch mit seinem Kopf (Widder) die Füße (Fische). Die einzelnen Teile und Organe des Menschenkörpers werden den verschiedenen Tierkreiszeichen und Planeten zugeordnet. Alle diese Anschauungen stammen aus der Mysterien-Medizin. Wir finden sie bereits bei dem griechischen Arzte Alkmaion von Kroton, einem Schüler des Pythagoras. Im Anschluß an die uralte, bereits in Babylon und Indien nachweisbare Lehre vom großen Kosmosmenschen entwirft er das System einer kosmischen Anatomie. Am Ende der Antike hat dann der Begründer des Neuplatonismus, der griechische Mystiker und Philosoph Plotin (205 — 270 n. Chr.), diese kosmische Anthropologie der Mysterien am eingehendsten dargestellt.

Diese Anschauung vom großen „Kosmosmenschen" hat gemäß der alten Mysterienweisheit weitgehende Konsequenzen: Nicht nur der Leib des Menschen mit all seinen Gliedern und Organen stammt seinem Typus nach vom Sternenhimmel, sondern auch die leibgestaltende Seele und der seelisch gebundene Geist. Nur das innerste Zentrum des Menschen, die göttliche Geistseele, ist überkosmischer Natur. Diese hat ihre Heimat im überkosmischen Ewigkeitsbereich Gottes. Aus ihm steigt sie nieder durch den Kosmos, den sie als Geistorganismus erlebt, um sich auf der Erde zu inkarnieren. Dabei weilt sie verschieden lange in den verschiedenen kosmischen Sphären und wird dabei durch die Tierkreiszeichen und Planeten mit den verschiedensten Kräften und Fähigkeiten begabt, aber auch eingeschränkt. Diese ihr verliehenen Kräfte machen aber nicht ihr innerstes Wesen aus. Die göttliche Geistseele wählt sich vielmehr unter Leitung der Engelhierarchien die Gaben und Fähigkeiten selber aus, deren sie zu ihrer persönlichen Entwicklung am meisten bedarf. Sie inkarniert sich in dem Augenblick auf der Erde, wo der Gesamtkosmos in der Gestirnskonstellation des Geburtsaugenblickes jene Sphären harmonisch aufklingen läßt, die ihr eigenstes Wesen mit seinen derzeitigen Entwicklungsmöglichkeiten am besten zum Ausdruck bringen. Nach dem Tode steigt die Geistseele wieder durch die geistigen Planetensphären aufwärts und legt in jeder derselben den Sternenstoff ab, der dieser Sphäre zugehört und von dem sie beim Abstieg imprägniert worden war. Diese Lehre vom „kosmischen Menschen" finden wir in der gesamten hermetischen Tradition des Morgen- und Abendlandes wieder.

Lassen wir nun noch die antiken Quellen selber sprechen. Ich führe einige besonders eindrucksvolle Stellen an aus den heiligen Schriften der hermetischen Mysterien. Carlo Croce hält diese Schriften für die „Bibel der eleusinischen Mysterien". In dieser Überzeugung kann ich ihm, wie schon gesagt, nicht folgen. Aber sicher sind die Schriften des Corpus Hermeticum die edelsten Zeugnisse für die Mysterienweisheit der hellenistischen Ära.

Poimandres XI, 20 — 22
(Νοῦς πρὸς Ἑρμῆν)

Nous: „Wenn du dich nicht Gott gleichmachst, kannst du Gott nicht erkennen. Denn nur vom Gleichen wird das Gleiche erkannt. Erhebe dich selbst bis zur unermeßlichen Größe; aus aller Körperlichkeit entrückt und über alle Zeitlichkeit erhoben, werde zur Ewigkeit, so kannst du Gott erkennen. Glaube, daß dir nichts unmöglich sei, und halte dich für unsterblich und fähig alles zu erkennen, jede Kunst und jedes Wissen, jedes Lebewesens Art. Werde höher als alle Höhe und tiefer als alle Tiefe; nimm in dich auf das Empfinden alles Geschaffenen, des Feuers und des Wassers, des Trockenen und des Feuchten, und das Empfinden, überall zugleich zu sein, in der Erde, im Meer, im Himmel, unerzeugt, im Mutterschoß, Jüngling und Greis zu sein, gestorben und nach dem Tode zu sein. Wenn du das alles zusammen empfunden hast, Zeiten, Räume, Dinge, Eigenschaften, Maße, kannst du Gott erkennen.

Wenn du dagegen deine Seele im Körper einschließt und sie erniedrigst und sagst: ich erkenne nichts, ich kann nichts, ich fürchte das Meer, in den Himmel kann ich nicht emporsteigen, ich weiß nicht, wer ich war, ich weiß nicht, wer ich sein werde, was hast du dann mit Gott gemeinsam? Denn du kannst nichts von der Welt des Schönen und Guten erkennen, wenn du am Körper haftest und schlecht bist. Denn die äußere Schlechtigkeit ist das Nichtwissen in bezug auf die Gottheit. Aber sie erkennen wollen und hoffen zu können, das ist der gerade Weg für den Guten, der leicht zum Ziele führt. Wenn du diesen Weg einschlägst, wirst du ihr überall begegnen, überall wirst du sie sehen, wo und wann du sie am wenigsten erwartest, im Wachen, im Schlafe, auf dem Meer, auf dem Lande, in der Nacht, am Tage, beim Sprechen und beim Schweigen. Denn es gibt nichts, was nicht ein Bild der Gottheit wäre."

Hermes: „Ist Gott nicht unsichtbar?"

Nous: „Schweige! Wer ist offenbarer als er? Eben deswegen hat er alles geschaffen, damit du durch alles ihn schaust. Darin besteht Gottes Güte, darin seine Tugend, daß er sich in allem offenbart. Denn nichts ist unsichtbar, nicht einmal unter den körperlosen Wesen. Der Geist wird erschaut im Erkennen, Gott im Schaffen."

Poimandres I, 1 — 3

„Als ich einst in die Betrachtung des wahren Seins versunken war und mein Bewußtsein sich gewaltig emporgeschwungen hatte, als die Sinne meines Körpers niedergehalten waren wie bei jenen, die aus Übersättigung mit Speise oder aus Ermüdung des Leibes in schwerem Schlafe liegen, da sah ich eine übergroße Gestalt von nicht zu begrenzendem Ausmaß. Die rief meinen Namen und sprach: ‚Was willst du hören und schauen, und, wenn du es wahrgenommen, erforschen und verstehen?‘ Ich sprach: ‚Du, wer bist du?‘ ‚Ich bin‘, sprach er, ‚der Hirte der Menschen, der Geist der himmlischen Wahrheit; ich weiß, was du willst, und bin überall bei dir.‘ Darauf ich: ‚Erforschen will ich, was wahrhaft ist, wahrnehmen seine Natur und Gott erkennen. Das — sprach ich — will ich hören.‘ Und wiederum sprach er zu mir: ‚So richte dein Herz auf das, was du erfahren willst, und ich werde dich lehren.‘"

Poimandres I, 24 — 27

„‚Gut hast du mich alles nach meinem Wunsche gelehrt, o Geist. Nun sprich mir noch über den Aufstieg des Geschaffenen.‘ — Da sprach der Hirte der Menschen: ‚Zunächst bei der Auflösung des stofflichen Körpers gib diesen Körper der Umwandlung preis, und die Gestalt, die du hattest, wird unsichtbar, und deine gewohnte Art gib dem Dämon (d. h. dem dunklen Gotte), daß er sie auflöse, und die Sinne des Leibes kehren in ihre Quellen zurück, wenn sie Teile geworden und sich wiederum mit den Urkräften vereinigt haben; und Empfindungs- und Triebseele kehren zurück in die unvernünftige Natur. So eilt der Mensch weiter aufwärts durch die Planetensphären: dem ersten Gürtel (Mond) gibt er die Kraft des Wachsens und Welkens, dem zweiten (Merkur) die Ränke des Bösen zur Auflösung, dem dritten (Venus) die begierdevolle Täuschung zur Auflösung, dem vierten (Sonne) Wichtigtuerei und Herrschsucht zur Auflösung, dem fünften (Mars) unheiligen Mut und Dreistigkeit zur Auflösung, dem sechsten (Jupiter) den bösen, unersättlichen Antrieb zum Reichtum und dem siebten Gürtel (Saturn) die hinterhältige Lüge zur Auflösung. Und dann frei geworden von den Kräften der Planetensphären, gelangt er in die achte Welt (in die Fixsternsphäre), die des Menschen eigenste Kraft birgt, und preist mit den wahrhaft Seienden den Vater im Lobgesang; mit ihm freuen sich alle, die dort wohnen, über seine Ankunft. Und ähnlich geworden den Geistgeeinten lauscht er auch einigen himmlischen Mächten, die über der achten Welt (in der überkosmischen Welt) thronen und mit melodischer Stimme Gott preisen.

Und dann kommen sie wohlgeordnet vor den Vater und sie geben sich selber in die himmlischen Mächte hinein und, selbst Mächte geworden, sind sie in Gott. Das ist die wahre Weihevollendung für die, so die Erkenntnis (Gnosis) haben: sie werden Gott. Was willst du darüber hinaus noch mehr? Doch wohl nur, daß du, wenn du alles empfangen hast, ein Führer werdest den Würdigen, damit Gott durch dich das Menschengeschlecht errette.'

Dies sprach der Hirte der Menschen und vereinigte sich mit den himmlischen Mächten. Ich aber dankte und pries den Vater des Alls und ward von ihm aus der Entzückung entlassen, mit Kraft erfüllt und belehrt über die Natur des Alls und die größte Schau. Und ich war gedrängt, den Menschen die Schönheit der Gottesfurcht und des Wissens zu verkünden: ‚O Völker, ihr erdgeborenen Männer, die ihr euch selber dem Trunk und Schlafe preisgegeben und dem Nichtwissen in göttlichen Dingen, werdet nüchtern, hört auf im Rausche zu taumeln und euch mit sinnberaubtem Schlafe zu betören'."

Poimandres XVI, 6 — 9, 12 — 19

(Weisungen des Asklepios (= Imhotep) an den König Ammon.)

„Wenn nun auch eine geistige Wesenheit existiert, so ist diese der Urquell der Sonne, und wo immer sie Aufnahme findet, entsteht das Sonnenlicht. Woher sie sich aber bildet oder zuströmt, das weiß er, der Sonnengott, allein. Dies ist überzeugender als die Lehre, daß der Geist dem Orte und seiner Natur nach zwar nahe ist für unsere Augen und doch nicht von uns gesehen, sondern nur von unserer Ahnung erreicht werden kann. Sein Anschauen ist dem verwehrt, der ihn nur errät, sein Antlitz jedoch überleuchtet hellstrahlend den ganzen Kosmos, die Sphären der oberen und der unteren Planeten. Denn in der Mitte ist sein Ort, hier leitet er — den Kranz des priesterlichen Herrschers auf dem Haupt — die Welt. Gleich einem tüchtigen Wagenlenker führt er den Wagen der Welt ohne Schwanken und knüpft ihn an sich selber fest, damit er nimmer aus der Bahn gerate. Seine Zügel sind Leben und Seele, Geist und Unsterblichkeit und Werden. Er ließ die Zügel wohl locker, aber nicht zu weit von sich, wenn man sich die Wahrheit eingestehen will.

Auf solche Weise regiert er das All, den Unsterblichen teilt er ewige Dauer zu und durch das Emporsteigen seines Lichtes — soweit er es eben von dem einen zum Himmel blickenden Teile nach oben sendet — nährt er die unsterblichen Glieder des Kosmos, mit dem anderen aber, der sich nach unten senkt und die ganze Sphäre aus Wasser, Erde und Luft überleuchtet, erweckt er die hier befindlichen Glieder des Kosmos zum Leben und durch Geburten und Verwandlungen führt er sie empor. In einer Spirale kreisend gestaltet er sie um und verwandelt sie ineinander, Gattungen aus Gattungen und Arten aus Arten bildend, und indem sie sich austauschend ineinander verwandeln, wirkt er als Weltenbildner in gleicher Weise wie bei den großen Himmelskörpern. Denn ein jeder Körper muß sich wandeln, wenn er dauern soll — die Verwandlung des Unsterblichen geht ohne Auflösung vor sich, der Sterbliche löst sich auf in der Wandlung —, und darin liegt der Unterschied zwischen Unsterblichem und Sterblichem.

Heiland und Ernährer einer jeden Wesenheit ist die Sonne. Und wie der geistige Kosmos den sichtbaren Kosmos umhüllt und durch mannigfaltige und vielgestaltige Formen (Urbilder) sich entfalten läßt, so läßt auch die Sonne in dieser Welt alles sich entfalten, indem sie allem zu Werden und Kraft verhilft; was aber müde wird und zerrinnt, das nimmt sie wieder in sich auf.

Ihr ist der Chor der Geistwesen unterstellt oder vielmehr die

Chöre der Geistwesen. Denn zahlreich sind sie und mannigfaltig und den himmlischen Krafträumen der Sterne untergeordnet, einem jeden von ihnen gleich viel. So geordnet dienen sie nun den Sterngöttern, und es gibt Gute und Böse ihrer Natur, d. h. ihrer Wirkung nach. Denn das Wesen eines Geistes liegt in seiner Wirkung. Einige aber von ihnen sind aus Gutem und Bösem gemischt.

Ihnen ist das Los zugefallen, über alles, was auf Erden geschieht, Vollmacht zu üben, und so sind sie Verursacher der Verwirrungen auf Erden und stiften vielerlei Unruhe, öffentlich in den Städten und bei den Völkern — und bei jedem einzelnen. Sie bilden nämlich unsere Seelen um und wecken sie auf zu sich selbst, indem sie sich festsetzen in unseren Nerven, in unserem Mark, in unseren Adern und Arterien und im Gehirne selbst und hindurchdringen sogar bis in die Eingeweide. Denn einen jeden von uns, sobald er geboren und die Seele in ihn eingezogen ist, übernehmen die Geister, die in diesem Augenblick als Diener des Werdens den einzelnen Sterngöttern unterstellt worden sind. Denn sie wechseln in jedem Zeitpunkt, sie bleiben nicht immer die gleichen, sondern kreisen mit den Sphären. Diese tauchen nun durch den Körper in die beiden Wesensglieder der Seele ein und wirbeln sie herum, jeder nach seiner Wirkungsart. Das geistige Wesensglied der Seele aber steht nicht unter der Herrschaft der niederen Geister, es ist fähig, Gott aufzunehmen.

Dem nun, der in der geistigen Seele wohnt, leuchtet durch die Sonne ein Strahl auf — es sind dies aber ganz wenige — und von ihm werden die niederen Geister außer Wirksamkeit gesetzt. Denn keiner, weder ein Geistwesen noch einer der Götter, vermag etwas wider einen einzigen Strahl des Sonnengottes. Alle anderen aber werden an Seele und Leib von den niederen Geistwesen geführt und getrieben, sie lieben ihre Wirksamkeit und geben sich zufrieden mit ihr. Der Logos ist nicht Begierde, die irregeführt wird und selbst herumirrt. Dies ihr irdisches Amt also verwalten sie als Regenten durch die Organe unserer Körper, und diese Herrschaft der Planeten nannte Hermes das Schicksal.

Nun hängt der geistige Kosmos von Gott ab, der sinnliche Kosmos vom geistigen, die Sonne aber lenkt durch den geistigen und sinnlichen Kosmos das von Gott ausströmende Gute, und darin besteht ja die Schöpfung. Um die Sonne aber schwingen sich die acht Sphären, die von ihr abhängig sind, die Sphäre der Fixsterne, die sechs Sphären der Wandelsterne und die eine, die Erde umkreisende, die Mondensphäre. Von diesen Sphären hängen die Geistwesen ab, von den Geistwesen die Menschen und so hängt alles und hängen alle von Gott ab.

Darum ist der Vater des Alls Gott, der Weltenschöpfer aber die Sonne, und der Kosmos das Organ der Weltschöpfung. Den Himmel regiert das Geistwesen, der Himmel wiederum regiert die Götter, und die den Göttern unterstellten Geistwesen regieren die Menschen. Dies ist das Heer der Götter und Geistwesen.

Alles aber schafft Gott durch sie für sich selbst, und Teile Gottes sind alle Dinge. Wenn aber alle Teile sind, so ist Gott das Ganze. Indem er alles schafft, schafft er sich selbst und niemals vermöchte er aufzuhören, da er ja selbst ohne Aufhören ist. Und wie Gott keinen Anfang und kein Ende kennt, so kennt auch seine Schöpfung keinen Anfang und kein Ende."

Mystisch-religiöse und rational-positivistische Astrologie in Altertum und Gegenwart

Der römische Dichter Marcus Manilius, der 5 Bücher „Astronomica" in eindrucksvollen Versen schrieb und sein Werk dem Kaiser Tiberius widmete, singt:

„An dubium est, habitare deum sub pectore nostro
In caelumque redire animas coeloque venire?
Quid mirum, noscere mundum
Si possunt homines, quibus est et mundus in ipsis,
Exemplumque dei quisque est in imagine parva?
An cuiquam genitos, nisi caelo, credere fas est
Esse homines?"
(Astronomica IV, 886 — 897)

zu deutsch:

„Kein Zweifel, in der Brust
Wohnet ein Gott uns und in den Himmel
Kehren die Seelen zurück und vom Himmel kommen sie wieder.
Was Wunder, daß Menschen wissen vom Wesen der Welt,
Da doch die Welt selbst wirket im Wesen des Menschen.
Und jeder von Gott ein Widerschein ist in kleinerem Abbild?
Und welchem Grund zu entstammen ist uns Menschen zu glauben erlaubt,
Wenn nicht dem Gottgrund des Himmels?"

So verkündet Manilius den Glauben an die den Sternen verwandte und Gott wesensgleiche Natur des Menschen, deren Erkenntnis die Gottheit selbst den Menschen vermittelt. Er weiß noch um den Ursprung der Astrologie in den antiken Mysterien. Sie ist als göttliche Offenbarung den erhabensten und vornehmsten Seelen zuerst geschenkt worden.

Auch der sizilianische Senator Firmicus Maternus, der vor seiner Bekehrung zum Christentum die Planetengötter und den einen großen Weltengott verehrte, der allem Vater und Mutter und sich selber Vater und Sohn ist, schrieb zur Zeit Kaiser Konstantins ein uns erhaltenes großes Handbuch der Astrologie, Matheseos libri octo (Lateinische Originalausgabe von Kroll und Skutsch, Leipzig 1913 bei Teubner. Deutsch von Hagall Thorsonn, Königsberg 1927). Er schöpft in diesem Werk aus Claudius Ptolemäus, aus Manilius, aus Teukros von Babylon in Ägypten, aus Poseidonios, aus Nechepso und Petosiris und beruft sich immer wieder auf den Ursprung der Sternenweisheit in den antiken Mysterien.

Im Vorwort des 1. Buches verspricht er mitzuteilen, „das, was die alten, weisen und göttlichen Männer unter den Ägyptern und die klugen Babylonier von der Wirksamkeit der Sterne uns durch die Lehre einer göttlichen Wissenschaft überliefert haben".

In der Einleitung zum 3. Buche schreibt er: „Meine ganze astrologische Arbeit hat den Zweck, alles das, was unsere göttlichen Ahnen diesbezüglich geäußert haben, zu vermitteln, um Männer, die sich damit beschäftigen wollen, möglichst gründlich mit dieser anspruchsvollen Disziplin bekannt zu machen. Grundsätzlich, verehrter Lollianus, muß man wissen, daß Gott den Menschen seiner Form und Substanz nach zum Ebenbild des Kosmos und als dessen verkörperte Idee schuf... So haben uns jene göttlichen und bewundernswerten Männer Petosiris und Nechepso, deren Einsichtsvermögen ihnen die Geheimnisse des Göttlichen selbst zugänglich gemacht hatte, auch das Horoskop der Welt durch die Lehre unserer weihevollen Wissenschaft überliefert, damit klar und offenbar werde, daß der Mensch tatsächlich zum naturgetreuen Ebenbild des Weltalls geschaffen wurde und nach denselben Prinzipien geleitet und zusammengehalten wird wie jenes, immer und immer durch ewige Zündungen."

Auch in der Einleitung zum 8. Buch ist im priesterlichen Ton des Autors deutlich ein Nachklang der religiösen Stimmungen des Poseidonios und der Mysterieneinweihungen zu vernehmen. Durch die Mysterieneinweihung sollte ja das Bewußtsein des Adepten ins Kosmische geweitet und ihm der Zugang zur höchsten Lichtwelt erschlossen werden, die über der gefallenen Erdenwelt und über dem Sternenkosmos das einzige wahre Sein, die ewige Welt Gottes darstellte. Die goldene Himmelsleiter der planetarischen Sphären, die echte Sternenweisheit, führte zu ihr empor.

Deshalb sagt Firmicus Maternus: „Um nichts anderes haben wir uns in der kurzen Spanne dieses Lebens zu bemühen, als darum, daß wir nach der Reinigung von dem Fall des irdischen Leibes und nach der vollständigen Beseitigung möglichst aller unserer wahrlich sehr zahlreichen Mängel Gott, unserm Urheber, die ungebrochene und durch keine Berührung mit irgendeinem Frevel besudelte Göttlichkeit des Geistes zurückgeben... Schaue daher mit offenen Augen den Himmel an und stets mag dein Geist diese herrliche Werkstatt der göttlichen Schöpfung vor Augen haben. Dann wird nämlich das Denken, durch die Rückerinnerung an seine Erhabenheit geprägt, von den verkehrten Reizungen des Körpers befreit werden und, enthoben den Hemmungen der Sterblichkeit, mit gefestigtem Schritt zu seinem Schöpfer hinstreben, also auch ständig nichts anderes in hellsichtigem und wachsamem Suchen Stunde um Stunde durchforschen als göttliche Dinge. Und so werden uns diese Weisungen eine wenn auch nur geringe Vorstellung göttlichen Wissens geben und uns zu den Geheimnissen unseres Ursprungs emporleiten. Denn ständig von Untersuchungen göttlicher Zusammenhänge in Anspruch genommen, werden wir, indem wir unsern Geist mit himmlischen Mächten verbinden und ihn durch göttliche, heilige Handlungen weihen, uns von allen Wünschen verkehrter Begierden trennen... Wenn unser Geist durch die Rückerinnerung an seine Erhabenheit sich zu dieser Auffassung bekannt haben wird, dann werden wir weder durch Unglück deprimiert noch durch Ansehen und Würde überheblich gemacht, da wir ja gewußt haben, daß uns dieses alles verheißen ist und zusteht. So können wir mit diesen festen Grundsätzen begabt nie von Unglück niedergedrückt noch von der Freude über ein Glück überschwenglich begeistert werden." So also soll die Astrologie durch Vertiefung in die Anschauung der schicksalskündenden Gestirne dem Menschen zu Seelenfrieden und Gottverbundenheit verhelfen.

Es entwickelte sich nun aber neben der alten esoterischen

Astrologie der Mysterien eine rationalisierte Astrologie, welche die Kunst der Sterndeutung in ein naturphilosophisch-mathematisches System zu fassen versuchte und als eine Art nüchterner Physik des Weltalls neu zu begründen suchte. Das Standardwerk dieser Richtung schrieb der große Astronom Claudius Ptolemäus (um 150 n. Chr.) in seiner „Tetrabiblos" („Werk in vier Büchern"). Der ursprüngliche Titel lautete wahrscheinlich ἀποτελεσματικὴ σύνταξις τετράβιβλος, „Astrologisches Sammelwerk in 4 Büchern" und bildete ein ergänzendes Gegenstück zu der μαθηματικὴ μεγάλη σύνταξις, dem „Großen mathematischen Sammelwerk", das im 9. Jahrhundert ins Arabische übersetzt wurde und seitdem den Titel „Almagest" führt. Dieser arabische Titel des Werkes beruht auf der griechischen μεγάλη σύνταξις. Eine gute deutsche Übersetzung dieses „Handbuchs der Astronomie" gab K. Manitius heraus (Teubner, Leipzig 1912/13). Wie der Almagest zum Standardwerk der Astronomie des Altertums wurde, so bildete durch mehr als 1500 Jahre die „Tetrabiblos" das kanonische Grundbuch der hellenistisch-rationalen Astrologie.

Philipp Melanchthon, der Freund Martin Luthers, hat dieses „Vierbuch" (Basel 1553) ins Lateinische übersetzt. Diese Ausgabe Philipp Melanchthons übertrug Erich Winkel 1923 (Linser-Verlag, Berlin-Pankow) ins Deutsche. Die beste deutsche Übersetzung stammt von Dr. Julius Wilhelm Pfaff, dem letzten deutschen Professor für Astrologie an der Universität Erlangen. Sie erschien im „Astrologischen Taschenbuch für 1822 und 1823" bei der Palm'schen Verlagsbuchhandlung in Erlangen und wurde neu herausgegeben von Dr. Hubert Korsch, Düsseldorf 1938.

Ptolemaios begründet seine astrologische Lehre von der Wirkung der Sterne auf aristotelische Physik. Wie Platons Ideenlehre, die auf den orphischen und pythagoreischen Mysterien fußte, durch Aristoteles in positivistischem Sinne rationalisiert wurde, so wurde die alte, esoterische Astrologie der antiken Mysterien durch Ptolemäus in ein rational-positivistisches System gebannt. Auch wer der astrologischen Sternen-Religion der Mysterien fremd gegenüber stand, konnte nun in der sachlichen Prosa des aristotelischen Naturphilosophen und Astronomen sich überzeugen vom Realitätscharakter der Gestirneinflüsse auf das Schicksal der Menschen. Seit den Tagen des Ptolemäus liegen in der Geschichte der Astrologie diese beiden Richtungen miteinander im Kampf, eine mehr aristotelisch-positivistisch gerichtete rationale Astrologie und eine mehr platonisch-idealistische esoterische Astrologie.

Der syrische Neuplatoniker Jamblichos (um 300 n. Chr.), ein Schüler des Porphyrios, der seinerseits Schüler Plotins war, hat in seinem Werk „Über die Geheimlehren der Ägypter" (G. Parthey, De mysteriis Ägyptorum, Berlin 1857) das Grundbuch einer magisch-esoterischen Astrologie zu schreiben versucht. Es erschien in deutscher Übersetzung von Th. Hopfner, Leipzig 1922, im Theosophischen Verlagshaus.

Wie Platon der echten Mysterienweisheit näher steht als Aristoteles, so steht auch der Neuplatoniker Jamblichos mit seiner esoterischen Astrologie der echten Sternenweisheit der Mysterien näher als der aristotelisch-positivistisch orientierte Ptolemäus mit seiner in der „Tetrabiblos" rationalisierten Astrologie. Aber zweifellos kann man von beiden Seiten her, sowohl von der mystisch-religiösen wie von der rational-positivistischen aus, sich dem astrologischen Phänomen nähern und bis zu gewissem Grade seinen Realitätscharakter erfassen. Sehr richtig sagt Wilhelm Knappich: „Es ist zu hoffen, daß die moderne tiefenpsychologisch fundierte, symbolische Astrologie diese Gegensätze auf ihr richtiges Maß zurückführen wird, und daß eine wahre Astrosophie unser Denken auf eine Ebene emporheben wird, wo alle Gegensätze in sich zusammenfallen" (Beiträge zur Geschichte der Astrologie, München 1958, S. 16).

Wenn der Ursprung, die Entstehung der Astrologie und Kosmosophie auch nur aus einem ins Kosmische geweiteten übersinnlichen Schauen, aus der Weisheit der Mysterien heraus verstanden werden kann, so läßt sich doch die faktische Realität der astrologischen Zusammenhänge, das Wirksamwerden der Planetenkonstellationen in Charakter und Schicksal der Menschen, am Horoskop auch auf der Ebene des Intellektualbewußtseins vollkommen wissenschaftlich exakt aufzeigen. Die aus der Mysterienweisheit hervorgegangenen kosmosophischen

Ideen und Systeme sind fortlaufend an der Empirie überprüft und im Laufe der Jahrhunderte wissenschaftlich weiter ausgebaut worden. So wurde die Astrologie zu einer umfassenden Wissenschaft von den Zusammenhängen zwischen Makro- und Mikrokosmos.

Jeder für praktische Menschenkenntnis begabte Wissenschaftler, der die Methoden der Horoskopdeutung ernsthaft studiert, wird zur Anerkennung der Astrologie kommen. Bereits im ersten Kapitel meines Buches wies ich hin auf den Astronomen Dr. Wilhelm Hartmann, den Leiter der Nürnberger Sternwarte, der ursprünglich Gegner der Astrologie war, aber nach eingehendem Studium die Realität der astrologisch-horoskopischen Zusammenhänge freimütig anerkannte. Er mußte feststellen, daß es Gegner der Astrologie mit praktischer Erfahrung in der Bearbeitung von menschlichen Geburtsbildern überhaupt nicht gibt. Wörtlich sagt er: „Ich habe Hunderte von Gegnern kennengelernt. Fragte man sie, ob sie denn selbst schon einmal sich praktisch mit Geburtsbildern befaßt hätten, so stellte sich immer wieder heraus, daß sie keine blasse Ahnung hatten" (Dr. Wilhelm Hartmann, Die Lösung des uralten Rätsels von Mensch und Stern, Nürnberg 1950, S. 34). Das kennzeichnet zur Genüge die weitverbreitete unsachliche Voreingenommenheit der Astrologie-Gegner und die Überzeugungskraft der ernsthaft praktizierenden Astrologie selber.

Die Astrologie ist eine Wissenschaft, aber sie ist nicht eine Naturwissenschaft wie die Astronomie, sondern eine Geisteswissenschaft wie die Psychologie und Physiognomik. Nur reicht sie tiefer als alle Psychologie. Das Kosmogramm ermöglicht eine astrale Physiognomik, gibt gleichsam ein Röntgenbild von Seele und Schicksal des Menschen. Das Geburtsbild eines Individuums wird dabei unter voller Anerkennung seiner Willensfreiheit in der Form eines gestaffelten Indeterminismus zu einer Signatur, einer Art Konstruktionszeichnung seines Inneren, die natürlich in Beziehung gesetzt werden muß zu jenen Faktoren, die aus dem Kosmogramm nicht zu ersehen sind, wie Geschlecht, Rasse, soziales Milieu, Entwicklungshöhe der Persönlichkeit. Das ist dann Tiefenpsychologie auf kosmischer Grundlage.

Bemerkenswert ist übrigens, daß es in der Gegenwart zum großen Teil Ärzte waren, welche die Entsprechungen zwischen Makro- und Mikrokosmos, zwischen Gestirn und menschlichem Organismus wissenschaftlich überprüft und bestätigt haben. Von bekannten Autoren seien nur genannt: Dr. med. Friedrich Feerhow, Dr. med. Heinrich Däath, Dr. med. Gustav Schwab, Dr. med. Freiherr von Klöckler, Dr. med. Heinrich Reich, Dr. med. Möbius und Prof. Dr. med. Carl Gustav Jung. Das „Daß", die Tatsächlichkeit dieser Beziehungen zwischen Makro- und Mikrokosmos kann mit wissenschaftlichen Methoden objektiv festgestellt werden. Das „Wie" dieser Beziehungen kann aber mit dem kausal-naturwissenschaftlichen Denken grundsätzlich nicht mehr erfaßt werden, gehört, wie auch Prof. Jung richtig festgestellt hat, in das Gebiet der akausalen Beziehungen, in den Bereich der „Synchronizität". Die Gestirnkonstellation am Himmel könnte man betrachten als ein großes kosmisches Ziffernblatt der für die Erde gültigen Weltenuhr. Wie ich aus der Zeigerstellung meiner Taschenuhr schließen kann auf die jeweilige Stellung von Erde und Sonne zueinander, ohne daß die Zeigerstellung des Ziffernblattes der Grund, die kausale Ursache für die Stellung von Erde und Sonne zueinander ist, so ist auch die Gestirnkonstellation am Himmel das große Ziffernblatt der Weltenuhr, auf dem ich ablesen kann, was für schöpferische Kräfte in jedem Augenblick im Kosmos wirksam sind; keineswegs aber sind die Gestirne selber die kausale Ursache für diese Kräfte. Nicht dem naturwissenschaftlich-kausalen Denken erschließen sich diese in einem überphysisch-übersinnlichen Bereich wirksamen Potenzen. In der Astrologie handelt es sich nicht um physikalische Vorgänge, sondern um synchronistische Analogien. An die Stelle einer niederen Kausalverknüpfung tritt hier eine höhere Ähnlichkeitsbeziehung. Durch synthetische Anwendung des bildhaft-symbolischen Analogie-Denkens erschließt die Astrologie als Geisteswissenschaft die Zusammenhänge der Hintergrundwelt mit der Menschenwelt. Es wirken nicht die materiellen Planeten und nicht elektromagnetische Kraftfelder, sondern die hinter ihnen stehenden übersinnlich-immateriellen Kräfte. Auf diese Weise kann die recht verstandene symbolische Astrologie Verbindungen aufzeigen mit höheren, übergeordneten Vorgängen und Kräften, die in die religiöse Sphäre führen. Empfehlend hingewiesen sei hier auf die Abhandlung von Dr. Walter Koch, Die kosmopsychische Beziehungstheorie, im Ebertin Jahrbuch 1966 (Ebertin-Verlag, Aalen). Wer nun die Grenzen dieser wissenschaftlich beweisbaren kosmischen Entsprechungslehre nicht überschreiten will, der mag bei ihr stehen bleiben.

Wer dagegen tiefer bis zu den Quellen des Seins vordringen will, dem kann die Astrologie zu einer kulturell wichtigen Brücke zwischen Wissenschaft und Religion werden. Denn wer die Tatsächlichkeit der astrologischen Zusammenhänge wissenschaftlich exakt erkannt hat, der hält damit auch den Schlüssel zum spirituellen Verständnis des Kosmos in seiner Hand. Die hintergründige Welt wird dabei von ihm begriffen als ein großer, geistlebendiger Organismus, dessen Glieder zweckmäßig aufeinander abgestimmt sind und in dauernder Synergie miteinander stehen. Alles, was oben geschieht, hat auf Erden seine Resonanz. Nach dem hermetischen Grundsatz „wie oben, so unten" sind Mensch und Kosmos miteinander verbunden durch kosmische Sympathie und durch Konformitäten, die in Analogieketten auf verschiedenen Ebenen verschiedene Entwicklungen hervorrufen (Catena aurea, Goldene Kette der Pythagoräer). Wer das erkannt hat, wird dann überzeugt sein von der Wirklichkeit übersinnlich-geistiger Kräfte in Kosmos und Mensch, von der schöpferischen Wirksamkeit erhabener Geistwesen, die hoch über dem physischen Menschen stehen. Grundlegende religiöse Wahrheiten gewinnen dabei wissenschaftlichen Erfahrungscharakter. Die Astrosophie als kosmische Signaturenlehre des Menschenbildes dürfte daher in besonderer Weise dazu berufen sein, den geistigen Rationalismus der Gegenwart zu überwinden. Sie wird die Wissenschaft zur Anerkennung der geistigen Natur von Kosmos und Mensch führen und zugleich die Religion mit allen Wissenschaften in lebendigen Kontakt bringen, sie aus ihrem heutigen Ghetto-Charakter erlösen.

In dieser Sicht werden wir dem modernen englischen Astrologen Alan Leo zustimmen, wenn er im ersten seiner Astrologischen Lehrbücher S. 114 schreibt: „Das Studium der Planeten-Einflüsse — ein Ausdruck, der eigentlich nicht ganz korrekt ist, aber für den gegenwärtigen Zweck genügt — sollte mit Ehrerbietung und Andacht erfolgen. Denn wir befassen uns dann mit dem manifestierten Leben großer geistiger Kräfte, die in bewußter Weise den göttlichen Willen des großen Geistes unseres Sonnensystems zur Ausführung bringen... Die höchsten Einflüsse oder Schwingungen sind wir nicht in der Lage zu erkennen, bis wir selbst uns zu der Stufe entwickelt haben, wo wir darauf zu reagieren vermögen; aber wir können die niederen Schwingungen — wenn wir sie so nennen wollen — beobachten."

Dieses schöne Wort Alan Leos wollen wir beherzigen. Wenn wir also im Folgenden vom Einfluß eines Planeten sprechen, so ist damit nicht der Einfluß des physischen Planeten gemeint. Es wird damit nicht geleugnet, daß es auch Einflüsse der physischen Planeten gibt. Aber sie können niemals die astrologischen Wirkungen erklären. Es ist völlig ausgeschlossen, daß die vielfältigen astrologischen Erfahrungstatsachen kausal-naturwissenschaftlich von den physischen Planeten ausgehen könnten. Wenn wir zu einem echten Verständnis dieser Zusammenhänge vordringen wollen, müssen wir jedenfalls die Schwelle des physischen Universums überschreiten, um den lebendigen kosmischen Geistorganismus zu erkennen, dessen äußere Offenbarung auf der untersten Ebene die physischen Planeten sind. — Wenn wir jetzt mit der Interpretation des altüberlieferten astralen Schemas eines Kosmogramms beginnen, so werden wir sehen, daß es sich hier nicht um ein altertümliches Produkt längst vergangener Zeiten handelt, sondern geradezu um ein Wunderwerk von Harmonie und Präzision.

Die Planeten und ihre Symbole

Die Elemente jedes Kosmogramms werden gebildet von den Planeten, dem Zeichentierkreis und dem System der irdischen Häuser.

Unter dem Tierkreis im astrologischen Sinne verstehen wir den Ring von krafterfüllten Räumen, der durch die kosmische Aura von Sonne, Mond und Planeten gebildet wird, nicht aber den Kreis der Fixsternbilder. Der himmlische Lebensraum von Erde und Menschheit ist das Sonnensystem. Die Bahn der Sonne mit ihren Wandelsternen bildet den Tierkreisring. Träger des ganzen Planetentierkreises sind also die Sonne und ihre Teilkräfte, der Mond und die fünf Wandelsterne.

Diese 7 im Altertum allgemein als Planeten bezeichneten kosmischen Kräfte sind ihrerseits wieder physische Offenbarungen der 7 Quellgeister Gottes, die darum von den Mystikern, z. B. von Jakob Böhme, auch mit den Namen der Planeten bezeichnet werden. Die schöpferische Urkraft Gottes manifestiert sich in diesen sieben Prinzipien, die zusammen, aber auch voneinander getrennt, im Universum alles gestalten. Alles, was existiert, ob Weltkörper, Mineralien, Pflanzen, Tiere, Menschen oder höhere Geistwesen, wurde und wird von diesen Kräften geschaffen.

Diese 7 schöpferischen Quellgeister Gottes offenbaren sich ebenfalls in den erst in der Neuzeit entdeckten transsaturnischen Planeten, nur in höherer Tonart. Mit ihnen setzt gleichsam nach der ursprünglichen Siebenheit der alten Planeten eine neue Oktave ein, von der wir bis jetzt Uranus, Neptun und Pluto kennen, welche die kosmischen Erhöhungen von Merkur, Venus und Mars darstellen.

Die Herren des Tierkreises sind also die Sonne und die aus ihr hervorgegangenen Wandelsterne, welche Teilkräfte oder Strahlen der Sonne darstellen. Wie das weiße Licht der Sonne physikalisch in die bunten Spektralfarben zerlegt werden kann, so sind auch die Planeten gleichsam nur verschiedene Strahlen oder Teilkräfte der Sonne. In geistiger Entsprechung müßten wir reden vom Sonnenlogos und den führenden Planeten-Engeln. Jedem großen Führer-Engel ist ein Heer von untergeordneten Engeln oder Geistwesen zugesellt, die in harmonischer Weise zusammenwirken mit dem großen Sonnen-Logos. Aber auch dunkle, antipolarisch wirkende Geister gibt es im gefallenen Kosmos. Jeder Planet hat seinen Engel, seine Intelligenz und seinen Dämon. Das zu verstehen ist nicht schwierig, wenn wir wissen, daß wir selber geistige Wesen sind, die auf sieben verschiedenen Ebenen wirksam werden können, deren unterste die physische, grobsinnlich wahrnehmbare Ebene ist.

Tierkreiszeichen und Planeten sind also im astrologischen Sinne nur verschieden geartete Offenbarungen der Sonne, so wie beim Menschen das System des Blutkreislaufes eine Manifestation seines Zentrums, des Herzens ist. Was die Sonne im Makrokosmos ist, das wird im Mikrokosmos dargestellt durch das Herz. Darum kann man mit vollem Recht das Tierkreiswissen mit seinen Sonnen- und Planetenrhythmen als Herzensweisheit bezeichnen.

SONNE

Wir wollen uns das zunächst anschaulich klar machen durch eine Betrachtung der alten Planetensymbole. Der Kreis mit dem Mittelpunkt ⊙ ist das Siegel der Sonne, des Lichtes der Welt, des schöpferischen Gottesgeistes in Kosmos und Mensch. Die in sich selbst harmonisch und unerschöpflich schwingende Kreisbewegung ist Zeichen von Gottes überpersönlicher, unendlicher Urkraft. Der Punkt im Zentrum ist Symbol seiner zentralen Geistbewußtheit. Diese Geistessonne ist Quelle alles Lebens, ohne Anfang, ohne Ende, ewig schöpferisch und unergründlich. Aus ihr sind die Planeten als Teilkräfte hervorgegangen, zu ihr kehren sie in der Verklärung zurück. In jedem Horoskop ist darum die Sonne Symbol der Lebensschwungkraft, des élan vitale, der Aktivität und des Lebenswillens. Sie bezeichnet das Zentrum des Individuums, den bewußten, aktiven, zielsetzenden Kern des Menschen, sein geistiges Ich, sein Ich-Ideal, seine zentralen

Wesenseigenschaften, wie sie sich als Ziel und Sinn seines Lebenswillens offenbaren. Sie offenbart zugleich, mit welcher Intensität diese Lebensaufgaben ergriffen und verfolgt werden, in welcher Richtung das Streben nach Macht und Vorherrschaft in Erscheinung tritt. Wie die Sonne als Naturprinzip lebensspendende Wärme und Licht ist, so symbolisiert sie biologisch organische Vitalität, soziologisch Autorität, Regierung, Vater und männliches Prinzip. Esoterisch repräsentiert die Sonne die Entelechie, das höhere Ich des Menschen.

MOND

Halbiert man den Kreis, so entsteht der Halbkreis ☽, das Mondsymbol. Wie der Kreis Gott und die Geistwelt darstellt, so repräsentiert der Halbkreis die Seele und die Astralwelt. Der Mond reflektiert als Spiegel das Licht von Sonne und Sternen, wobei er wie ein echter Spiegel uns immer die gleiche Seite zukehrt. Der Mond wirkt als Bindeglied zwischen Sonne und Erde, zwischen Geist und Körper, zwischen dem Lebensquell und den einzelnen Lebewesen. Wie Geist und Schöpferkraft zur Sonne, so gehören Seele, Gefühl und Gedächtnis zum Monde. Sonnenhaft ist die Lebensschwungkraft, die ständig strömende, stetige Vitalität. Wandelbar, ständig wechselnd wie die Phasen des Mondes am Himmel sind die seelischen Empfindungen, Stimmungen und Launen. Laune kommt von luna, Mond. Wie die Sonne die Herrin des Tages und des wachen Geistbewußtseins ist, so ist der Mond der Herr der Nacht und der dunklen Seelentiefen, des Unterbewußtseins. Er weckt, wie Goethe in seinem Gedicht „An den Mond" sagt:

„Was, von Menschen nicht gewußt
Oder nicht bedacht,
Durch das Labyrinth der Brust
Wandelt in der Nacht."

In wieder anderem Aspekt gehört das Herz zur Sonne, das Gehirn zum Monde. Die Sonne des Geistes leuchtet im Herzen. Das Gehirn als Erkenntniszentrum vermittelt nur im Seelenbereich gespiegeltes Licht wie der Mond. Alle wässrigen Prozesse, das Steigen und Fallen der Säfte in den Pflanzen, das Drüsensystem bei Tieren und Menschen, Ebbe und Flut bei der Erde offenbaren den Mondenrhythmus. Die Ernährungs- und Fortpflanzungskräfte sind mondenhafter Natur. Magen und Mutterbrust unterstehen dem Monde. Neun Kalendermonate dauert die ganz vom Mondenrhythmus beherrschte Zeit der Schwangerschaft. Die Mutter und die Frau überhaupt ist bis ins Physische der Menses hinein ein mondverbundenes Wesen. Wie die Sonne das kosmisch-männliche, ist der Mond das kosmisch-weibliche Prinzip. In soziologischer Entsprechung vertritt der Mond Erbmasse, Familie, Heim, Heimat und Volk. Esoterisch repräsentiert der Mond die seelenhaft gebundene Persönlichkeit, das niedere Ich, d. h. den Teil des Individuums, der sich während eines Erdenlebens offenbart.

ERDE

Teilt man den Kreis durch eine Waagerechte und eine Senkrechte ⊕, so entsteht das Symbol der Erde und der körperlichen Welt. Die Waagerechte teilt den Kreis in ein Oben und ein Unten ⊖, schafft den Raum, läßt „Himmel" und „Unterwelt" entstehen. Die Senkrechte ⊕ spaltet den Kreis in ein „Vorher" (links) und „Nachher" (rechts), läßt die Zeit entstehen. Raum und Zeitbild zusammengefaßt ergeben das Kreuz +, das darum seit uralten Zeiten das Symbol der physischen Welt, des körperlich-irdischen Seins ist.

Aus diesen drei Ursymbolen, Kreis ○, Halbkreis ☾ und Kreuz +, die auf Sonne, Mond und Erde, Geist, Seele und Körper deuten, sind nun alle anderen Planetensymbole zusammengesetzt.

MERKUR

Hermes-Merkur, der als Götterbote zwischen allen Sphären, zwischen Geistwelt, Seelenwelt und physischer Welt vermittelt, vereinigt als einziger unter den Planeten alle drei Zeichen, Kreis, Halbkreis und Kreuz ☿. Er zeigt sie in der Ordnung, wie die Prinzipien im Menschen leben. Oben der Halbkreis, entsprechend dem vom Mond beherrschten Gehirn, in der Mitte der Kreis, entsprechend dem Sitz des Geistes im Herzen, unten das Kreuz, das auf den physischen Gliedermenschen hindeutet. Hermes-Merkur ist gleichsam Repräsentant des Menschen, der alle Wesensreiche, die Oberen, die Mittleren und die Unteren, in sich vereinigt. Im Horoskop gilt er deshalb als Persönlichkeitsvertreter, als allseitig vermittelnde Kraft. Er ist selbst nicht originell, sondern nur universell, beweglich und anpassungsfähig, ein ausgesprochen allseitiger Vermittler, der besonders stark die Natur der Planeten, Zeichen und Aspekte annimmt, die auf ihn wirken. In Hermes-Merkur, dem leicht beschwingten, beflügelten, behenden, wendigen und beweglichen Götterboten, sind zur Gestalt geworden die Kräfte der Bewegung und Atmung, das vermittelnde Inbeziehungsetzen von Menschen und Dingen, die Kraft des Findens, Forschens und Analysierens, speziell die Kraft des logisch-intellektuellen Denkens, des formgewandten Ausdrucks in Sprache und Schrift. Aber auch der vermittelnde Austausch der Objekte und Werte in Handel und Verkehr gehört der Merkursphäre an. In biologischer Entsprechung unterstehen dem Merkur Nerven, Lungen und Hände, in soziologischer Beziehung Geistesarbeiter, Lehrer und Schüler, Kaufleute und Handeltreibende, Vermittler jeder Art. Esoterisch repräsentiert Merkur den Mentalkörper.

VENUS

Die Venus ♀ trägt den Kreis, das Symbol des Geistes, über dem Kreuz des Physischen und der Materie als Hinweis darauf, daß hier der Geist die Materie durchformt und beherrscht. Ist doch Venus die Göttin der Liebe, der Harmonie und der Kunst. Harmonische Verbindung zwischen Männlichem und Weiblichem, zwischen Innenwelt und Außenwelt, zwischen Geistigem und Physischem ist das Ziel dieser Gotteskraft. Alles Formen,

Bilden, Gestalten, das den Stoff mit Geist zu durchdringen sucht, jede künstlerische Schöpfung, aber auch alle ästhetische Selbstbildung ist eine Wirkensform der Venus. Das Gefühlsleben, das Esoterische im weitesten Sinn, ist ihr Feld. Sinn für Gleichmaß, Geschmack, Takt, Anmut, Freundlichkeit, Geselligkeit, Anpassung, Verträglichkeit sind Gaben der Venus. Kurz, formende und liebende Menschen in allen Ebenen sind ihre typischen Ausprägungen. Alle wesentlich menschlichen und seelenhaft verfeinerten Eigenschaften unterstehen der Venus. Wie Merkur-Hermes das menschliche Denken ausbildet, so Venus-Aphrodite das menschliche Gefühl. Merkur und Venus sind in diesem Sinne besonders menschliche Planeten. In der Verbindung ihrer Qualitäten wird das Denken bildhaft-künstlerisch und das Fühlen geistig durchlichtet. Der Hermaphrodit als der **androgyne mannweibliche Mensch** wurde darum zum Symbol der menschlichen Vollendung. Venus ist die Göttin der blühenden Natur, der Jugend, des Glücks. Der äußeren Gestalt des Körpers gibt Venus die anmutigen Proportionen und weichen Rundungen, der Seele beglückend-friedvolle Harmonie. Goethe sagt:

„Das artige Wesen, das entzückt,
Sich selbst und andre gern beglückt,
Das möcht ich Seele nennen."

Im gesellschaftlichen Leben ist Venus die Hüterin der schönen Formen und der Sitte. Im Inneren des Körpers regelt sie das Zusammenspiel der Funktionen, prüft, was dem Körper zuträglich ist, und scheidet das Störende aus. Ihr unterstehen die Nieren, die Venen und die weiblichen Sexualorgane. Soziologisch sind der Venus zugeordnet alle Berufe, die der Schönheit dienen, nicht nur Künstler jeder Art, sondern auch die sogenannten Verschönerungsberufe wie Friseure, Schneider, Blumengärtner und alle Menschen, die in Verbindung mit Vergnügungsstätten stehen. Esoterisch repräsentiert Venus die Gefühlsinnigkeit des Seelenmenschen.

MARS

Mars zeigt als Gegenpol der Venus das Kreuz des Physischen über dem Kreis des Geistes ♂. Das will sagen: die triebhaften Kräfte des physischen Körpers lasten hier auf dem Kreis des göttlichen Geistwesens. Das aktiv aufbauend Schöpferische der Geistsonne hat hier schwer zu ringen mit den triebhaften Kräften der Physis. Die Begierdenwelt vergewaltigt in dieser Sphäre häufig den Geist. Darum ist Mars der Kriegsgott. Aus unbeherrschten Begierden entstehen Streit und Krieg. Das Symbol mit dem Kreuz über dem Kreis ♂ wird auch als Schild und Speerspitze angedeutet ♂. Doch sind Streit und Krieg nur die dämonische Seite des Mars. Als positive Kraft ist er der große Impulsgeber, das Energie-Zentrum des Kosmos, der die Sonnenkraft des Geistes als verwandelnde Macht in die Tiefen der Physis hinabträgt. Aktivität, Handlungsfreude, Mut, Stoßkraft, Durchsetzungsfähigkeit, Willensenergie sind Gaben des Mars. Als Herr des Trieblebens ist dem Mars in der Natur das Tierreich zugeordnet. Biologisch-organisch unterstehen ihm die Arterien, die Muskeln, die Galle, die männlichen Sexualorgane, wie überhaupt das Zeugen eine marshafte Angelegenheit ist. Soziologisch sind dem Mars zugeordnet Soldaten, Jäger, Sportler, Ärzte, besonders Chirurgen, Techniker, Mechaniker, Handwerker. Esoterisch repräsentiert Mars den Astral- und Begierden-Körper.

JUPITER

Das Jupitersymbol zeigt den Halbkreis über dem Kreuz ♃ und deutet darauf hin, daß in dieser Sphäre der Mond, die Seelenwelt, frei wird vom Physischen. Hier erhebt sich die Seele in ahnendem oder gläubigem Verstehen über das Kreuz ihres Schicksals, über Leiden und Erdenschwere. Ehrfurcht, Güte und Weisheit blühen auf in der Seele. Ein neues Vertrauen in das Leben als Ganzes, in alles Werden, Wachsen und Reifen, wird wach in der Seele. Der Jupitermensch ist großzügig und jovial (das Wort ist abgeleitet von Jupiter, Jovis). Leben und leben lassen ist seine Devise. Alles Schwere der Erdenphysis wird hier aufgehoben und geborgen in einem seelenhaften, religiös tief verwurzelten Glauben an Gottes Schicksalsführung. Zwischen der Sphäre des ungestümen, rotglühenden Mars und der Sphäre des langsam kreisenden, bleichen und kalten Saturn wandelt der milde, golden strahlende Stern des Jupiter als Symbol der Weisheit und des Ausgleichs der Gegensätze. Wie Venus in der Astrologie „das kleine Glück" genannt wird, so heißt Jupiter „das große Glück". Er leitet die Menschen hin zu höheren Zielen und ewigen Werten, ist der Planet des organisch wachstumsmäßigen Aufbaus, der sinnvollen Einordnung in das große Ganze. Darum ist er der Hüter und Hort der Gerechtigkeit und Frömmigkeit. Jupiterhaft ist alles, was voll höherer Ahnung ins Weite strebt, was großherzig und edel ist. Menschen also wie Priester, Könige und Weise, die zum Leben und Schicksal aus gläubigem Vertrauen heraus „Ja" zu sagen vermögen. Wie Merkur der Planet des Wissens ist, so repräsentiert Jupiter die polare Gegenkraft des Glaubens. Als dem Herrn alles organischen Wachstums ist dem Jupiter in der Natur das Pflanzenreich zugeordnet. Biologisch-organisch unterstehen ihm Blut und Leber, auch das Dickenwachstum. Julius Caesar pflegte zu sagen: „Laßt dicke Menschen um mich sein", und meinte damit wohl joviale Jupitertypen. Soziologisch sind dem Jupiter zugeordnet Menschen von religiösem und sittlichem Wert, höhere Geistliche und Juristen, höhere Beamte und Behörden, reiche und begüterte Menschen. Esoterisch repräsentiert der Jupiter den Ätherkörper, den pflanzlichen Bildekräfteorganismus.

SATURN

Saturn zeigt, umgekehrt wie Jupiter, das Kreuz des Physischen lastend auf dem Halbkreis der Seele ♄. Dadurch wird angedeutet, daß in der Saturnsphäre der Mond, die Seele, von der wuchtenden Last des Kreuzes, der Materie, bedrückt oder erdrückt wird. Der Stoff, die Schwere des Physisch-Mineralischen und Vergänglichen, treibt hier die Seele in Depression und

Verzweiflung, in Melancholie hinein. Das melancholische Temperament ist das saturnische Temperament. Der niedere Saturnier lebt freudlos, hadert mit dem Schicksal, läßt sich von seinen materiellen Interessen und Nöten erdrücken, ist mißtrauisch, mürrisch und geizig. Das Leben wird ihm zur Plage. Der höhere Saturnier dagegen ist anders geartet. Gewissenhaftigkeit, Zuverlässigkeit, Stete, Ausdauer und Treue zeichnen ihn aus. Saturn macht die Seele nicht nur tiefsinnig in der Bedeutung von schwermütig, sondern auch tiefsinnig im philosophischen Sinne, befähigt zu tiefem Denken, geistiger Konzentration, Vertiefung und Versenkung. Kronos-Saturn ist in der Mythologie nicht nur der kinderverschlingende Titan, sondern auch der Hüter der Schwelle an der Pforte des goldenen Zeitalters, der kindlich heitere Herrscher auf den Inseln der Seligen. Wer das Gericht der Saturnsphäre bestanden hat, welche die Grenze unseres Planetensystems bildet, und sich durch die unserem Erdenleben gesetzte Grenze, durch den Tod, nicht mehr bedrücken läßt, weil ein todüberwindendes Leben in ihm selber aufgebrochen ist, der wird zum Überwinder des Schicksals und stößt durch in die Freiheit der Sonnensphäre.

Saturn braucht 30 Jahre für einen Umlauf im Tierkreis. Er offenbart das Prinzip der Verlangsamung aller Bewegungen in Raum und Zeit, das Festwerden und Erstarren, Kristallisieren und Verdichten des Stoffes. Deshalb ist ihm in der Natur das Mineralreich zugeordnet. Biologisch-organisch unterstehen ihm das Knochensystem, die Zähne, die Haut, die Gelenke, insbesondere die Knie, die Ohren, die Milz. Soziologisch sind dem Saturn zugeordnet Landwirtschaft, Bergbau, Haus- und Grundbesitz, so wie alle Berufe, die mit der schweren Erde arbeiten. Esoterisch repräsentiert Saturn den physischen Körper, oder umfassender die niedere Vierheit des physischen, ätherischen, astralen und mentalen Körpers, in letzter Sicht aber das Gesetz von Ursache und Wirkung, das Karma.

Wir kommen nun zu den erst in der Neuzeit entdeckten, transsaturnischen Planeten, mit denen nach der Siebenheit der alten Planeten eine neue kosmische Oktave der 7 Urprinzipien einsetzt. Die neu geschaffenen Symbole dieser Planeten zeigen zwar nicht mehr die unübertroffene Einfachheit und Klarheit der alten Planetenzeichen, spiegeln aber doch noch das unbewußt richtig erschaute Urbild dieser kosmischen Kräfte wider.

URANUS

Das Symbol für Uranus ⛢ könnte man mit „Sonnenblitz" in Worten umschreiben und träfe damit ganz gut das Wesen dieses Planeten, der die Oktave zu Merkur darstellt. Während Merkur das logisch-intellektuelle Denken repräsentiert, wirkt durch Uranus das höhere, intuitive Denken, das blitzartig aufleuchtende Erkennen, das aus der Geistessonne des höheren Ich und ihrem Freiheitsimpuls stammt. Entdeckt wurde der Planet Uranus von Herschel 1781, kurz vor Beginn der französischen Revolution, deren echt uranische Parole lautete „Freiheit, Gleichheit, Brüderlichkeit". Wenig später, im Jahre 1786, entdeckte Klaproth das Uranmetall und nannte es nach dem neugefundenen Planeten. Becquerel stellte 1896 die radioaktive Strahlung des Urans fest, welche uns zuerst den Übergang der Materie in Strahlung erkennen ließ. Freiheit ist der Urimpuls des Uranus, Freiheit im Stofflichen, Seelischen, Geistigen. Der Zerfall der Materie in der Radium-Strahlung führte zur Neuorentierung unseres Wissens um Stoff und Kraft in Atomphysik und Kernspaltung. Uranus manifestiert sich im Bereiche des Physischen als Materie entdichtende, sprengende Kraft. Radioaktivität, Elektrizität und Blitz sind uranischer Art. Moderne Technik, beginnend mit der Erfindung der Dampfmaschine (1786), sich fortsetzend in aller heutigen Ingenieurkunst ist impulsiert von Uranus. Ich erinnere nur an Autos, Flugzeuge, U-Boote, Weltraumfahrzeuge.

Im Bereich des Sozialen wirkt Uranus umstürzlerisch und revolutionär, im Seelischen explosiv durch radikale Freiheitstendenz, macht den Menschen exzentrisch, führt zu Verkrampfungen des Nervensystems, zu Neurosen und Psychosen. Die uranischen Kräfte, die etwa durch radioaktive Abstrahlung bei der

Atomkernspaltung lebenszerstörende Folgen haben, wirken nur auf den niederen kosmischen Ebenen entmaterialisierend und zerstörend, auf den höheren dagegen spiritualisierend. Wie auf dem Gebiete der Technik die Weltraumfahrt dem Uranus untersteht, so weitet Uranus im Geistigen das Bewußtsein des Menschen ins Supramentale. Uranus ist der Planet der Intuition, des kosmischen Bewußtseins. Er erschließt uns das Gebiet der Kosmosophie und Astrologie. Gewaltig wirkt sich da die Kraft der Bewußtseinswandlung und Erhöhung aus.

Eine ganze Kettenreaktion von Revolutionen, Erfindungen und Bewußtseinserweiterungen wurde so durch Uranus im heute beginnenden Wassermann-Zeitalter ausgelöst. Dem Wassermann, dem luftigen Saturnzeichen, wurde Uranus richtig zugeordnet, während er seine Erhöhung im okkulten Zeichen Skorpion, dem Zeichen des „Stirb und Werde" hat. Biologisch hat Uranus eine Beziehung zum Nervensystem. Esoterisch repräsentiert er den höheren Gedanken- oder Kausalkörper.

NEPTUN

Das Symbol für Neptun ♆ stellt den Dreizack des Meergottes dar. Wenn man diesen Dreizack zeichnet als Kreuz mit zwei aufgesetzten Halbkreisen, so veranschaulicht dieses Symbol das wahre Wesen des Planeten. Die zwei einander zugekehrten Halbkreise, welche auf dem Kreuze stehen, deuten auf das Streben nach Wiedervereinigung der getrennten Kräfte zum Ganzen, auf allumfassende Liebe, auf Agape und mystische Gotteinigung hin. Das Kreuz aber zwischen den zu einander hinstrebenden Halbkreisen symbolisiert die hemmende, trennende Macht der Materie, die sich hier unheilvoll mit der Alliebe mischt und sich manifestieren kann in kommunistischen Tendenzen oder niederem Okkultismus.

Tatsächlich ist Neptun die Oktave zur Venus. Wie Venus der Planet der irdischen Liebe ist, so symbolisiert Neptun die himmlische Liebe, die göttliche Liebe als Agape. Nicht ist hier gemeint jene Erhöhung der irdischen Liebe, des Eros, die Platon im Symposion als uranische Erhöhung der Venus, als Venus Urania schildert. Da wird der Eros, der auf den Gefühlen einer den ganzen Menschen ergreifenden Sympathie zum Geliebten beruht, zum Organ für die ewig in Gott geborgene Person des Geliebten, für ihr Urbild. Neptun aber als Oktave zur Venus, als Agape, basiert nicht auf menschlichen Sympathiegefühlen und erotischen Bindungen, sondern hier wird der Mensch auf höherer Ebene Organ für die wesenschaffende, alles Leben zeugende und tragende Liebe Gottes. Sie ist ein begnadeter Strahl des allumfassenden, liebenden Gottesgeistes, der von oben nach unten dringt und den Menschen das göttliche Urbild in jedem Menschenbruder sehen und erleben läßt. Diese neptunische Liebe, die himmlische Liebe als Agape sucht nicht nach Werten, sondern erbarmt sich des Wertlosen, schafft keine persönlichen oder geschlechtlichen Bindungen, sondern ergreift, von oben kommend, das Einzel-Ich und weitet es zum All-Ich. Sie strebt nicht aus der Spaltung zur Einheit, sie lebt aus der Einheit. Diese Liebe ist universell, immer schenkend und gebend, nie nehmend, strahlt hervor aus dem im Menschen aktiv gewordenen Bewußtsein der Fülle aller Urbilder in der All-Einheit des wesenschaffenden Lebens Gottes. Wie Uranus im höchsten Aspekt der Planet des kosmischen Bewußtseins und der Initiation ist, so ist Neptun im höchsten Aspekt der Planet der Mystik und Gotteinung.

Im sozialen Bereich wirkt Neptun als Kraft der karitativen, dienenden, selbstlos helfenden Nächstenliebe. In materialistischer Verzerrung zeigen sich diese sozialen Liebesimpulse im Kommunismus. Neptun wurde von Leverrier 1846 entdeckt und 1848 leiteten Marx und Engels durch das „Kommunistische Manifest" die marxistische Weltrevolution ein. In der Heilkunde wirkt Neptun als homöopathische Medizin und als geistige Heilweise durch psychisch-feinstoffliche und charismatisch-liebeerfüllte Einwirkung. Ferner ist die Musik stark getragen von den klang-ätherischen Kräften der Neptunsphäre. Erinnert sei an die großartige Entwicklung der Wagnerschen Musik von 1842 bis 1882. Allerdings gefährdet Neptun auch hier wie auf dem ganzen Gebiet des Ätherischen die künstlerische Gestaltung durch rauschhafte Verwischung der Grenzen.

Neptun ist weiterhin der Planet des Okkultismus, der Parapsychologie und Tiefenpsychologie. 1848, im Jahre des „Kommunistischen Manifestes", kurz nach Entdeckung des Neptun, meldeten sich zuerst in Hydesville (U.S.A), dann in 60 000 Haushaltungen Amerikas und schließlich wie eine Infektion übergreifend auf ganz Europa die spiritistischen Klopfgeister. Der Spiritismus wurde von da an zu einer Weltbewegung. Die Entstehung und Begründung der modernen theosophischen Bewegung durch Frau Blavatzky ist ebenfalls eine Manifestation der Kräfte Neptuns. 1856 und 1866 bis 1870 weilte Frau Blavatzky in Tibet, wo sie durch die Adepten Kut Hoomi und Moria für ihre geistige Aufgabe inspiriert und geschult wurde. 1875 kam es dann in New York zur Gründung der theosophischen Gesellschaft. Auch die später aus der theosophischen Bewegung hervorwachsende Anthroposophie Rudolf Steiners steht stark unter dem Einfluß neptunischer Kräfte. Das Geburtsbild Rudolf Steiners zeigt Sonne sowie Merkur in enger Konjunktion mit Neptun im Neptunzeichen Fische. In diesem Zusammenhang sei auch noch hingewiesen auf Jakob Lorber, der in der Zeit von 1840 bis 1864 seine hochspirituellen mystischen Kundgaben niederschrieb, und auf die Wirksamkeit des großen Mystikers Ramakrishna (1833 — 1886) sowie auf die Gründung der weltumspannenden Ramakrishna-Mission.

Neptun ist nun aber nicht nur der Erreger einer alle Lebewesen umfassenden All-Liebe, ein Quellgrund echter Mystik und Ekstase sowie hoher musikalischer Qualitäten und okkulter Kräfte, sondern auch, wie das Kreuz in seinem Symbol anzeigt, der Erzeuger höchst fragwürdiger Ekstasen, Illusionen und Süchte. Ihm untersteht das weite Gebiet des Mediumismus, der Suggestion und Hypnose, das Verfallensein an Alkohol, Nikotin, Morphium, Opium und andere Narkotika. In Perversionen und Chaotisierung, in Betrügereien und Hochstapeleien wirkt er sich aus.

Als ausgesprochen dämonischer Neptun-Typus sei genannt Aleister Crowley, der unter dem Pseudonym „Meister Therion" gewirkt hat und den Thelema-Orden gründete. Er besaß ganz außergewöhnliche mediale Hellseherqualitäten und magische Kräfte. Das echt neptunische Wort Augustins „Dilige et fac, quod vis", „Liebe und tu, was du willst", verstümmelte er zu der gefährlichen Devise: „Tu, was du willst, soll sein das Gesetz deines Lebens". Er verbreitete ferner gefährliche sexualmagische Praktiken, verfiel später dem Trunk und verwilderte gänzlich. Er nannte sich selbst mit betont zur Schau getragenem Satanismus das Tier 666, das in der Apokalypse den Antichrist darstellt.

Auch Rudolf Steiner hat als Fische- und Neptun-Typus die Gefahren der Neptun-Dämonie an sich selber erfahren. Auch er verfiel in seiner Berliner Zeit dem Alkoholismus. Der Anthroposoph Fred Poeppig sucht das in seiner Steinerbiographie mit folgenden Worten zu entschuldigen: „Wenn in manchen Berichten zeitgenössischer Persönlichkeiten damals Steiner als ‚Alkoholiker' auftritt, so muß man sich in das Milieu jener Jahre zurückversetzen, wo gerade in Literaten- und Künstlerkreisen viel getrunken wurde... Steiner versank in Depressionen. Das Leben schien seinen Sinn verloren zu haben. Um zu vergessen, mag er sich dem Alkohol hingegeben haben." Im Gegensatz zu „Meister Therion" hat aber Steiner dieses seelische Neptun-Tief überwunden und trank später keinen Tropfen mehr.

Richtig hat man den Neptun dem Wasserzeichen Fische zugeordnet, dem Zeichen der Lösung und Erlösung alles irdisch Verfestigten. Biologisch hat Neptun eine Beziehung zum Lymphsystem. Esoterisch repräsentiert er den höheren Gefühls- oder Buddhikörper.

PLUTO

Das Symbol für Pluto wurde durch Kristallsehen von Herrn Dr. Wilhelm Mrsic gefunden. Es ist eine ägyptische Urglyphe, die mehrfach im ägyptischen Totenbuch vorkommt, namentlich im Kapitel 130. Diese Urglyphe stellt die Sonne in der Mondenschale dar. In diesem Symbol fährt gleichsam Osiris, die Sonne der Toten, auf der Mondenbarke über die Wasser der Geistwelt.

Pluto-Hades-Osiris ist der Gott der Unterwelt. Dr. Wilhelm Mrsic schaute beim Kristallsehen 1930 — und zwar ohne irgend etwas von Ägyptologie zu wissen — nicht nur dieses Osiris-Symbol, sondern auch andere typische Unterweltssymbole, so den vogelköpfigen Gott Thoth, der nach ägyptischer Lehre am Totengericht teilnimmt, und Zypressen, welche dem Pluto-Osiris geweiht sind. Man findet einen aufschlußreichen Bericht über diese geistige Kristallschau von Dr. Wilhelm Mrsic und A. Frank Glahn im „Zenit" 1930 Heft 6 und „Zenit" 1931 Heft 5. Den Namen Pluto aber erhielt der Planet auf Vorschlag einer kleinen 11jährigen Engländerin, Venetia Burney in Oxford. Die Lowell-Sternwarte hatte den Planeten, den sie 1930 auf Grund der Berechnungen Percival Lowells entdeckt hatte, zunächst als Planet X bezeichnet und um Vorschläge für seine Benennung gebeten. Der Vater der kleinen Venetia telegraphierte den von seinem Töchterchen vorgeschlagenen Namen Pluto sofort an die Lowell-Sternwarte, wo er als erster einlaufender Vorschlag dann tatsächlich angenommen wurde.

Pluto stellt die Oktave zu Mars dar. Wenn Mars der Planet der Energie und irdischen Willenskraft ist, so ist Pluto kosmisch-magische Willenskraft. Wie Uranus der Planet der Initiation, Neptun der Planet der Mystik, so ist Pluto der Planet der Magie. Sein Haus ist das Unterwelts- und Todeszeichen Skorpion, das aber zugleich das Zeichen des „Stirb und Werde" ist. Pluto setzt die Unterwelt in Bewegung und ist mit gewaltigen Macht- und Sprengkräften geladen. Seine magische Wandlungsmacht wirkt in die tiefen Willensuntergründe der Seele und der menschlichen Gesellschaft hinein und löst dort chaotische Massenwirkungen aus. Durch Einwirkung des Pluto kommt es zunächst zu einer ungeheuren Kollektivierung der Menschheit. Pluto, der 1930 entdeckt wurde, ist der Planet der bolschewistischen und nationalsozialistischen Revolution. Er bringt durch Katastrophen und viel Leid hindurch die volle Verwirklichung des neuen Zeitalters. Man vergleiche dazu Fritz Brunhübner, Der Planet Pluto, Berlin 1952 (Verlag R. Schikowsky), und Reinhold Ebertin, Pluto-Entsprechungen, Aalen 1965 (Ebertin-Verlag), Parm, Pluto im Planetenbild, Meier-

Parm, Mit dem Horoskop durch die Politik, Erfurt 1932 (Ebertin-Verlag).

Auf der geistigen Ebene führt Pluto zur Vereinigung von Mond und Sonne, von niederem und höherem Ich, in magisch-göttlicher Kraft- und Willensbezeugung. Der geistige Aspekt des Pluto als erhöhter, sublimierter, skorpionischer Mars ist höchst potenzierte, schöpferische Willenskraft, wie sie der Magier, Yogin, der Adept besitzt. Wenn Uranus das Erwachen des kosmischen Bewußtseins in intuitivem Erkennen bewirkt, wenn Neptun das Fühlen ins Kosmisch-Allumfassende weitet, so aktiviert Pluto den magischen Willen, zielt auf Spiritualisierung der Tiefenregion des Willens und des physischen Leibes, auf Verwirklichung des Gott-Menschen, des nach Geist, Seele und Leib vollendeten Geistmenschen.

Das ägyptische Totenbuch lehrt: Wenn der Mensch die Schwelle zum Jenseits überschritten und das Totengericht im positiven Sinne bestanden hat, so wird er vergottet, er wird zu Osiris, der Sonne der Unterwelt. Der neue Osiris fährt auf der Mondenbarke der Isis durch alle Sphären des Jenseits ins überkosmische Urseits. Elisabeth Haich versucht das Erlebnis des Eingeweihten der höchsten, gottmenschlichen Ebene mit modernen Begriffen, aber wesensmäßig richtig, so zu beschreiben:

„Ich bin die Erfüllung, das Leben, das strahlende, ewige, unsterbliche Sein. Es gibt keine Reue, kein Leiden mehr, es gibt kein Vergehen, keine Endlichkeit und keinen Tod. Ich erkenne, daß Raum und Zeit nur an der Peripherie der sich mit wahnsinniger Geschwindigkeit drehenden Scheibe der geschaffenen Welt herrschen. Ich bin aber in mir die zeit- und raumlose Ewigkeit. Und während ich in mir ruhe, fülle ich mit meinem ewigen Sein den Raum und darin alles, was lebt: Ich bin die einzige Wirklichkeit, ich bin das Leben, ich bin, der ich bin! Ich ruhe in mir und fühle unendlichen Frieden" (Elisabeth Haich, Einweihung, Zürich 1954, S. 362).

Biologisch hat Pluto eine Beziehung zu den Urbildern des überpersönlichen Unbewußten. Esoterisch repräsentiert er den höheren Willens- oder Atmankörper.

Das menschliche Leben als Gang durch die
Planetensphären

Der Philosoph Schopenhauer, der zu den überragenden Größen der modernen Philosophiegeschichte gehört, schreibt: „Der Lebenslauf des Menschen ist in den Planeten vorgezeichnet, sofern jedem Alter desselben ein Planet der Reihenfolge nach entspricht und sein Leben demnach sukzessive von allen Planeten beherrscht wird." In seiner Abhandlung „Vom Unterschiede der Lebensalter" (Parerga und Paralipomena I, 6: Aphorismen zur Lebensweisheit) hat er ausführlich darauf hingewiesen, wie der Charakter der verschiedenen Planetengottheiten tatsächlich dem Charakter der einzelnen Lebensepochen des Menschen entspricht. Das ist altes Mysterienwissen (s. Solon, Elegie von den Hebdomaden des Menschenlebens, und Ptolemaios, Tetrabiblos IV, 10). Ein feinsinniger moderner Autor, Hans Künkel, hat diesen Lebensrhythmus in seinen Schriften (Die Sonnenbahn, das Gesetz deines Lebens) wieder voll ernst genommen. Seiner trefflichen Charakterisierung der Lebensalter schließen wir uns an. Ein verantwortungsbewußtes Studium von Geburtsfirmamenten kann den Zusammenklang von Menschenleben und Planetenrhythmen durchaus bestätigen. Die kosmische Symbol- und Signaturenlehre bietet den Schlüssel zum spirituellen Verständnis dieser Zusammenhänge. Einer solchen Betrachtung erweist sich der Planetenkosmos als ein reicher, geistiger, siebenfach in sich gegliederter Organismus, und der Mensch, der aus diesem Kosmos heraus geboren ist, trägt die gleiche Wesensgliederung, die gleichen Rhythmen in sich. Der Kosmos ist ein himmlischer Mensch, der Mensch ein irdischer Kosmos. In Kosmos und Mensch aber leuchtet das überkosmische Ebenbild der ewigen Gottheit auf. Wir wollen versuchen, in die Zusammenklänge dieser Welten hineinzuhorchen.

☽ Jeder Mensch beginnt sein Erdenleben im Mutterleibe, durchdrungen und umhüllt von den mütterlichen Mondenkräften. Neun Kalendermonate dauert die ganz vom Mondenrhythmus beherrschte Zeit der Schwangerschaft. Die Mutter und die Frau überhaupt ist bis ins Physische der Menses hinein ein mondverbundenes Wesen. Der Mond ist in allen alten Kulten das empfangende und mütterlich-gebärende Prinzip schlechthin. Diana-Artemis, die Mondgöttin, ist die Beschützerin der Geburten und der Neugeborenen. In einem altgriechischen Mysteriengesang wird die Mondgöttin angerufen mit den Worten:

> „Höre mich, reinste Göttin!
> In hundert Namen gepriesenes Wesen,
> Die du den Kreißenden hilfst
> Und das Kindbett freundlich bewachst.
> Retterin weiblicher Wesen,
> Einzige, milde Freundin der Kinder,
> Die die Geburten beschleunigt, im Leiden,
> Prothyraia, der Sterblichen Trost.
> Schlüsselgewaltige sprossenden Lebens,
> Allen Wesen gnädig geneigt.
> Artemis Eileithyia,
> Reine Prothyraia,
> Erhabene, höre uns an:
> In Gnaden gib Rettung und schnelle Geburt,
> Immer doch warst du die Retterin aller!"
>
> (J. O. Plassmann, Orpheus, S. 5)

In der Stille des mütterlichen Schutzes wächst das kleine Kind heran auch nach der Geburt. Die Mondkräfte wirken weiter während des ganzen ersten Jahrsiebents, am deutlichsten aber sind sie spürbar in den ersten drei Lebensjahren. In dieser Zeit spielen die Kräfte der Ernährung die wichtigste Rolle für das Lebensgefühl. In den alten Mysterien wurden diese Ernährungskräfte mit dem Monde in Zusammenhang gebracht. Auch die Betrachtung von Geburtsfirmamenten erweist noch heute, daß Magen und Mutterbrust dem Monde unterstehen. Das kleine Kind erlebt bei der Befriedigung der Nahrungsaufnahme eine geradezu religiöse Stimmung. Es hat noch keine festen Knochen, es lebt noch überwiegend in vegetativen, wässerigen Prozessen. Alle wässerigen Prozesse, das Steigen und Fallen der Säfte in den Pflanzen, das Drüsensystem bei Tieren und Menschen, Ebbe und Flut bei der Erde, offenbaren deutlich den Mondenrhythmus.

Das Metall des Mondes ist das Silber. Mehr als jedes andere Metall hat es die Neigung zum kolloidalen Zustand, in dem der Stoff die Potenz des festen und flüssigen Zustandes gleichzeitig in sich trägt. Diese Potenz ist wesentlich für alles junge, sprossende Leben. Der Saft der Pflanzen, unser Blut sowie jede Flüssigkeit, die Träger von Wachstumsprozessen ist, sind kolloider Natur. Im menschlichen Organismus wirken die Silberkräfte in allen Aufbau- und Wachstumsvorgängen, am stärksten in den Fortpflanzungsorganen. Das Silber hat den schönsten Glanz und hellsten Klang von allen Metallen. Silberglockenklang weckt in uns die Erinnerung an kindliche Reinheit und paradiesische Unschuld. Zu den charakteristischen Eigenschaften des Silbers gehört seine Neigung zur Spiegelbildung. Auch hierin offenbart sich seine Mondnatur. Der Mond reflektiert als Spiegel das Licht von Sonne und Sternen, wobei er wie ein echter Spiegel uns immer die gleiche Seite zuwendet. Natürlich zeigt der dunkle Trabant unserer Erde bei weitem am stärksten die Sonnenreflexion.

Besonders schön lebt dieses Seelenhafte der Mondensphäre in dem Titelbild, das Albrecht Dürer für sein Marienleben geschnitten hat. Heilig-innig ist die Stimmung, das paradiesische Wohlsein, ausgedrückt in der ganzen weiblichen Gestalt und in der Art, wie das Kind an der Mutterbrust liegt. Zum Überfluß ist auf diesem Bilde die Madonna mit dem Kind noch ganz umschlossen von einer großen Mondensichel. Der Engländer H. Morton (Auf den Spuren des Meisters, Berlin 1939, S. 177) beschreibt den für die Erwachsenen längst versunkenen Bewußtseinszustand des kleinen Kindes mit den Worten: „Es gibt einen Gemütszustand, der meines Wissens keinen Namen hat. Es ist nicht ‚Glück‘, denn das ist eine aktive Bejahung der Dinge. Es ist auch nicht ‚Zufriedenheit‘, die passiv ist und die man den Abend des Glückes nennen könnte. Die einzigen Worte, die mir einfallen, sind beide so abgenützt, entwertet und allgemein mißbraucht, daß sie ein Lächeln hervorrufen dürften. Das eine ist

‚Wohlbehagen' und das andere ist das altbekannte Wort ‚Liebe'.
— Ein jeder kann sich hoffentlich aus seiner Kindheit einer Zeit erinnern, in der dieser Gemütszustand nicht Sekunden, sondern Tage und gar Wochen hindurch andauerte. Manchmal versucht man mit Hilfe der Phantasie sich in jene Glanzperiode des Lebens zurückzuversetzen, in der die Seele noch unbefleckt von Sünde und ohne Furcht vor der Ewigkeit ein Schmetterlingsdasein führte, nur nach Süßigkeit suchte und sie auch fand. In jenen Tagen dufteten die Erde und die Blumen stärker, die Sonne schien heller als heute; der Regen, der Schnee und der Nebel waren Zauberdinge, und unbewußt waren wir ein Teil der uns umgebenden sichtbaren Schönheit. Für die meisten von uns ist das Leben ein allmähliches Erwachen aus jener Verzauberung. Aber inmitten der zahllosen Prüfungen und Nöte des Lebens, die uns verhärten und verbittern, kann man dann und wann Bruchteile von Sekunden aus dieser früheren Welt wiedergewinnen; so blitzartig kurz sind sie, daß man sich hinterher besinnt, ob man sie wirklich erlebt hat, oder ob sie nur eine Erinnerung aus einem anderen Dasein waren." —

☿ Solange das Kind in der Mondenepoche seines Daseins verharrt, ist es noch ganz gebunden an die Mutter, ist im eigentlichen Sinne selbst noch schicksallos, ist noch mehr ein Himmels- als ein Erdenwesen. „Schicksallos wie der schlafende Säugling atmen die Himmlischen." Wenn es sich von der Mutter zu lösen beginnt und zu einem ersten Grad von Selbständigkeit kommt, wirken mit dem dritten Lebensjahr neue Mächte hinein: Das Kind lernt gehen, sprechen und denken. Es erwacht aus seinem seligen Mondentraum zum Tageslicht. Es wird nach außen aufgeschlossen, entdeckt die Welt und sucht sich in ihr zu orientieren. Dieses Erwachen zur Erde bringt das Kind gleichzeitig in eine Krise. Es wird unartig. Voll zum Durchbruch kommen diese neuen Kräfte im Kinde erst um das siebente Lebensjahr. Denk-, Sprech-, Bewegungs- und Atmungskräfte sind es, die vom Kinde ganz Besitz ergreifen zwischen dem 7. und 14. Lebensjahr. Die körperliche Grundentwicklung ist mit sieben

Jahren abgeschlossen bis zur Bildung der zweiten Zähne. Aus dem wohlig-runden Säuglingskörperchen ist ein langgestreckter, sehniger Kinderleib geworden. Die Glieder sind beweglich und wollen nicht gerne stille halten. Am liebsten hüpfen und laufen die kleinen Wesen. In keinem Lebensalter springt das Kind mehr herum als zwischen sieben und vierzehn Jahren. Alle Sinne sind jetzt nach außen aufgeschlossen. Die Freude am Erzählen und Geschichtenhören, die Lust zum Fabulieren erwacht. Unermüdlich ist das Kind in seinem Fragen und Forschen. Über alles will es Bescheid wissen, über alles muß es sich orientieren. Aus dem von Mutterliebe warm umhegten, engen, häuslichen Kreise tritt es in die erste größere soziale Gemeinschaft, in die Schule, ein. Da soll sein Orientierungsdrang, der neu erwachte elementare Wissens- und Lerntrieb, befriedigt werden. Alles, was um das Kind herum vorgeht, interessiert es, alles sammelt es, beobachtet es, ahmt es im Spiele nach. Es ist ein unermüdliches und fröhliches Nachtasten der Formen und Linien, ein inbrünstiges Entdecken der Welt. Aber dieses Entdecken, so sehr es für das Kind schicksalhaft betont ist, richtet sich doch nur auf das Formale, auf die äußeren Linien und Umrisse, dringt noch nicht in die Tiefe. Alle Erwachsenen werden nachgeahmt im Spiele: die Mutter, der Vater, der Lehrer, Kaufleute, Soldaten, Räuber, Polizisten, Richter und Könige. Aber nur auf die Geste kommt es an, nicht auf die Erfassung des Wesens. Wollte ein Erwachsener einem Mädchen, das Krankenschwester spielt, etwas von den wahren Aufgaben einer Krankenschwester erzählen, so würde er damit das Kind in seinem Spiel nur stören, statt es zu fördern. Dem Kind ist sein Spiel voller Ernst, aber es will beim Abtasten der Formen stehen bleiben, ohne auf das Wesen einzugehen. Dieses kindliche Leben ist behende und leichtbeschwingt, luftig, sanguinisch, aber nicht tiefgreifend. Es haftet nicht am Gegenstande, sondern bewegt sich vom einen zum anderen. Kinder leben im Augenblick. Vom Standpunkt des Erwachsenen aus gesehen, könnte solches Erleben sprunghaft, formal und oberflächlich erscheinen. Dem Kinde selber aber ist dieses luftig-bewegte Leben Inhalt und Schicksal genug. Eine wunderbar helle, leichte, lichte Atmosphäre ist um Kinder herum. Hell und klar klingen Kinderstimmen. Man vergegenwärtige sich ein einfaches Kinderlied, auf einer Flöte oder einem Hammerklavier gespielt, und dazu gesungen von einer reinen kindlichen Sopranstimme, so hat man einen musikalischen Ausdruck für die Erlebnisweise dieser Stufe.

In allen Äußerungen dieser Erlebnisstufe sahen die Alten eine Offenbarung des Gottes Hermes-Merkur. Er ist der leichtbeschwingte, geflügelte, behende und bewegliche Götterbote, der Mittler zwischen allen Sphären. Sein Planetensymbol weist als einziges die Dreiheit von Kreis, Halbkreis und Kreuz auf, stellt so in Sonne, Mond und Erde Geist, Seele und Körper, den ganzen dreigliederigen Menschen, dar und weist hin auf die freie Beweglichkeit zwischen allen Gegensätzen. Das bewegliche Quecksilber (Mercurium) ist das Metall des Merkur. Neben seiner Beweglichkeit ist seine bedeutendste Eigenschaft die Kraft der Amalgambildung. Als ein echter Mittler und Vermittler löst das Quecksilber (Mercurium) andere Metalle auf und bildet mit ihnen Legierungen, die Amalgame genannt werden. In Hermes-Merkur sind zur Gestalt gewordene Kräfte der Bewegung und Atmung, das vermittelnde Inbeziehungsetzen von Menschen und Dingen, die Kraft des Findens, Forschens und Denkens. So wird Merkur zum Gott der Wissenschaftler, zum Gott des Handels und des Verkehrs, sogar zum Gott der Diebe. Diebstahl ist zwar eine wenig erfreuliche Art der Gegenstandsvermittlung. Aber alle Planeten haben nicht nur eine lichte, göttliche, sondern auch eine dunkle, dämonische Art der Wesensäußerung in sich. Die Erlebnisform, welche als merkurialische Kraft zuerst im Menschen aufbricht im dritten Lebensjahr und dann voll zur Entfaltung kommt zwischen dem 7. und 14. Lebensjahr, ist natürlich nicht auf die Kindheit beschränkt, sie schwingt weiter durch das ganze Leben hindurch. Unter den Berufen werden der Gelehrte, der Literat und Journalist, der Sammler, der Kaufmann besonders stark von Merkurkräften getragen.

Unter den Bildern Albrecht Dürers zeigen vor allem die Handzeichnungen, Holzschnitte und Stiche die Wesensart des Merkur in der Freude am Erzählen, in den unerschöpflichen

Details, in den klaren Linien, in der Schwarzweißtechnik, im ausgesprochen Zeichnerischen dieser Kunst.

Der Holzschnitt und Kupferstich mit ihrer Schwarzweißtechnik sind ja ebenso wie die Buchdruckerkunst so recht eine Erfindung des Merkur. Man denke im Besonderen etwa an das in Kupfer gestochene Bildnis des Erasmus von Rotterdam, das in wunderbar ziselierten Linien den Gelehrten am Schreibpult zwischen seinen Büchern vor der großen Tafel zeigt, die in lateinischen und griechischen Lettern auf seine Schriften hinweist. Doch fast aus jedem Werke Dürers sprechen hell und licht Merkurqualitäten, weil im Geburtsfirmament dieses Malers das Merkurzeichen Zwillinge die stärkste planetarische Besetzung aufweist.

♀ Um das 14. Lebensjahr herum tritt der junge Mensch in eine neue Lebensphase, die zweimal sieben Jahre umfaßt und etwa bis zum 28. Jahre reicht. Wohl fällt in die Mitte dieser Epoche, ins 21. Lebensjahr, der Sonnenaufgang des Ich. Aber dieses Ich äußert sich zunächst empfindungs-seelenhaft und schwingt daher selber mit in den gefühlsbetonten Rhythmen der im 14. Lebensjahr beginnenden Venusepoche. Im geist-bewußten Sinne vermag der Mensch die Sonnensphäre, das Schloß der goldenen Sonne, erst im hohen Alter zu betreten. Die Venusepoche beginnt mit der Krisenzeit der Pubertät. Die leiblichen und seelischen Veränderungen in diesen Jahren sind allbekannt. Jedesmal, wenn der Mensch von einer Planetenstufe in die nächst-höhere hinübergeht, gerät er in eine Krisis, in einen fast neurotischen Zustand. Da im Übergang von einer Schicksalsebene zur anderen die bisherige Rangordnung seiner Werte erschüttert wird, verliert er zunächst das seelische Gleichgewicht. Im allgemeinen lebt sich das Mädchen schneller und sicherer in diese neue Ebene ein als der Knabe. Denn die Venusstufe erschließt sich dem weicheren Wesen der Frau leichter als der herberen Natur des Mannes. Wenn in der Merkurepoche das Denken zuerst im Menschen erwacht, so taucht jetzt urgewaltig aus den Tiefenschichten der Seele das Fühlen empor. Es ist die

Zeit der gefühlsgetragenen Sehnsucht nach allem Großen und Schönen. Jetzt heißt es: „Gefühl ist alles, Name ist Schall und Rauch, umnebelnd Himmelsglut." Das Gefühl für das Schöne, das Geliebte wird zur Passion und prägt dem ganzen Leben seine Note auf. Dieses Gefühl wechselt rasch zwischen Freude und Leid. Das „himmelhoch jauchzend, zu Tode betrübt" gehört zu den Symptomen dieser Lebensform. Das merkurialische Denken erscheint dem in die Venusepoche eingetretenen jungen Menschen als fade und blutlos. Er spürt in sich das Aufbrechen einer tieferen, lebendigeren Wesensschicht. Zwischen der Merkursphäre und der Venussphäre besteht keine Gleichwertigkeit, sondern hierarchische Stufung. Die Venussphäre ist die übergeordnete und umfaßt in weiter geschwungener Bahn die Merkursphäre. Die Jugend wird sich jetzt ihrer selbst und ihres Eigenwertes bewußt. Es ist Frühling geworden im Leben, Jugendzeit ist Blütezeit. Die ganze Umwelt liegt in einem natürlichen Glanz. Venus ist die Göttin der blühenden Natur, die Göttin der Anmut und Lieblichkeit, der Jugend und des Glücks. Venus schenkt der Jugend den Enthusiasmus, die Begeisterung für alles Hohe und Edle. Venus ist letzthin die Göttin der Harmonie und Liebe. Harmonische Verbindung zwischen dem Männlichen und Weiblichen, zwischen Innenwelt und Außenwelt, zwischen dem Geistigen und Physischen ist das Ziel dieser Gotteskraft, wie es im Symbol der Venus zum Ausdruck kommt, das den Sonnenkreis des Geistes über dem Kreuz des Physischen zeigt. Das Metall der Venus ist entsprechend das Kupfer, das seiner Farbe nach am meisten dem Sonnenmetall Gold gleicht. Kupfer und Kupfererze zeigen unter den Mineralien die reichsten und prächtigsten Farben. Man denke nur an die Farbenschönheit bei Buntkupfererz, Kupferkies, Malachit, Azurit und Dioptas. Die Schönheitsgöttin von Cypern (Cyprium) hat dem Kupfer (Cuprum) seinen Namen gegeben. Alles Formen und Bilden, das den Stoff mit Geist zu durchdringen sucht, jede künstlerische Schöpfung, aber auch alle ästhetische Selbstbildung und alles ästhetische Genießen ist eine Wirkensform der Venus. Der schöpferische Künstler ist ihr bevorzugter Sohn.

In der Musik vermag vor allem die Geige und die Altstimme

durch melodisch anmutig bewegte Weise die Sphäre der Venus zum Klingen zu bringen. Die adäquate Körperbewegung ist ein schwingender Schritt und ein anmutiger Tanz.

Unter den Bildern Albrecht Dürers leuchtet uns die Venussphäre in reinem Licht entgegen aus dem farbenfreudigen Rosenkranzfest, das er in Italien malte für die deutsche Kaufmannschaft zu Venedig. Da tritt die Farbe und das Malerische einmal wie selten sonst bei Dürer in den Vordergrund gegenüber dem Zeichnerischen. Die leuchtend bunten Farben, das Blau der Madonna neben dem Rot des Kaisers und dem Goldbrokat des Papstes, die vielen Rosen in den Händen der Maria, des Christkindes und der Engel offenbaren die reinste Sphäre der himmlischen Venus.

Ein orphischer Mysteriengesang feiert die begnadete Macht der Schönheitsgöttin im Bilde der Chariten. Charis heißt gleichzeitig Gnade und Anmut.

> „Höret mich, hochgeehrte Chariten,
> Strahlend in Ehren, Töchter des Zeus:
> Liebreizende, Reine und Holde,
> Glänzende Luftgestalten,
> Immer blühende Sehnsucht der Menschen!
> Ihr Vielerflehten im kreisenden Tanz,
> Ihr Reizenden rosigen Angesichts,
> Kommet voll Huld, den Geweihten
> Allzeit Spenderinnen des Segens!"
> (J. O. Plassmann, Orpheus, S. 82)

♂ Als Albrecht Dürer 28 Jahre alt war, malte er jenes berühmte Selbstbildnis, das in der Münchener Pinakothek hängt. Hinter diesem Bilde steht das Erlebnis der christlichen Passion. Löwenhaft wirkt die wallende Mähne der Haare, sonnenhaft der klare, ichbewußte Blick, aber die Züge des ganzen Gesichtes und diese wunderbare Hand gemahnen an den Schmerzensmann. Ecce homo, siehe, das ist der Mensch, der Mensch, welcher zur Verwirklichung seines persönlichen Lebenswillens erwacht ist.

Die Krise, in welche der Mensch mit seinem 28. Lebensjahr eintritt, wirkt sich nicht körperlich aus wie die Pubertät, aber seelisch und geistig ist sie von größter Bedeutung. Der Mensch entwächst jetzt der gefühlsbeherrschten Sphäre der Venus und tritt ein in die willensbetonte Sphäre des Mars. Es ist die Zeit etwa vom 28. bis zum 42. Lebensjahr. Der eigenste Erlebnisdrang jedes Menschen verlangt jetzt nach äußerer Gestaltung. Das Wollen und Handeln verlangt eine Wirksamkeit im größeren Kreise, drängt zur Gemeinschaftsbildung durch Organisation. Die neue Lebenssituation erfordert in erster Linie Energie und Tatkraft, Ordnung und Exaktheit. In dieser Tatkraft verblassen der Glanz und die Anmut der Chariten, die in der vorangegangenen Epoche noch die ganze Seele erfüllten. Der Mensch wird jetzt im Wollen und Handeln tiefer bewegt von der Wirklichkeit und ist mit einem größeren Menschenkreis verbunden. Eine kraftvollere, wesentlichere Anteilnahme am Leben wird hier erreicht. So wie die Marsbahn umfassender ist als die Merkur- und Venusbahn, so ist das Grunderlebnis dieser neuen Epoche umfassender, mächtiger und tiefgreifender als das Denk- und Gefühlserlebnis der Knaben- und Jugendjahre.

Wir sahen, daß das Mädchen den Übergang von der Merkurstufe in die Venusstufe leichter und sicherer zu vollziehen pflegt als der Knabe. Jetzt aber, bei dem Übergang von der Venusstufe in die Marsstufe des Lebens, hat es der junge Mann leichter als die junge Frau. Denn die Frau bewegt sich von Natur leichter in der Sphäre der Venus und der Mann leichter in der Sphäre des Mars. Aber auch im Leben der Frau wird mit dem Fortschritt zur neuen Epoche die Leistung wichtig in der Kindererziehung, der Wirtschaft und dem Beruf. „Die Leidenschaft flieht, die Liebe muß bleiben, die Blume verblüht, die Frucht muß treiben."

Während der Mensch in der Venusepoche sich in weichen, anmutigen Formen äußert, sind in der Marssphäre gerade umgekehrt harte, kurze, eckige Linien, um nicht zu sagen zackige Linien vorherrschend. Hier ist nicht mehr der Tanz, sondern der feste, energische Schritt, das bestimmte Auftreten die gegebene Ausdrucksform. An die Stelle der Grazie tritt Straffheit und Disziplin, an die Stelle des Liedes der Befehl, das Kommando, die knappe, klare Rede, welche sich nicht an den Intellekt oder das Gefühl, sondern an das Willens- und Energiezentrum des Menschen wendet. In der Musik vermag nicht eine Sopran- oder Altstimme diese Geisteshaltung zum Ausdruck zu bringen, sondern der Tenor; man denke an einen Heldentenor. Unter den Instrumenten entspricht nicht die Flöte oder die Geige dieser Erlebnisform, sondern die Trompete. Jeder, der hinhorcht auf die Klänge eines Militärmarsches, spürt, wie er dadurch in eine positive, straffe und tatwillige Seelenhaltung versetzt wird.

Umfassend ist die Wirksamkeit der Marssphäre in der Natur, im privaten und öffentlichen Leben. Mars ist keineswegs nur der Kriegsgott, der Planet des Militärs — Krieg ist nur die dämonisch-katastrophale Form seines Wirkens. Mars ist die Dynamis, die Potenz, das große Energiezentrum des Kosmos. Ihm unterstehen draußen in der Natur insbesondere die Tiere und in der Menschenseele Triebwelt und Wille. Mars ist der große Impulsgeber schlechthin. Seine Schöpferkraft lebt in allen Arbeitsorganisationen und Betrieben, im eisernen Rhythmus unserer Maschinen und Industriestädte, vor allem aber in der umfassenden Organisation des Staates. Von hier aus wird deutlich, daß der Staat keine äußere mechanische, sondern eine innere, eine Schicksalsnotwendigkeit des Menschen ist. Nicht Verfassungen und Gesetze, nicht Beamte, Parteileute und Militärs schaffen den Staat. Durch sie wirkt nur der Staat. Der Staat selber aber beruht auf der Erlebnisgemeinschaft und dem Willensaustausch seiner nach äußerer Gestaltung drängenden Mitglieder. Erziehung zum Staat erfolgt entsprechend durch eine Schulung des Willens in praktischer Tätigkeit, durch verantwortliches Handeln im Rahmen einer willentlich bejahten Organisation.

Das Metall des Mars ist das Eisen. Nur durch das Eisen können die Pflanzen Chlorophyll bilden und ergrünen. Das Eisen im Blut der Tiere und Menschen bildet die roten Blutkörperchen, bewahrt den Menschen vor Bleichsucht und schenkt ihm Mut und Lebenskraft. Das Eisen steht in engster Beziehung zum

Magnetismus. Indem es sich eingliedert in die Bahnen des Erdmagnetismus, gibt es uns in Form der Kompaßnadel die Orientierung im physischen Raum. Das menschliche Ich, das in dem vom Eisen durchwirkten Blute lebt, gibt uns die Orientierung im Leben. Eisen hat ferner eine enge Beziehung zum Kohlenstoff, den man als den Erdenstoff schlechthin betrachten kann; denn er bildet die Grundlage der ganzen organischen Natur und ist auch an der Entstehung der mineralischen Natur beteiligt. Kohle und Eisen haben das moderne Maschinenzeitalter heraufgeführt. Das Eisen erscheint hier überall als die Kraft, welche das Leben in die irdischen Zusammenhänge und in die Verkörperung hineinstellt. Wirkt sich der Eisenprozeß zu stark aus, so führt er zur Verkümmerung des Lebens. Das zeigt sich etwa bei der Verwendung des Eisens zum Gerben von Leder. Die lebendige Haut wird da durch das Eisen zum völligen Ersterben gebracht. Wird der Mensch selber durch die Eisenkräfte zu tief dem Körper und der Materie verhaftet, so entartet die Individualität zum niederen, todbringenden Egoismus. Das eiserne Zeitalter der Maschine bedroht die Kultur mit Kriegen und Untergang. Aber auch der Durchgang des Lebens durch den Tod zur Verklärung und Auferstehung hat sein Abbild in gewissen Kräften des Eisens. Wenn man Kohlenstoff in weißglühendem Eisen auflöst und die Lösung dann plötzlich abkühlt, ist das erstarrte Eisen von vielen winzigen Diamanten durchsetzt. So wandelt die Eisen-Marskraft den dunklen Kohlenstoff zum lichtesten Edelstein. Wie es eine himmlische Venus, eine Venus-Urania gibt, so gibt es auch einen uranischen Mars, der da wirksam ist im eisengepanzerten Erzengel Michael und seinem Sonnengeistesmut. Des Eisens Hochgewalt offenbart sich in Michaels Schwert.

„O Mensch,
Du bildest es zu deinem Dienste,
Du offenbarst es seinem Stoffe nach
In vielen deiner Werke.
Es wird dir Heil jedoch erst sein,
Wenn dir sich offenbart
Seines Geistes Hochgewalt."   (R. Steiner)

Albrecht Dürers Bild „Ritter, Tod und Teufel" zeigt uns den Menschen als Geisteskämpfer furchtlos zwischen Tod und Teufel hindurchreitend auf dem Wege zur Gralsburg.

Wenn wir als Erdenmenschen auch unter der Last des Eisens, unter der Härte des Mars und seiner Organisationen, unter dem Eisenbeton unserer Städte zu leiden haben, wir müssen das alles bejahen, wenn wir wahrhaft zu uns selber kommen wollen. Das Symbol des Mars ist das Kreuz, welches lastend ruht auf dem Sonnenkreis. Das will sagen: Das sonnenhafte Ich des Menschen, das zwischen dem 28. und 42. Lebensjahr voll inkarniert ist, erlebt in der Marssphäre schicksalsmäßig seine Kreuzigung. Der zum Geistbewußtsein der Marssphäre erwachte Mensch flieht nicht aus der großen Stadt, sondern er nimmt sein Erdenkreuz willig auf sich. Als Petrus aus der gewaltigsten Marsstadt, die es auf Erden je gab, aus der Stadt Rom floh, trat ihm der Christus entgegen mit den Worten: „Ich gehe nach Rom, um mich dort zum zweiten Male kreuzigen zu lassen." Auch Dante erlebt darum das Wesen des Mars im Bilde der Kreuzigung. Auf seiner Himmelsreise sieht er das Innere der Marssphäre durch ein riesiges Kreuz gekennzeichnet.

> „Denn sieh! in zweier Strahlen glühenden Speichen
> Erschimmerte korallenrote Pracht —
> ‚O Gott!', rief ich, ‚wie schön! wie ohnegleichen!'
> So sterndurchwebt sah ich sich hier verbreiten
> Den Zwillingsstrahl zum heilgen Kreuzeszeichen
> Im Kern des Mars durch die Quadrantenseiten.
> Hier muß die Dichtkunst dem Gedächtnis weichen:
> Am Kreuze leuchtend sah ich Christum ragen,
> So hell, daß es kein Wortbild kann erreichen.
> Doch wer sein Kreuz hat Christo nachgetragen,
> Entschuldigt gerne, was ich hier verschwiegen,
> Wird ihm in jenem Licht einst Christus tagen.
> Und aus den Lichtern, die das Kreuz umschlang,
> Floß eine Melodie, mein Herz berauschend,
> Obwohl kein Wort verständlich mir vom Sang,
> Als nur, daß er — erhabnen Lobspruch tauschend —
> ‚Steh auf und siege!' rief; war's deutlich zwar,

So stand ich doch, umsonst nach Deutung lauschend.
Und hierdurch so von Liebe ganz und gar
Durchzückt, gesteh ich, daß seit jenen Stunden
Mein Herz nie wonniger gefesselt war.
Je mehr man steigt, je reiner strahlt die Klarheit!"
(Dante, Divina Commedia Parad. XIV, 94 ff., übertr. von Richard Zoozmann)

♃ Die Krise, in welche der Mensch mit dem 42. Lebensjahr eintritt, wirkt sich in der Regel nicht nur seelisch und geistig, sondern auch körperlich aus. Die sehnige Straffheit des Körpers schwindet, die Menschen werden dicker und behäbiger, sie kommen in das „gesetzte" Alter. Früher hörte in Preußen mit 42 Jahren die Wehrpflicht auf, heute kommt man mit 45 Jahren in den Landsturm. Die Marsepoche, das soldatische Lebensalter, ist zu Ende. Die scharfen Spannungen in Beruf und Lebenskampf lassen nach. Will der Mensch jetzt künstlich jung bleiben und an der Straffheit der Marsepoche festhalten, so verkrampft er sich in unlebendiger Willensüberspannung, wird tyrannisch, rechthaberisch und rücksichtslos, sein Leben stagniert. Tritt er dagegen mit wachem Sinn in den neuen Lebensring, ohne sich gegen das Älterwerden zu sträuben, so erscheint ihm die Welt in milderem Lichte. Er dringt vor zu einer großmütigeren, weisheitsvoll überlegenen und gütigen Lebensart. Der Mensch lebt gelassener, weniger ichverhaftet, nicht mehr einseitig befangen in den Kräften des Denkens, Fühlens oder Wollens. Ein neues Vertrauen in das Leben als Ganzes, in das Werden und Wachsen und Reifen, wird wach im Menschen. Das voll entfaltete und real gelebte Denken, Fühlen und Wollen schwingt jetzt ineinander zu einem höheren Gesamtsinn, der dem Menschen ein tieferes Vertrauen in die Wachstumskräfte des Schicksals erschließt. Er beginnt zu ahnen, daß alles Schicksal in uns selber ruht und daß wir daher die Möglichkeit in uns tragen, zum Meister unseres Schicksals zu werden. Die Horizonte weiten sich. Die Rangordnung der Werte wird erst hier voll erfaßt, die Tiefenschichtung des Lebens tut sich auf. Es wird erkannt, wie die seelischen Erlebnisschichten mit verschiedenem Schwingungsradius einander überlagern und umfassen in immer größer werdenden konzentrischen Kreisen, gleich den Planetensphären. Das schöpferische Schwingungszentrum des persönlichen Schicksals, das göttliche Gesetz im Leben des Einzelnen, erschließt dem Menschen nun auch die höhere Macht im Leben der Völker und der Menschheit, den Sinn der Weltgeschichte. Nicht praktische Menschenordnung wie auf der Marsstufe ist jetzt das zentrale Erlebnis, sondern göttlich erhabene Weltordnung. In tiefer innerer Ergriffenheit weiß die Seele sich geborgen in gläubigem Vertrauen zum göttlichen Weltengrund und erfährt gleichzeitig in sich selber das göttliche Zentrum, das dem Leben erst seinen Sinn gibt.

Ehrfurcht, Weisheit und Güte blühen auf in der Seele, Hilfsbereitschaft und Gerechtigkeitssinn. Ein neuer Reichtum, eine neue Fülle und Tiefe erschließt sich uns. Aus dieser inneren Fülle, aus diesem strömenden Reichtum handelt und lebt jetzt der Mensch. Eine natürliche Würde, eine erwärmende Herzensheiterkeit geht von ihm aus, der sich niemand entziehen kann. Solche Menschen können in besonderer Weise erzieherisch wirken. Man denke nur daran, wie Goethe in der Pädagogischen Provinz einen solchen Menschenkreis schildert, wie er da von der Ehrfurcht spricht, der Ehrfurcht vor dem, was über uns, neben uns und unter uns ist, und endlich von der höchsten Ehrfurcht, die alles andere in sich begreift, von der Ehrfurcht vor unserem eigenen höheren Ich. Der Erzieher muß ja vor allem die Rangordnung der Werte kennen und vorleben können. Erziehung ist nicht durch Belehrung oder Begeisterung realisierbar. Erziehung ist vielmehr ein zartes, kindgemäßes Anschlagen des ganzen planetarischen Saitenspiels, um so alle seelischen Saiten beim Kinde zu einem wenn auch vorerst noch geheimen Leben zu erwecken. Menschen, die aus dem tiefen Grunde solcher Ehrfurcht leben, sind auch berufen zu Priestern, Richtern und Herrschern. In allen diesen Lebensaufgaben manifestiert sich voll die Kraft des Planeten Jupiter, der die Lebensphase vom 42. bis 56. Jahre beherrscht.

Jupiter, Zeuspater, Dieu-Pater heißt soviel wie „Vater

Äther". Gemeint ist der strahlend blaue Himmel in der Natur und im Gemüte der Menschen. Jupiter war ein Götterkönig, er war der Inbegriff des Vertrauens, der Ehrfurcht und Gerechtigkeit. Er war der Stifter und Beschützer aller religiösen Satzungen.

Das Metall des Planeten Jupiter ist das helle Zinn. Dieses weiche und leicht schmelzbare Metall hat einen fast silberweißen, strahlenden Glanz. Auch darin ist es dem Silber vergleichbar, daß es von Luft und Wasser nicht angegriffen wird. Zinngeschirr war daher früher sehr beliebt. Es galt als das Silber des armen Mannes. Im Gegensatz zum toten Blei wirkt Zinn lebendig. Es ist sehr geschmeidig und läßt sich zu dem als Stanniol oder Silberpapier bekannten Blattzinn auswalzen. Eigentümlich ist das „Zinngeschrei" genannte, kreischende Geräusch, das ertönt, wenn man Zinn biegt. Beim Löten dient das Zinn zur vielseitigen Verbindung der Metalle. Aber Zinn braucht, um gesund zu bleiben, eine gewisse Wärme. Bei sehr starkem und anhaltendem Frost zerfällt es zu grauem Staub, der dann sogar infektiös auf gesundes Zinn wirkt und an ihm die sogenannte „Zinnpest" hervorruft. Hier können wir uns daran erinnert fühlen, daß auf geistiger Ebene die Kraft des Jupiter sich auswirkt in einem weisheitsvollen, von Gefühls- und Willensimpulsen durchdrungenen Denken. Wenn dagegen unsere Gedanken nicht mehr von der Wärme der Gefühle und des Willenslebens durchpulst werden, erfrieren sie wie das Zinn und zerfallen bei totem Gehirndenken in atomistische Abstraktionen, zu „grauer Substanz". Das Jupitermetall Zinn ähnelt, wie wir sahen, dem Mondmetall Silber. Das Planetensymbol des Jupiter ist der Mond über dem Kreuz. Das deutet darauf hin, wie in der Jupitersphäre der Mond, die Seele, anfängt frei zu werden vom Kreuz der Stoffeswelt, wie die Seele sich in ahnendem oder gläubigem Verstehen über das Kreuz ihres Schicksals erhebt.

Die Bahn des Jupiter umfaßt alle bisher genannten Planeten mit Einschluß des Mars. Mars braucht ca. 2 Jahre zu einem Umlauf um die Sonne, Jupiter dagegen 12 Jahre. So ist auch das Erlebnis der Jupitersphäre zwischen dem 42. und 56. Lebensjahre umfassender und tiefer als alles früher Erfahrene. Diese

Sphäre wirkt in so großer seelischer Tiefe, daß nur eine beschränkte Anzahl von Menschen sie heute noch erreichen. Denn die Gemeinschaftsformen, welche in früheren Jahrhunderten die bevorzugten Träger dieser höheren Geisteskräfte waren, das Volk nicht als Staat, sondern als schicksalsorganische Lebensgemeinschaft und die Kirchen sind heute überall in ihrem Bestande bedroht. Für den einzelnen Menschen aber ist es nicht leicht, in der Unruhe des heutigen Lebens die tiefen und ruhig-weiten Schwingungen dieser Sphäre zu realisieren.

Unter den menschlichen Bewegungsformen fände die Jupitersphäre ihre Darstellung in einem feierlichen Wandeln und Schreiten. Wie die Marssphäre in der Tenorstimme ihren Ausdruck fand, so die Jupitersphäre im Baß. Unter den Musikinstrumenten wäre das entsprechende die Orgel oder das Cello. Händels Largo und Wagners Pilgerchor im Tannhäuser sind herausgeboren aus der Geisteshaltung der Jupitersphäre. Unter den Bildern Albrecht Dürers läßt uns besonders Hieronymus im Gehäuse den hohen und gleichzeitig innerlich heiteren Strahlenglanz der Jupitersphäre empfinden. Der Stich trägt die Jahreszahl 1514. Damals war Dürer 42 Jahre alt. Der Heilige ist vertieft in die Übersetzung der Bibel. Über ihm an der Wand hängt sein großer Kardinalshut. Weltenweisheit umleuchtet sein Haupt. Hell und heiter ist der Himmel seines Gemütes, so hell wie der Himmel draußen, dessen lichte Strahlen das ganze Gehäuse erfüllen. Die Tiere der Marssphäre ruhen gebändigt zu seinen Füßen. Denn wie Venus stärker ist als Merkur und ihn besiegt, so überwindet Mars die Venus, so bändigt Jupiter den Mars. Mitten im Zimmer aber schwebt eine mächtige Frucht, ein birnenförmiger Flaschenkürbis, hinweisend auf die pflanzlichen Wachstumskräfte des ätherischen Lebens, die in der Jupitersphäre in neuer Fülle zu strömen beginnen.

♄ Diese Würde des olympischen Alters um 50 herum ist in gewisser Weise der höchste Gipfel menschlicher Entfaltung, es ist die eigentliche Reifezeit des Lebens. Aber auch sie ist nur ein Teil und nicht das Lebensganze; auch sie unterliegt darum der

Zeit und muß einmal zusammenbrechen. Gegen Ende des 6. Jahrzehnts, etwa mit 56 Jahren, tritt der Mensch in die ernsteste und schwerste Krise seines Lebens. Auch die leibliche Fülle pflegt in diesen Jahren zu schwinden, die Menschen werden wieder magerer. Es ist die Zeit, in der die schweren, lebensbedrohenden Krankheiten, wie der Krebs, besonders häufig zum Ausbruch kommen. Zwischen 56 und 70 Jahren pflegen die Menschen normalerweise zu sterben. „Unser Leben währet 70 Jahre."

Alle irdischen Werte schwinden dahin, alle irdischen Bindungen lösen sich auf. Der Verlust der Gesundheit, das Absterben des Leibes, der Verfall der triebhaft getragenen irdischen Persönlichkeit, das Sterben der Verwandten, Freunde und Weggenossen, das Ende des Erfolges — das alles bringt dem Menschen Entbehrung, Verarmung, Enttäuschung und tiefe Not und treibt ihn in eine letzte Vereinsamung und Verzweiflung hinein. Es ist ein fortgesetztes Erleben von Negativem. Herausgerissen wird der Mensch, wenigstens zeitweise, aus jeder irdischen Gemeinschaft, auf sich selbst zurückgeworfen in verzweiflungsvoller Einsamkeit. Die Gegenwart verliert immer mehr an Wert für ihn. Er lebt fast nur noch in der Erinnerung. Freudlosigkeit, Unzufriedenheit, Verbitterung, Grämlichkeit, Nihilismus und Umdüsterung bedrohen den Menschen.

Am großartigsten in der Weltliteratur schildert diese Altersverzweiflung das Buch Hiob. Ich greife nur wenige Verse aus dem Text heraus: „Ich bin unschuldig! Ich frage nicht nach meiner Seele, begehre keines Lebens mehr. Es ist eins, darum sage ich: Gott bringt um beide, den Frommen und den Gottlosen" (Kap. 9, 21 — 22). — „Der Mensch, vom Weibe geboren, lebt kurze Zeit und ist voll Unruhe; geht auf wie eine Blume und fällt ab; flieht wie ein Schatten und bleibt nicht. — Ein Baum hat Hoffnung, wenn er schon abgehauen ist, daß er sich wieder erneue, und seine Schößlinge hören nicht auf. Ob seine Wurzel in der Erde veraltet und sein Stamm in dem Staub erstirbt, so grünt er doch wieder vom Geruch des Wassers und wächst daher, als wäre er erst gepflanzt. Aber der Mensch stirbt und ist dahin; er verscheidet, und wo ist er? Wie ein Wasser ausläuft aus dem See und wie ein Strom versiegt und vertrocknet, so ist ein Mensch, wenn er sich legt, und wird nicht aufstehen und wird nicht aufwachen, solange der Himmel bleibt, noch von seinem Schlaf erweckt werden." (Kap. 14, 1. 2. 7 — 12)

Jetzt muß es sich erweisen, wie weit der Mensch wesenhaft gelebt hat, wie weit er erlebnismäßig durchgedrungen ist zum eigenen Geistkern, zum Gottes-Ich in seiner Seele. Diese Krisis bringt die Entscheidung über das ganze Leben. Der Mensch steht im Gerichte Gottes. Die Seele muß hinein in diese Nacht der Verzweiflung, damit ihr der letzte Rest von Ich-Verhaftung ausgebrannt wird. Haften darf der Mensch weder an seinem naturhaft-kosmischen Wesen noch an seinem eigenen Geist. Denn er ist mehr als Natur, Kosmos und Geist. Er ist persönliches Ebenbild des persönlichen Gottes, trägt Gottes ewiges Bildnis in seinem tiefsten Wesen. Erst wenn der Mensch in wahrer Gelassenheit sich ganz Gott ergeben kann, wird er die Wiedergeburt in Gott erleben und den Zugang zum Gottes-Ich in sich selber finden. Der Mensch in seiner Jupiterepoche verlangt immer noch etwas vom Schicksal, sei es Wirkung, Ansehen, Würde oder Lohn für seine Gerechtigkeit. Darum muß er wie Hiob dem Schicksal erliegen. Kein Sträuben hilft.

Das mythisch-imaginative Bild für diese letzte Lebensphase ist die Gestalt des Saturn-Kronos. Im Mittelalter bildete man ihn ab als den alten Mann mit der Hippe und dem Stundenglas in der Hand. Im Griechischen heißt Kronos oder Chronos zunächst „Zeit". Er ist der Gott, der seine eigenen Kinder auffrißt. Die Zeit frißt ihre eigenen Kinder, denn alles Zeitliche ist vergänglich. In der Zeit leben heißt Schicksal haben. Daher ist Kronos-Saturn der Herr des Schicksals und der Zeit, die den Menschen aus der Ewigkeit ausschließt.

Das Aufhören des positiven Erlebens, das fortgesetzte Erleben des Negativen in dieser letzten Lebensphase ist so etwas wie die Grenzform des menschlichen Schicksals. Entsprechend ist die Bahn des Planeten Saturn die Grenze unseres Planetensystems. Die transsaturnischen Planeten gehören ja auch nach der Meinung unserer Astronomen nicht ursprünglich zu unserem System dazu. Saturn braucht zu seinem Umlauf durch den

Tierkreis 30 Jahre, er ist der langsamste und schwerfälligste aller Planeten. Sein Wesen kommt zum Ausdruck in langsamen, schwerfälligen Bewegungen oder in der vollkommenen Ruhe, im Schweigen. Ein ihm entsprechendes Musikinstrument gibt es nicht mehr. Sein Metall ist das schwere Blei. Es ist lastend, dunkelgrau, düster. Unter den Metallen hat es den geringsten Glanz, fast keine Leitfähigkeit und nur einen dumpfen Klang. Für Röntgen- und Radiumstrahlen ist es ganz undurchdringlich. Es wirkt wie ein völlig erstorbenes Mineral. Blei ähnelt in der Farbe dem Mondmetall Silber wie das Zinn, aber es ist viel stumpfer und schwerer. Das Planetenzeichen des Saturn trägt auch wie das Jupiterzeichen das Mondsymbol; aber hier steht der Mond nicht über dem Kreuz wie beim Jupiter, sondern das Kreuz lastet auf dem Monde. Dadurch wird angedeutet, daß in der Saturnsphäre der Mond, die Seele, von der wuchtenden Last des Kreuzes, der Materie, bedrückt oder erdrückt wird. Alles Schwere, die Welt der Steine, das Mineralisch-Physische schlechthin, alle Kristallisierungs-, Verhärtungs- und Verdichtungsprozesse unterstehen dem Saturn. Das Altwerden selber ist ja eine Art von Verhärtung und Versteinerung des Körpers. Man denke nur an die Sklerose. Der Stoff, die Schwere des Physisch-Mineralischen und Vergänglichen, treibt die Seele in die Depression und Verzweiflung, in die Melancholie hinein.

Bekannt ist Dürers Bild „Melancholie". Das ist eine wunderbare Darstellung der Saturnsphäre und auch bewußt von Dürer so gemeint. Das melancholische Temperament ist ja das saturnische Temperament. Die Gestalt auf diesem Bilde ist von lauter Saturnsymbolen umgeben: Ein riesiger, kristallinisch behauener Block, ein Mühlstein, eine Kugel, eine Sanduhr, eine mit ihrem Schlag den Fluß der Zeit begleitende Glocke, dazu Werkzeuge aus Bauhütten, geometrische, astronomische, alchimistische Instrumente. Von Nordlicht und Kometenschein, die in der Astrologie beide dem Saturn zugeordnet werden, ist der Himmel unheimlich erhellt. Eine Fledermaus, das Dämmerungstier, trägt das Wort Melancholie auf ihren Flügeln. Tiefsinnig und melancholisch sitzt eine große menschliche Gestalt da in dieser saturnischen Umgebung, abgehetzt und müde liegt der Windhund ihr zu Füßen, ein altes Bildzeichen für die dem Saturn unterstehende Milz. An dem astronomischen Turm lehnt eine Leiter mit sieben Stufen, hindeutend auf die sieben Planetensphären. An dem Turm selber sieht man eine große Waage, weil das Sternzeichen Waage, in dem der Herbst beginnt, das Zeichen der Erhöhung des Saturn ist. Ferner sieht man da im Rücken der Gestalt ein magisches Zahlenquadrat, das die Jupiterkonstante 34 darstellt. Dieses magische Quadrat soll mit Jupiterkräften der Saturnverzweiflung entgegenwirken. Dieses Bild läßt uns nun auch ahnen, daß Saturn nicht nur eine Grenze, ein Negativum ist, sondern gleichzeitig eine Schwelle, die Vorstufe zur Geburt des Gottes-Ich, der Sonne im Menschen. Auf dieses Gottes-Ich deutet hin das kleine Kind, das auf dem Mühlstein sitzt, das sprossende Grün, welches das Haupt der sinnenden Gestalt umkränzt, und die mächtigen Flügel, die ihr aus den Schultern wachsen. Der Kämpfer auf dem Bilde „Ritter, Tod und Teufel" war der Repräsentant der Marssphäre, der Priester in der Gestalt des Hieronymus war der Repräsentant der Jupitersphäre. Der Eingeweihte, dargestellt als tiefsinniges Engelwesen, ist hier der Repräsentant der Saturnsphäre. Dabei gedenken wir des Wortes aus dem achten Psalm, das im Gegensatz zu dem verzweiflungsvollen Wort aus dem Buche Hiob von der hohen Würde des Menschen spricht: „Wenn ich sehe die Himmel, deiner Hände Werk, den Mond und die Sterne, die du bereitet hast: Was ist der Mensch, daß du seiner gedenkst, und des Menschen Kind, daß du dich seiner annimmst? Du hast ihn wenig niedriger gemacht denn Gott, und mit Ehre und Schmuck hast du ihn gekrönt. Du hast ihn zum Herrn gemacht über deiner Hände Werk. Herr, unser Herrscher, wie herrlich ist dein Name in allen Landen" (Ps. 8, 4 — 7. 10). — Die gleiche Leiter, welche wir als Saturnsymbol auf Dürers Melancholiebild sehen, erblickte Dante bei seiner Himmelsreise im Innern des Saturn:

„Wir sind zum siebenten Gestirn entrückt,
Und im Kristall — der durch die Welt im Kreisen
Den Namen seines teuern Führers trägt,
Den heute noch die goldnen Zeiten preisen —

Stand eine Leiter so hoch aufgeschrägt,
Daß meinem Blick ihr Ende blieb verschlossen!
Die glänzte wie aus Sonnengold geprägt,
Und Lichtgestalten stiegen von den Sprossen
So viel herab, als ob die Pracht ich sähe
Des ganzen Sternenhimmels ausgegossen."
(Dante, Divina Commedia Parad. XXI., 13 ff., übertr. von Richard Zoozmann.)

Saturn ist der Hüter der Schwelle an der Pforte des goldenen Zeitalters. Kronos heißt im Griechischen nicht nur „Zeit", sondern auch „der Herr". Saturn-Kronion ist in der alten Mythologie nicht nur der Planet des schweren Schicksals, der Kinder verschlingende Titan, sondern gleichzeitig der kindlich heitere Herrscher auf den Inseln der Seligen, der Herrscher des goldenen Zeitalters. Wer das Gericht der Saturnkrise bestanden hat, der wird zum Überwinder des Schicksals und stößt durch in die letzte Freiheit der Sonnensphäre. Der Mensch dringt vor aus der Peripherie seines Lebenskreises in das Zentrum, das den ganzen Kreis bestimmt, aus dem Strom der Zeit in den schöpferischen Quellpunkt der Zeit selber.

Stellen wir uns einen sumerischen Siegelzylinder vor, eine kleine Rolle mit einer rundherumlaufenden Inschrift. Wenn wir diese Inschrift in Ton abdrücken wollen, um sie zu lesen, so müssen wir den ganzen Zylinder erst einmal herumrollen, um die ganze Inschrift zu erhalten. Alle Teildrehungen enthüllen nur Buchstaben oder Worte, nicht die ganze Inschrift. Solch eine Inschrift ist jeder Mensch. Das Abrollen des Zylinders ist das Lebensschicksal. Erst im Tode wird unsere Summe gezogen. Das Gottes-Ich aber wirkt im Zentrum des Zylinders, hat den Zylinder und die Inschrift selber geformt und bewirkt das Abrollen des Zylinders. Solange der Mensch in der Merkur-, Venus- und Mars-Epoche sein Schicksal als äußere, fremde Macht, als drückende Not erlebt, bannt ihn die Welt des Stoffes und der Zeit. Schon in der Jupitersphäre erhob er sich mit seiner ahnenden Seele über das Kreuz der Stoffes- und Zeitwelt, kam in gläubigem Ahnen zur Bejahung seines Geschicks. Hält diese Bejahung nun auch stand gegenüber der letzten Verneinung und Verzweiflung der Saturnsphäre, so erfaßt der Mensch nicht mehr nur mit ahnend gläubiger Seele, sondern mit erkennendem Geiste den Zusammenhang des Schicksals, den Logos seines Lebens. Er dringt vor aus dem Schriftband des Siegelzylinders in das Zentrum des Zylinders, wo das schöpferische Gottes-Ich wirkt, das die ganze Inschrift geschrieben und den Zylinder geformt hat. Jetzt erlebt er sein Gottes-Ich, das hinter der Inschrift steht und selbst die Quelle seines Schicksals und seiner Lebenszeit ist. Er erkennt: Der Mensch ist nicht an das Kreuz der Zeit genagelt, sondern Lebenszeit und Schicksal sind ihm sinngemäß zugeordnet. Er ist nicht der Sklave des Schicksals, sondern Schicksal und Zeit sind die Diener des Menschen. In allen Einzelheiten, auch in Dingen, die scheinbar zufällig von außen kommen, wie etwa ein Eisenbahnunglück, gehört das Schicksal organisch zum Menschen, wie seine Körperglieder zu ihm gehören. Jeder Mensch hat einen ihm eigenen Schicksalskörper, wie er einen physischen Körper hat.

☉ Da ist Kronos-Saturn, die Zeit, überwunden, der Menschensohn wird in uns geboren, dessen Antlitz wie die Sonne leuchtet und der als Lenker der Planetenkräfte die sieben Sterne in seiner Hand trägt. Da steht der Mensch inmitten der Wandelsterne als der Herr seines Schicksals, er hat seines Schicksals Sterne in die Hand genommen. Denn er ist durchgedrungen zum Logos seines Lebens, zu seinem Gottes-Ich, das aus einer Sphäre ewigen Lebens stammt, die über allen Sternenkräften waltet. Er schaut, wie nicht nur er selber in der rechten, ihm gemäßen Weise mit dem All verbunden ist, sondern wie auch alles andere im weiten Kosmos am rechten Platz steht, wie selbst das Totgeglaubte einem großen Lebens- und Geisteszusammenhange einverwoben ist. „Gestalten bilden sich und Nebel schwinden, der Hintergrund der Wesen tut sich auf." Der Mensch kann nun als Meister seines Schicksals lebendig sein in allen seinen Lebensschichten, in den Sphären aller Planetenkräfte. Jetzt gelten ihm die Worte, mit denen Kundrie den Parzival zum Gralskönig beruft:

> „Nun merke, Parzival!
> Der höchste der Planeten, Zwal,
> Dazu der schnelle Almustri,
> Almaret, glanzhell Samsi —
> Sie bringen Heil und Segen dir;
> Der fünfte heißt Alligafir,
> Den sechsten nennt man Alkiter
> Und uns der nächst' ist Alkamer.
> Was der Planeten Lauf umkreist
> Und was ihr Schimmer überglänzt —
> So weit ist dir dein Ziel gegrenzt,
> Das hast du Macht, dir zu erwerben.
> Nun muß dein Kummer ganz ersterben."

Jetzt ist das große alchimistische Werk vollbracht.* Bei Wolfram von Eschenbach ist der Gral als vom Himmel gekommener Stein ein kosmisch-alchimistisches Symbol, er ist Sinnbild für den Stein der Weisen. Parzival wird Gralskönig, nachdem er auf seinem Lebenswege durch alle kosmischen Sphären vom Mond bis zum Saturn hindurchgeschritten ist und alle seine Wesensschichten bis in Fleisch und Blut hinein vom Gottes-Ich des Christus transsubstantiiert und verklärt sind. Da ist das Blei des Saturn in Gold verwandelt. Gold ist das Metall der Sonne und der wahre König der Metalle. Wie die Sonne das Harmoniezentrum für alle Planetenbahnen ist, so ist das Gold Ausdruck für die Harmonie schaffenden Kräfte in der Natur und im Menschen. Gold verbindet sich nicht leicht mit anderen Substanzen, es steht als König über ihnen. Von den gewöhnlichen chemischen Prozessen wird Gold nicht angegriffen. Die Natur dieses Edelmetalls hält sich aus jeder Art von Fesselung heraus und wahrt immer das Gleichgewicht zwischen den Extremen, alle

---

* Hier sei verwiesen auf Dr. Rudolf Hauschka, Substanzlehre. Durch eine wesensgemäße Betrachtung der Stoffeswelt kommt der Autor zur Begründung einer amaterialistischen Chemie und zu neuem Verständnis für alchimistisches Denken.

Polaritäten kommen in ihm zur Überhöhung. Gold ist darum ein altes Heilmittel für Herzkrankheiten und Störungen des Blutkreislaufes. Das Herz als Zentrum des Blutkreislaufes entspricht der Sonne als dem Zentrum der Planetenbahnen. Die Weisheit des heiligen Grales umfaßt die Lebensganzheit und bewirkt den harmonischen Zusammenklang von Himmel und Erde, weil sie eine goldene Weisheit, das heißt eine von Herzkräften durchströmte Weisheit ist. „Wärest du innerlich gut und rein, dann würdest du alles ohne Hindernis sehen und recht begreifen. Ein reines Herz dringt durch Himmel und Hölle" (Thomas von Kempen). Wer mit Parzival den Weg von der „tumpheit" durch den „zwifel" zur „saelde" gegangen ist, der hat das sichere Ruhen im Gottes-Geiste schon auf der Erde errungen und kann aus ihm heraus nun sein Werk tun. Indem die Kraft des Jenseits da mitten im Diesseits aufbricht, schafft der Mensch an der werdenden Sonnenerde.

Der die Lebensganzheit verstehende und damit auch das Selbstopfer und die Loslösung vom Leben voll bejahende Mensch ist nicht nur der freieste, sondern auch der demütigste Mensch. Eine letzte Einfachheit kommt in sein Wesen, er will nichts vorstellen, er will nur sein, der er ist. Denn er weiß, daß er zu leben und zu sterben hat. Aber Leben, Tod und Leiden sind nun verklärt im Lichte der Ewigkeit... In ihm spricht die „Ewige Weisheit": „Hättest du soviel Wissenschaft wie alle Sternseher, könntest du so wohl von Gott sprechen wie aller Menschen und Engel Zungen und hättest du aller Meister gelehrten Reichtum, das könnte dich nicht so viel zu einem guten Leben fördern, als wenn du dich in allen deinen Leiden Gott hingeben und lassen kannst. Leiden macht aus einem irdischen Menschen einen himmlischen Menschen. Sieh, die edle Seele gedeiht vom Leiden wie die schönen Rosen von dem süßen Maientau. Leiden macht ein weises Gemüt und einen erprobten Menschen. Ein Mensch, der nicht gelitten hat, was weiß der? Leiden ist eine Liebesrute, ein väterlicher Schlag für meine Auserwählten. Leiden zieht und zwingt den Menschen zu Gott, es sei ihm lieb oder leid. Der sich fröhlich im Leiden hält, dem dient Lieb und Leid, Freund und Feind!" (Heinrich Seuse, Büchlein der

Ewigen Weisheit, I. Teil, 13. Kapitel). — Das ist ein Leben in höchster Klarheit und Fülle, das wahrhaft der Sonne gleicht. Etwas vom Glanze solchen sonnenhaften Lebens strahlt aus dem letzten großen Werke Dürers, aus den Vier Aposteln. Die vita activa und die vita contemplativa, die Vierheit aller Temperamente, das ganze menschliche Leben wird hier in das Sonnenlicht christlicher Verklärung hineingehoben. Insbesondere zeigt uns die Johannesgestalt dieser vollendeten Tafeln den Saturnier, der die Gralsburg, das Schloß der goldenen Sonne, betrat.

Auch der Kirchenvater Augustinus beschreibt in seinen Bekenntnissen den Aufstieg des Menschen zum höheren Selbst als Weihestufenweg, der durch alle Planeten- und Sternensphären zum Liebeslicht der ewigen Gottheit emporführt, mit folgenden eindrucksvollen Worten: „Wir erhoben uns mit glühender Liebe zu dem Selbst und durchschritten stufenweise die ganze Körperwelt und auch noch den Himmel, von dem die Sonne und der Mond und die Sterne auf die Erde herableuchten. Und weiter stiegen wir ... und kamen in unsern Geist. Und wir überstiegen auch ihn, um schließlich in das Reich der unerschöpflichen Fülle zu gelangen ... Und Leben ist dort Weisheit, durch welche alles entsteht, Vergangenes und Zukünftiges. Sie selbst aber wird nicht ... Gewesensein und Künftigsein ist nicht in ihr, sondern Sein allein, denn sie ist ewig" (Bekenntnisse IX, 10). Dieses Reich der Himmel ist inwendig in uns. Der Weg durch die Sphären, in die Höhen des Alls, und der Weg nach innen, ins Herz des Menschen, es ist derselbe Pfad. „Ich trat ein in mein Innerstes unter Deiner Führung, ... ich trat ein und erschaute mit einer Art Seelenauge über eben diesem Auge meiner Seele, über meinem Geiste ein unveränderliches Licht. Es war nicht dieses gewöhnliche und allem Fleische sichtbare Licht; auch nicht nur sozusagen innerhalb der gleichen Art größer, so etwa, als ob es viel und nochmals viel heller als dieses geleuchtet und alles mit seiner Größe erfüllt hätte. Nein, nicht also, sondern anders, ganz anders und gewaltig von alledem unterschieden. Auch war es nicht also über meinem Geiste wie Öl über dem Wasser oder wie der Himmel über der Erde, sondern es war höher dadurch, daß es mich geschaffen hatte, und ich niedriger dadurch, daß ich von ihm geschaffen war. Wer die Wahrheit kennt, der kennt es, und wer es kennt, der kennt die Ewigkeit. Die Liebe ist's, die es kennt. O ewige Wahrheit und wahre Liebe und liebe Ewigkeit! Du bist mein Gott; nach Dir seufze ich Tag und Nacht" (Bekenntnisse VII, 10). „Was aber liebe ich, wenn ich Dich liebe? — Ihn, das Licht, die Stimme, den Duft, die Speise, die Umarmung meines inneren Menschen — das ist es, was ich liebe, wenn ich meinen Gott liebe" (Bekenntnisse X, 6). Der Zusammenhang von Selbst und Gottesgeist, Sein und Wert, Wahrheit und Liebe, das Teilhaben des Menschen an der Idee, am inneren Licht und ewigen Leben des heiligen Gottes wird offenbar. Durch Gottes Wahrheit, die zugleich seine Liebe ist, erkennt sich der Mensch als Gerichteter und Erlöster, als im Geiste Wiedergeborener und von Gott Begnadeter.

Ergänzend hinzufügen müssen wir freilich: Augustinus verliert unter der Wucht seines mystischen Erlebens, das die menschliche Einzelseele Ruhe finden läßt im weltüberlegenen, ewigen Gott, den Zusammenhang mit Natur und Kosmos. Den Aufstieg durch die Sphären des Himmels versteht er nur mehr symbolisch. Bis in sein Mannesalter hinein war Augustinus noch überzeugt gewesen von der realen Wirkung der Sterne auf das Schicksal der Menschen. Doch konnte ihn die dekadent gewordene Astrologie seiner Zeit auf die Dauer ebensowenig befriedigen wie die Mythologie des Manichäertums. Um sich selber geistig zu erleben, muß er sich von der Natur emanzipieren. Den Geist vermag er nur noch in sich selber und in Gott, aber nicht mehr in der Natur zu finden. Der Zusammenhang des Menschen als Mikrokosmos mit der Welt als Makrokosmos verschleiert sich ihm. Er erlebt nicht mehr, wie der Kosmos selber vom schöpferischen Geistwirken der gleichen Ideenmächte durchdrungen ist, die im Ich des Menschen aufzuleuchten vermögen. An die Stelle eines hierarchisch gegliederten, geistlebendigen und in Christus der Vollendung zugeführten Kosmos tritt eine entseelte Natur und ein überweltlicher Gott. Der Christus als Erlöser der Einzelseele verdrängt bei Augustin weitgehend den kosmischen Christus als Vollender der Natur. Augustins geistige Haltung wurde bestimmend für das Abendland.

Zur Zeit unserer klassischen Dichtung lehrte Goethe mit seinen naturwissenschaftlichen Schriften den modernen Menschen auf neue Weise den Geist in der Natur zu finden, das Wirken der göttlichen Ideen in der naturwissenschaftlichen Erfahrung selber aufzusuchen. Den Kosmos schaute er wieder an als durchwaltet von schöpferischen Geistern (Monaden oder Hierarchien). Auf Grund solcher übersinnlicher Erfahrung wußte er auch um die unsterbliche Geistwesenheit und die Wiederverkörperung des Menschen. Aber Goethes geistiges Wissen ist zu stark naturhaft und kosmologisch gebunden. Während Augustinus über seinem mystischen Gotteserleben den geistlebendigen Kosmos aus den Augen verliert, dringt Goethe trotz seiner geistlebendigen Kosmologie nicht durch zu dem zentralen, christlichen Mysterium des wahren Gottmenschentums. Einem Leben in meditativem Gebet, Kultus und höherer christlich-mystischer Gotteserfahrung steht er persönlich fremd gegenüber bis zu seinem Tode.

Besonders deutlich anschaubar aber wird im Lebensgange Goethes der Gralspfad durch die himmlischen Sphären. Klar läßt sich die Gliederung der planetarischen Epochen erkennen: Monden- und Merkurepoche verlebte er in seinem Frankfurter Elternhaus, die Venusepoche während der Jünglingsjahre in Leipzig, Straßburg, Frankfurt und Wetzlar, die Marsepoche in den Mannesjahren seiner Weimarer Ministertätigkeit. Mit 26 Jahren wurde er nach Weimar berufen, mit 28 Jahren wurde er Geheimrat. Mit 37 Jahren entzog er sich durch die Reise nach Italien seiner Beamtentätigkeit. Die Jupiterkräfte waren so mächtig in ihm, daß sie ihn schon mit 37 statt mit 42 Jahren in die Krise führten. Die Jupiterepoche verlebte er in der reifen Würde seiner Freundschaftsjahre mit Schiller. 1805, als Goethe 56 Jahre alt war, begann für ihn die Saturnkrise, deutlich charakterisiert durch Schillers Tod und eine fast tödlich verlaufende Nierenerkrankung. Der Tod Schillers war für Goethe gleichzeitig das Ende seiner volkserzieherischen, klassischen Schaffenszeit. Goethe hatte mit einer jahrelang währenden inneren Verzweiflung und Bitterkeit zu ringen, bis er durchdrang zu der stoffgelösten, hellsichtigen Heiterkeit des Alters. Damals entstanden die Wahlverwandtschaften, Dichtung und Wahrheit, der zweite Teil des Wilhelm Meister, „Die Entsagenden", der Westöstliche Divan und der zweite Teil des Faust. Als Goethe das „Stirb und werde!" der „Seligen Sehnsucht" schrieb, hatte er auf seine Weise die Sonnensphäre erreicht. Zu einem wirklichen Durchbruch ins Vollchristliche ist Goethe freilich, wie gesagt, bei Lebzeiten nicht vorgedrungen.

Auch in der Faustdichtung sind die Hauptstadien des menschlichen Lebensweges durch die Charaktere der Planeten Merkur, Venus, Mars, Jupiter, Saturn und Sonne gekennzeichnet. Faust lebt zunächst als Gelehrter in einer Merkursphäre. In der Gretchentragödie durchläuft er die Venussphäre. Zu Beginn des zweiten Teiles ist er dem Sonnenerlebnis noch nicht gewachsen und betritt am Kaiserhof die Marssphäre. Das Helenadrama zeigt uns die klassische Idealwelt Goethes, die Jupitersphäre. Faust im Gebirge und am Meeresstrand wirkt in der Saturnsphäre und dringt zuletzt bei seinem Tode in die Sonnensphäre empor.

Zusammenfassend können wir sagen: Wenn wir die Planeten in der Reihe ihrer Umlaufzeit ordnen, Merkur, Venus, Mars, Jupiter, Saturn, so kann uns dieser vom Sternenhimmel abgelesene Aufbau unseres Planetensystems zum Schlüssel werden für den Rhythmus jedes Menschenlebens. Jeder dieser fünf Planeten beherrscht eine Epoche von rund 14 Jahren. Mond und Sonne haben entsprechend ihrer Stellung im System — der Mond gehört zur Erde, die Sonne ist das Zentrum des Ganzen — eine besondere Bedeutung. Sie stehen gleichsam jenseits des eigentlichen Schicksalslebens, der Mond vor dem Beginn des Schicksals in der Kindheit, die Sonne nach der Überwindung des Schicksals im hohen Alter. So führt das Menschenleben von einem mondenhaften zu einem sonnenhaften Zustand. Lebensstufen und Planetenrhythmen schwingen wunderbar zusammen. Der Mensch ist wahrhaft ein von einer Wolke umzogener Stern, der Stern aber ein himmlischer Mensch, der das ewige Bildnis Gottes in sich trägt.

„Du mußt deinen Sinn allhie im Geiste erheben und betrachten, wie die ganze Natur mit allen Kräften, die in der Natur sind, dazu die Weite, Tiefe, Höhe, Himmel, Erde und alles, was darinnen ist, und über dem Himmel, sei der Leib Gottes; und die Kräfte der Sterne sind die Quelladern in dem natürlichen Leibe Gottes in dieser Welt." — „Es ist aber der Geist des Menschen nicht allein aus den Sternen und Elementen herkommen, sondern es ist auch ein Funke aus dem Lichte und der Kraft Gottes darin verborgen. — Gleichwie das Auge des Menschen siehet bis in das Gestirn, daraus es seinen anfänglichen Ursprung hat, also auch die Seele siehet bis in das göttliche Wesen, darin sie lebt." (Jakob Böhme, Morgenröte im Aufgang, Werke Bd. II, S. 19 und 28)

Die beiden Planetensäulen des Tierkreises

„Das Leben eines wahrhaft kanonischen Menschen muß durchgehends symbolisch sein", sagt Novalis. Bis zu gewissem Grade gilt dieses Wort für jedes Menschenleben. Denn jedes Menschenleben ist, wie wir sahen, mit seinen Lebensaltern und seinem Schicksalsablauf ein Stufenweiheweg durch die Planetensphären. Kosmische Sternensymbolik offenbart sich im Leben des Menschen, der Völker, der Menschheit. Das Schicksal des einzelnen Menschen und das Schicksal der ganzen Weltentwicklung steht in den Sternen geschrieben.

Oft wird im Altertum der Himmel mit einem aufgerollten Buch verglichen. Buch und Sternenhimmel haben auch realhistorisch einen engen Zusammenhang. Die uns bekannten Buchstabenformen gehen ursprünglich zurück auf heilige Schriftzeichen, die Symbole waren für die verschiedenen Abschnitte der Jahressonnenbahn. Diesen magischen Schriftzeichen, diesen kosmischen Hieroglyphen gegenüber hatte man dasselbe ehrfurchtsvolle Empfinden wie gegenüber dem Sternenhimmel, von dem sie abgelesen waren. Mit Recht kann man den Tierkreis als das älteste und umfassendste Buch der Welt bezeichnen, das alle Zeitenkreise in sich begreift.

Von diesem Buch spricht der Seher Johannes im 10. Kapitel der geheimen Offenbarung: „Und ich sah einen anderen starken Engel vom Himmel herabkommen; der war mit einer Wolke bekleidet, und ein Regenbogen auf seinem Haupt und sein Antlitz wie die Sonne und seine Füße wie Feuersäulen. Und er hatte in seiner Hand ein Buch aufgetan. Und er setzte seinen rechten Fuß auf das Meer und den linken auf die Erde; und er rief mit lauter Stimme, wie ein Löwe brüllt." „Und der Engel, den ich stehen sah auf dem Meer und auf der Erde, hob seine Hand auf gen Himmel und schwur, daß hinfort keine Zeit mehr sein soll." Dann gibt der Engel das Buch dem Johannes zur Speise, um ihn zum Propheten zu weihen. Der Sonnenengel Michael — sein Antlitz leuchtet wie die Sonne und auf dem Haupte trägt er den Regenbogen — reicht dem Seher die heilige Schrift des Sternenhimmels, die Sonnenbahn des Tierkreises, als kosmische Wegzehrung.

Der Sonnenengel mit dem Tierkreisbuch steht auf zwei Lichtsäulen, die eine Säule berührt das Meer, die andere die Erde. So wird in Wirklichkeit der himmlische Tierkreis von zwei Lichtsäulen, zwei Planetensäulen gebildet. Nach dieser Vorstellung bilden die Planeten Saturn, Jupiter, Mars, Venus, Merkur mit den großen Lichtern Sonne und Mond selber den Tierkreis. Unter dem Tierkreis ist hier die Bahn dieser Wandelsterne am Himmel zu verstehen in ihrer jeweiligen Relation zur Erde, nicht aber die an dieser Bahn gelegenen Fixsternbilder, die auch kurzweg Tierkreis genannt werden. Dieser Fixsternbildertierkreis, von dem wir später auch noch sprechen wollen, wird aber wie der ganze Fixsternhimmel in seiner Bildsymbolik erst verständlich vom Planetentierkreis aus, auf den wir darum zunächst hinblicken müssen.

Der himmlische Lebensraum von Erde und Menschheit ist das Sonnensystem. Die Bahn der Sonne bildet mit den Planetenbahnen zusammen den Tierkreisring. Träger des ganzen Planetentierkreises sind also die Sonne und ihre Teilkräfte, der Mond und die 5 Wandelsterne, in ihrer Relation zur Erde. Dieser Tierkreis ist gleichsam die kosmische Aura der sieben Planeten, er ist die Gesamtheit der Sonnen- und Planetenaspekte, bezogen auf die Erde, ein Ring von krafterfüllten Räumen, nicht ein Sternbildertierkreis.

Die Sonne durchläuft den ganzen Tierkreisring in einem Jahr. Von Neumond zu Neumond (Lunation) durcheilt der Mond den Tierkreisring zwölfmal. Darum hat man das Jahr in zwölf Monate und den Tierkreis in zwölf Zeichen geteilt. Wie ordnete man aber im Altertum die Siebenheit der Planeten in die zwölf krafterfüllten Räume der Sonnenbahn, in die zwölf Tierkreiszeichen ein? Die Sieben geht in Zwölf nicht auf. Es muß also hier eine andere Möglichkeit der Einordnung dieser Siebenheit in die Zwölfheit der Tierkreiszeichen geben. Sie ist uns überliefert im Bilde jener zwei Planetensäulen, auf denen der Seher Johannes den Sonnenengel stehen sieht. Uralt ist dieses Bild und unmittelbar vom Himmel abzulesen.

Die Basis dieser beiden Planeten- oder Tierkreissäulen wird gebildet vom Planeten Saturn in der winterlichen Tiefenregion des Tierkreises mit den Saturnzeichen Steinbock und Wassermann. Der Saturn beherrscht die anorganischen Stoffe, alles Physisch-Mineralisch-Kristallinische; er schafft in den Gesteinen den tragenden **Grund der Erde**. Am Anfang der biblischen Schöpfungsgeschichte steht die Scheidung der anorganisch-physischen Elemente. So bildet also sinnvoll Saturn die Basis der beiden Planetensäulen mit den winterlichen Zeichen Steinbock und Wassermann.

Die eine Planetensäule, die Säule des steigenden Lichtes, führt vom winterlichen Saturnzeichen Wassermann die Frühlingsbahn der Sonne aufwärts bis zum Sommersonnwendzeichen Krebs, in dem der Mond herrscht. Die Säule des steigenden Lichtes wird also gekrönt vom Mond, ist eine Mondensäule. Der Mond, das herrschende Gestirn der Nacht, ist eng verbunden mit der Wasserwelt des Schlafbewußtseins und allen wässerigen Prozessen. Darum heißt es in der Apokalypse, die rechte Feuersäule des Sonnenengels ruhe auf dem Meer. Wenn der Mondraum des Krebszeichens im Süden kulminiert, steigt diese Mondensäule an der rechten, westlichen Himmelsseite auf. Die zweite Planetensäule, die Säule des fallenden Lichtes, führt vom winterlichen Saturnzeichen Steinbock durch den Herbst und Sommerbogen des Tierkreises bis zum Hochsommerzeichen Löwe, in dem die Sonne in der wärmsten Zeit des Jahres, im Juli und August, erstrahlt und das deshalb das „Haus der Sonne" genannt wird. So wird die Säule des fallenden Lichtes gekrönt von der Sonne, ist eine Sonnensäule. Die Sonne als Herrscherin des Tages ist eng verbunden mit dem Wachbewußtsein und der Erde. Darum heißt es in der Apokalypse, die linke Feuersäule ruhe auf der Erde. Wenn der Sonnenraum des Löwen im Süden kulminiert, steigt diese Sonnensäule an der linken östlichen Seite des Himmels auf. Im Mond offenbart sich der mütterlich-weibliche Aspekt, in der Sonne der väterlich-männliche Aspekt des göttlichen Schöpferlichtes hoch oben auf den beiden Planetensäulen in den lichtdurchfluteten Räumen der Hochsommerzeichen Krebs und Löwe. Hier, auf dem heiligen Himmelsberge der Hochsommerzeit, spricht das ganzheitlich androgyne Gotteswesen in Sonne und Mond sein Schöpfungswort.

Gehen wir nun an den beiden Planetensäulen von unten nach oben, so folgt an jeder Säule auf das Saturnzeichen ein Jupiterzeichen. An der Sonnensäule steht über dem Saturnzeichen Steinbock das Jupiterzeichen Schütze, an der Mondensäule über dem Saturnzeichen Wassermann das Jupiterzeichen Fische. Dem Jupiter untersteht in der Natur das Pflanzenleben, die ganze Welt der ätherisch-lebendigen Bildekräfte. Nach der Scheidung der Elemente läßt die Gottheit in der biblischen Schöpfungsgeschichte aus den Wassern die Erde auftauchen und auf ihr Gras, Kraut und Bäume wachsen. So folgt auf das von der Saturnsphäre beherrschte Reich des Mineralischen das Reich des pflanzenhaften Lebens in der Jupitersphäre.

Gehen wir weiter an den Planetensäulen aufwärts, so kommen wir an beiden Säulen zu einem Marszeichen. An der Mondensäule steht über dem Jupiterzeichen Fische das Marszeichen Widder, an der Sonnensäule über dem Jupiterzeichen Schütze das Marszeichen Skorpion. Dem Mars untersteht in der äußeren Natur das Reich der Tiere, die ganze Welt des triebhaften Seelenlebens. So folgt auch in der biblischen Schöpfungsgeschichte auf die Erschaffung der Pflanzen die Erschaffung der Himmelslichter und der Tiere. Beides gehört ja, geistig betrachtet, eng zusammen. Denn alles triebhafte Seelenleben urständet im Tierkreis und den Himmelslichtern. Das Schicksal des Menschen ist verankert in seinem Charakter, seinen Grundveranlagungen, seinem ganzen triebhaften Seelenleben. Daher ist aus dem Stande der Planeten im Tierkreis das Schicksal des Menschen abzulesen. Schon der Name Tierkreis deutet auf diesen Zusammenhang alles Tierisch-Seelenhaften mit den Himmelslichtern hin. Noch heute nennt man darum auch die tierische Triebseele des Menschen Astralseele (von astrum = Gestirn).

Wir haben jetzt im Aufstieg an den Planetensäulen die Mitte erreicht. Im weiteren Aufstieg folgen noch an der Sonnensäule das Venuszeichen Waage und das Merkurzeichen Jungfrau und an der Mondensäule das Venuszeichen Stier und das Merkurzeichen Zwillinge. Venus und Merkur oder mit den griechischen Namen Aphrodite und Hermes sind die beiden sonnennächsten Planeten, die als einzige innerhalb der Erdbahn die Sonne umkreisen. Sie sind nicht nur physisch-astronomisch, sondern auch in einem geistigen Sinne die Mittler zwischen Erde und Sonne, zwischen Mensch und Gott. Hermes und Aphrodite bilden den kosmischen Hermaphroditen, den mann-weiblichen Urmenschen, von dem die biblische Schöpfungsgeschichte spricht: „Und Gott schuf den Menschen sich zum Bilde, zum Bilde Gottes schuf er ihn als ein männlich-weibliches Wesen." Damit stehen wir dann am Ende der beiden Planetensäulen. Denn auf das Merkurzeichen Zwillinge folgt der Abschluß der Mondensäule im Mondzeichen Krebs, und auf das Merkurzeichen Jungfrau folgt der Abschluß der Sonnensäule im Sonnenzeichen Löwe. Das sind die beiden sechsfach geteilten Weltensäulen.

Ausstrahlend von Sonne und Mond, dem ganzheitlichen, androgynen Gotteswesen, sehen wir also im Tierkreis die verschiedenen Daseinsreiche Mensch (Merkur — Venus), Tier (Mars), Pflanze (Jupiter) und Gestein (Saturn) an den beiden Planetensäulen abwärts steigen. Die Planeten sind dabei geordnet nach der Dauer ihrer Umlaufzeit um die Sonne vom schnellsten bis zum langsamsten: Merkur, Venus, Mars, Jupiter und Saturn. Das ist dann die gleiche Reihenfolge, wie wir sie bei Betrachtung des Menschenlebens auf dem Weg von der Jugend zum Alter kennenlernten. Bei dieser Anordnung der Planeten im Tierkreis liegen ganz von selber die sich polar ergänzenden Kräfte einander gegenüber: die beiden Saturnzeichen Wassermann und Steinbock gegenüber den Sonne- und Mondzeichen Löwe und Krebs, die beiden Jupiterzeichen Schütze und Fische gegenüber den Merkurzeichen Zwillinge und Jungfrau, die beiden Marszeichen Skorpion und Widder gegenüber den Venuszeichen Stier und Waage. Die gleichen Kräfte, welche sich im Sechstagewerk der biblischen Schöpfungsgeschichte offenbaren im Entstehen der Daseinsreiche des Anorganisch-Physischen, der Pflanzen, Tiere und Menschen, bilden auch die zweimal sechs

Zeichen des himmlischen Tierkreises. Der Aufbau des Tierkreises und die biblische Genesis klingen harmonisch zusammen.

Die Sonnen- und Mondensäule des Tierkreises standen auch als Säulen Jachin und Boas vor dem Eingang zum Heiligtum des salomonischen Tempels in Jerusalem. Hieram, der in die kosmischen Sonnenmysterien eingeweihte Baumeister von Tyros, hatte diese Wunderwerke aus Erz gegossen. Beide Säulen trugen eine große sechsblättrige Lilienblüte, die von einem Flechtwerk von kettenartig gearbeiteten Schnüren mit 200 roten Granatäpfeln umgeben waren. Jachin stand zur Rechten des Tempeleingangs und war die Säule des Lichtes und der Geburt, des aufsteigenden Sonnenbogens. Boas stand zur Linken und war die Säule des Dunkels und des Todes, des sinkenden Sonnenbogens. Die beiden sechsblättrigen Lilienblüten, welche die Säulen krönten, wiesen hin auf die zweimal sechs Tierkreiszeichen der Sonnenbahn, auf den steigenden und den sinkenden Halbbogen des Tierkreises. Die Planetensphären wurden angedeutet durch die Flechtwerke von kettenartig gearbeiteten Schnüren mit 200 roten Granatäpfeln, welche die weißen Lilien umgürteten. Beide Säulenkapitäle trugen also im ganzen 400 Granatäpfel, 400 war die Zahlbedeutung des letzten Buchstabens im hebräischen Alphabet, des Tau (ת), das als älteste Hieroglyphe ein Kreuz darstellte (+) und auf das harmonische Walten der 4 Elemente Erde, Wasser, Luft und Feuer im Gesamtkosmos hinwies. Die 400 ist die Vierheit der Elemente in einer höheren Dezimalstelle, auf dem hohen Niveau der Hundert, d. h. in der Vollendung. Die 400 Granatäpfel an den Lilienkapitäln der Tierkreissäulen Jachin und Boas sind also Symbol für den vollendeten Kosmos, für die Weltvollendung (1. Kön. 7, 15 — 22.41.42, 2. Chron. 3, 15 — 17).

So klingt die Weisheit des salomonischen Tempels ebenfalls harmonisch zusammen mit der Tierkreisweisheit der antiken Mysterien. Denn sowohl die Tempelweisheit Salomos als die Weisheit der antiken Mysterien wußte, daß die sieben planetarischen Kräfte, welche den zwölfteiligen Tierkreis gestalten, in letzter Sicht Offenbarungen der sieben Quellgeister Gottes, der siebenfach manifestierten schöpferischen Urkraft des einen, ewigen Gottes sind, von dem auch der Apokalyptiker Johannes sagte: „Sieben Feuerfackeln brennen vor dem Throne, welche sind die sieben Geister Gottes" (Apok. 4, 5).

Die Spektralfarben der Sonne in ihrer Beziehung
zu Planeten, Tierkreiszeichen und menschlicher Aura

Auf die sieben Quellgeister Gottes, auf die sieben planetarischen Kräfte, welche den zwölfteiligen Tierkreis gestalten, weisen auch die sieben Farben des Regenbogens hin, den der Sonnenengel der Apokalypse auf seinem Haupte trägt. Schon früh wurde der Regenbogen, in dem sich das weiße Licht prismatisch in sieben Farben entfaltet, als ein göttliches Zeichen, als Epiphanie Gottes selber, gleichsam als Strahlenaura Gottes verstanden. So wölbt sich in der Apokalypse (4, 3) über dem Thron des Schöpfer-Logos ein Regenbogen und nach der Sintflut läßt Gott (Genes. 9, 13) den Regenbogen in den Wolken aufleuchten als Symbol des ewigen Bundes Gottes mit der Menschheit, als ein Zeichen des Friedens und der Allversöhnung. Gott besiegelt gleichsam durch die sieben im Regenbogen gebündelten Farben die kosmische Ordnung des Alls. Die sieben Farben des Lichtbogens sind irdische Offenbarung der sieben Geister Gottes, der Aura Gottes. Wenn diese siebenfarbige Doxa Gottes nach der Sintflutkatastrophe in den dunklen Wolken aufleuchtet über der Erde, so heißt das: Gott anerkennt durch die unverbrüchliche Ordnung seiner Farben, daß er die Erde als Lebensraum des Menschen bewahren werde, daß trotz aller möglichen Spannungen und Katastrophen das Ziel des Daseins Versöhnung, Harmonie und Friede bleiben soll.

Die Regenbogenfarben lassen uns als Aura-Farben Gottes auch das Wesen der Planeten- und Tierkreiszeichen verstehen. Goethe sagt: „Die Farben sind die Taten und Leiden des Lichtes." Das uranfängliche Licht Gottes ist über Hell und Dunkel erhaben, kennt die Finsternis noch nicht, ist noch nicht aufgeteilt in Farben. Aus dieser überkosmischen Welt des noch ungeteilten Lichtes gehen unter der Gegensatzwirkung von Licht und Finsternis die Quellflüsse der Farben hervor. Die für den Menschen tödliche Urkraft des Lichtes wird durch die Farben ins

Erträgliche gemildert. So entsteht das Farbenspiel unserer irdischen Welt.

In Goethes Faust (II. Teil) lesen wir:

> „Nun aber bricht aus jenen ewigen Gründen
> Ein Flammenübermaß, wir stehn betroffen;
> Des Lebens Fackel wollten wir entzünden,
> Ein Feuermeer umschlingt uns, welch ein Feuer!
> So bleibe denn die Sonne mir im Rücken!
> Der Wassersturz, das Felsenriff durchbrausend,
> Ihn schau ich an mit wachsendem Entzücken.
>
> Allein wie herrlich, diesem **Sturm** erspießend,
> Wölbt sich des bunten Bogens Wechseldauer,
> Bald rein gezeichnet, bald in Luft zerfließend,
> Umher verbreitend duftig kühle Schauer.
> Der spiegelt ab das menschliche Bestreben.
> Ihm sinne nach, und du begreifst genauer:
> Am farbigen Abglanz haben wir das Leben."

Das Vorbild aller Farbigkeit auf Erden sind die Farben des Himmels. Man denke an die flammende Morgen- und Abendröte, an das golden dahinflutende Licht des hohen Mittags und an die strahlende Bläue des weiten Himmels, an die blau-grünen, gelben und violetten Farbtöne der Dämmerung. Alle diese Farben, die über den Tages- und Jahreszeitenlauf verteilt sind, werden zusammengefaßt in den Spektralfarben des Regenbogens. Die sichtbare Schöpfung ist als Ganzes und auch in all ihren Teilen als Verleiblichung des Geistes eine Schöpfung im Licht und in Farben. „Alles Lebendige strebt zur Farbe", wie Goethe sagt. Diese Farben sind aber nicht nur die Kinder des Lichtes, sondern auch wahre Lichtboten, fast möchte man sagen Engelwesen. Die Farbe stellt gleichsam die Grenze dar zwischen der sinnlichen und der übersinnlichen Welt. Durch sie ist es uns vergönnt, in beide Welten zu blicken.

Indem das Licht sich als Farbe mit den Erscheinungen dieser Welt verbindet, wird das Wesen aller Gestalten offenbar. Das Farbkleid der Geschöpfe ist nicht zufällig, sondern echter Wesensausdruck. „Das Äußerlich-Sinnliche ist", wie Novalis sagt,

„das in den Geheimniszustand erhobene Innerliche und Geistige." Die Farbe ist Signatur jedes Wesens und reinster Ausdruck seiner Innerlichkeit.

Die sieben Farben des Regenbogens entsprechen den 7 Tönen unserer Tonleiter. Wie in den Klängen die Rhythmen der Weltharmonie hörbar werden, so werden sie schaubar in den Farben. Der Kreis der Farben ist nicht willkürlich, sondern offenbart ebenso wie die Welt der Töne in strenger Gesetzmäßigkeit das Ordnungsgefüge der Schöpfung.

Die Farbensymbolik führt uns zur Erkenntnis des kosmischen Ursprungs der Farben. Um die Symbolfarben der Planeten und Tierkreiszeichen zu verstehen, gehen wir am besten aus vom Sonnenspektrum. Goethe hat in seiner Farbenlehre im Anschluß an die rosenkreuzerische Tradition die Farben des Sonnenspektrums eingeordnet in einen sechsfach geteilten Kreis. Legt man den Radius 6 mal als Sehne in den Kreis, so enthält man das gleichseitige Sechseck. In der Gestalt des regelmäßigen Sechsecks geht die irdisch-kantige Welt harmonisch ein in den Zirkel der Ewigkeit. Zieht man in diesem Sechseck die Verbindungslinie zwischen den einander nicht diametral gegenüberliegenden Ecken, so erhält man den Sechsstern, das uralte Zeichen des Makrokosmos. An die Ecken des Sechssterns setzt man die Planeten in der Reihenfolge ihrer Umlaufsgeschwindigkeiten, also ☽ ☿ ♂ ♃ ♄ und ins Zentrum des Kreises das Sonnensymbol (☉). Ordnet man dann der Mond-Ecke die Farbe Grün, der Merkur-Ecke Gelb, der Venus-Ecke Orange, der Mars-Ecke Rot, der Jupiter-Ecke Violett und der Saturn-Ecke Blau zu, so folgen die Farben aufeinander in der Reihenfolge des Spektrums, das zum Kreis zusammengebogen ist, in dem die beiden Enden des Farbbandes Rot und Violett einander berühren. Das Zentrum des Sechssterns mit dem Sonnensymbol bleibt Weiß, hindeutend auf das weiße Sonnenlicht, das alle Spektralfarben in sich enthält, wie auch die Sonne die Mutter aller Planeten ist. Dieses Zeichen des Makrokosmos offenbart uns den Zusammenhang der Regenbogenfarben mit dem Rhythmus der Planeten.

❭ Gehen wir aus von der Mittelfarbe des Regenbogens, vom *Grün*, das die Brücke bildet zwischen dem Gelb-Rot- und dem Blau-Violett-Pol des Spektrums, zwischen den warmen und den kühlen, den aktiv-sinnlichen und den geistig-besinnlichen Farben. Der Mond, der Trabant unserer Erde, bildet die Brücke zwischen der sublunar-irdischen und der kosmisch-geistigen Welt. Zwischen Körper und Geist lebt die Seele des Menschen, um Brücke zu sein zwischen Physis und Geist, zwischen Erde und Himmel. Darum ist der Mond der Planet der empfänglichen Seele, des sprossenden Lebens. „Grün ist des Lebens goldner Baum", sagt Goethe im Faust, indem er die Mondfarbe Grün eint mit dem Gold der Sonne. So wäre denn Grün als Farbe dem Monde zuzuordnen. Denn der Mond beherrscht die gesamte Vegetation. Grün sind die Felder, die Wiesen, die Pflanzen, die Bäume. Grün ist auch das Meerwasser der Ozeane. Alle wäßrigen, vegetativen Prozesse unterstehen dem Monde: das Steigen und Fallen der Säfte in den Pflanzen, das Drüsensystem bei Tieren und Menschen, Ebbe und Flut bei der Erde. Das wäßrige Temperament des Phlegmatikers, der gerne Gottes Wasser über Gottes Land laufen läßt, ist vom Monde und vom Wasserelement bestimmt. Die Ernährungskräfte wurden in den alten Mysterien ebenso wie Schwangerschaft und Geburt mit dem Monde in Zusammenhang gebracht. Magen und Mutterbrust unterstehen dem Monde. Der Embryo hat noch keine festen Knochen, lebt überwiegend in vegetativen, wäßrigen Prozessen. Neun Kalendermonate dauert die ganz vom Mondenrhythmus beherrschte Zeit der Schwangerschaft. Die Mutter und die Frau überhaupt ist bis ins Physische der Menses hinein ein mondverbundenes Wesen. Jede Flüssigkeit, die Träger von Wachstumsprozessen ist, alles sprossende, junge Leben ist von kolloider Natur. Silber, das Mondmetall, neigt mehr als jedes andere Metall zum kolloidalen Zustand. Jeder kennt die erfrischende, belebende Kraft der grünen Vegetation. Gute Ärzte und Krankenschwestern haben fast immer viel Grün in ihrer Aura. Gerne sucht der Städter an Sonn- und Feiertagen seine Erholung in der freien Natur, indem er sich „Mutter Grün" in die Arme wirft. Das Symbol für Mond und Seele ist der Halbkreis (☽), wie der Vollkreis (☉) Sinnbild für Sonne und Geist ist.

☿ Zum Merkur gehört *Gelb*, die hellste aller Farben, welche helle macht und auf intellektuelles Begriffsdenken deutet. Hermes-Merkur, der leicht beschwingte, geflügelte, behende und bewegliche Götterbote galt im Altertum als Mittler zwischen allen Sphären. Sein Planetensymbol (☿) weist als einziges die Dreiheit von Kreis, Halbkreis und Kreuz auf, stellt so in Sonne, Mond und Erde Geist, Seele und Körper, den ganzen dreigliedrigen Menschen dar und weist hin auf die freie Beweglichkeit zwischen allen Gegensätzen. Das bewegliche Quecksilber (Mercurium) ist das Metall des Merkur. Neben seiner Beweglichkeit ist seine bedeutendste Eigenschaft die Kraft der Amalgambildung. Als echter Mittler und Vermittler löst das Quecksilber (Mercurium) andere Metalle auf und bildet mit ihnen Legierungen, die Amalgame genannt werden. Zum leicht beschwingten, die Luft durchfliegenden Götterboten gehört das luftige, sanguinische Temperament. In Hermes-Merkur ist zur Gestalt geworden das luftig-bewegte Leben, das vermittelnde Inbeziehungsetzen von Menschen und Dingen, die Kraft des Findens, Forschens und Denkens. So wird Merkur zum Gott der Wissenschaftler, zum Gott des Handels und des Verkehrs. Unter den Berufen wird der Gelehrte, der Literat und Journalist, der Sammler, der Kaufmann besonders stark von Merkurkräften getragen. In der Aura des Intellektuellen sieht der Hellseher ein stark leuchtendes Gelb. Wenn in Bayern der Postkasten und der Postwagen gelb sind, so mag das äußerlich historisch abzuleiten sein von dem Wappen der Fürsten von Thurn und Taxis, das ein stark betontes Gelb zeigt. Seit dem 16. Jahrhundert hat dieses Geschlecht den Postdienst in Europa organisiert. Schon 1595 wurde Leonhard von Taxis von Kaiser Rudolf II. zum Generalpostmeister ernannt und erhielt den Besitz der Postgerechtsame in allen Ländern des kaiserlichen Hauses. Sicher waren diese Fürsten mit der gelben Wappenfarbe stark merkurialisch geartet. Und so hat noch heute in Bayern die Post, die ja als Verkehrsinstitut dem Merkur untersteht, mit ihrem Gelb die richtige Merkur-Farbe.

♀ Das *Orange* ist eine heitere und lebensfrohe Farbe, sie strahlt von innerer Gefühlswärme und gehört zum Planeten Venus. Wie die Merkursphäre das Denken im Menschen aktiviert, so wirkt sich die Venussphäre aus im Fühlen. Das Gefühl für das Schöne, das Geliebte wird hier zur Passion. Venus ist die Göttin der blühenden Natur, die Göttin der Anmut und Lieblichkeit. Sie schenkt der Jugend den Enthusiasmus, die Begeisterung für alles Edle und Hohe. Venus ist letzthin die Göttin der Harmonie und der Liebe. Harmonische Verbindung zwischen dem Männlichen und dem Weiblichen, zwischen Geist und Physis, künstlerischer Formung des Stoffes durch den Geist ist das Ziel dieser Gotteskraft, wie es im Symbol der Venus zum Ausdruck kommt, das den Sonnenkreis des Geistes über dem Kreuz des Physischen zeigt (♀). Orange kommt in seiner Farbe dem Gold der Sonne am nächsten. Das Metall der Venus ist entsprechend das Kupfer, das unter den Metallen in seiner Farbe am meisten dem Sonnenmetall Gold gleicht. Die Schönheitsgöttin von Cypern (Cyprium) hat dem Kupfer (cuprum) seinen Namen gegeben. Orange in der Aura des Menschen deutet auf Venusqualitäten. Ein prächtig strahlendes, warmes Orange wäre die rechte Farbe für das Gewand der Göttin Venus.

♂ Auf Orange folgt im Spektrum *Rot*, die Farbe des Planeten Mars. Der Mars stellt das Energie-Zentrum im Kosmos dar. Wie Merkur das Denken, Venus das Fühlen, so fördert Mars das Wollen und die Triebhaftigkeit im Menschen. Während im Symbol der Venus der Kreis des Geistes über dem Kreuz der Materie steht (♀), lastet im Marssymbol das Kreuz der Materie auf dem Kreis (♂ ♂), verhaftet den Menschen dem Körper und der Stoffeswelt. Das Rot als Marsfarbe wirkt stark aktivierend. Man denke etwa daran, wie ein Stier durch Rot zum Kampfe gereizt wird, wie alle aktiv kämpferischen Parteien gerne das Rot als Fahnenfarbe wählen. Energie, Entschlossenheit, kraftvolles Streben, positive, straffe, tatwillige Seelenhaltung wird durch Rot erweckt. Rot ist die Farbe des Feuers und bezeichnet ebenso wie Mars das feurige, cholerische Temperament. Das Metall des Mars ist das Eisen. Das Eisen im Blut der Tiere und

Menschen bildet die roten Blutkörperchen, bewahrt den Menschen vor Bleichsucht und schenkt ihm Mut und Lebenskraft. Rot in der Aura des Menschen weist auf aktive Triebhaftigkeit und Leidenschaft hin. Die aktive Marskraft schafft alle Arten von Organisation, insbesondere staatliche, militärische und Arbeiterorganisationen. Als Kriegsgott wirkt Mars dämonisch und katastrophal zerstörend durch ungebändigte Leidenschaft.

♃ Das *Violett*, die Farbe des Jupiter, vereinigt in sich die wärmste Farbe, das Rot, und die kühlste Farbe, das Blau. Es verbindet das oberste, wärmste Element, Feuer (Rot), mit dem untersten, schwersten und kühlsten Element, Erde (Blau), begreift in sich zugleich Cholerik (Rot) und Melancholik (Blau). Diese weitgespannten Gegensätze von Höhen und Tiefen, Feuer und Erde, vermag der Mensch nicht mehr mit Denken, Fühlen oder Wollen zu meistern. Da muß ein höherer Gesamtsinn in ihm wachwerden, der ihm ein tiefes religiöses Vertrauen in die Wachstumskräfte des Schicksals erschließt. Jupiter war bei den Alten als König der Götter der Hüter aller religiösen Satzungen, er war der Inbegriff des Vertrauens, der Ehrfurcht und Gerechtigkeit. Von Jupiter, Jovis kommt das Wort jovial. Joviale Menschen sind großzügig und von weisheitsvoll-überlegener und gütiger Lebensart. Ihnen erschließt sich die Tiefenschichtung des Lebens. Die Rangordnung der Werte in Höhen und Tiefen wird erst hier voll erfaßt. Nicht praktische Menschenordnung und Organisierung wie auf der Marsstufe ist hier das zentrale Erlebnis, sondern göttlich erhabene Weltordnung. In tiefer innerer Ergriffenheit weiß der Jupitermensch sich geborgen in gläubigem Vertrauen zum göttlichen Weltengrund und erfährt gleichzeitig in sich selber das göttliche Zentrum, das dem Leben erst seinen Sinn gibt. Menschen, die aus dem tiefen Grunde solcher Ehrfurcht leben, sind auch berufen zu Priestern, Erziehern, Richtern und Herrschern. Violett ist darum die Farbe der Bischöfe und Kirchenfürsten. Der violette Amethyst ist der Ringstein der Bischöfe und Kardinäle. Violett ist die Farbe des würdigen Alters. Violett wirkt feierlich. Es ist jene getragene Feierlichkeit der Jupitersphäre, wie sie etwa musikalisch in

Händels Largo oder in Wagners Pilgerchor im Tannhäuser zum Ausdruck kommt. Das Metall des Jupiter ist das helle Zinn. Dieses weiche und leicht schmelzbare Metall hat einen fast silberweißen, strahlenden Glanz. Zinngeschirr war früher sehr beliebt und galt als das Silber des armen Mannes. Es ähnelt ja auffallend dem Mondmetall Silber. Das Planetensymbol des Jupiter zeigt den Mond über dem Kreuz (♃). Das deutet darauf hin, wie in der Jupitersphäre der Mond, die Seele, anfängt frei zu werden vom Kreuz der Stoffeswelt, wie die Seele in ahnendem oder gläubigem Vertrauen sich über das Kreuz ihres Schicksals erhebt. Violett in der Aura des Menschen kennzeichnet eine gläubig-fromme Seele.

♄ Das *Blau* des Saturn ist die kühlste Farbe. Es weist hin auf das schwere, kalte Erdelement mit seiner schwermütigen Melancholie und zugleich auf die weiten blauen Fernen des Himmels. So unterscheiden wir auch im Spektrum Hellblau, das kühle Eisblau, vom strahlenden, dunklen Himmelsblau. Das kalte Eisblau weist hin auf Erstarrung, Verhärtung, Herzenskälte und Egoismus. Das lichte Himmelsblau deutet auf Treue, Beständigkeit, Schicksalstragekraft und gläubige Überwindung alles Schweren im Leben. Blau leuchtet stark in der Aura des Saturniers. Das schwere Schicksal soll dem Menschen den letzten Rest von Ich-Verhaftung ausbrennen. Das fortgesetzte Erleben des Negativen und Belastenden in der Saturnsphäre, das sich in den letzten Lebensjahren zu häufen pflegt, ist so etwas wie die Grenzform des menschlichen Schicksals. Entsprechend ist die Bahn des Planeten Saturn die Grenze unseres Planetensystems. Aber Saturn ist nicht nur eine Grenze, ein Negativum, sondern gleichzeitig eine Schwelle, die Vorstufe zur Geburt des Gottes-Ich, der Sonne im Menschen. Wenn das schwere Schicksal den Menschen aus seiner Ich-Verhaftung befreit hat, leuchtet das Über-Selbst, der Gottesfunke, in ihm auf. Doppelgesichtig war auch in der Antike das mythische Bild des Saturn-Kronion. Kronos heißt im Griechischen nicht nur „Zeit", sondern auch „der Herr". So galt denn Saturn-Kronion nicht nur als der Planet des schweren Schicksals, als der kinderverschlingende

Titan, sondern gleichzeitig auch als der kindlich heitere Herrscher auf den Inseln der Seligen, als der Herrscher des goldenen Zeitalters. Wer das Gericht der Saturnkrise bestanden hat, der wird zum Überwinder des Schicksals und stößt durch in die letzte Freiheit der Sonnensphäre.

Das Metall des Saturn ist das schwere, düstere Blei. Unter den Metallen hat es den geringsten Glanz, fast keine Leitfähigkeit und nur einen dumpfen Klang. Für Röntgen- und Radiumstrahlen ist es ganz undurchdringlich. Es wirkt wie ein völlig erstorbenes Mineral. Blei ähnelt in der Farbe dem Mondmetall Silber wie das Zinn, aber es ist viel stumpfer und schwerer. Das Planetenzeichen des Saturn trägt wie das Jupiterzeichen das Mondsymbol. Aber hier steht der Mond nicht über dem Kreuz wie beim Jupiter (♃), sondern das Kreuz lastet auf dem Monde (♄). Dadurch wird angedeutet, daß in der Saturnsphäre der Mond, die Seele, von der wuchtenden Last des Kreuzes, der Materie, bedrückt oder erdrückt wird. Der Stoff, die Schwere des Physisch-Mineralischen und Vergänglichen, treibt hier die Seele in Depression und Verzweiflung, in die Melancholie hinein. Der Jupiter-Mensch erhob sich mit ahnender Seele in gläubiger Schicksalsbejahung über das Kreuz der Stoffes- und Zeitenwelt. Hält nun diese Schicksalsbejahung auch stand gegenüber der letzten Verzweiflung des Todes, so erfaßt der Mensch nicht nur mit ahnend gläubiger Seele, sondern mit erkennendem Geiste den Zusammenhang des Schicksals, den Logos seines Lebens. Jetzt wird das große alchimistische Werk vollbracht, das Blei wird in Gold verwandelt. Aus dem fernsten Umkreis des Saturn dringt da der Mensch durch ins Zentrum der Geistes-Sonne. Das kalte Eisblau der Erde wird verwandelt in leuchtendes, geistiges Himmelsblau. Nun erkennt der Mensch, wie nicht nur er selber in der rechten, ihm gemäßen Weise mit dem All verbunden ist, sondern wie auch alles andere im weiten Kosmos am rechten Platz steht, wie selbst das Totgeglaubte einem großen Lebens- und Geistzusammenhange eingewoben ist. Der die Lebensganzheit verstehende und damit auch das Selbstopfer und die Loslösung vom Leben voll bejahende Mensch ist nicht nur der freieste, sondern auch der demütigste Mensch. Er will nichts mehr vorstellen, er will nur sein, der er ist. Denn er weiß, daß er zu leben und zu sterben hat. Aber Leben, Leiden und Tod sind nun verklärt im Lichte der Ewigkeit. Er ist vom Tode zum Leben hindurchgedrungen. Noch abgeklärter als das Violett des Jupiter ist das reine, tiefe Blau des Saturn. Durch das leuchtende Blau des Himmels steigt der verklärte Saturnier empor ins Zentrum der goldenen Sonne.

Von den Planetenfarben werden nun auch die Farben der 12 Tierkreiszeichen bestimmt. Wir haben bereits gezeigt, daß den Planeten Merkur, Venus, Mars, Jupiter und Saturn jeweils zwei Zeichen des Tierkreises zugeordnet sind, und zwar dem Merkur die Zeichen Zwillinge und Jungfrau, der Venus die Zeichen Stier und Waage, dem Mars die Zeichen Widder und Skorpion, dem Jupiter die Zeichen Schütze und Fische, dem Saturn die Zeichen Steinbock und Wassermann.

Die beiden Merkurzeichen erhalten demnach die gelbe Farbe, und zwar das Zwillingszeichen das normale Gelb, das Jungfrauzeichen Hell-Gelb. Die beiden Venuszeichen erhalten Orange, und zwar die Waage das normale Orange, der Stier Orange-Rot. Die beiden Marszeichen erhalten die rote Farbe, und zwar der Widder Rein-Rot, der Skorpion Purpur-Rot. Die beiden Jupiter-Zeichen erhalten Violett, und zwar die Fische das normale Violett, der Schütze Indigo-Violett, also tiefes Ultramarin. Die beiden Saturnzeichen erhalten Blau, der Steinbock Rein-Blau, der Wassermann Blau-Grün, also Türkisblau.

Während den fünf Planeten Merkur, Venus, Mars, Jupiter, Saturn je zwei Zeichen des Tierkreises zugeordnet sind, beherrschen Mond und Sonne je ein Zeichen, nämlich Krebs und Löwe. Diese beiden großen Lichter symbolisieren aber im Tierkreis das ganzheitlich androgyne Gotteswesen, können also als Einheit aufgefaßt werden. Dann stellt der Mond die weibliche Komponente und die Sonne die männliche Komponente dar. Der Mond wäre also gewissermaßen die weibliche Sonne und die Sonne der männliche Mond. Die Farbe beider Lichter in den Tierkreiszeichen Krebs und Löwe ist darum Grün, und zwar erhält das

Mondzeichen Krebs die laubgrüne Farbe und das Sonnenzeichen Löwe Gelbgrün.

Am Rande sei hier angemerkt, daß die Forschungen der modernen Astronomie, speziell die Experimente des Astronomen Tscherning, zu dem erstaunlichen Ergebnis geführt haben, daß, dem äußeren Scheine zum Trotz, die wahre Farbe der Sonne und des Tageslichtes das Grün ist. — Zu beachten ist natürlich, daß alle diese von den Planetenfarben her bestimmten Farben der Tierkreiszeichen ebenso wie die Planetenfarben nicht als „Naturfarben", sondern als „Ausdrucksfarben" verstanden werden wollen. Nur in wenigen Fällen deckt sich die Ausdrucksfarbe mit der Naturfarbe, so z. B. beim Rot des Planeten Mars und beim Grün der Sonne, falls die modernen Astronomen mit ihren Forschungen recht haben.

Den Ausdrucksfarben kommt auch natürlich keinerlei Allgemeingültigkeit zu, maßgebend ist für ihre Gültigkeit immer das Bezugssystem, das der Farbdeutung zugrunde gelegt wird. So wurde z. B. das Rot bei den Griechen positiv gedeutet als Farbe des Blutes und der feurigen Leidenschaft. Bei den Ägyptern dagegen wurde Rot als Farbe der roten Wüste und des heiß brennenden, lebenvernichtenden Sonnenfeuers negativ gewertet, als lebensfeindlich. Braun ist ein verdunkeltes Orange, gehört also in den Kreis der Venusfarben, weist auf eine erdgebundene Venus hin. Im Mittelalter war Braun die Farbe der Bauernkleider. Gedacht war dabei an die braune Erde, welche der Bauer zu bearbeiten hatte. Purpur war die Farbe der Könige. Wenn ein Bauer sich in Purpur kleidete, so wurde er mit dem Tode bestraft. Braun aber war auch die Farbe der Mönchskutte in den meisten europäischen Orden als Sinnbild für die Erdenbuße, die der Mönch zu leisten hatte. Der buddhistische Mönch in Indien dagegen kleidet sich in das merkurialische Gelb als Hinweis auf den Erkenntnisweg, der im achtteiligen Pfad zum Nirwana führt. In Europa ist Schwarz Trauerfarbe, dagegen im alten China Weiß, weil man in Europa an Erdentod und Grab denkt, dagegen im Osten an den Eingang des Toten in die übersinnliche Lichtwelt. Weiß ist die Farbe der Seligen, aber auch die Farbe der Gespenster. Die 4 Haupt-Kultfarben der alten Hebräer waren Weiß und Rot, Purpurrot und Purpurblau. Das Weiß deutete hin auf Gottes Weisheit, Reinheit und Liebe, das Rot dagegen auf Gottes Zorn, auf das verzehrende Feuer seiner Strafgerichte. Das Purpurrot war die Farbe des verborgenen Gottes, das Purpurblau die Farbe des sich offenbarenden, dem Menschen zugewandten Gottes.

Immer ist also bei Farbdeutungen das Bezugssystem maßgebend und immer ist zu berücksichtigen, daß die Farbe durch alle Dimensionen, alle Ebenen reicht, physisch-irdisch, kosmisch und rein geistig, metaphysisch gedeutet werden kann.

Wir haben in unserer astrologischen Farbendeutung gesehen, wie die Spektralfarben des Regenbogens den Planeten und Tierkreiszeichen zugeordnet werden können, und erkannten, daß die Planetenfarben im Spektrum aufeinanderfolgen entsprechend der Umlaufgeschwindigkeit der Planeten im Kosmos. Es ist die gleiche Reihenfolge, wie wir sie bei Betrachtung der Lebensepochen des Menschen aufgezeigt haben und auch im Aufbau der biblischen Schöpfungsgeschichte wiederfanden. Der Aufbau der biblischen Schöpfungsgeschichte, die Lebensepochen des Menschen und die Ordnung der Farben im Sonnenspektrum schwingen wunderbar zusammen mit den Planetenrhythmen im Kosmos. Darin liegt eine großartige Bestätigung der mikro- und makrokosmischen Entsprechungslehre.

Darüber hinaus aber sahen wir, daß die kosmischen Planetenfarben vom Hellsehen in der Aura des Menschen geschaut werden können. Aus den Farben der Aura kann der geistig Schauende erkennen, welche Planeten im Horoskop des Menschen besonders betont sind. Der Sensitive vermag aus der Aurastrahlung die horoskopischen Konstellationen des Menschen zu erschließen und umgekehrt kann man das Horoskopdeuten als eine Art von Auralesen bezeichnen. Ich verweise hier auf das Buch von Leadbeater, Der sichtbare und der unsichtbare Mensch (Hermann Bauer-Verlag, Freiburg Br.), das zahlreiche Farbtafeln mit Aura-Bildern enthält, und auf Prof. Dr. Eugen Matthias, Die Strahlen des Menschen künden sein Wesen, Zürich 1955 (Europa-Verlag).

Abschließend sei auch noch angeführt der weltberühmte amerikanische Heiler Edgar Cayce. Er hatte schon als Kind die Fähigkeit, die Aura der Menschen zu sehen. Erst später merkte er, daß nur wenige Menschen diese Gabe haben. Er sah an den Köpfen seiner Mitmenschen zarte blaue, grüne und rote Ausstrahlungen. Die Aura erschien ihm als der lebendige Spiegel der Menschenseele. Er sah, daß Krankheit, Enttäuschung, Liebe die Aura veränderten. Wenn er einer Person ohne Aura begegnete, so war das für ihn etwas Seltsames; später stellte er fest, daß das Fehlen einer Aura stets den bevorstehenden Tod bezeichnete. Cayce schrieb ein Büchlein mit dem Titel „Auras" (Edgar Cayce Publishing Company Inc. Virginia Beach, Virginia, U.S.A.). Darin heißt es:

„Die Aura wird vom ganzen Menschen ausgestrahlt, aber sie ist meistens um den Kopf und die Schultern herum am konzentriertesten und am leichtesten sichtbar, wahrscheinlich weil in diesen Körperteilen so viele Drüsen und Nervenzentren untergebracht sind ... Farben widerspiegeln die Seele und den Geist, den Verstand und den Körper, aber — man erinnere sich — sie verkörpern Mangel an Vollkommenheit, also Unvollständigkeit. Wenn wir das wären, was wir sein sollten, müßte unsere Ausstrahlung rein weiß sein." — „Wenn unsere Seelen sich in vollkommener Ausgeglichenheit befände, dann würden alle unsere Farbvibrationen ineinander übergehen und wir hätten eine Aura aus reinem Weiß. Christus hatte diese Aura" (vgl. Matth. 17, 1 — 2).

Einige Beispiele von Aurasehen, welche Cayce in seiner Schrift anführt, gebe ich hier noch wieder:

Eine Frau z. B. berichtet: „Sobald eine Person, sei es ein Fremder, ein intimer Freund oder ein Mitglied meiner Familie, sich anschickt, mir eine Unwahrheit zu sagen, oder versucht, einer direkten und offenen Beantwortung meiner Fragen auszuweichen, so sehe ich einen Strich Zitronengrün durch seine Aura schießen, und zwar horizontal, gerade über seinem Kopf. Ich nenne es Gaslicht-Grün und es hat als Zeichen einer Ausrede oder Verfälschung nie versagt. Ich war viele Jahre lang Lehrerin und meine Schüler staunten über meine Fähigkeit, sie bei jeder Abweichung von der Wahrheit zu ertappen."

Ein anderes Beispiel: „Eines Tages begab ich mich in ein Warenhaus, um Einkäufe zu besorgen. Ich befand mich im sechsten Stockwerk und läutete nach dem Aufzug. Während ich wartete, fielen meine Augen auf einige knallrote Sweater und ich dachte, ich möchte mir diese ansehen. Da ich aber bereits nach dem Aufzug geläutet hatte und er soeben ankam, machte ich einige Schritte nach vorn, um einzusteigen. Er war fast ganz mit Leuten gefüllt und plötzlich empfand ich einen Abscheu. Das Innere der Liftkabine, obwohl gut erleuchtet, erschien mir dunkel. Etwas war nicht in Ordnung. Bevor ich es mir überlegen konnte, hatte ich zum Liftboy gesagt: ‚Fahren Sie nur weiter', und ich machte ein paar Schritte rückwärts. Ich ging die Sweater anschauen und erst dort kam mir zum Bewußtsein, warum ich einen solchen Abscheu empfunden hatte. Die Leute im Aufzug hatten keine Aura. Während ich mir die Sweater betrachtete, die mich wegen ihrer frischen, roten Farbe anzogen — die Farbe der Unternehmungslust und Energie —, zerriß das Kabel des Aufzugs, die Kabine stürzte in den Keller hinunter und alle Insassen wurden getötet."

Ein weiteres Beispiel von einer anderen Person: „Wenn ich mit jemandem spreche und er äußert eine Meinung, die ein Vorurteil darstellt, welches er sich in einer früheren Existenz angeeignet hatte, so sehe ich in seiner Aura die Wiedergabe der Persönlichkeit, die er damals war, z. B. den Körper eines Griechen oder eines Ägypters oder irgendeines anderen Landsmannes. Sobald wir zu einem anderen Thema übergehen und die in jener Inkarnation gewonnene Ansicht vorübergeht, verschwindet die Figur. Später wird der Mann einer anderen Meinung Ausdruck geben. Vielleicht wird er sagen: ‚Ich hatte immer eine Schwäche für Italien und wollte dorthin gehen', und wie er so redet, sehe ich die Figur eines Mannes der Renaissance oder eines alten Römers. Im Laufe der Unterhaltung eines Nachmittags mag ich sechs bis acht solche Figuren zu sehen bekommen."

Edgar Cayce meint, wenn auch normal begabte Leute die Aura nicht sehen, so würden sie die Ausstrahlung der Aura doch spüren, ohne es zu wissen. Wenn etwa jemand sagt: „Warum trägt die Dame ein Kleid von dieser Farbe, die gar nicht zu ihr paßt?" oder aber: „Diese Farbe ist ihr sehr bekömmlich", so hat er in beiden Fällen, wenn auch unbewußt, die Aura gelesen. Denn Farben, welche mit der Aura harmonieren, verstärken und intensivieren sie.

Das wunderbare Zusammenspiel des Lichtes und der Farben im Regenbogen, in Planeten, Tierkreiszeichen und menschlicher Aura läßt uns die sichtbare Schöpfung als Verleiblichung des Geistes, als Offenbarung der sieben Quellgeister Gottes erleben, die darum von den Mystikern, z. B. von Jakob Böhme, auch mit dem Namen der Planeten bezeichnet werden. Im gleichen Sinne sagt der Apokalyptiker Johannes: „Sieben Feuerfackeln brennen vor dem Throne, welche sind die sieben Geister Gottes" (Apok. 4, 5). Die schöpferische Urkraft Gottes manifestiert sich in diesen sieben Prinzipien, die zusammen, aber auch voneinander getrennt, im Universum alles gestalten.*

Alles, was existiert, Weltkörper, Mineralien, Pflanzen, Tiere, Menschen und höhere Geistwesen, wurde und wird von diesen Kräften geschaffen. Und so dürfen wir mit Hermann Hesse sprechen:

> „Gottes Atem hin und wieder,
> Himmel oben, Himmel unten,
> Licht singt tausendfache Lieder,
> Gott wird Welt im farbig Bunten.
>
> Weiß zu Schwarz und Warm zum Kühlen
> Fühlt sich immer neu gezogen,
> Ewig aus chaotischem Wühlen
> Klärt sich neu der Regenbogen.
>
> So durch unsere Seele wandelt
> Tausendfach in Qual und Wonne
> Gottes Licht, erschafft und handelt,
> Und wir preisen ihn als Sonne."

---

* Zur weiteren Orientierung über die Mysterien der Farben sei verwiesen auf das empfehlenswerte Büchlein von Dr. Walter A. Koch, Deine Farbe — Dein Charakter (Verlag Elisabeth Schaeck, Neunkirchen-Saar 1967).

Urqualitäten und Elemente im Tierkreis

Die Astrologie geht bei Aufstellung eines Horoskopes, wie ich im Vorangehenden bereits näher begründete, nicht vom Tierkreis der Fixsternbilder aus, sondern vom Zeichentierkreis, der dem Rhythmus der Jahreszeiten und seinen zwölf Monaten entspricht und durch die Bahn der Sonne und ihrer Planeten bestimmt wird. Der himmlische Lebensraum von Erde und Menschheit ist ja zunächst jedenfalls nicht das Fixsternsystem, sondern das Sonnensystem. Die Bahn der Sonne bildet mit den Planetenbahnen zusammen den Tierkreisring. Träger des ganzen Planetentierkreises sind also die Sonne und ihre Teilkräfte, der Mond und die 5 Wandelsterne, in ihrer Relation zur Erde. Dieser Tierkreis ist gleichsam die kosmische Aura der sieben Wandelsterne, welche sich mit der Erdenaura verbindet, ein Ring von krafterfüllten Räumen, nicht ein Sternbildertierkreis.

Die Planeten mit Sonne und Mond bezeichnet man darum auch als Herren des Tierkreises. Sie verkörpern als ganze Siebenheit das Geistige des Tierkreises, während der Zeitenrhythmus der 4 Jahreszeiten mit seinem Dreierschritt von Inkarnieren, Inkarniertsein und Exkarnieren, sowie die vier Elemente Erde, Wasser, Luft und Feuer gleichsam das Seelische des Tierkreises darstellen. Sein Körperhaft-Physisches aber wird offenbar im System der 12 irdischen Häuser oder Erdenfelder, die gleichsam den Sonnentierkreis in der Erdenaura widerspiegeln. Denn alles Tierkreiswissen ist im Grunde Sonnenweisheit.

Wir haben in den früheren Kapiteln bereits gezeigt, wie die Symbolzeichen der Planeten darauf hindeuten, daß die Planeten Teilkräfte der Sonne sind und daß die sieben Farben des Sonnenspektrums eine symbolische Beziehung zu den sieben Planeten haben. In der Schöpfungsgeschichte der biblischen Genesis erkannten wir die Stufenfolge der sieben Planeten wieder. Auch der Rhythmus des Menschenlebens mit seinen verschiedenen Altersepochen offenbarte sich uns als ein Gang durch die Planetensphären, als Einweihungsweg, als Gralspfad zum Schloß der goldenen Sonne. — Wie der Weg durch die Planetensphären sich uns darstellt als Einweihungspfad mit dem Ziel der Gotteinigung, wo dann alle Planeten zu ihrem Ursprung, der Sonne, zurückgeführt und in ihr verklärt werden, so soll sich uns auch in den folgenden Kapiteln der Gang durch die 12 Zeichen des Tierkreises als esoterischer Einweihungspfad erschließen.

Der Sinn aller wahren Astrosophie besteht ja nicht darin, dem Menschen seine Abhängigkeit von den Gestirnskonstellationen zu zeigen, sondern vielmehr darin, dem Menschen durch eine Tiefenpsychologie auf kosmischer Grundlage die Meisterung seines Schicksals zu erleichtern. In diesem Sinne hat schon der römische Dichter Vergil gesagt, das Weisen der Himmelswege und der Sterne sei der höchste Lohn, den die Musen ihren Liebhabern bereiteten. Er preist den durch die Astrosophie zum Meister seines Schicksals gewordenen Menschen mit den schönen Versen:

„Felix, qui potuit verum cognoscere causas
Atque metus omnes et inexorabile fatum
Subiecit pedibus, strepitumque Acherontis avari."

zu deutsch:

„Glücklich der Mann, der die primären Ursachen der Dinge zu
       erkennen vermocht hat
Und alle Ängste und das unerbittliche Schicksal
       unter seine Füße getreten hat,
       und das Tosen des unersättlichen Acheron."
       Georgica II, 490 — 492.

Während die Siebenheit der Planeten das Geistige des Tierkreises darstellt, manifestiert sich das Seelische vor allem, wie schon gesagt, in den vier Elementen und im kosmischen Rhythmus der Jahreszeiten. Wir wollen nun beginnen mit der Betrachtung der vier Elemente Erde, Wasser, Luft und Feuer, müssen uns aber da zuerst daran erinnern, daß in der Antike diese vier Elemente, welche die vier Aggregatzustände der festen, flüssigen, gasförmigen und strahlungsförmigen kosmischen Materie darstellen, in Zusammenhang gebracht wurden mit der alten Lehre von den kosmischen Urqualitäten: Warm, Trocken, Kalt und Feucht.

Aristoteles hat diese Doktrin im zweiten Buch seiner Schrift „Über Entstehen und Vergehen" (περὶ γενέσεως καὶ φθορᾶς) und im vierten Buch seiner „Meteorologischen Schriften" (Μετεωρολογικά) eingehend entwickelt. Die Grundlagen dieser Vorstellungen gehen aber weit in voraristotelische Zeiten zurück. Wir finden sie bei Platon, Empedokles und anderen Vorsokratikern. Diese bildhaften Anschauungen von den Urqualitäten Warm, Trocken, Kalt, Feucht und von den Elementen Feuer, Luft, Wasser, Erde stammen aus einer Zeit, in welcher der Mensch die äußeren Naturprozesse noch ähnlich erlebte wie die inneren Seelenprozesse. Was er in der äußeren Natur etwa am Wasser und in allen flüssigen Prozessen erfuhr, das war ihm gleich dem, was er seelisch-leiblich innerlich erlebte am eigenen Säftekreislauf. Beides war ihm eine einheitliche Kraftäußerung. Man trennte damals das eigene menschliche Seelenleben noch nicht von dem Naturleben ab. Man erlebte sich selber in der Natur und die Natur in sich. Bei Betrachtung der Naturvorgänge und des eigenen Seelenlebens stieg im Innern des Menschen ein Bilderleben auf, das sowohl die inneren Seelenvorgänge als auch die äußere Natur spiegelte. Diese Bilder wurden durchaus als äußere Wirklichkeit erfahren, mit der man sich innerlich verbunden fühlte. Erst als das Bild-Erleben allmählich in das Gedankenerleben überging, entstand immer klarer die Empfindung des Gegensatzes von Natur und Seele.

In der Lehre von den vier Temperamenten blieb ein Nachklang dieser Erlebnisweise bis heute erhalten. Das melancholische Temperament bezeichnete man als erdig, das phlegmatische als wässerig, das sanguinische als luftig und das cholerische als feurig. In alten Zeiten erlebte man z. B. den Kräftestrom, welcher durch eine phlegmatische Seele wirkt, in realer Verbindung mit den Wasserkräften in der äußeren Natur. So wurde auch der Zusammenhang zwischen dem Seelenfeuer des Cholerikers und den Wärmkräften des Kosmos, zwischen dem luftigen Wesen des Sanguinikers und dem Wehen des Windes, zwischen der Schwermut des Melancholikers und der Schwere der festen Körperwelt nicht nur als Allegorie, sondern als Realzusammenhang erfahren. Wir müssen unsere heutigen Denkgewohnheiten diesen alten Vorstellungen anpassen, wenn wir die Lehre des Aristoteles von den Urqualitäten und Elementen verstehen wollen.

Die Erde, der feste Zustand der Materie, hat das Streben nach unten, zum Schwerezentrum hin, ist, wie Aristoteles sagt, zentripetal gerichtet (ἐπὶ τὸ μέσον). Das Feuer, der strahlungsförmige Zustand der Materie, strebt umgekehrt nach oben, vom Zentrum weg, ist zentrifugal gerichtet (ἀπὸ τοῦ μέσου). Das Wasser, der flüssige Zustand der Materie, ist im Vergleich mit der Erde zentrifugal, im Vergleich mit der Luft zentripetal. Die Luft, der gasförmige Zustand der Materie, ist im Vergleich mit dem Wasser zentrifugal, im Vergleich mit dem Feuer zentripetal. Diese vier Elemente oder Aggregatzustände der Materie, können ineinander übergehen, der feste Zustand in den flüssigen, der flüssige in den gasförmigen und der gasförmige in den strahlungsförmigen Zustand.

Doch sind nach der Meinung des Aristoteles und der vorsokratischen Philosophen die vier Elemente keine wirklich elementaren Prinzipien, sondern bereits aus Gegensätzen zusammengesetzt. Sie kommen erst zustande durch paarweise Verbindung der Urqualitäten Warm, Kalt, Trocken, Feucht. Diese vier Urqualitäten sind ihrerseits wieder zu verstehen aus der großen Polarität des Männlich-Aktiven und des Weiblich-Passiven. Indem aber das Männliche sowohl wie das Weibliche hier nochmals in eine Zweiheit aufgespalten erlebt wird, entsteht jene Vierheit der Urqualitäten. Das Männliche wird aufgespalten in eine männlich-positive und in eine männlich-negative Qualität. Ebenso wird das Weibliche aufgespalten in eine weiblich-positive und in eine weiblich-negative Qualität. Die männlich-positive Qualität ist das Warme, die männlich-negative ist das Trockene. Die weiblich-positive Qualität ist das Feuchte, die weiblich-negative ist das Kalte.

Die Urqualität Warm wurde empfunden als strahlend, männlich-aktiv. Die Urqualität Feucht dagegen galt als rezeptiv-weiblich-passiv. Die Gegenqualität zu Warm ist Kalt, die Gegenqualität zu Feucht ist Trocken. Das Kalte kämpft ausgleichend und nivellierend gegen das Warme an, ist ihm gegenüber weiblich, aber zerstört das Männliche. Das Trockene kämpft ausgleichend und nivellierend gegen das Feuchte an, ist ihm gegenüber männlich, aber zerstört das Weibliche. Warm und Kalt zusammen neutralisieren sich darum gegenseitig, heben sich auf und bilden kein Element. Ebenso neutralisieren sich gegenseitig Feucht und Trocken und bilden kein Element.

Es gelten Warm als aktiv und Feucht als passiv, gegenüber allen anderen Urqualitäten. Kalt gilt als aktiv gegenüber Feucht und Trocken, als passiv gegenüber Warm. Trocken gilt als passiv gegenüber Warm und Kalt, als aktiv gegenüber Feucht.

Warm, d. h. Erwärmung, Ausdehnung, Vitalisierung, Expansion der organischen Bewegung, strahlend-dynamisches Prinzip. Feucht, d. h. Verflüssigung, Fluidität, Partner des Warmen beim Zeugungsakt, Lockerung, Erweichung, Entspannung, rezeptiv-plastisches Prinzip.

Wenn Warm und Feucht, die strahlend-männlich-aktive und die rezeptiv-weiblich-passive Urqualität sich verbinden, so entsteht das Element Luft, der Atem, das Pneuma des Lebens.

Kalt, d. h. Kälte, Zusammenziehung, Verdichtung, Verlangsamung des Verbrennungsprozesses und damit Verminderung der organischen Wärme und Vitalität, Atonie. Trocken, d. h. Ausdörren, Härtung, Versteifung, Rigidität, Verdichtung und Spannung der Organkräfte, Tendenz zur Unterdrückung der Stoffwechselvorgänge durch Eindicken der Körperflüssigkeiten.

Wenn Kalt und Trocken, die Gegner des Männlich-Warmen und des Weiblich-Feuchten, sich verbinden, so entsteht das Element Erde, d. h. Verfestigung und Stauung der Stoffwechselprodukte, Versteinerung durch Zusammenziehung, Sterben, kurz: Tod.

Wenn Warm und Trocken, die strahlend-männlich-aktive Urqualität, und der dem Warmen gegenüber weibliche Gegner der weiblich-passiven Urqualität Feucht, sich verbinden, so entsteht das Element Feuer, eine Überaktivität in der Vitalisierung, organische Übertemperatur, zu große Heftigkeit des Stoffwechsels, Steigerung des vitalen Lebens, Leben im sinnlichen Bereich.

Wenn endlich Feucht und Kalt, die rezeptiv-weiblich-passive Urqualität, und der dem Feuchten gegenüber männliche Gegner der männlich-aktiven Urqualität Warm, sich verbinden, so entsteht das Element Wasser, eine Übertendenz zu wäßrigen und eiweißhaltigen Prozessen, lymphatische Konstitution, Hypersekretion der Drüsen, organische Untertemperatur, Retardierung der Stoffwechselvorgänge, Hemmung des vitalen Lebens, Leben im geistigen Bereich.

Elemente und Urqualitäten lassen sich uns nicht nur aus den Prinzipien des Männlichen und Weiblichen in der dargelegten Weise verstehen, sondern auch vom Makrokosmos, vom Jahreszeitenkreis aus deuten. Warm und Trocken würden auf die warme und trockene Jahreszeit weisen und die beiden Quadranten des Sommerbogens der Sonnenbahn bilden, Kalt und Feucht würden auf die kalte und feuchte Jahreszeit zu beziehen sein und wären den beiden Quadranten des Winterbogens der Sonnenbahn zuzuordnen. Dabei kämen natürlich Warm und Kalt, Trocken und Feucht als Gegner in Opposition zueinander.

Dann würde im Jahreskreislauf die Kombination Warm—Trocken = Feuer (Aktivierung des Stoffwechsels, organische Übertemperatur, Überschwang des vitalen Lebens, Leben im sinnlichen Bereich) dem Sommer zugeordnet sein. Die Kombination Kalt—Feucht = Wasser (Retardierung des Stoffwechsels, organische Untertemperatur, Hemmung des vitalen Lebens, Leben im geistigen Bereich) gehörte entsprechend zum Winter. Die Kombination Warm—Feucht = Luft (Regeneration, Zeugung, Geborenwerden, Leben) käme dem Frühling zu und die Kombination Kalt—Trocken = Erde (Versteinerung durch Zusammenziehung, Sterben, Tod) entspräche dem Herbst. Vom Frühlingspunkt aus gelangt man dabei in rechtsläufiger Bewegung vom Warmen zum Trockenen, zum Kalten, zum Feuchten und wieder zurück zum Warmen. In linksläufiger Bewegung aber würden, beginnend beim Sommer, aufeinander folgen die durch Kombination der Urqualitäten entstehenden Elemente Feuer, Wasser, Luft, Erde. —

Wir wollen nun auch noch eine physiognomische und psychologische Ausdeutung der Urqualitäten geben. Im Anschluß an Sindbad (Schwickert) — Weiß, Bausteine der Astrologie, Bd. 2, Kap. I, S. 7-34 — seien hier mit Hilfe der Urqualitäten die physiognomischen Formen des Menschen in vier Grundtypen charakterisiert:

Warm: Voll, muskulös, bei Berührung warm, Haut gut gefärbt, leuchtend.

Feucht: Rundlich, Umrisse verschwommen, bei Berührung feucht-warm, schlaffe Faser, Hautblässe.

Kalt: Mager, bei Berührung kühl, Haut von matter, elfenbeinerner Farbe.

Trocken: Scharf akzentuierte Form, straffe Faser, bei Berührung derb, Hautbräune wie sonnenverbrannt.

Die psychologische Ausdeutung der Urqualitäten gibt der bekannte französische Astrologe Selva in klassischer Weise mit folgenden Worten:

„Man wird den Einfluß des *Warmen* überall dort wiedererkennen, wo es Aktivität, Schwung, Lebhaftigkeit gibt; wo die Natur unmittelbar ist; wo das Wesen seinen Impulsen folgt; wo man Entschlossenheit, Mut, Initiative, Unternehmungsgeist findet, wo das Herz über den Verstand herrscht, die moralische Natur strahlend ist und sich in Altruismus, Edelmut, Hilfs- und Schutzbereitschaft manifestiert; wo die Wünsche lebhaft sind, wo es Heiterkeit, Optimismus, Begeisterung gibt.

Das *Kalte* wird bestehen in Langsamkeit, Zaudern bis zur Furcht, leichter Entmutigung, Traurigkeit, Pessimismus. Es erzeugt die Tendenz zur Beschaulichkeit, zur Bequemlichkeit. Es gibt Zurückhaltung, Kälte in allem. Das Wesen wird seine Persönlichkeit immer zu isolieren, seine Individualität auf Kosten seines Nebenmenschen zu entwickeln, ihn in sich zu absorbieren trachten. Hier regiert das Hirn über das Herz.

Das Feuchte erzeugt eine sehr milde, zartfühlende, träumerische, schwankende, nicht offensive, unterwürfige, immer sprunghafte Natur, die aus Mangel an eigener Kraft stets die Notwendigkeit beweist, sich jedem anzuschließen, sich den Nächsten zum Muster zu nehmen. Sie ist eindrucksfähig, besitzt eine sehr rege Phantasie und die hochgradige Fähigkeit der Anpassung und Angleichung. Ihre Neigungen sind wechselnd. Moralische Natur: Ergebenheit, freiwillige, naive Güte. Vernachlässigung und Verschmelzung des Ich in der Persönlichkeit des Nächsten.

Das *Trockene* verleiht eine allgemeine Tendenz zu Herrschsucht, heftigem Ansturm und Unmaß. Trocken, das ist Wille, Leidenschaftlichkeit, Ausdauer, Unbeugsamkeit, Disziplin, Kommando. Der Geist ist zur Gänze absolut und exklusiv, die Eßlust ist zur Gefräßigkeit gesteigert: alles für den eigenen Magen."

Aus den bisherigen Darlegungen ergibt sich von selber, daß bei einem normalen Seelenleben alle vier Urqualitäten miteinander wirksam sein sollten. Verschieden ist dabei nur der Stärkegrad der einzelnen. Die Prinzipien müssen sich in einem relativen Gleichgewicht halten, wenn ein Normalzustand erreicht werden soll.

Wer die Geschichte der Heilkunde kennt, weiß um die Bedeutung dieser Anschauungen für die Medizin im europäischen Mittelalter und noch zur Zeit der Renaissance. In den Werken der abendländischen Hermetiker lassen sich diese Ideen bis ins 18. Jahrhundert nachweisen.

Der als Kunstschriftsteller bekannte Maler Giorgio Vasari hat die Lehre von den Urqualitäten in einem hübschen Raum des Palazzo Vecchio zu Florenz auf Grund eines Programms von Vincenzo Borghini dargestellt. In der Zeitschrift für bildende Kunst 1929/30 Heft 5/6 hat der Geh. Hofrat Dr. Volkmann in Leipzig dieses Bild behandelt in dem Aufsatz „Eine

Melancholia des Vasari". Er schreibt dort unter anderem: „Die Elemente aber sind nach Borghini wieder in sinnvoller Weise untereinander verknüpft, indem die Erde trocken und kalt ist, das Wasser kalt und naß, die Luft naß und warm, das Feuer warm und trocken, so daß es sich durch die Trockenheit wieder mit der Erde berührt, wodurch die wunderbare Kette der Natur sich schließt."

Dr. Hans Hasso von Veltheim-Ostrau, dem ich Einblick gab in meine Studien über die Urqualitäten, beschreibt in seinen „Tagebüchern aus Asien" Bd. I, Hamburg 1956, S. 228 ff. eingehend, wie Ärzte in Afghanistan noch heute auf Grund jener alten kosmosophischen Doktrin von den vier Urqualitäten mit Erfolg praktizieren und heilen. Er veröffentlichte dort auch (S. 229) die von mir entworfene bildliche Darstellung der Urqualitäten und Elemente. Pathologische Zustände, körperliche und seelische Krankheiten ergeben sich, wenn das Gleichgewicht durch Überfluß oder Mangel bestimmter Urqualitäten gestört wird. Krankheitsanlagen sind also durch die Zusammensetzung der Urqualitäten bedingt. Da kann dann eine auf das Ganze zielende und darum geistgemäße Medizin wie die alte afghanische wesentlich zur Heilung beitragen. Der Arzt wird durch seine Medikamente die beim Patienten geschwächten Urqualitäten aktivieren und die zu intensiv wirksamen dämpfen, um das gesundheitliche Gleichgewicht wiederherzustellen.

Aber ein gestörtes Gleichgewicht kann nicht nur durch medizinische Therapie, sondern auch durch Anschluß an das überkosmische göttliche Leben, durch Glaube, Gebet und Meditation wieder zurechtgebracht werden. Wird unser Bewußtsein ins Kosmische und Überkosmische geweitet, so führt das zu einem wachsenden Innewerden Gottes als höchster Macht und damit zu einer Läuterung des Seelischen im Menschen und zur Heilung der Krankheit. Darum sagt Paracelsus: „Das Gegenmittel für alle Krankheiten ist der Seelenadel." Dieses Wort des großen Renaissance-Arztes aber bestätigt eine moderne amerikanische Medizinerin, wenn sie schreibt: „Gebet ist keine Zauberei, keine Magie. In Wahrheit ist es Übertragung von Leben — von dem schöpferischen Leben, das uns erschaffen... Wir geben uns hin

und erschließen uns; so nehmen wir auf, was in uns einströmt"
(Dr. Rebecca Beard, Unser Ziel, Turm-Verlag, Bietigheim).

Nachdem wir das Hervorgehen der Elemente aus den Urqualitäten dargelegt haben, wollen wir weiter zeigen, wie die vier Elemente Erde, Wasser, Luft und Feuer den Tierkreis aufbauen. Raumes-, Zeiten- und Stoffeswesen bilden für den Menschen der ältesten Kulturen einen einheitlichen, geistlebendigen Kosmos, der in äonischem Kreislauf schwingt. Die Raumeskreise der Planetenbahnen realisieren zugleich die Zeitenkreise der Weltentwicklung. „Die Zeit ist eine blühende Flur, ein großes Lebendiges ist die Natur, und alles ist Frucht und alles ist Sonne" (Fr. Schiller). Bei manchen alten Völkern bezeichnet ein und dasselbe Wort den räumlichen Kosmos, den Zeitenlauf und die Schöpfergottheit. So bedeutet z. B. im Griechischen αἰών (gleichen Stammes mit dem lateinischen „aevum" und dem germanischen „ewe", Ehe): 1. Zeitenkreis oder Schöpfungsperiode. 2. Welt. 3. Schöpfergott. Ähnlich ist die Bedeutung des hebräischen ôlam. Damals sprach noch aus Sternenhöhen zum Menschen das göttliche Wort, sich geistlebendig offenbarend in Raumesordnung und Zeitenlauf.

Wenn wir wieder lernen wollen, den Tierkreisrhythmus zu verstehen, sollten wir zunächst einmal versuchen, ein solches wesenerfülltes Erleben von Raum und Zeit uns zu verdeutlichen an den vier Himmelsrichtungen Osten, Westen, Norden und Süden.

Wenn der antike Mensch sich in meditativer Versenkung nach Osten wendet, so erlebt er nicht nur die Raumesrichtung, sondern zugleich mit dem Raumerleben wird in ihm die Zeitenqualität der Ostrichtung lebendig, der Morgen, der Sonnenaufgang, die Geburt des Ich-Bewußtseins. So entspringt aus dem Raumerleben das Zeiterleben, und aus dem Zeiterleben als drittes die Wesensoffenbarung: Feuer, Geistesfeuer! So wird der Osten zur Richtung des Gebetes. Die Goetheverse aus dem zweiten Teil des Faust künden von solchem Sonnenaufgang und Feuererlebnis:

> „Horchet! Horcht dem Sturm der Horen!
> Tönend wird für Geistesohren
> Schon der neue Tag geboren.
> Felsentore knarren rasselnd,
> Phöbus' Räder rollen prasselnd;
> Welch Getöse bringt das Licht!
> Es trommetet, es posaunet,
> Auge blinzt und Ohr erstaunet,
> Unerhörtes hört sich nicht.
>
> Nun aber bricht aus jenen ewigen Gründen
> Ein Flammenübermaß, wir stehn betroffen;
> Des Lebens Fackel wollten wir entzünden,
> Ein Feuermeer umschlingt uns, welch ein Feuer!"

Bei der Wendung nach Westen wird meditativ die Zeitenqualität Abend, Sonnenuntergang erlebt, das Schwinden des Lichtes. Die Klarheit des Tages wird abgelöst von der Dämmerung. Dünste, Nebel steigen auf, der Abendwind weht. Der Dunstkreis der Atmosphäre tritt an die Stelle des Feuererlebens. Aus der Raumesrichtung Westen gebiert sich die Zeitenqualität Abend und als Wesenserlebnis taucht da im Bewußtsein auf das Luftelement. Wieder mögen Goetheverse sprechen von solchem Sonnenuntergang und Lufterleben:

> „Wenn sich lau die Lüfte füllen
> Um den grünumschränkten Plan,
> Süße Düfte, Nebelhüllen
> Senkt die Dämmerung heran.
>
> O! es gibt Geister in der Luft,
> Die zwischen Erd und Himmel herrschend weben,
> So steiget nieder aus dem goldnen Duft
> Und führt mich weg zu neuem, buntem Leben!"

Wenn der Mensch sich in meditativer Versenkung nach Norden wendet, wird die Zeitenqualität Mitternacht erlebt. Da versinkt das Ichbewußtsein in den geisterleuchteten Tiefen der Seele, der Mensch fühlt sich umfangen von den nächtlichen

Wassern des Traum- und Schlafbewußtseins. Das Ich geht ein in seine geistige Heimat, taucht unter in die Tiefen der nächtlichen Sternenwelten.

„Nacht ist es: nun reden lauter alle springenden Brunnen. Und auch meine Seele ist ein springender Brunnen."
(Nietzsche, Nachtlied)

„O Nacht, du Sternenbronnen,
Ich bade Leib und Geist in deinen tausend Sonnen,
O Nacht, die mich umfleußt mit Offenbarungswonnen,
Ergib mir, was du weißt!
O Nacht, du tiefer Bronnen!"
(Morgenstern)

So geht aus der Raumesrichtung Norden die Zeitqualität Mitternacht und das Wesenserlebnis Wasser hervor.

Bei der Wendung nach Süden endlich steigt aus der Raumesrichtung in der Seele auf die Zeitqualität Mittag. Sonnenlicht und Tagesbewußtsein haben hier die Herrschaft. Voll hineingestellt empfindet sich der Mensch in seine Erdenaufgaben und seinen Erdenkampf. Erdenberuf und Erdengeltung bedeuten hier alles. Die Erde hält den Menschen ganz gefangen im irdischen Wachbewußtsein.
Als Wesensoffenbarung wird hier erlebt das Element Erde.

Aus dem Erfahren der Raumesrichtung und Tageszeiten, aus Morgen, Abend, Nacht und Tag geht hervor das Erleben der Elemente Feuer, Luft, Wasser, Erde. Es sind die vier Verdichtungszustände, die vier Werdestufen der Welt. Ihre gröbste irdische Spiegelung zeigen sie in den vier Aggregatzuständen der Materie, dem strahlenden, dem gasförmigen, dem flüssigen und dem festen Zustand aller Stoffe. Die Erde selbst durchlief in ihrer Entwicklung diese kosmischen Stufen. Aus einem wärmestrahlenden Gebilde wurde sie zum leuchtend-gasförmigen, zum flüssigen und zuletzt zum erdig-festen Weltkörper.

Auf höherer Ebene offenbaren die vier Elemente den Aufstieg der Lebensbereiche: Alles Stofflich-Materielle ist Ausdruck des Erdelementes. Das Wasserelement wandelt die tote Wüste zum blühenden Garten. Bei der Pflanze ist das Erdelement in besonders intimer Weise von den belebenden Kräften des Wasserelementes durchdrungen. Im Tier erwacht mit dem Atemrhythmus zugleich Eigenbewegung und bewußt empfindendes Seelenleben. Im Tier wird der physisch-irdische und der lebendig-wäßrige Organismus durchseelt vom Luftorganismus. Aus den verschiedenen Graden der innerlichen Aneignung der Luft ergeben sich klar die Unterschiede der niederen und höheren Tiere. Die niederen Tiere werden bei bloßer Hautatmung oder durch Tracheen und Kiemen von der Luft nur äußerlich durchdrungen, die höheren Tiere dagegen nehmen in der Lungenatmung die Luft ganz in sich auf und kommen so zu entsprechend höherem Bewußtsein und tönender Stimmgebung. — Erst im Menschen aber leuchtet auf das Feuer des ichbewußten Geistes. Im Menschen durchdringen einander alle vier Elemente. Erde, Wasser, Luft und Feuer sind die Werdestufen des Makrokosmos. Erde, Wasser, Luft und Feuer sind gleichzeitig die Signaturen des Mikrokosmos, des Menschen, der die Werdestufen des großen Kosmos in sich trägt.

Steigen wir aus der Ebene der vier Lebensbereiche empor in das bewußte Seelenleben, so offenbaren sich uns hier die vier Elemente als die vier Temperamente. Feuer in der Seele ist Cholerik, die leicht bewegte Luft manifestiert das luftig-sanguinische Temperament, Wasser kennzeichnet den Phlegmatiker, der Gottes Wasser in aller Seelenruhe über Gottes Land laufen läßt, und endlich die schwere Erde ist Ausdruck für das schwermütige Erleben des Melancholikers.

Erheben wir uns nun noch zu einer letzten ichbewußt-geistigen Stufe in der Betrachtung der vier Elemente, sehen wir zu, wie das kulturelle, geistige Leben der Menschheit gegliedert wird durch die Elemente Feuer, Luft, Wasser, Erde, die sich uns als Wesensoffenbarungen von Morgen, Abend, Tag und Nacht ergaben. Das morgendliche Feuererleben der göttlichen Sonne führt zum Kultus und zum Priestertum. Der wahre Priester ist der Hüter des heiligen Geistesfeuers. Das abendliche Lufterleben offenbart auf geistiger Ebene die alles miteinander verbindende Beweglichkeit des Denkens. Darum sprechen wir vom Wehen des Geistes, vom Fluge der Gedanken. Vögel sind im Mythos und im Märchen Bilder geistiger Gedankenkräfte. So steht im Westen beim Sonnenuntergang als Repräsentant des abendlichen Luftelementes der Denker. „Die Eule der Minerva beginnt erst in der Dämmerung ihren Flug", sagt Hegel. Das mitternächtliche Wassererleben läßt die heilenden, ätherischen Bildekräfte aufströmen im Menschen. Mit diesen heilenden und bildenden Kräften wirkt der Arzt und der Künstler. Mit den lebendigen Bildekräften gestaltet der Künstler sein Werk. Der Arzt wirkt heilend hinein in den Bildekräfteleib des Menschen. Darum waren Medizin und Kunst in den alten Kulturen eng miteinander verbunden. Im Sumerischen z. B. heißt der Arzt „azu", das bedeutet „der Wasserkundige". Bei den Griechen war der Gott der Ärzte Asklepios, der Sohn Apollons, des Gottes der Künste. Noch in später Zeit begann die Vereidigungsformel für die griechischen Ärzte mit den Worten: „Ich schwöre bei Apoll, dem Arzte". Die mittägliche Sonne des hellen heißen Tages stellt den Menschen ganz auf die Erde. Erdenherrscher wird da der Mensch. Die Männer des Wirkens und der Tat, Politiker, Gesetzgeber, Juristen und Könige werden so zu Vertretern des Erdelementes in der mittäglichen Himmelshöhe. Wir sehen also gegen Mittag als Erdenherrscher den König, gegen Mitternacht als Wasserkundigen den Arzt, gegen Abend als Vertreter des Luftelementes den Denker und gegen Morgen als Hüter des Feuerelementes den Priester.

In dieser Darstellung der vier Elemente auf der Ebene des kulturell-geistigen Lebens erkennen wir wieder die Gliederung der Universität in die vier Fakultäten: Theologie, Philosophie, Medizin und Jura. Freilich sind da die kosmischen Symbole ganz abgeblaßt ins nur Intellektuelle. Aber deutlich erkennbar gehört doch die Theologie zum Feuer, die Philosophie zur Luft, die Medizin zum Wasser und die juristische Fakultät zum Erdelement.

Heute werden diese Zusammenhänge nur wenigen Menschen noch bewußt sein. In der Renaissance waren diese kosmischen Beziehungen noch lebendig. Michelangelo bildete so in der Mediceerkapelle zu Florenz die herrlichen Plastiken von Morgen und Abend, Tag und Nacht. Im gleichen kosmischen Aspekt stellte Raffael die vier Fakultäten dar in der Camera della Signatura des Vatikan. An der einen Wand sieht man dort die Verherrlichung des Altarsakramentes, die Disputa, als Darstellung der Theologie. An der gegenüberliegenden Wand malte er die Schule von Athen als Sinnbild der philosophischen Fakultät. An der dritten Wand repräsentieren das kanonische und das weltliche Recht die juristische Fakultät und ihr gegenüber erblickt man den Parnaß mit Apoll und den Musen als Verkörperung der Welt des Künstlers und Arztes.

Die Tageszeiten Morgen, Mittag, Abend, Mitternacht haben nun ihre Entsprechung in den vier Jahreszeiten. Denn der Tag ist ja gleichsam ein kleines Jahr. Der Sonnenaufgang entspricht dem Frühlingsbeginn, der Sonnenuntergang dem Herbstanfang, der Mittag entspricht der Sommersonnenwende und die Mitternacht der Wintersonnenwende. So können wir also die vier Elemente Feuer, Luft, Wasser, Erde sowohl in den vier Tageszeiten als auch in den vier Jahreszeiten erleben.

Zur vollen Zwölfergliederung des Tages- und Jahreskreislaufes aber kommen wir, wenn wir bedenken, daß jedes der vier Elemente sich in dreifacher Weise offenbaren kann. Wie die dreifaltige Gottheit ihr Wesen spiegelt in den drei Dimensionen des Raumes, in der Einteilung der Zeit nach Vergangenheit, Gegenwart und Zukunft, in der Dreigliederung des Menschen in Körper, Seele und Geist, so wird jedes der vier Elemente zum Spiegel der göttlichen Trinität und kann in dreifacher Weise erlebt werden als impulsive Bewegung, als stabile Ruhe und als vollendeter Ausgleich zwischen Ruhe und Bewegung. In aktiver Bewegung strebt jedes Element zur Verkörperung hin, in stabiler Ruhe west jedes Element im Zustand der Verkörperung, im Vorgang der Exkarnation erreicht jedes Element den Zustand der Vollendung.

Die vier Elemente Feuer, Luft, Wasser, Erde zeichnen, wie wir sahen, in den Tages- und Jahreskreis ein Kreuz von Ost nach West, von Nord nach Süd. Berücksichtigen wir nun noch die dreifaltige Wirksamkeit jeden Elementes, so müssen wir von jedem der vier Eckpunkte dieses Elementenkreuzes aus ein gleichseitiges Dreieck in den Kreis gelegt denken, vom Ostpunkt her ein Feuerdreieck, vom Westpunkt aus ein Luftdreieck, vom Nordpunkt her ein Wasserdreieck und vom Südpunkt aus ein Erddreieck. Diese vier Dreiecke ergeben dann die volle Zwölfgliederung der Tages- und Jahreseinteilung, den Tierkreis im Tages- und Jahresrhythmus.

Das Feuerdreieck offenbart in dreifacher Weise das Element Feuer: Feuer, das zur Inkarnation strebt, Feuer, das im Zustand der Inkarnation erstrahlt, Feuer endlich, das sich löst aus der Verkörperung und zur Vollendung gelangt. So verwirklicht jedes der vier Elementendreiecke sein Element in dieser dreifachen Weise.

Das vom Ostpunkt aus in den Kreis gelegte Dreieck ist ein Dreieck des Feuers und der Ich-Entfaltung. Es wird gebildet von Widder, dem Zeichen des Frühlingsbeginnes, Löwe, dem Zeichen des vollverkörperten Sommers, Schütze, dem Zeichen des schwindenden Herbstes. Man könnte diese Dreiheit auch charakterisieren als Urfeuer (Widder), gebändigtes Feuer (Löwe) und geläutertes Feuer (Schütze).

Das vom Westpunkt aus in den Kreis gelegte Dreieck des verbindenden Luftelementes ist ein Gemeinschaftsdreieck. Es wird gebildet von Waage, dem Zeichen des Herbstbeginnes, Wassermann, dem Zeichen des vollverkörperten Winters, Zwilling, dem Zeichen des schwindenden Frühlings. Diese Dreiheit ließe sich auch charakterisieren als belebender Lufthauch (Waage), als stehende Luft (Wassermann) und als schwankend-bewegte Luft (Zwilling).

Das vom Südpunkt aus in den Kreis gelegte Erddreieck ist ein Dreieck der irdischen Wirksamkeit. Es wird gebildet von Steinbock, dem Zeichen des beginnenden Winters, Stier, dem Zeichen des vollverkörperten Frühlings, Jungfrau, dem Zeichen des schwindenden Sommers. Man könnte diese Dreiheit auch charakterisieren als impulsive Erde (Steinbock), stabile Erde (Stier), schwankende Erde (Jungfrau), oder vielleicht noch besser als kalte Januar-Erde, welche unter dem Schnee die Saat des neuen keimenden Lebens hoffnungsfreudig in sich birgt (Steinbock), als fette, feuchtwarme, zeugungsfreudige, Leben gebärende Mai-Erde (Stier) und als sommerlich ausgedörrte Erde der Erntezeit (Jungfrau).

Das vom Nordpunkt aus in den Kreis gelegte Wasserdreieck ist ein Dreieck der flutenden, wogenden, verwandelnden okkulten Kräfte. Es wird gebildet von Krebs, dem Zeichen des beginnenden Sommers, Skorpion, dem Zeichen des vollverkörperten Herbstes, Fische, dem Zeichen des schwindenden Winters. Diese Dreiheit ließe sich auch charakterisieren als Quellwasser (Krebs), Sumpf- oder Moorwasser (Skorpion) und Meerwasser (Fische).

Verbindet man nun noch die einander gegenüberliegenden so entstandenen Zwölferabschnitte des Tierkreise miteinander, so erhält man drei Kreuze mit je vier Eckpunkten. Jedes dieser Kreuze weist an jedem Eckpunkt eines der vier Elemente auf. Dabei ergibt sich, daß das Kreuz, in dem die Jahreszeiten Frühling, Sommer, Herbst und Winter beginnen, die Elemente Feuer, Luft, Wasser, Erde alle im Zustand der impulsiven Bewegung zeigt. Es ist das Kreuz, in dem die Jahreszeiten impulsiert werden, gleichsam zur Inkarnation hinstreben, das Kreuz auch der vier christlichen Feste, Weihnachten, Ostern, Johannis, Michaelis.

Das zweite Kreuz trägt an seinen Ecken die vier Elemente Feuer, Luft, Wasser, Erde im Zustand der stabilen Ruhe. Es ist das Kreuz, in dem die Jahreszeiten voll verkörpert sind. Im Wonnemonat Mai erleben wir die volle Verkörperung des Frühlings, im Juli-August kommt der Sommer, im November der Herbst und im Januar-Februar der Winter zu seiner vollinkarnierten Auswirkung.

Das dritte Kreuz endlich trägt an seinen Ecken die vier Elemente Feuer, Luft, Wasser, Erde im Zustand des Sichlösens, im Vorgang der Exkarnation. Es ist das Kreuz, in dem die Jahreszeiten wieder hinschwinden, sich gleichsam exkarnieren und vollenden. So klingt im Juni der Frühling ab, im September schwindet der Sommer. Im Dezember verklingt der Herbst und im März schwindet der Winter dahin.

Die alten Inder nannten dieses Kreuz der schwindenden Jahreszeiten das Kreuz des Lichtes, das Sattva-Kreuz. Das Kreuz der voll verkörperten Jahreszeiten nannten sie das Kreuz der Finsternis, das Tamas-Kreuz. Das Kreuz der beginnenden Jahreszeiten aber nannten sie das Kreuz der Mischung von Licht und Finsternis, das Kreuz der Trübe, das Rajas-Kreuz. Licht, Finsternis und Trübe, das sind auch die drei Grundprinzipien der Farbenlehre Goethes. Aus dem Zusammenstrahlen von Licht, Finsternis und Trübe entsteht der ganze Farbenbogen. Aus dem Ineinanderwirken der gleichen Kräfte Licht, Finsternis und Trübe entsteht der ganze Tierkreis.

Schreitet man vom Feuerdreieck, das seine Spitze im Osten hat, fort zum Luftdreieck, das seine Spitze im Westen hat, und weiter zum Wasserdreieck, das vom Nordpunkt ausgeht, bis zum Erddreieck, das seinen Ausgang im Süden nimmt, so spiegelt sich in diesem Abstieg vom Feuerelement zum Luft-, Wasser- und Erdelement die ganze goldene Kette der Lebensreiche vom Menschen (Feuer) über das Tier (Luft), zur Pflanze (Wasser), bis zum Kristall (Erde). „Der Mensch, der das nur über seinen Leib verfügende Mineralreich, das Leib und Leben besitzende Pflanzenreich und das an Leib, Leben und Empfindung gleichermaßen anteilhabende Tierreich dadurch überragt, daß er selbstbewußt teilnimmt an der Wirklichkeit des Geistes, ergreift sein Geistsein im Ich" (Herbert Fritsche, Sinn und Geheimnis des Jahreslaufes S. 35). So erleben wir im Tierkreis und im Menschen die Steigerung vom Erd- und Wasser- bis zum Luft- und Feuerelement als Aufstieg vom Mineral zur Pflanze, zum Tier, zum Menschen.

Schreitet man nun aber, ausgehend vom Frühlingszeichen Widder, dem Lauf der Sonne folgend, zum Stier-, Zwilling- und Krebszeichen voran, so folgt da auf das Feuerzeichen Widder das Erdzeichen Stier, das Luftzeichen Zwillinge und das Wasserzeichen Krebs. Bei Löwe beginnt dann die Reihe wieder neu mit Feuer. So folgen stets regelmäßig aufeinander ein

Feuer-, Erd-, Luft- und Wasserzeichen. Was hat diese Folge der Elemente im Schöpfungsrad des Tierkreises zu bedeuten?

Man wundert sich vielleicht zunächst darüber, daß hier der Schritt vom Feuer, dem flüchtigsten Element, das auf den strahlungsförmigen Zustand der Materie und unter den Lebensbereichen auf den Menschen hinweist, sogleich zur Erde, dem dichtesten Element, getan wird, das auf den festen Aggregatzustand der Materie und unter den Lebensbereichen auf die Mineralien hinweist. Die Elemente und Naturreiche wollen keineswegs nur als Stufenfolge, als Steigerung vom festen zum flüssigen, gasförmigen und strahlungsförmigen Zustand, als Aufstieg vom Mineral zur Pflanze, zum Tier, zum Menschen verstanden werden, sondern auch als polare Entgegensetzung und Ergänzung. Da bilden eben im Schöpfungsprozeß Feuer und Erde, Sterne und Steine, Mensch und Kristall solch eine polare Ergänzung. Das mag zunächst befremdlich erscheinen; denn die Wechselbeziehung zwischen dem Geist des Menschen und dem sogenannt toten Gestein will uns vom Intellektualbewußtsein aus nicht einleuchten.

Man denke aber einmal daran, daß seit alters die Kristalle und Edelsteine eine geheimnisvolle Verehrung genossen, und vergegenwärtige sich auch, daß das ichbewußte Denken sich in der Neuzeit gerade in der Auseinandersetzung mit der leblosen Materie in Physik, Mathematik, Mechanik, Geologie entwikkelte. Da scheint also doch eine verborgene Beziehung zu walten zwischen dem Ichhaft-Geistigen und dem Mineralischen. Von einem höheren als dem bloß intellektuellen Standpunkt aus kann man auch die Welt der Gesteine zum Gegenstand physiognomischer Wesenserkenntnis machen. Solch eine Betrachtung der Gesteinswelt zeigt uns z. B. Goethes Aufsatz über den Granit. Die Mineralien erscheinen da als erhabene Uroffenbarungen eines Geistig-Göttlichen, das sich im Erdbereich spiegelt, ohne in es einzutreten oder sich mit ihm zu vermischen. Das Geistige der Steine lebt gleichsam in den kosmischen Weiten des Sternenhimmels, wie der Okkultismus lehrt. Das ist die Beziehung zwischen Sternen und Steinen. Auch Novalis gibt in seinen

„Lehrlingen zu Sais" Anweisung zu solcher Weitung des Bewußtseins ins Kosmische, will uns lehren, jene große Chiffrenschrift zu lesen, „die man überall auf Flügeln, Eierschalen, in Wolken, im Schnee, in Kristallen und Steinbildungen, auf gefrierendem Wasser, im Innern und Äußern der Gebirge erblickt." Nur wenn unser Bewußtsein sich ins Kosmische weitet, werden wir wahrhaft in die Tiefen der Erde und der Mineralien verstehend eindringen. Novalis nennt darum im „Heinrich von Ofterdingen" den Bergmann einen umgekehrten Astrologen. Der Alchimist des Mittelalters stellte durch mineralisch-chemische Prozesse die geistige Entwicklung und den Pfad zur Erweckung des kosmischen Bewußtseins dar.

Leichter zu verstehen ist das polare Zueinandergehören von Luft und Wasser, von Tier- und Pflanzenreich. Wie das Stofflich-Materielle seinen Ausdruck findet im Erdenelement, dem festen Aggregatzustand, so gehört das Wasserelement, der flüssige Aggregatzustand, zum Pflanzenreich. Bei der Pflanze ist das Erdelement ganz von den belebenden Kräften des Wasserelementes durchdrungen. Das Luftelement, der gasförmige Aggregatzustand ist, wie wir bereits darlegten, dem Tierreich zuzuordnen. Im Tier wird der physisch-irdische und der lebendigwäßrige Organismus durchseelt vom Luftorganismus.

> „Wind ist der Welle
> Lieblicher Buhle!
> Wind mischt von Grund aus
> Schäumende Wogen."
>
> (Goethe)

Das Wasser ist Ausdruck der ätherischen Lebenskräfte, die Luft ist Träger der astralischen Seelen- und Schicksalsmächte. Wie der Wind mit der Welle spielt oder sie von Grund aus mischt, so sind die astralischen Seelenkräfte und ätherischen Lebenskräfte, so Tierreich und Pflanzenreich aufeinander hinorganisiert. Die Pflanzen sind die Nahrung der pflanzenfressenden Tiere. Die Pflanze wächst gleichsam dem Tier ins Maul. Was die Pflanze bei Tage ausatmet, den Sauerstoff, das atmet das Tier ein, und was das Tier ausatmet, die Kohlensäure, das atmet die Pflanze ein. Bei Nacht freilich atmet auch die Pflanze Kohlensäure aus. Im ganzen genommen ist jedoch die Pflanze ein überwiegend aufbauendes, das Tier ein überwiegend abbauendes Wesen. Das Ätherische der Pflanzenwelt wirkt sprossend, aufbauend, das Astrale der Tierwelt dagegen verzehrend und abbauend. Im Schlafe, wenn das Seelisch-Astrale sich aus dem Körper löst, bauen die pflanzenhaft-ätherischen Kräfte ihn neu auf. Durch dauernde Schlafverhinderung kann man Tiere und Menschen töten. Leben und Bewußtsein stehen polar zueinander wie Pflanze und Tier, wie Lebens- und Erkenntnisbaum. Die Pflanze keimt, wächst und sproßt, verzweigt sich nach außen, das Tier dagegen keimt und wächst nach innen. Pflanzliches Leben ist von sich selbst wegbewegt, tierisches Leben ist auf sich selbst zubewegt, ist reflexiv, seelenhaft, empfindlich. Den Pflanzen kommt daher wohl Reizbarkeit, aber nicht Empfindung zu.

So sehen wir also, wie gerade durch die polare Verbindung der entgegengesetzten Elemente Feuer und Erde, Sterne und Steine, Geist und Materie aneinander gebunden sind und im Menschen Ich-bewußtes Wollen und Denken gerade am Körper, an der Materie entwickelt wird, sehen weiter, wie durch polare Ergänzung der Elemente Wasser und Luft, Pflanze und Tier, Ätherisch-Lebendiges und Astral-Seelenhaftes ebenfalls aufeinander hinorganisiert sind und die organischen Pflanzen und Tierwelten in der Natur entstehen. Jetzt ist uns klar, warum das Schöpfungsrad des Tierkreises die Elemente in der Reihenfolge Feuer, Erde, Luft, Wasser in rhythmischer Folge aufweist.

Da nun die oberen Elemente, Feuer und Luft, strahlende, aktive, elektrisch-positive, männliche Qualität haben, die unteren Elemente, Wasser und Erde, dagegen saugende, passive, elektrisch-negative oder magnetische, weibliche Qualität haben, ergibt sich bei der Aufeinanderfolge von Feuer, Erde, Luft, Wasser im Tierkreis bei den verschiedenen Zeichen ein regelmäßiger Wechsel von männlichen und weiblichen Zeichen: Feuer ist männlich, Erde weiblich, Luft wieder männlich und Wasser weiblich usw.

Die umfassende Bedeutung der Elemente sowohl in ihrer Steigerung als Stufenfolge vom Erd- und Wasserelement zum

Luft- und Feuerelement wie auch in ihrer polaren Ergänzung als Feuer- und Erdelement, als Luft- und Wasserelement ist uns damit deutlich geworden. Wir stimmen Otto Julius Hartmann zu, wenn er in seinem Buche „Erde und Kosmos" (Frankfurt 1938, S. 111) sagt: „Die Erkenntnis der Elemente ist von allergrößter naturwissenschaftlicher und kosmologischer Bedeutung, denn sie sind recht eigentlich der Schlüssel zum Verständnis der Polarität von Erde und Kosmos, Dingraum und Überräumlichem."

Planeten und Urqualitäten

Im letzten Kapitel habe ich eingehend über Urqualitäten und Elemente im Tierkreis gehandelt, habe gezeigt, wie das Feuerelement eine Synthese darstellt aus den Urqualitäten Warm und Trocken, das Luftelement eine Kombination ist aus den Urqualitäten Warm und Feucht, das Wasserelement hervorgeht aus der Verbindung der Urqualitäten Feucht und Kalt, das Erdelement endlich zu verstehen ist als eine Vereinigung der Urqualitäten Kalt und Trocken. Weiter habe ich dann dargelegt, wie die 4 Elemente Erde, Wasser, Luft und Feuer den Tierkreis aufbauen. Da jedes dieser 4 Elemente sich in dreifacher Weise offenbaren kann, ergaben sich so 4 Elementendreiecke, die uns zur vollen Zwölfergliederung des Tages- und Jahreskreislaufes führten. Durch Verbindung der so entstandenen einander gegenüberliegenden Zwölferabschnitte des Tierkreises erhielten wir drei Elementenkreuze, von denen das erste als Kreuz der beginnenden Jahreszeiten alle vier Elemente im Zustand der impulsiven Bewegung zeigt, das zweite als Kreuz der vollverkörperten Jahreszeiten die vier Elemente im Zustand stabiler Ruhe aufweist, das dritte als Kreuz der schwindenden Jahreszeiten die vier Elemente im Zustande der Auflösung darstellt. Diese drei Kreuze mit ihren 4 Elementen-Ecken ergeben ebenso die Zwölfzahl (3 · 4 = 12) wie die vier Elementen-Dreiecke mit ihren 3 Ecken (4 · 3 = 12).

Die umfassend kosmologische Bedeutung der Elemente im Makro- und im Mikrokosmos haben wir dann am Aufbau des Tierkreises eingehend aufgezeigt, sowohl in ihrer Steigerung als Stufenfolge vom Erd- zum Wasser-, zum Luft- und Feuerelement als auch in ihrer polaren Ergänzung als Feuer- und Erdelement, als Luft- und Wasserelement.

Wie nun die 4 Elemente der zwölf Tierkreiszeichen ihren Ursprung haben in den vier Urqualitäten, so können auch die Planeten in ihrer essentiellen Natur verstanden werden als hervorgehend aus den vier Urqualitäten. Machen wir uns das im einzelnen deutlich.

☉ Die Natur der Sonne ist gemäß der astrologischen Tradition als Warm und Trocken zu bezeichnen, wobei die Wärmequalität erheblich überwiegt. Der große Astrologe Morin gibt für die Sonne das Verhältnis 5 1/2 Warm zu 2 Trocken an. Sie gehört demnach zum Feuerelement. Warm, d. h. Erwärmung, Ausdehnung, Vitalisierung, strahlend-dynamisches Prinzip, ferner im seelisch-geistigen Bereich Aktivität, Impulskraft, Begeisterungsfähigkeit, Mut, Herrschaft des Herzens über den Verstand, Optimismus, Edelmut. Trocken, d. h. Ausdörren, Verdichtung und Spannung der Organkräfte, ferner im seelisch-geistigen Bereich Tendenz zur Herrschsucht, Wille, Leidenschaftlichkeit, Ausdauer, Unbeugsamkeit. Da die Qualität Warm die Qualität Trocken bei der Sonne erheblich überwiegt, wird die Sonne physiologisch eine stark vitalisierende Wirkung haben und die schwächer vertretene Urqualität Trocken wird sich als gemäßigte, fördernde Anspannung des Organismus auswirken. Im Seelisch-Geistigen wird sich diese Kombination von Warm und Trocken als männlich-aktive Impulskraft, als strahlend-positive Willensnatur mit einer mäßigen Komponente von Leidenschaft, Ausdauer und Geltungsdrang auswirken. Ganz allgemein ist die Sonne Symbol der Herzkraft, des schöpferischen Geistes und des Lichtzentrums unseres göttlichen Selbst.

♃ Die Natur des Jupiter stellt auch eine Kombination der Urqualitäten Warm und Trocken dar. Morin gibt für ihn das Verhältnis von 1 1/2 Warm zu 1 Trocken an. Auch er ist also ein männlicher Feuerplanet. Auch bei ihm überwiegt wie bei der Sonne das Warme das Trockene. Aber beide Urqualitäten sind in ihm ungefähr gleich stark vertreten. Jupiter, könnte man sagen, ist eine kleine Sonne. Er ist auch der größte Planet in unserem System. Aus der besonders harmonischen Mischung der beiden Urqualitäten Warm und Trocken erklärt sich die wohltätige Wirkung dieses Planeten. Die Astrologen pflegen ihn

„das große Glück" zu nennen. Idealismus, Wohlwollen, Großmut, Edelmut sind die positiven Gaben dieses Planeten.

♂ Mars ist der dritte der männlichen Feuerplaneten. Auch er wird charakterisiert durch die Urqualitäten Warm und Trocken. Aber bei ihm überwiegt die trockene Qualität erheblich die warme. Morin gibt für ihn das Verhältnis von 2 1/2 Warm zu 3 1/2 Trocken an. Hier überwiegen also Energie, Leidenschaft, Begierde die strahlend-wärmende Qualität. Wir verstehen, warum dieser Planet zum Symbol des Energie-Zentrums im Kosmos wurde und der Kampf- und Kriegsgott Mars sein Repräsentant ist.

♀ Auch in der Venus ist noch die Urqualität Warm vertreten, aber sie mischt sich hier stark mit der Urqualität Feucht. Morin gibt für sie das Verhältnis von 1/2 Warm zu 4 Feucht an. Die Venus ist also dem Element Luft zuzuordnen. Feucht, d. h. Verflüssigung, Lockerung, Erweichung, Entspannung, rezeptiv-plastisches Prinzip. Im seelisch-geistigen Bereich ergibt das eine weiche, zartfühlende, träumerische, schwankende, phantasievolle Natur mit ausgesprochener Fähigkeit zur Anpassung und Angleichung. Da die Wärme-Komponente nur 1/2 Teil beträgt, überwiegt das weiblich-bildsame, rezeptiv-plastische, unterwürfige Prinzip das strahlend-männlich-aktive bei weitem. Trotzdem aber ergibt das eine recht günstige Kombination der Kräfte, die der Venus den Namen „das kleine Glück" eingetragen hat. Im Physiologischen bewirkt das Belebung, Reproduktion, Verstofflichung, im Psychischen Bildsamkeit, Schmiegsamkeit, besänftigendes, jede Starrheit erweichendes, gütig harmonisierendes Wesen. Harmonie, Rhythmus, Heiterkeit, Liebenswürdigkeit, Zärtlichkeit, Versöhnlichkeit, künstlerischer Sinn sind Venusqualitäten. In schlechtem kosmischem Zustand macht Venus vergnügungssüchtig, sinnlich, nachlässig, unordentlich, bequem, träge.

☽ Der Mond kombiniert die kalte mit der feuchten Urqualität. Morin gibt für ihn das Verhältnis von 5 Kalt zu 6 Feucht an. Der Mond ist also dem Element Wasser und dem weiblichen Geschlecht zuzuordnen. Kalt, d. h. Zusammenziehung, Verdichtung, Verlangsamung des Verbrennungsprozesses, Verminderung der organischen Wärme und Vitalität. Seelisch bedeutet Kalt Zurückhaltung, Isolierung, Pessimismus, Langsamkeit. Hier regiert das Hirn über das Herz. In der Kombination mit Feucht bewirkt die Kälte hier Untätigkeit, oder auch Bewegung im passiven Sinn, Reflexion. Diese verhaltene, nach innen tendierende Bewegung befördert die passiven Seiten der Geistigkeit, steigert die Empfänglichkeit, die Träumerei, die Phantasie. Mond-beeinflußte Menschen sind darum oft wechselvoll, launisch, untätig, weichen jeder Anstrengung aus, lieben die Bequemlichkeit und ziehen sich scheu vom Leben zurück (Laune von luna, Mond). Im allgemeinen ist der Mond Sinnbild der passiv hingegebenen Seele, der stofflichen Fruchtbarkeit und Wandelbarkeit, Symbol unseres kleinen Ich.

♄ Saturn ist eine Kombination von Kalt und Trocken bei leichtem Überwiegen des Kalten. Morin nennt für ihn die Proportion 3 1/2 Kalt zu 3 Trocken. Er gehört also dem Erdelement an. Im Physiologischen bewirkt diese Kombination Verringerung der Wärme und Vitalität, Hemmung der organischen Funktion. Im Psychischen ergibt das Kälte, Langsamkeit, Schwere, Ernst, Konzentration, Egozentrik, Meditation, Melancholie, Pessimismus, während das Trockene hart, unbeugsam, intolerant und herrschsüchtig macht. Der Planet ist, da das Kalte das Trockene überwiegt, als männlich zu betrachten. Saturn ist die Antithese zu Leben und Vitalität, macht abgeneigt gegen jede Expansion, gibt den Hang zur Einsamkeit, Konzentration und Vertiefung. In gutem kosmischen Zustand fördert er asketische Neigungen, philosophischen, metaphysischen, okkulten Forschergeist und Gerechtigkeitssinn. In schlechtem Zustand macht er die Menschen engherzig, dogmatisch, egoistisch, kalt, geizig, ängstlich und pessimistisch. Der Saturn ist der Hüter der Schwelle, der Versucher schlechthin, der uns immerfort prüft, ob wir Schein vom Wesen unterscheiden können, und uns von Ich- und Besitz-Besessenheit befreien will. Als

Schicksalsplanet ist er einer der wichtigsten Faktoren, die unsern Charakter und unser Leben formen sollen.

☿ Merkur ist ebenfalls eine Kombination von Kalt und Trokken. Nach Morin eignet ihm die Proportion von 1 1/2 Teilen Kalt zu 1 Teil Trocken. Auch er ist also dem Element Erde zuzuordnen. Die Urqualität Kalt mit ihrer konzentrierenden, reflektierenden, absorbierenden und konstruktiven Kraft überwiegt leicht die Spannkraft und Antrieb verleihende Urqualität des Trockenen. Morin betrachtet ihn darum als männlich-aktiv. Merkur symbolisiert entsprechend den Intellekt, Logik, Findigkeit, praktische, kommerzielle oder diplomatische Begabung. In gutem Zustand schenkt er Gedankenreichtum, Klugheit, Forschergeist, Beredsamkeit, Geschicklichkeit. In schlechtem Zustand macht er unzuverlässig, servil, geschwätzig, betrügerisch, verschlagen, verleumderisch, diebisch. Allgemein fördert Merkur als sonnennächster Planet die innere Wachheit, soll uns anspornen zu geistiger Klarheit und Ordnung.

♅ Uranus, als Oktave zu Merkur, ist der Planet des intuitiven Denkens, der geistigen Freiheit und der Materie sprengenden, entstofflichenden, spiritualisierenden kosmischen Kräfte. Sein Symbol stellt einen aus einer kleinen Sonne hervorschießenden Blitz dar. Entsprechend wäre er zu charakterisieren durch die Urqualitäten Warm und Trocken. Er ist also ein männlicher Feuerplanet, hat aber sein Domizil im Luftzeichen Wassermann.

♆ Neptun, als Oktave zu Venus, ist der Planet der allumfassenden, kosmischen Liebe, des Okkultismus und der Mystik. Er wäre zu charakterisieren durch die Urqualitäten Kalt und Feucht, bei Überwiegen des Feuchten. Er gilt mithin als Wasserplanet und ist dem Geschlecht nach weiblich. Sein Domizil sind die Fische.

Pluto, als Oktave zu Mars, ist der Planet der kosmisch-magischen Energie und Willenskraft. Als Sonne der Unterwelt fährt Pluto-Hades-Osiris auf der Mondenbarke über die Wasser der Totenwelt. Sonne und Mond, ein Feuer- und ein Wasserplanet, sind in seinem Symbol verbunden. Dementsprechend sind in Pluto die Elemente Feuer und Wasser geeint, sein Geschlecht ist Janus-Natur. Das Element Feuer entsteht aus den Urqualitäten Warm-Trocken, das Element Wasser aus den Urqualitäten Feucht-Kalt. Weil Plutos Natur polar feurig-wäßrig und männlich-weiblich ist, wirken in ihm nicht nur zwei, sondern vier Urqualitäten: Warm-Trocken und Kalt-Feucht. Dabei hat aber die Urqualität Kalt-Feucht, also das wäßrige Element, das Übergewicht. Das Mondenhafte ist hier stärker als das Sonnenhafte. Pluto-Osiris ist die Sonne der Unterwelt. Darum ist auch das wäßrige Unterweltszeichen Skorpion sein Domizil.

Der Jahreslauf als Naturphänomen und als Christusjahr

Nachdem wir nun die grundlegenden Faktoren des astrologischen Tierkreises, Planeten, Urqualitäten und die vier Elemente in ihrer mikro- und makrokosmischen Bedeutung kennengelernt haben, wollen wir versuchen, die mit dem Naturleben zusammenhängende Wesenheit des Jahreskreislaufes zuerst im Ganzen zu erfassen. Das Jahr ist im astrologischen Sinne keine abstrakte Zeitspanne, sondern ein großer, geistlebendiger Organismus, der alle Bereiche der Natur und des Menschenlebens durchdringt.

Winterlich-greisenhaft wirkt im Menschen der kühle Kopf mit seinem Begriffsdenken, während in Blut- und Willensleben erwärmend-verjüngende Kräfte walten. Ihren Ausgleich finden beide Polaritäten im Mysterium der Mitte, im Rhythmus von Herzschlag und Atmung. Der Jahreskreis kann weder aus der Verstandeskälte noch aus der Willensglut begriffen werden, sondern nur aus der Herzens-Schicksals-Mitte. Wie das Herz im Mikrokosmos Zentrum des Blutkreislaufes ist, so ist im Makrokosmos die Sonne Zentrum aller Planetenbahnen. Mit vollem Recht können wir daher das Planeten- und Tierkreiswissen als kosmische Herzensweisheit bezeichnen. Die Inder ordnen darum im Kundalini-Yoga die zwölfblättrige Lotosblume, welche auf den zwölfteiligen Tierkreis hindeutet, dem Herzen zu. So schaute auch die Seherin von Prevorst den Sonnenkreis auf ihrem Herzen. So erlebte unser seherisch inspirierter Dichter Novalis das Jahreswissen als Herzensweisheit, wenn er im zweiten Teil des Ofterdingen „die Vermählung der Jahreszeiten" schildert: „Sie fahren zur Sonne und holen zuerst den Tag, dann zur Nacht, dann nach Norden, um den Winter, alsdann nach Süden, um den Sommer zu finden, von Osten bringen sie den Frühling, von Westen den Herbst. Dann eilen sie zur Jugend, dann zum Alter, zur Vergangenheit wie zur Zukunft." Ja, die höhere Einheit der Tages- und Jahreszeiten und

Lebensalter, die Ganzheit des Tages-, Jahres- und Lebensrhythmus, das ist „des liebenden Herzens innigster Wunsch".

Der religiöse Kultus aller Völker, Musik, Tanz, Sprache, Dichtung und Schrift sind zutiefst im Rhythmus des Jahreskreislaufs verwurzelt. Das hat neuerdings Hermann Wirth (Der Aufgang der Menschheit, Jena 1928. Die heilige Urschrift der Menschheit, Leipzig 1931 — 1936) an einem weitschichtigen Material eingehend aufgezeigt. Wie auch immer man diese Forschungen im einzelnen beurteilen mag, sicher ist jedenfalls, daß kosmische Geistigkeit die Entwicklung des menschlichen Geistes impulsiert hat. Weil der Mensch in der Urzeit dem Kosmos noch so lebendig und unmittelbar aufgeschlossen war, darum besitzen in mythischen Zeiten Kultus, Kosmologie, Lied und Dichtung eine später nicht mehr erreichbare Fülle und Wucht. — Sicher ist auch, daß schon die Menschen der Steinzeit eine Natursichtigkeit entwickelten, mit der sie die Lebensprozesse des Gesamtkosmos in Stein, Pflanze, Tier, Mensch und Stern erspürten. Sie interessierten sich nicht für die Materie, sondern für deren Belebtheit. In Sonne und Planeten sah der Mensch der Frühzeit göttliche Wesenheiten, im Jahresrhythmus der Sonne erfuhr er das Leben, Leiden, Sterben und Auferstehen des Jahrgottes, des „sun". Die Jahresabschnitte der Sonnenbahn waren für ihn verschiedene Offenbarungsstufen der physischen, der geistigen und der Schöpfersonne. Das Weltbild dieser Urzeitmenschen war also wesentlich spiritueller als unser neuzeitlich materialistisches Weltbild. An Gestirnssymbolen orientierte sich der Mensch, noch ehe er eine Begriffssprache entwickelte. Das beweisen die aus der Steinzeit stammenden astralen Felszeichnungen der Höhlenbewohner (s. dazu Kapitel 4: Der Kosmos als Geistorganismus in der Schau der Steinzeitmenschen). Nicht nur die Religion, sondern auch die Kunst, die Dichtung, das Lied der Frühzeit ist gar nicht zu denken ohne diese uralte Sternenweisheit. Otto Julius Hartmann (a. a. O. S. 200 f.) sagt richtig: „Verbindet sich der Mensch mit dem hoffnungsvoll aufsteigenden Frühling, der Gewalt des Sommers, der Wehmut des Herbstes, der Todesstarre des Winters, so verbindet er sich mit dem gewaltigen Atem der Erde, mit einer kosmischen Sprache, mit dem Grundelement aller Dichtung. Vor der Inkarnation lebt die Menschenseele in den Erden- und Sternenrhythmen. Wer den Nachklang davon in sein verkörpertes Tagesbewußtsein herüberzunehmen imstande ist, wird je nachdem Musiker oder Dichter. Er bekundet dann von Kindheit an die Sehnsucht, sich den Tages- und Jahreszeiten hinzugeben, die Macht der Gewitterstürme und Sternenmächte in sich walten zu lassen." Wenn wir heute nicht tief und richtig atmen, wenn unser Herzschlag gestört und unser Sprechen und Singen verunreinigt ist, so ist das die Folge davon, daß der modernen Menschheit unter dem Druck eines technisch-intellektualistischen Großstadttreibens das Erlebnis von der Geistbedeutung der Jahreszeiten aufs stärkste getrübt worden ist. Dringend notwendig ist es, daß wir in neuer Weise den Anschluß an das atmende Sprechen des großen Kosmos finden. Dazu kann die Herzensweisheit eines spirituellen Tierkreiswissens, welches uns das Jahr wieder als großen geistlebendigen Organismus verstehen lehrt, wesentlich beitragen.

Betrachten wir zunächst einmal den Jahreskreislauf nur im Hinblick auf die geistige Wesensart der vier Jahreszeiten Winter, Frühling, Sommer und Herbst. Schon dabei wird sich uns ein bedeutsamer Zusammenhang zwischen den vier Jahreszeiten, den vier Elementen und den vier Lebensreichen von Stein, Pflanze, Tier und Mensch ergeben.

Wir beginnen mit dem Winter und folgen in der Darstellung des Zusammenhangs der Jahreszeiten mit den Elementen und Naturreichen der ausgezeichneten Charakteristik, die Otto Julius Hartmann in seinem Buche „Erde und Kosmos" (Frankfurt 1938, S. 185 — 194) gegeben hat.

„Der Winter ist die Jahreszeit des Festen. Hier ist die Erde Kristall. Über dem gefrorenen Boden lagert Schnee, die Wasser sind von Eis bedeckt und darüber steht fremd die kalte Luft. Die Elemente sind einander in statischer Ruhe parallel geschaltet, die Wolken breit, ungegliedert und tief hängend über den Himmel hingetrieben. Die Winterwelt schließt uns feindlich von sich aus und weist uns nach innen.

Die Frühlingswelt lädt uns wohnlich ein, körperlich und seelisch in sie hinauszutreten und mit ihr zu leben. In allem ist hier die zentrale Bedeutung des Wassers zu erkennen. Indem im Winter das Flüssige sich verfestigt, wird zugleich das atmende Hereinwirken der Luft in das Erdenleben ausgeschaltet. Die eigentümliche Sichtigkeit der Frühlingslandschaft hängt auch mit diesen Wasser-Lebensprozessen zusammen. Denn ein sprossendes Blatt, ein offenes Gewässer sind nicht im selben Sinne in eine harte Gestaltgrenze eingeschlossen, wie ein winterlicher Ast, ein gefrorener Teich. Zum grünenden Blatt wie zum offenen Wasser gehört die luft- und lichterfüllte Atmosphäre untrennbar hinzu, in die sie stets übergehen und aus der sie sich bilden. Totes und Festes ist in Grenzen eingeschlossen und läßt um sich einen leeren Dingraum. Lebendig-Flüssiges bildet um sich eine Aura und wird vom Umgebenden durchwohnt. Der Frühling ist die Jahreszeit des sprießenden Lebens, wie es am reinsten die grüne Pflanze veranschaulicht. Diese wurzelt in den beiden unteren Elementen, nährt sich von anorganischen Stoffen des Bodens und der Luft und läßt die kosmischen Kräfte der Wärme und des Lebens nur von außen in sich hereinwirken. So ist sie Urbild des selbstlosen Daseins.

Der Sommer hingegen ist die Jahreszeit des Animalischen. Während die Pflanze das Tote belebt, ist es dem Tierischen eigentümlich, anderes Leben zu vernichten, um sich selbst zu erhalten... Wie man es auch immer begrifflich ausdrücken mag, die Tatsache bleibt bestehen, daß hier eine dämonisch-selbstsüchtige Seite in die Natur einbricht, welche, wie sich später zeigen wird, mit der Aufnahme der Luft, bzw. Wärme, und des damit verbundenen Seelischen ins Innere der tierischen Organismen zusammenhängt. So machen sich nun auch in der sommerlichen Landschaft Luft und Wärme steigend bemerkbar. Die leichten Frühlingswolken weichen den schweren Haufenwolken. Gewitter ziehen auf und werden immer heftiger. Man muß versuchen zu erleben, daß es derselbe irdisch-kosmische Vorgang ist, der sich in den Gewittern des Spätfrühlings, in der Blütenpracht der Obstbäume, in den ersten Schmetterlingen ankündigt und der sich in der Gewitterschwüle, den stechenden Insekten, giftigen Schlangen, berauschenden Blüten und giftigen Früchten des

Hochsommers erfüllt. Denn allen diesen Erscheinungen liegt das Hereinwirken des Kosmos (Wärme und Luft) in den Erdprozeß, mithin ein Vorgang zugrunde, der der Durchseelung des tierischen Körpers verwandt ist. So wird nun auch der Einfluß von Gewittern auf das Empfindungs- und Triebleben der Menschen und Tiere verständlich... Die Parallelität des Sommers mit dem Animalischen ist daher gerade hinsichtlich des abbauenden Einflusses höchst auffallend. Bereits im Hochsommer beginnen nämlich die grünen Blätter leise zu vergilben. Das Auftreten der Blüten bedeutet für die meisten Pflanzen ein Aufhören des Wachstums und verstärkte Gefahr des Verwelkens, welche Tatsache jeder erfährt, der blühende Pflanzen abreißt oder mit den Wurzeln ausgräbt, um sie zu versetzen. Daher sind Blüten und Früchte zwar einerseits die höchste Steigerung des Pflanzendaseins, andererseits aber dem grünen Wachstumsprozeß entgegengerichtete Vorgänge.

Das Erdenleben im Ganzen, wie das der einzelnen Lebewesen bleibt also nur gesund, wenn sich die frühlingshaften, pflanzlichen Aufbaukräfte von Wasser und Erde mit den hochsommerlichen, animalischen Empfindungs- und Begehrungskräften von Luft und Wärme das Gleichgewicht halten, bzw. beide periodisch vor- und zurücktreten (Blatt-Blüte, Frühling-Sommer, Nacht-Tag, Schlafen-Wachen, Vegetation-Animalisation, aufbauende Ernährung — abbauendes Bewußtsein).

Es kann schwer verständlich erscheinen, warum das Hereinschlagen der kosmischen Prinzipien von Licht, Luft und Wärme und des damit verbundenen Seelischen ins Innere der Lebewesen sich beim Menschen in nervöser Gereiztheit und Selbstsucht, bei Tieren in schwülem Triebleben, ja in der Produktion von Giften (Wespen, Skorpione, Schlangen) äußert und sogar die reine Lebenswelt der Pflanzen dort davon ergriffen wird, wo sie über das Blatt zur Blüte (besonders der Lippen- und Schmetterlingsblütler, der Nachtschattengewächse und Orchideen) fortschreitet und endlich ebenfalls zur Produktion zerstörender Gifte (Alkaloide des Fingerhutes, der Tollkirsche, zahlreicher Pflanzensamen, die eben deshalb zugleich Heilmittel sind) geführt wird. Bedenkt man aber, wie der Mensch den gottgegebenen Geist im egoistischen Sinne abbiegen kann, so wird vielleicht begreiflich, daß auch in der Natur dort Triebgier und Gift und damit Kränkung des vegetativen Leibeslebens auftreten muß, wo ein Höheres, Seelisches nicht in kosmischer Ferne bleibt, sondern tiefer ins Irdische eindringt und von diesem ergriffen wird, wie aber eben dadurch auch wieder der farbige Reichtum der Blüten, Düfte, Chemismen, Sinnes- und Begehrensorgane sich entfaltet. Ist schließlich der Hochsommer erreicht, so ist das Erdenleben ganz in die Weiten des Kosmos hinausgerissen und senkt sich dieser tief in das Erdenleben herein. Die Elemente brodeln und brausen wie in einem durchfeuerten Kessel.

Was der Frühling hoffnungsvoll versprach, ist nun erfüllt. Ein Mehr gibt es nicht. Die Zeit hält lauschend den Atem an. Dann verliert sich und verwelkt alles. Eigentümlich leer und öde wird die Welt, wie nach einer großen Leidenschaft. Dem aufsteigenden Jahr konnten wir Mineral, Pflanze, Tier zuordnen. Der Mensch aber fehlte noch. Ihn begreifen heißt nun, die abnehmende Hälfte des Jahres als die Geburt des Geistes in seiner innerlichen Freiheit inmitten des äußeren Todes begreifen. Diese zweite Hälfte des Jahres stellt also den Menschen vor dieselbe Frage wie die zweite Hälfte seiner Lebenszeit: Was er dem Absterben der Natur um sich her und in sich selbst entgegenzusetzen habe. Dies aber wird das eigentliche Wesen des Menschen sein.

Der Herbst ist daher die Zeit der Verwirklichung des Menschen. Hier fragt es sich, ob er aus kosmischer Gelöstheit, durch die Leere des Spätsommers hindurchdringend, zur Kraft des Ich-bin erwachen kann. Während Blätter fallen und Tiere in Winterschlaf sinken, erwacht in uns die Sehnsucht nach stärkerer innerer Wachheit ... Herbstliche Gedankenarbeit kann vorbereiten die weihnachtliche Geistgeburt im menschlichen Herzen ...

Mittwinterzeit zeigt daher ein Doppelantlitz: sie ist Menschenzeit, Geistzeit, Ich-Zeit, innere Wärme- und Lichtzeit, Weihnachtszeit, zugleich aber auch Mineral- und Eiszeit, Todes- und Kältezeit, Wolfszeit ... Das Geheimnis des Jahresumlaufes erfüllt sich im Menschen und in der Menschwerdung des Göttlichen. Weihnachten ist der Schlüssel zum Verständnis der Natur, des Jahreslaufes und des Menschen. Die winterliche Erde ist ebenso Kristall wie Mensch, dunkle Starrheit und lichtvolle Wärme, denn sie ist der im Toten zur Freiheit erwachte, sich selbst verinnerlichende, verkörperte Geist, also verglichen mit dem Sommer zwar Grab, aber Grab, welches die Samenkraft geistiger Auferstehung umschließt.

Zusammenfassend ist also festzustellen: Winter ist physischer Tod, aber geistiges Leben, physisch herrscht das Feste, die Wärme aber ist geistig-innerlich. Sommer ist physisches Leben, aber geistiger Tod, die Wärme herrscht als physisch-äußerliche Tatsache."

Wir sind vom Winter zum Frühling, zum Sommer, zum Herbst und wieder zurück zum Winter durch den Jahreskreis geschritten. Wir erkannten: Im Rhythmus des physischen Lebens ist der Winter die Zeit der Minerale und Kristalle, der Frühling die Zeit der ätherischen Lebens- und Wachstumskräfte der Pflanzen, der Sommer die Zeit der astralen, triebseelenhaften Kräfte der Tiere, der Herbst die Zeit des zu geistiger Freiheit erwachenden Menschen. Mit all dem aber deuteten wir nur erst den Jahreskreislauf als Naturphänomen.

Kehren wir nun nach Realisierung dieses natürlichen Rhythmus wieder zum Winter zurück, so erleben wir die Zeit der Wintersonnenwende als Neugeburt des Lichtes mitten in der Winternacht, als Grab und als Mutterhaus der Sonne. Weihnachten erleben wir da als das Fest des im Toten zur Freiheit erwachenden, von innerer Herzenswärme erfüllten Geistes, als Menschwerdung des göttlichen Logos im erstorbenen Erdenleben.

„Die Sonne schaue
Um mitternächtige Stunde.
Mit Steinen baue
Im leblosen Grunde.
So finde im Niedergang
Und in des Todes Nacht

Der Schöpfung neuen Anfang,
Des Morgens junge Kraft."

(Rudolf Steiner)

Vom weihnachtlich verinnerlichten Geiste aus können wir nun den Jahreslauf auf höherer Ebene nochmals beginnen und kommen dann erst zu einem kosmischen Verständnis aller Christusfeste im Jahresrhythmus.

Ostern, das seinen Namen hat von der germanisch-keltischen Ostera, der Göttin der im Osten aufsteigenden Morgen- und Frühlingssonne, wird gefeiert zur Zeit der Frühlings-Tagundnachtgleiche. Aber es ist nicht nur das Fest der naturhaften Auferstehung und Entfaltung des pflanzlichen Lebens, sondern das Siegesfest der höheren, todüberwindenden Menschennatur. Was als Geistkern zu Weihnachten in die Erde versenkt wurde, das kommt an Ostern zu seiner Entfaltung. Der im Menschen inkarnierte Logos durchgeistigt in seinem Erdenleben die ganze Menschennatur und entreißt im Durchgang durch Leiden und Sterben nicht nur Seele und Geist, sondern auch den physischen Leib dem Tode. Damit wird die Substanz der ganzen Erdenphysis verwandelt und von neuem transparent für den göttlichen Schöpfergeist.

„Der Sonne Licht drang bis ins Herz dir, Erde,
Und brach hervor, da Christus auferstand.
Erneuter Schöpfung prägt er ein das ‚Werde'!,
Weil er den Tod im Opfer überwand.
Da weicht der Fluch durch den, der dich entsündigt.
Ein Garten blüht, ob auch das Grab noch starrt.
Ein Ostern aller Erde wird verkündigt
Der Kreatur, die der Erlösung harrt."

(Hermann Siegel)

An Himmelfahrt durchdringt der vom Tode erstandene Christus-Logos die Weiten des Kosmos. Da erlebt der Mensch im Sommer nicht nur das Aufbrechen tierischen Seelenrausches, sondern das Ausgegossenwerden des Logos in die All-Natur, seinen Aufstieg durch alle kosmischen Sphären. Davon kündet Paulus, wenn er schreibt: „Aufsteigend zur Höhe nahm Christus

Gefangene mit und gab den Menschen Gaben. Aufsteigend, was heißt das anders, als daß er niedergestiegen war in die untersten Tiefen der Erde. Derselbe, der niederstieg, ist auch aufgestiegen über alle Himmel (ὑπεράνω πάντων τῶν οὐρανῶν), um alles in seine Fülle einzubeziehen" (Ephes. 4, 8 — 10). Die sieben Wochen, welche zwischen Ostern und Pfingsten liegen, wurden ursprünglich erlebt als ein Hindurchgehen durch die sieben himmlischen Sphären. Am Auferstehungsleibe des Christus erlebte man das Hindurchschreiten durch diese kosmischen Stufen. Der Auferstandene selber stiftet in diesen sieben Wochen den christlichen Kultus, die sieben christlichen Sakramente, als Ausdruck für das Wirken der Christuskraft in den sieben planetarischen Sphären. Das ist der Weg von Ostern über Himmelfahrt nach Pfingsten. An Himmelfahrt erleben die Jünger nicht mehr im geschlossenen Raum des Coenaculums, sondern auf dem Gipfel des Ölbergs, unter freiem Himmel, die letzte Erscheinung des Auferstandenen. Mehr als 500 Menschen haben nach dem Bericht des Paulus (1. Kor. 15, 6) diese Himmelfahrt miterlebt.

Das Fest wird gefeiert am Donnerstag der sechsten Woche nach Ostern, d. h. also am Jupitertag der Jupiterwoche. Jupiter oder Zeuspater ist bei Römern und Griechen der Göttervater, bei den Indogermanen aber ist „Dieus-pater" der „Vater Äther", der Gott der blauen Himmelsweite, in die hinein an Himmelfahrt der Christus den Blicken der Jünger entschwindet. Der Donnerstag der Jupiter-Woche ist der 40. Tag nach Ostern. 4 × 10 Tage sind da vergangen seit der Auferstehung. 4 ist die Zahl der 4 Elemente Erde, Wasser, Luft und Feuer. Addiert man die Zahlen von 1 bis 4, so ergibt das 10. Die 10 ist die magisch entfaltete 4, die Symbolzahl des aus den 4 Elementen gebauten Kosmos. In der christlichen Esoterik aber ist 10 die Zahl des göttlichen Feuerhimmels, der Sphäre des Vatergottes, die allumfassend die planetarischen Sphären, den Fixsternhimmel und den Kristallhimmel, welche man den neun Engelhierarchien zuordnete, umgibt. So weist auch die Zahl 40 symbolisch hin auf das Mysterium der Himmelfahrt. Der Christus-Logos geht da in einen anderen Daseinszustand, in den Zustand der Allgegenwärtigkeit, über und wird dadurch zum Herrn der

Himmelskräfte auf Erden, zum Herrn der Elemente und des Gesamtkosmos.

> „In die Himmel aufgenommen
> Ward der Herr der Engelscharen.
> Mächtig will er wiederkommen,
> Sich im Äther offenbaren.
> Wie ins All er ausgegossen
> Seine Schöpferkraft, sein Leben,
> Hat die Erde er umschlossen,
> In den Himmel sie zu heben."
>
> (Hermann Siegel)

Zu Pfingsten zieht die kosmische Schöpferkraft des Logos als heiliger Geist, als wiederkehrender Christus, in das Ich des Einzelmenschen ein, neue Menschengemeinschaft begründend. Unabhängig wird nun der Mensch von Tradition und Schrift. In ihm selber spricht jetzt das göttliche Wort. Der Mensch wird selbst die Schrift und selbst das Leben. Da erfüllt sich das Gotteswort des Propheten Jeremia:

> „In ihren eigenen Sinn will ich mein Gesetz legen,
> es ihnen ins Herz hineinschreiben.
> Da braucht keiner mehr seinen Mitbürger zu lehren
> noch seinem Bruder zu sagen: Erkenne den Herrn!
> Denn sie alle werden mich erkennen,
> der Kleinste von ihnen bis zum Größten."

Der Heilige Geist im Menschen ist auf die Zukunft, auf die Vollendung von Mensch und Kosmos hin gerichtet. Der kontinuierlich fortschreitenden Schöpfung entspricht eine kontinuierlich fortschreitende Offenbarung des Heiligen Geistes. Dieser Pfingstgeist, der lebendig macht und alle Gebrechen heilt, ist nicht nur Creator Spiritus, Schöpfergeist, sondern auch Continuator Spiritus und Revelator Spiritus, der weiterführende und offenbarende Geist. Er ist das Prinzip der Lebendigkeit Gottes und das Prinzip der Lebendigkeit Christi, das sich dem Einzelmenschen mitteilt. Der älteste abendländische Hymnus auf den Heiligen Geist, gedichtet um 800 n. Chr. von Hrabanus Maurus, beginnt mit den Worten:

„Veni Creator Spiritus,
Mentes tuorum visita,
Imple superna gratia,
Quae tu creasti pectora!"

„Komm erdwärts, Allerzeuger Geist,
Nimm Wohnung in der Deinen Brust,
Erfüll mit überirdischer Huld
Die Seelen, welche du erschufst!"

Zu Johanni, am Fest der Sommersonnenwende, feiern wir den Geburtstag Johannes des Täufers und den Todestag Johannes des Evangelisten. Dieses Doppelfest charakterisiert gut das Doppelantlitz der Sommersonnenwende. Einerseits umspielt jetzt die weit ausgeatmete Erdenseele im Bunde mit dem Ätherglanz des Sonnenlichtes die größte Entfaltung der irdischen Natur; andererseits beginnen jetzt die Tage wieder kürzer zu werden, die Sonne sinkt, die Blüten fallen ab und das Vergilben der Blätter beginnt. Die alten Germanen gedachten in der Sommersonnenwende des Todes Baldurs, der den Beginn der Götterdämmerung, des großen Weltensterbens, einleitete. In manchen Gegenden begeht man den Johannitag noch heute als den Tag der Toten und zieht hinaus, um die Gräber zu schmücken. Richtig sagt Lic. Emil Bock: „Johannes der Täufer ist der Letzte, der durch seine Geburt, von Natur aus, die Fülle des Seelensommers in sich trug. Der Evangelist Johannes ist der erste, der durch sein anderes Verhältnis zum Tode, durch seine Überwindung des Todes, zu der Fülle des todlosen Lebens durchgedrungen ist" (Caesaren und Apostel, Stuttgart 1937, S. 256).

Zu Johanni kann der Mensch erfahren, wie das zu Pfingsten in ihn eingezogene Geist-Ich in ihm selber zum Quell eines die ganze Natur erneuernden Lebens wird. Mit diesem Geisteslebensquell im eigenen Innern kann er befreiend, erlösend, erquickend auf die ihn umgebende Natur wirken. Das Innenleben des durchgeistigten Menschen wirkt verwandelnd in die ganze äußere Natur hinein, in Tier, Pflanzen und Steine. Was nur innerlich war als erstandenes Gottesleben im Menschen, das wird nun äußerlich neue Seinsform in der Natur. So wird der

Mensch an Johanni zum Messias, zum Erlöser der Natur. „Das Seufzen der Kreatur wartet auf die Offenbarung der Söhne Gottes... Denn auch die Kreatur wird frei werden von dem Dienst des vergänglichen Wesens zu der herrlichen Freiheit der Söhne Gottes" (Röm. 8, 19 und 21). Wie in der Tiefwinterzeit der Keim zum Geistmenschen in die Erde versenkt wird, so wird im Hochsommer durch das im Menschen erstandene Gottesleben der Grundstein zum himmlischen Jerusalem, zur paradiesischen Verklärung von Erde und Kosmos in Gott gelegt.

> „Nie sah die Erde ich so schön!
> Ihr Glück erstrahlt durch alle Weltenräume,
> Auf allen Wiesen wachen Himmelsträume,
> Und hohe Engel durch die Lüfte wehn.
> Es singt! Hörst du? Es singt!
> Das Paradies ist da
> Und ruft die Erde wieder,
> Die Sterne senkten sich in Blütenkelche nieder,
> Und jeder Halm in Melodie erklingt.
> Durch alle Zweige will sich Licht ergießen,
> Tief atmend ruht die Welt in Strahlenstille,
> Im Sonnenglanz naht ein erhabner Wille,
> Die Erde wandelt sich in goldnes Christusgrüßen."

Ein Vorglanz von Michaeli, von der kommenden Weltvollendung, leuchtet schon über dem hochsommerlichen Johannisfeste. In den Evangelien wird Johannes der Täufer geradezu „der Engel des Herrn" genannt, um anzudeuten, daß er vom „Engel des Herrn", von Michael, inspiriert ist.

Von Weihnachten bis Johanni entfaltet sich wachstumsmäßig das Leben auf der Erde nach außen hin. Mit dem Längen der Tage, mit dem Steigen der Sonne streben auch die Pflanzen empor und heben ihre leuchtenden, farbigen Blüten der Sonne entgegen. Die aufsteigende Sonne läßt wachsen. Es ist die Zeit, wo der Lebensstrom unseres Planeten aufwärts steigt vom Erd- und Wasserelement ins Luft- und Feuerelement hinein, wo die Erde gleichsam ausatmet und ihr Odem immer höher in die Weiten des Kosmos empordringt. Von Johanni bis Weihnachten aber atmet die Erde ein, ihr Lebensodem sinkt ab, wird nach innen gezogen. Der Vogelsang in den Lüften verstummt nach der Sommersonnenwende. Das pflanzliche Leben welkt dahin. Die Wachstumskräfte wenden sich nach innen, der Fruchtansatz wird gebildet. Aus Blüten werden Früchte und Samenkörner. Die absteigende Sonne läßt reifen.

Schreiten wir nun im Jahreslauf abwärts von der Sommerhöhe in Herbst und Winter hinein, so spiegeln auch die Jahresfeste im sinkenden Sonnenbogen dieses Welken, Sterben und Reifen wieder. Auf die im aufsteigenden Jahresbogen gelegenen Christusfeste folgen nun im absteigenden Jahresbogen die Feste der Reifung und Erweckung des Menschen. Wie man über den aufsteigenden Jahresbogen mit seinen Christusfesten von Weihnachten bis Johanni die Worte schreiben kann „Christus für uns" und „Christus in uns", so kann man über den absteigenden Jahresbogen mit den Erweckungsfesten des Menschen von Johanni bis zum Advent die Worte setzen: „Christus durch uns". Der Mensch soll werden zum Christophorus, zum Christusträger, auf der Erde. Die meisten Festtage der Apostel, der durch Christus erweckten Sendboten Gottes, werden im sinkenden Sonnenbogen gefeiert. Auf den Johannistag, den 24. Juni, an dem man den Geburtstag Johannes des Täufers und den Todestag des Evangelisten Johannes feiert, folgt als nächster Aposteltag am 29. Juni Peter und Paul, dann weiter am 25. Juli Jakobus der Ältere, am 24. August Bartholomäus, am 21. September Matthäus, am 18. Oktober Lukas, am 28. Oktober Simon und Judas Thaddäus, am 30. November Andreas. Beschlossen wird die Reihe, wie sie auch eröffnet wurde, durch Johannes, den Liebesjünger, dessen Geburtstag am dritten Weihnachtstag, am 27. Dezember, gefeiert wird.

In der Mitte des sinkenden Sonnenbogens aber, wenn die Sonne in der Waage steht, zur Zeit der Herbst-Tagundnachtgleiche, feiert man am 29. September das Michaelisfest. Michael wird geradezu als der Führer aller Hierarchien bezeichnet, ist das Antlitz der Hierarchienganzheit und zuhöchst das Antlitz des Christus, darum auch der Hüter aller christlichen Einweihung. Ein griechischer Hymnus preist ihn als Sonnenerzengel:

„Michael, leuchtender Beistand
Der Gottheit der dreifachen Sonne!
Bewährter Führer!
Mit den Engelmächten droben
Jauchzest du voll Freude:
Heilig du, o Vater.
Heilig du, heiliger Logos,
Der vor allem Anfang bestand.
Und heilig der Geist auch,
In einer Herrlichkeit und einer Herrschaft,
In einer Göttlichkeit, Natur und Kraft."

Michael überwindet das dunkle Triebleben des Hochsommers und führt hinüber zur klaren Fernsicht herbstlicher Tage.

„Herbstlich sonnige Tage,
mir beschieden zur Lust,
euch mit leiserem Schlage
grüßt die atmende Brust.
Selig lern ich es spüren,
wie die Schöpfung entlang
Geist und Welt sich berühren
zu harmonischem Klang." (E. Geibel)

Das Bewußtsein des Menschen soll sich nun weiten ins Kosmische und Überkosmische. Michaels Kampf mit dem kosmischen Drachen ist Symbol für die Überwindung des triebhaft Astralen im ganzen All, für die Geisterweckung des gesamten Kosmos. Laut tönt sein Weckruf durch alle Sphären: „O Mensch, erwache, im Weltenall!" Wie wir zur Zeit der Frühlings-Tagundnachtgleiche, wenn die Sonne im Widderzeichen leuchtet, Ostern feiern als Fest der Auferstehung Christi, so feiern wir zur Zeit der Herbst-Tagundnachtgleiche, wenn die Sonne in der Waage steht, Michaelis als Fest der Geist-Erweckung des Menschen. In der Gestalt Michaels, des Sonnenerzengels, wird uns am geistmächtigsten die Bedeutung der Feste des sinkenden Sonnenbogens vor Augen gestellt, die alle auf die Erweckung des kosmischen und überkosmischen Bewußtseins im Menschen hinzielen.

Auf die Michaeliszeit folgt im Jahreslauf noch der November, in dem die Sonne durch das Todeszeichen des Skorpion-Adlers hindurchschreitet. Für das naturhafte Leben ist das die große Sterbezeit im Jahr, wo der Tod über das Leben siegt und die letzten Blätter von den Bäumen gerissen werden, die nun wie Totengerippe am Wege stehen. Da feiert man die Totengedenktage Allerheiligen, Allerseelen und den Totensonntag. Aber zugleich gedenkt man des großen Weltensterbens und der Weltverklärung. Die Adlergeistigkeit soll einmal den Todesstachel des Skorpions überwinden. „Verschlungen ist der Tod in den Sieg! Wo ist, Tod, dein Sieg? Wo ist, Tod, dein Stachel?" (1. Kor. 15, 55). Im Ausblick auf das himmlische Jerusalem und die Gotteinigung von Erde und Kosmos endet das Christusjahr.

„Getrost, das Leben schreitet
Zum ewigen Leben hin.
Von innerer Glut geweitet,
Verklärt sich unser Sinn.
Die Sternwelt wird zerfließen
Zu goldnem Lebenswein.
Wir werden sie genießen
Und lichte Sterne sein."

(Novalis)

Mit dem Übertritt der Sonne aus dem Skorpion-Adler in das Sternzeichen des Schützen beginnt die Adventszeit, die Vorbereitungszeit für das Weihnachtsfest.

Damit hätten wir sowohl die mit dem Naturleben zusammenhängende Wesenheit des Jahresrhythmus als auch seine geistige Bedeutung als Christusjahr kurz zur Darstellung gebracht. Schon die steinzeitliche Menschheit erlebte die Jahresabschnitte der Sonnenbahn als Stationen im Leben des Jahrgottes, als verschiedene Offenbarungsstufen der physischen, der geistigen und der Schöpfer-Sonne. Der ganze himmlische Tierkreis ist in diesem Sinne Sonnen-Offenbarung, so wie auch die Planeten sich uns als Teilkräfte der Sonne darstellten. Dabei darf das echte Sternenweistum aber nicht als naturhafte Sonnengott-Religion mißverstanden werden. Es ist vielmehr eine hohe Gott-

Sonnen-Religion, welche aus jener geistigen Zentralschau herausgeboren ist, die im Gottgrund des menschlichen Herzens ihre Wurzeln hat. Diese Sonnen- und Sternenweisheit umfaßt die Lebensganzheit und erschließt uns den harmonischen Zusammenklang von Himmel und Erde, weil sie eine von Herzkräften durchströmte Weisheit ist. Durch ein richtiges Erleben der Jahreszeiten kommen wir an die Sphäre des gegenwärtigen Christus heran.

„Während die exoterische Astrologie Symbole wörtlich nimmt und Halberkanntes zum Ausgangspunkt eines die Freiheit und Würde des Menschenwesens gefährdenden Abhängigkeitsgefühles macht, leitet die esoterische Astrologie die Seele zum All, weitet das Bewußtsein ins Kosmische und führt zu lebendiger Harmonie mit dem Unendlichen" (Aquarius, Esoterische Astrologie, „Die Weiße Fahne", Juniheft 1963).

Zeichentierkreis und Sternbildertierkreis

Der bekannte, äußerst skeptische Kulturkritiker Georg Christoph Lichtenberg (1742—1799), seinerzeit Professor für Physik an der Universität Göttingen, sagte einmal: „Es ist ein großer Unterschied zwischen etwas noch glauben und es wieder glauben. Noch glauben, daß der Mond auf die Pflanzen wirke, verrät Dummheit und Aberglauben; aber es wieder glauben, zeugt von Philosophie und Nachdenken." Dasselbe gilt im ganzen vom Einfluß der Gestirne auf das Menschenleben. Die dekadent gewordene und zur Astromantik entartete Astrologie muß heute kritisch gesichtet und wissenschaftlich neu begründet werden.

So hat sich schon einer der großen Astronomen der Neuzeit, Johannes Kepler, der Entdecker der Planetenbewegungsgesetze, ernsthaft darum bemüht, die Astrologie wieder auf ein sicheres wissenschaftliches Fundament zu stellen und sie mit philosophischen Erwägungen zu unterbauen. Er konnte das vor allem deshalb, weil er nicht nur ein bedeutender Mathematiker und Astronom war, sondern zugleich Philosoph, Mystiker und Harmoniker. Die Erde und die Planeten betrachtete Kepler nicht nur als rein materielle Weltkörper, wie das die materialistische Astronomie heute noch tut, sondern als große kosmische Organismen. Die Erde ist ihm ein regelmäßig pulsierendes Lebewesen. Sie hat einen Leib, der meteorologischen Einflüssen unterliegt, und eine Seele, die empfindsam reagiert auf die Konstellationen der Planeten, des Mondes und der Sonne. Die Erdseele nennt Kepler wie vor ihm Paracelsus den „Archaeus Terrae", den Erd-Herrscher.

So schreibt er wörtlich: „Die ganze Schöpfung bildet in der Anordnung der Gedanken und des Geistes ebenso wie der stofflichen Wesen eine wunderbare Symphonie. Alles wird durch gegenseitige, unauflösliche Beziehungen gehalten und verbunden, alles bildet ein zusammenklingendes Ganzes. In Gott ist dieselbe Harmonie: denn Gott hat uns nach seinem Bilde erschaffen und hat uns den Gedanken und das Gefühl der Harmonie gegeben. Alles, was besteht, ist belebt und beseelt, weil alles miteinander verknüpft und verbunden ist. Es gibt kein Gestirn, das nicht ein lebendes Wesen wäre, das nicht eine Seele hätte. Die Seele der Gestirne ist die Ursache ihrer Bewegungen und der Zuneigung, welche die Gestirne untereinander vereinigt. Sie erklärt die Regelmäßigkeit der Naturerscheinungen" (Harmonice Mundi).

In der Vorrede zu seinen großen Sterntafeln, den sog. Rudolfinischen Tafeln, sagt der Fünfzigjährige: „Die Sternwissenschaft hat zwei Teile. Der erste behandelt die Bewegung der Gestirne, der andere die Wirkungen der Gestirne auf die Welt unter dem Monde." Im Jahre 1625, fünf Jahre vor seinem Tod, schrieb er an Wallenstein, dem er das Horoskop gestellt hatte: „Die Philosophie und also auch die wahre Astrologie ist ein Zeugnis von Gottes Werken und also ein heilig und gar nicht leichtfertig Ding. Dieses will ich meines Teiles nicht verunehren." So kann man also Johannes Kepler mit vollem Recht bezeichnen als den Begründer der wissenschaftlichen Astrologie der Neuzeit. Ich darf hier darauf hinweisen, daß meine erste Arbeit zum Thema Astrologie im Jahre 1930 erschien unter dem Titel „Christlich-rosenkreuzerische Astrosophie und arabisch-mittelalterliche Astrologie", Johannes Kepler zu seinem 300. Todestage gewidmet.

In diesem Sinne möchte ich auch meine weiteren Ausführungen verstanden wissen. Bevor ich die einzelnen Zeichen des Tierkreises näher charakterisiere, wollen wir uns noch einmal vergegenwärtigen, daß wir mit Tierkreis hier den lebendigen Rhythmus des Sonnenjahres mit seinen 12, je 30 Grad umfassenden Himmelszeichen auf der Ekliptik meinen, nicht aber die aus den unregelmäßig großen Fixsterngruppen bestehenden zwölf Tierkreisbilder am physischen Himmel. Wir bleiben uns dabei bewußt, daß unser zwölfteiliger Tierkreis zurückgeht auf die vorderasiatischen, ägyptischen und griechischen Frühkulturen. Die Chinesen, Malaien und Azteken hatten andere Tierkreisbilder als wir. Wir kennen auch einen alten javanischen, achtteiligen Tierkreis, der wahrscheinlich die prähistorische Urform unseres Tierkreises darstellt. Man vergleiche dazu die Arbeit von F. Röck, „Der Palaeozodiakus, die prähistorische Urform unseres Tierkreises" in der Zeitschrift Memnon, hrsg. von Prof. Dr. Reinhold Freiherr von Lichtenberg, Bd. VI Heft 2/3, Verlag W. Kohlhammer, Stuttgart, 1912. Auf diese fremden Tierkreisformen können wir hier nicht näher eingehen und behandeln nur unseren zwölfteiligen Tierkreis. Wie aber kommt es, daß die Fixsternbilder der Ekliptik am physischen Himmel mit den gleichen Namen (Widder, Stier, Zwillinge usw.) bezeichnet wurden wie die Himmelszeichen des Sonnenjahres, die den lebendigen Jahresrhythmus mit seinen je drei Monate umfassenden 4 Jahreszeiten charakterisieren? Zur Zeit, als den Fixsternbildern jene Namen gegeben wurden, deckten sich teilweise — das mag etwa um 2000 v. Christi Geburt gewesen sein — die Sternbilder mit den Himmelszeichen des Jahreskreises. Durch die Präzession des Frühlingspunktes der Sonne, hervorgerufen durch eine kreiselnde Bewegung der Erdachse, haben sich heute die Tierkreiszeichen gegenüber den Tierkreissternbildern sehr erheblich verschoben. Der Frühlingsanfangspunkt der Sonnenbahn, mit dem das Tierkreiszeichen Widder beginnt und der etwa um 2250 v. Chr. in das Sternbild Widder eintrat, liegt heute nicht mehr im Sternbild Widder, sondern im letzten Drittel des Sternbildes Fische beim Übergang zum Sternbild Wassermann. Die Namen der Tierkreiszeichen, die man im Altertum auch auf die Sternbilder übertrug, charakterisieren also ursprünglich nicht die Sternbilder, sondern die Natur der Zeichen und sind aus dem Jahresrhythmus der Sonne heraus zu verstehen. Von diesen Zeichen aus ist der astrologische Tierkreis zu beurteilen. Er ist verankert in den Äquinoktial- und Solstitialpunkten der Sonnenbahn. Die Astrologie und Horoskopdeutung hat sich darum heute wie zu allen früheren Zeiten am Zeichentierkreis und nicht am Fixsternbildertierkreis zu orientieren. Schon Ptolemäus (um 150 n. Chr.) unterscheidet in seiner Tetrabiblos scharf diese beiden Tierkreise und legt für die astrologische Deutung den Zeichentierkreis zugrunde. Man vergleiche dazu Claudius Ptolemäus, Tetrabiblos, aus dem Griechischen übersetzt von Dr. Julius Wilhelm Pfaff, Professor in Erlangen.

Neuer Abdruck hrsg. von Dr. Hubert Korsch, Düsseldorf 1938. Buch I, 6 (S. 16). Buch III, 10 (S. 50 f.). Buch III, 11 (S. 53 f.).

Der Kirchenvater Origenes (Ende des 2. Jahrh. n. Chr.) erwähnt einmal (Orig. Comm. in Genes. I, Vers 14. Patrol. Gr. Bd. 12, S. 80 Migne), daß mit dem Vorrücken des Frühlingsanfangspunktes der Unterschied zwischen den Zeichen und den gleichnamigen Sternbildern immer größer werde. Kulturgeschichtlich sehr wertvoll ist dabei die Bemerkung des Origenes, die Astrologen behaupteten, die astralen Wirkungen seien nicht von den tatsächlichen Fixsternbildern, sondern von den Tierkreiszeichen abzuleiten. Allerdings versteht Origenes, der sich nicht näher mit Astrologie befaßt hat, diese Behauptung der Astrologen nicht mehr und findet sie unbegreiflich.

Bis in die Gegenwart hinein wird von den Gegnern der Astrologie immer wieder die Inkongruenz zwischen Sternbildern und Tierkreiszeichen als Haupteinwand gegen die Astrologie vorgebracht. Richtig sagt Dr. Karl Th. Bayer: „Die optischen Fixsterngruppen, die die Namen der Tierkreisbilder tragen, sind nicht die Energieträger beziehungsweise die Entsprechungsfaktoren; sie haben vielmehr lediglich zur Zeit der Namengebung die entsprechenden Sonnenbahnabschnitte optisch überlagert. Die Einflußsphäre Widder hatte von Anfang an mit dem Sternbild Widder kausal gar nichts zu tun, sondern diese Einflußsphäre Widder war und ist heute noch der Raum, den die Sonne nach Passieren des Frühlingspunktes (scheinbar) durchzieht, gleichgültig, ob sie dabei im Sternbild des Widders, der Fische oder des Wassermann (scheinbar) steht. Nicht diese Sternbilder sind die Energieträger beziehungsweise die Entsprechungsfaktoren, sondern die Zeichen, das heißt die zur Zeit etwa 30 Grad rechts von jedem Sternbild gelegenen Kreisabschnitte der Sonnenbahn. Die astrologische Ekliptik fällt also zwar ihrer allgemeinen Ebenenlagerung nach, nicht aber ihrer inneren Einteilung nach (und wohl auch nicht ihrer Erdferne nach) mit der astronomischen zusammen; sie ist als ein Wirkungsgürtel, etwa als ein magnetischer oder elektrischer Stromring anzusehen, wie ihn auch die heutige Kosmo- und Geophysik kennt! Die Präzession des Frühlingspunktes kann also an der den zwölf Einflußsphären und ihrer Reihenfolge seit Jahrtausenden eigentümlichen Struktur nichts ändern, da eine kausale Abhängigkeit dieser Einflußsphären von den früher einmal mit ihnen zusammengefallenen Fixsternbildern nie bestand noch besteht. Die Erfahrung bestätigt die Richtigkeit dieser Ableitung." (Dr. Karl Th. Bayer, Die Grundprobleme der Astrologie, Leipzig 1927. S. 64 f.)

Die Symbole der uns bekannten Tierkreiszeichen sind also Hieroglyphen für die 12 Monate des Sonnenkreislaufes und für die jahreszeitlichen Erlebnisse der Menschenseele in Bezug auf das Verhältnis Sonne-Erde. Damit wäre das Problem von Sternbild und Zeichen geklärt.

Die Tierkreissymbolik in den verschiedenen Zonen

Nun ist noch ein zweites, wichtiges Problem zu erörtern, nämlich das Verhältnis von Zeichen und Tierkreissymbolik in den verschiedenen Zonen der Erde. Die 12 Zeichen des astrologischen Tierkreises sind am leichtesten vom lebendigen Kreislauf des Naturjahres aus zu verstehen, vom Rhythmus der Jahreszeiten aus, wie wir sie hier in der nördlichen gemäßigten Zone erleben. Aber wir müssen uns darüber klar werden, daß die Natursymbolik nur e i n Faktor bei der Bildung der zodiakalen Bedeutungen ist. Die astrologische Tierkreissymbolik übersteigt in grundlegender Weise den bloß naturhaften Rhythmus der Jahreszeiten des Sonnenjahres. Besonders deutlich wird uns das, wenn wir uns vergegenwärtigen, daß der Jahreszeitenrhythmus in seiner Zwölfgliederung sich nur in der nördlichen und südlichen gemäßigten Zone manifestiert. In den Polargegenden dauert die Winternacht ohne einen einzigen Sonnenstrahl ein halbes Jahr und der Sommertag mit seiner Mitternachtssonne ohne Dunkelheit ebenfalls ein halbes Jahr. In den Äquatorgegenden gibt es keine Jahreszeiten. Da sind Tag und Nacht immer gleich lang, es herrscht ein ununterbrochenes Blühen und Fruchten, ein winterliches Sterben in der Natur gibt es da überhaupt nicht. In der südlichen gemäßigten Zone ist Sommer, wenn wir Winter haben, und Herbst, wenn bei uns Frühling ist. Da feiert man Weihnachten im Hochsommer und Johannis im Tiefwinter, Ostern im Herbst und Michaelis im Frühling.

Das ist recht so, denn die Sphäre der geistigen Christus-Feste übersteigt den Naturrhythmus der Jahreszeiten. Genau in demselben Sinne übersteigt auch die seelisch-geistige Bedeutung der Tierkreiszeichen den Jahreskreislauf als Naturphänomen. Wenn die symbolisch verstandene Jahreszeitenfolge der Nordhalbkugel der Erde uns auch ein erstes Verstehen der Tierkreiszeichen ermöglicht, so ist sie doch als kausale Ableitung gänzlich unbrauchbar. Es wäre ein schwerwiegender Irrtum, den astrologischen Tierkreis nur als eine ideale Konstruktion der Jahreszeitenfolge auf der nördlichen Erdhalbkugel anzusehen. Das würde besagen, daß der Mensch der nördlichen Halbkugel und in Sonderheit der gemäßigten Zone die Norm des Menschen überhaupt darstelle.

Um hier das Grundlegende zu finden, dürfen wir nicht an dem so eindrucksvollen Bilde der Jahreszeiten in der nördlichen gemäßigten Zone haften, sondern müssen hinter das uns vor Augen stehende Erscheinungsbild blicken. Der astrologische Tierkreis besteht aus zwölf gleich großen Zeichen von je 30 Grad, von denen je zwei gegenüberliegende Abschnitte gleiche Qualitäten im polar-entgegengesetzten Sinne in physischer, psychischer und geistiger Hinsicht wirksam werden lassen. Diese Zwölferteilung stammt nicht nur vom Himmel, sondern auch aus der menschlichen Seele selber, aus den Urbildern des überpersönlichen Unbewußten. Sie resultiert aus physiologischen, psychischen, geistigen Sachverhalten, die aus dem menschlichen Unbewußten in den Kosmos hinausprojiziert werden und für alle Zonen der Erde Gültigkeit haben. Der Naturforscher Reißmann führt diese unbewußten Projektionen biologischer Sachverhalte zurück auf die zwölfteilige Samen- und Eistruktur des Menschen.

Der große Rhythmus des Erdenlebens aber wird bestimmt von der Richtung der Erdachse in den vier Wendepunkten der Erdbahn, den Äquinoktial- und Solstitialpunkten, der Ekliptik, den sog. Kardinalpunkten des Tierkreises. Sie leitet je nach der Breitenlage der Orte auf der Erde verschiedene Ausdrucksformen des jahreszeitlichen Geschehens ein, ist aber die einheitliche Ursache für den makrokosmischen Rhythmus des Erdenlebens, der seine Widerspiegelung hat im mikrokosmischen Lebensrhythmus des Menschen.

Dieses harmonische Zusammenklingen von Makro- und Mikrokosmos, das die Grundlage zur alten Entsprechungslehre der Astrologie bildet, muß dabei als Realzusammenhang ernst genommen werden. Auch Prof. C. G. Jung, der weltbekannte Züricher Psychiater, kommt in seinen letzten Arbeiten (Eranos-Jahrbuch 1946, Der Geist der Psychologie) zu der Überzeugung, daß die Urbilder des überpersönlichen Unbewußten nicht mit Sicherheit als psychisch angesprochen werden können, daß sie vielmehr in einer realen Verbindung mit dem objektiven Raum-Zeit-Kontinuum stehen. Darum bleibt auch hier wieder zu fragen, warum der Einsatzpunkt des aus dem menschlichen Unbewußten in den Kosmos hinausprojizierten Tierkreises gerade dem Frühlingspunkt des physikalischen Systems entspricht. Nicht der Jahreszeitenrhythmus der Nordhalbkugel ist da entscheidend, sondern die Ausrichtung der Erdachse zur Zeit der Sonnenwenden. Unsere Wintersonnenwende am 21. Dezember fällt kurz vor den Punkt der größten Sonnennähe der Erde am 2. Januar. Da hat die Erde die rascheste Eigengeschwindigkeit und erfährt die stärkste Anziehung durch die Sonne. Umgekehrt ist es kurz nach der Sommersonnenwende (21. Juni), wenn die Erde am 2. Juli in Sonnenferne kreist, da ist die Sonnenanziehung und die Eigenbewegung unseres Planeten am geringsten. Diese Ausrichtung der Erdachse zur Zeit der Sonnenwenden kann als naturwissenschaftliche Hypothese dafür angeführt werden, daß der Einsatzpunkt des aus dem menschlichen Unbewußten in den Kosmos hinausprojizierten Tierkreises dem Frühlingspunkt des physikalischen Systems entspricht. Man vergleiche dazu M. Erich Winkel, Naturwissenschaft und Astrologie, Dom-Verlag, Augsburg 1927, und Thomas Ring, Das Lebewesen im Rhythmus des Weltraums, Deutsche Verlagsanstalt, Stuttgart 1939.

Mithin ist der Einwand hinfällig, den man vom Jahreszeitenrhythmus allein aus leicht machen könnte, daß auf der Südhalbkugel, wo die Jahreszeiten den unseren entgegengesetzt sind, die Tierkreiszeichen ihre Bedeutung wechseln müßten, wobei dann am Äquator sich der astrologische Tierkreis plötzlich um 180 Grad verlagern müßte. Dieser Einwand wird auch durch die übereinstimmende Erfahrung aller südafrikanischen und südamerikanischen Astrologen widerlegt (vgl. Wilhelm Knappich, Der Mensch im Horoskop, Villach 1951, S. 35). Die Sonne steht bei uns im Frühjahr, für die Menschen der Südhalbkugel dagegen im Herbst im Widder. Die Widderqualität im Horoskop realisiert sich für die Menschen der Nordhalbkugel im

Frühling, für die Menschen der Südhalbkugel im Herbst. Auf der Südhalbkugel prägt sich also der Charakter der Tierkreiszeichen nicht mehr in den Jahreszeiten aus. Damit ist eindeutig bewiesen, daß die Symbolik der Tierkreiszeichen im Grunde unabhängig ist vom Naturrhythmus der Jahreszeiten, ebenso wie die Christusfeste unabhängig von ihm sind.

Nur in der nördlichen gemäßigten Zone wird der naturhafte Rhythmus der Jahreszeiten transparent für den wesenhaften Charakter der Tierkreiszeichen. Die Nordhalbkugel ist ja überhaupt in besonderer Weise bevorzugt gegenüber der Südhalbkugel. Alle großen Kulturen der Erde, einschließlich der amerikanischen, afrikanischen und asiatischen Hochkulturen, haben sich auf der Nordhalbkugel und besonders intensiv in der nördlichen gemäßigten Zone der Erde entfaltet. Der Äquator geht ja erst durch Equador und Brasilien in Amerika, durch Zentralafrika und durch die Sunda-Inseln hindurch, welche die Brücke zwischen Süd-Asien und Australien bilden. Die Südhalbkugel ist, wie das ein Blick auf den Globus zeigt, ganz überwiegend Wasserhalbkugel, die Nordhalbkugel ganz überwiegend Landhalbkugel. Die Landmassen der Nordhalbkugel umgeben kreisförmig das gefrorene nördliche Eismeer. Am Südpol aber liegt unter Eis das Festland der Antarktis, rund herum umgeben von den großen Ozeanen. Die Südhalbkugel wäre als Wasserhalbkugel in astrosophischer Terminologie als seelisch-mondhaft zu bezeichnen, die Nordhalbkugel dagegen als Erdhalbkugel manifestiert einen sonnenhaft-geistigen Charakter.

Sobald man in dieser Weise den Erdplaneten als kosmischen Organismus betrachtet, wird es verständlich, warum nur auf der sonnenhaft-geistigen Nordhalbkugel der sonnenhaft-geistige Charakter der Tierkreiszeichen sich auch im naturhaften Rhythmus der Jahreszeiten offenbaren kann. So wie für unseren körperlich-menschlichen Organismus das Herz das eigentliche Zentrum ist, von dem das Leben ausströmt in die Peripherie, so ist in diesem Sinne die nördlich gemäßigte Zone das Herz des Erdplaneten. Von hier aus verstehen wir auch, warum der Christus, der Genius der Menschheit und der Herr der Erde, sich in der nördlichen, gemäßigten Zone der Erde, sozusagen in ihrem

Herzstück, verkörpert hat. Hier hat er seine Lebensströme dem pulsierenden Rhythmus der Jahreszeiten der nördlichen Halbkugel einverleibt, daß sie von dort geistig ausstrahlen über den ganzen Erdkreis.

Das ganze Altertum, einschließlich der Prähistorie, wußte noch, daß die Erde mit dem großen Sternenall einen lebendigen Organismus bildet. Die Ahnung eines strömend-lebendigen Zusammenhangs zwischen Makrokosmos und Mikrokosmos, zwischen dem allumfassenden Universum und dem ohnmächtigen Einzelwesen ist jedem menschlichen Geschöpf eingepflanzt, und selbst der intellektuelle Denker der Gegenwart müßte sich sagen, daß wohl eine lebendige Mutter tote Kinder gebären kann, aber niemals eine tote Mutter lebendige Kinder zur Welt bringt, daß mithin unsere Mutter Erde kein toter mineralischer Körper sein kann, sondern einen lebendigen kosmischen Organismus darstellt.

Die zwölf Menschentypen (Widder bis Stier)

♈

WIDDER (21. 3. bis 21. 4.)

Nach diesen grundsätzlich wichtigen Betrachtungen über die 12 Zeichen des astrologischen Tierkreises in ihrer Gesamtheit, können wir uns nun der Charakterisierung der einzelnen Tierkreiszeichen zuwenden. Wenn wir da von 12 Menschentypen in Entsprechung zu den 12 Tierkreiszeichen sprechen, so müssen wir uns dabei bewußt bleiben, daß es sich hier um eine stark schematisierte Typologie handelt, die in der Erfahrung niemals rein vorkommt, sondern weitgehend differenziert wird durch die Gesamtheit der jeweils wirksamen kosmischen Faktoren.

Die Symbole der Tierkreiszeichen, welche wir heute verwenden, zeigen in ihren Formen deutlich einen zweifachen Ursprung: einmal erkennen wir in diesen Symbolformen Nachklänge kosmischer Runenzeichen aus der jüngeren Steinzeit und dann eine Anpassung dieser Symbolformen an die imaginativ geschauten Bilder, mit denen man in der alten ägyptisch-babylonischen Kulturepoche die Qualität der 12 Monate des Sonnenjahres charakterisierte.

So steckt z. B. im Symbol für das Zeichen Widder, in das die Sonne eintritt, wenn sie in ihrer aufsteigenden Bahn den Himmelsäquator zur Zeit der Frühlings-Tagundnachtgleiche erreicht, die jungsteinzeitliche Man-Rune (ᚣ), welche einen Menschen mit erhobenen Armen darstellt und die Bedeutung „Mensch", „aufsteigendes Leben", „geboren werden", „Osten", „Frühling" usw. hat. Im Süden wurde diese heilige Rune auch als Palme stilisiert (♈). Aus ihr entwickelte sich in Griechenland die jonische Säule mit ihren beiden Voluten ᴨ̅ . Man vergleiche dazu die Ausführungen von Felix Luschan, Entstehung und Herkunft der jonischen Säule, Leipzig 1912, und Walter Andrae, Das jonische Kapitell, 1933. Diese Palme stellte ebenfalls den Sonnen- und Lebensbaum, das aufsteigende Leben dar, den Drang zur Welt, hinein in das Leben. Das gleiche Palmsymbol finden wir darum auch häufig auf babylonischen Reliefbildern, so z. B. im Thronsaal am Haupthof der Südburg zu Babylon (s. Robert Koldeweg, Das wiedererstehende Babylon, Leipzig 1925, Abb. 64) und an der germanischen Irminsul auf dem Relief an den Externsteinen (s. Wilhelm Teudt, Germanische Heiligtümer, Jena 1929, Abb. 9). Eine interessante Sammlung von Lebensbaumsymbolen bietet Prof. Richard Karutz, „Aber von dem Baum der Erkenntnis", Stuttgart 1930. Dort taucht auch mehrfach das erwähnte Palmsymbol auf, z. B. Taf. 11, sowie Abb. 11, 14, 17, 20 und Tafel 5. Die alte steinzeitliche Man-Rune (Y) und das Palmsymbol des Sonnen- und Lebensbaumes (ᛐ) wurde dann später nach dem Bildsymbol des himmlischen Widders als Hörner des Widders (V) gedeutet. Nur wenn man diese Vorgeschichte des V-Zeichens kennt, wird es verständlich, daß diese Widderhörner als altes Eingeweihtenzeichen der Sonnenmysterien sich auf vielen Grabplatten Ägyptens finden. Auch Jupiter-Ammon, der Götterkönig von Theben, und manchmal Osiris tragen dieses Gehörn, sowie der Prophet Moses, bei dem es später auch dargestellt wird als zwei Lichtstrahlen, die aus seiner Stirn hervorbrechen und auf die zweiblättrige Stirnlotosblume, das Manas-Organ des Geistselbst, hindeuten.

Das imaginative Schauen sah die stürmisch-drangvolle Naturstimmung des beginnenden Frühlings im Symbol des impulsiv darauf losstürmenden Böckleins oder des die ganze Herde als Leithammel führenden Widders. Das alte Tierkreisbild zeigt den führenden Widder mit zurückgewandtem Kopf, gleichsam im Rückblick auf die ihm folgende Herde. In der griechischen Argonauten-Sage ist der Widder mit dem Goldenen Vlies Sinnbild der Sonne im Widder, ebenso wie in der jüdischen Überlieferung das österliche Passah-Lamm. In der Johannes-Apokalypse ist der Widder als Christuszeichen das Lamm, das geopfert wird von Urbeginn der Welt an und das allein das siebenfach versiegelte Buch des kosmischen Tierkreises öffnen kann. Der Widder eröffnet ja auch astrologisch den Tierkreis, ist das Jahres-Sonnenaufgangszeichen, das Haupt des kosmischen Menschen, zugleich Anfang des Tierkreises, Anfang des Frühlings und Anfang des Feuer-Trigons. Der Kopf und die Stirn an der Menschengestalt unterstehen ebenfalls dem Widder. Die Rajas-Qualität gibt den Impuls zur Verkörperung. Rajas heißt „Staub", „Trübe", „Mischung von Licht und Finsternis". Da drängt der Geist in die Inkarnation hinein und die Schöpfung beginnt. Das Licht leuchtet in der Finsternis. Darum steht hier nach alter Tradition die Sonne erhöht, wirkt sich geistig erleuchtend aus. Nach mittelalterlicher Anschauung liegt die Gralsburg im Widder, und Parzival ist in der Grallegende ein ausgesprochener Widder-Typ.

Als erstes Zeichen des Feuertrigons symbolisiert der Widder das schöpferische Urfeuer und hat ausgesprochen männlichen Charakter. Planetenherrscher im Widder ist Mars, der große Impulsgeber alles Lebens, das Energie-Zentrum des Kosmos.

Der beginnende Sieg des Lichtes in der Frühlings-Tagundnachtgleiche zeigt uns die Kräfte des Sprießens, Sprossens und Wachsens in aktiver Form. Die ganze Natur ist da in Aufbruchstimmung. Der beginnende Sieg der lebenweckenden Sonnenkräfte über das Dunkel gibt den Kindern des Zeichens Widder etwas Jugendlich-Schwunghaftes, das sie sich bis ins hohe Alter hinein bewahren. Das aktive, drängende, frühlinghafte Herausbrechen der Kräfte kennzeichnet die Wesensart der Widdermenschen. Sie sind in der Regel sehr strebsame Erkenntnis- und Willensmenschen. Sie wollen dem jungen Leben zum Durchbruch verhelfen auf allen Ebenen, physisch, seelisch und geistig, wollen von Grund auf das Leben erneuern, alte, abgelebte Formen durch neue, lebendige ersetzen. Sie sind von einem unverwüstlichen Optimismus, einem entschlossenen Kampf-Mut für alles Hohe und Große getragen, wenn die Sonne dabei in guter kosmischer Situation ist. Zu schöpferischem Denken und Wollen sind sie geschaffen, mutige, aber auch oft tollkühne geistige Ideenreiter, die nur dann wirklich Gutes leisten, wenn sie in die letzten Tiefen des Seins eingedrungen sind. Denn jede wahre Lebenserneuerung wird nur aus geistiger Vertiefung und gründlicher Seinserkenntnis geboren. Das Widder-Zeichen ist, wie wir sahen, ursprünglich ein Symbolum der Einweihung in die Sonnenmysterien.

Wer aber nur seine Feuer- und Mars-Natur auslebt, der wird allzuleicht zum einseitig gerichteten Stürmer und Dränger und will mit dem Kopf durch die Wand. Vergessen wir nicht, daß „aries", der Widder, bei den Römern auch die Bezeichnung für den Sturmbock war, mit dem man die Mauern einer belagerten Stadt einrannte. Wenn der Widder-Mensch versucht, anderen Menschen seinen Willen und seine Ideen aufzudrängen, wird er mehr Unheil anrichten als geistige Erneuerung schaffen. In einseitiger Zielgerichtetheit sucht er oft seine Ideen zu verwirklichen, hat wenig Sinn für die differenzierten und zärtlichen Regungen des Gemütes einer weiblichen Seele. So stößt er leicht an und schafft sich Konflikte. Auch für höfliche Worte und freundlich-gemeinte Verschleierungen hat er keinerlei Verständnis. Seine Stärke liegt in seiner Ideenwelt, seiner oft ans Magische grenzenden Willenskraft, seiner Gradlinigkeit und Offenheit.

Der von der Widdermentalität beherrschte Mensch repräsentiert in positivem Aspekt das königliche Individuum in seiner Selbstmächtigkeit. Er will und kann an der Richtigkeit seines Ichseins nicht zweifeln. Mars, die Potenz des Widderzeichens, verleiht ihm kämpferische Kraft, ungeduldiges Drängen und den Wunsch, immer an der Spitze und Sieger zu sein: αἰὲν ἀριστεύειν καὶ ὑπείροχον ἔμμεναι ἄλλων. So formuliert es Homer als Ideal des griechischen Menschen im Widderzeitalter der Antike. Zu deutsch: „Immer sich tapfer zu zeigen und hoch als der erste von allen" (Ilias VI, 208). Im negativen Aspekt wird der Widdertyp in seiner Ich-Bezogenheit zum Draufgänger, Wirrkopf und Fanatiker. Angriffslustig, leidenschaftlich, zügellos und herrisch wird er da zum dumm-dreisten und despotischen Menschen. Da wirkt sich das Urfeuer, ungebändigt, zerstörerisch aus, aus dem Energie-Zentrum Mars wird der Kriegsgott.

Zwischen dem hohen und dem niederen Typ gibt es viele Zwischenstufen, die von genialen Führerqualitäten über das Mittelmaß menschlicher Begabung bis zum ans Verbrecherische grenzenden Gewaltmenschentum reichen.

Die körperliche Gestalt des Widdermenschen ist schlank, gut proportioniert, aber etwas langbeinig, dazu straff und hager. Der Hals ist lang und sehnig. Die Hände sind muskulös und haben einen festen Griff. Der Gang ist forsch und elastisch. Die Stirn weist meist eine leichte Buckelung über den Augenbrauen auf. Ist Widder der Aszendent, so zeigt sich oft rötliches oder ausgesprochen rotes Haar.

Zur weiteren Charakterisierung seien hier auch einige typische Widderberufe genannt: Polizisten, Militärs, Sportler, Mediziner, Physiker, Politiker, Vorkämpfer neuer sozialer, künstlerischer und geistiger Bewegungen.

Als berühmte Widdergeborene charakterisiere ich kurz: Die heilige Therese von Avila, geb. jul. 28. 3. 1515. $5^h 30^m$ zu Avila (Spanien) mit Sonne, Merkur, Venus und Aszendent im Widder. Das Urfeuer des Widders wandelte diese große Fürstin der spanischen Mystik in brennende, innige Gottesliebe. Walter Nigg, der bekannte Schweizer Kirchenhistoriker, sagt von ihr: „Theresia war keine gewöhnliche Nonne. Sie hatte etwas von einem Cherub an sich, der in seinem flammenden Ausdruck nicht zu fassen ist und bei dessen näherem Anblick man zu erschaudern beginnt." „Theresia hat es lebhaft bedauert, bloß ein schwaches Weiblein zu sein, statt ein Mann, der aktiv kämpfen könne. Sie selbst besaß eine tapfere Seele und war von einer heiligen Kühnheit erfüllt, ohne darüber ihre warme Mütterlichkeit zu verlieren." Von dem großen kämpferischen Werk ihrer Klosterreform schreibt Nigg: „Rasch entschlossen, wie diese Frau war, getrieben von einer unermüdlichen Energie, setzte sie ihre Erkenntnis sofort in Wirklichkeit um. Als zum Befehlen geborene Natur verstand sie es durch ihre Klugheit, mit den Untergebenen freundlich und doch distanziert zu verkehren." Damit dürfte der Widder-Grundtyp dieser großen Mystikerin genügend charakterisiert sein.

Unter den Geistesgrößen der deutschen Literaturgeschichte war Friedrich Schiller eine typische Widder-Natur. Als Schiller am 10. November 1795 um $15^h 38^m$ O. Z. zu Marbach a. N. geboren wurde, stand die Sonne zwar in dem von Mars beherrschten Zeichen Skorpion, aber der Aszendent lag im 29. Grad des Widders. Bezeichnend für den Widder-Aszendenten, unter dem Schiller geboren wurde, ist es, daß der Held seines ersten Dramas ein Räuber und Bandenführer war. Ein Trigon des von Saturn opponierten Geburtsgebieters und Sonnendispositors Mars in 1 Grad Jungfrau trifft den Widderaszendenten und charakterisiert treffend die zugleich marshafte und saturnische Qualität dieses großen Dramatikers. Fast alle Helden seiner Dramen sind politische Gestalten. Das gilt sogar von einigen Frauengestalten des Dichters. Man denke an die Jungfrau von Orleans, an Maria Stuart und die Königin Elisabeth. Echt weibliche Frauengestalten hat Schiller mit einziger Ausnahme der Luise Millerin in Kabale und Liebe nie darstellen können. Dazu war sein Widder- und Mars-Saturn-betonter Genius zu männlich, wenn auch die auf Spitze VII. sehr schön in der Waage, im eigenen Zeichen stehende Venus und der im Saturnzeichen Steinbock nahe der Himmelsmitte erstrahlende Jupiter, die mit Merkur zusammen weltoffen im VII. Hause und im Adler-Skorpion unter Sextilschein von Jupiter stehende Sonne und der Trigonalschein des Freiheitsplaneten Uranus auf Merkur und den auf Spitze V stehenden starken Löwe-Mond das ganze Bild ins künstlerisch Vollendete, erhaben Weisheitsvolle und uranisch Freiheitliche weiten. Es gibt unter den großen Deutschen keine Gestalt, die uns die Entfaltung des Widdertypus durch alle geistigen Ebenen hindurch klarer und leuchtender vor Augen stellen könnte als die Friedrich Schillers, der als Militärarzt mit den „Räubern" seinen Freiheitskampf begann und in seinen letzten großen Werken als Dramatiker zu ganz Europa sprach, um als Sonnen-Eingeweihter das Mysterium des Menschenschicksals zu enthüllen.

„Das große gigantische Schicksal,
Welches den Menschen erhebt, wenn es den Menschen zermalmt"
(Shakespeares Schatten).

Weiterhin seien als bekannte Widdergeborene noch angeführt: Johann Sebastian Bach, geb. 21. 3. 1685

Josef Haydn, geb. 31. 3. 1732
Der spanische Maler Francisco de Goya, geb. 30. 3. 1746
Bettina von Arnim, Goethes Freundin, geb. 4. 4. 1785
Alfred Krupp, der „Kanonen-König" und Begründer der großen Essener Stahlindustrie, geb. 11. 4. 1810
Der Dramatiker Friedrich Hebbel, geb. 25. 3. 1813
Otto von Bismarck, geb. 1. 4. 1815
Ferdinand Lassalle, der große Sozialistenführer und Gegenspieler Bismarcks, geb. 11. 4. 1825
Der französische Romanschreiber Emile Zola, geb. 2. 4. 1840
Der Entdecker der Röntgenstrahlen Wilh. Karl Röntgen, geb. 27. 3. 1845
Der Maler Vincent van Gogh, geb. 30. 3. 1853
Der russische Sowjet-Staatsmann Nikita Chruschtschow, geb. 17. 4. 1894
Der Begründer der Astronautik, Wernher von Braun, geb. 29. 3. 1912.

STIER (21. 4. bis 21. 5.)

Das Symbol für das Zeichen Stier, das die Sonne in der Zeit vom 21. April bis 21. Mai durchläuft, zeigt einen Kreis, auf dem ein Halbkreis lastet. Das mondenhaft-seelische Element, dargestellt im Halbkreis, drückt hier das sonnenhaft-geistige Element, dargestellt im Kreise, nieder und beherrscht es. Weiblich ist die Natur dieses Zeichens, das dem festen Tamaskreuz angehört und auf die volle Inkarnation des Frühlings im Wonnemonat Mai hindeutet. Seine Herrscherin ist die Liebesgöttin Venus, und der seelenhaft-weibliche Mond steht im Stier erhöht. Man könnte versucht sein, dieses Zeichen wegen seiner weiblichen Qualität und seiner Beziehung zu den weiblichen Planeten Mond und Venus statt Stier Kuh zu nennen. In Ägypten wurde es repräsentiert durch die große Weltenmutter Isis, die ja auch mit Kuhkopf oder Kuhhörnern dargestellt wurde. Man kann das Symbol, den Kreis mit dem Halbkreis darüber (♉) auch als gehörnte Kuh oder als Stierkopf deuten. Das deutsche Wort Kuh kommt von derselben indogermanischen Wurzel, die im Griechischen γῆ, im Sanskrit go lautet und ursprünglich die Bedeutung "Kuh" und „Erde" hat (vgl. Geographie = Erdkunde). Die „Mutter Erde" wurde unter dem Bilde der „nährenden Mutterkuh" geschaut. Das Rind als milchgebendes Muttertier war den alten Völkern Symbol der lebendigen Mutter Erde, die gerade im Blütenmonat Mai sich als unsere lebenspendende Mutter erweist.

Die germanische Edda spricht von der Himmelskuh Audumla, der Mutter der Götter. Die ägyptische Weltenmutter Isis verwandelte sich in der christlichen Tradition in die Maria-Sophia. Die Weltenmutter hatte sowohl in vorchristlicher wie in christlicher Zeit eine Beziehung zum Reiche der Ideen, der Urbilder im Sinne Platons, aus denen sich alles Leben entfaltet hat, und verkörpert neben Fruchtbarkeitsmächten der Natur auch die unendliche in der Welt waltende göttliche Weisheit. Sophia heißt ja Weisheit, und im Urchristentum und in der Ostkirche wird die göttliche Sophia mit der Mutter Maria verbunden. Am 15. Mai wird der Tag der Sophia gefeiert. Noch heute ist bei den Katholiken der Mai der Marienmonat, wo alltäglich Maiandachten zu Ehren der Mutter Maria gehalten werden. Maria wird als jungfräuliche Himmelsbraut der Venus, die den Stier beherrscht, zuzuordnen sein, als Mutter dagegen dem Monde, der im Stier seine Erhöhung hat. Aus vorchristlicher Zeit aber stammt die Feier der im Mai voll entfalteten Lebenskräfte der Mutter Erde am 1. Mai mit dem Aufrichten des Maibaums und dem Tanz um diesen „Lebensbaum". Die Nacht vor dem 1. Mai aber, die sog. Walpurgisnacht, in der die Hexen auf ihrem Besen zum Blocksberg reiten, ist eine Gespensternacht, wo die Dämonen der Finsternis sich zum letzten Male austoben, ehe das Licht der Lebenskräfte im Wonnemonat endgültig über die Dunkelheit siegt.

Trotz der so ausgeprägten Beziehung des Stierzeichens zum seelenhaft mütterlichen Wesen des Weibes ist es nicht zufällig, daß dieses Sternzeichen den Namen Stier erhalten hat. Denn der Zuchtstier ist seit ältesten Zeiten ein Sinnbild der natürlichen Zeugungskraft und Fruchtbarkeit sowie der zähen Ausdauer und oft geradezu sturen Beständigkeit. Die Worte „stur", „starr" und „Stier" sind etymologisch miteinander verwandt. Die Schöpfungsgeschichte des Avesta nennt „den Urstier" als Erstgeborenen der Schöpfung. In der frühminoischen Kultur auf Kreta nimmt schon um 2600 v. Chr. der Stierkult eine zentrale Rolle ein. Die schwerfällige, mächtige Gestalt des Stieres weist auf seine Erdgebundenheit hin. Sein Zeugungsfeuer, das ihn in Griechenland zum heiligen Tier des Zeugungsgottes Dionysos machte, symbolisiert die im Monat Mai voll aktivierten Zeugungskräfte der Natur. Im wütenden Stier kann dieses Zeugungsfeuer auch zerstörend nach außen hervorbrechen.

Als Element ist das Stierzeichen Erde. Indem sich hier das Erdelement mit dem festen Tamaskreuz und einer irdischen Venus verbindet, wird der Stier zum stärksten materiell gebundenen Zeichen des Tierkreises. Aber die Stiererde ist zugleich die fette, fruchtbare, warme zeugungsfreudige und Leben gebärende Mai-Erde, die uns Menschen im Hochfrühling zum sinnenfrohen Natur- und Lebensgenuß einlädt.

So sind auch die Kinder des Stierzeichens naturverbundene, instinkthafte, genußfreudige und stark materiell verhaftete Menschen, beharrlich und zäh, praktisch und fleißig, lebenslustig und liebenswürdig. Von Natur sind sie friedlich wie die Rinder, die friedlichen Pflanzenfresser. Nur wenn man sie reizt und ihre Ruhe stört, können sie in Wut geraten wie der Stier. Dann werden sie grob und kommen ins Toben. Aber nie sind sie Stürmer und Dränger wie die Widdermenschen. Denn vom Mai sagt der Dichter: „Winterstürme wichen dem Wonnemond". Da freuen sich die Lebewesen in Ruhe ihres Daseins in der nun wieder freundlich gewordenen Welt, die in sattem Grün und bunten Blumenfarben prangt, durchtönt von lieblichem Vogelgesang.

Das Temperament des Stiermenschen ist im Ernährungsnaturell verankert. Am guten Essen und Trinken, am stillen Einklang mit der Natur findet er sein Behagen. Er ist vom Rhythmus des Organischen, vom Sinnlich-Sichtbaren her bestimmt, ist zutiefst durchdrungen von instinktsicherer Lebensbejahung. Mit einer reich ausgebildeten Sinnlichkeit, mit Freude am Genuß verbindet sich auch die Liebe zum Schönen und manchmal eine beachtliche Kraft des künstlerischen Gestaltens. Das sind Gaben der Venus, welche Herrscherin des Stierzeichens ist. Venus macht den Menchen liebevoll, zärtlich und kunstverständig, aber bei schlechter Bestrahlung auch liederlich, schlampig, unzuverlässig und genußsüchtig. Mannigfaltig sind die künstlerischen Begabungen des Stiermenschen. Die Erdgebundenheit des Zeichens aber sorgt gewöhnlich dafür, daß aus der Kunstbegeisterung keine Leidenschaft wird.

Die harmonisierende, formgebende Venuskraft des Stierzeichens, das Nacken, Hals und Kehlkopf an der Menschengestalt beherrscht, hat auch zur Ausbildung der Musik geführt. Es ließ den Menschen lauschen auf die Harmonie des Kosmos und befähigte ihn zur Nachbildung der kosmischen Harmonien in der irdischen Musik. Darum zeigt der Stiergeborene oft eine starke Naturbegabung für Musik und Gesang. Die größten Sänger und Sängerinnen sind unter diesem Zeichen geboren. Der erfolggekrönte, mit allen Glücksgütern gesegnete Bühnensänger ist meist ein typischer Stiergeborener. Da die Stier-Venus erdgebundene Venus-Pandemia ist, verstehen sich diese Künstler meist auch gut auf praktischen Gelderwerb, sehr im Gegensatz zu den Künstlern aus dem anderen, dem luftigen Zeichen Waage, das von der himmlischen Venus, der Venus Urania, beherrscht wird.

Als der Frühlingsanfangspunkt das Tierkreiszeichen Stier durchlief, setzte sich in der ägyptisch-babylonischen Kulturära auf der ganzen Erde die Begründung des seßhaften Bauerntums und die Zähmung der Tierwelt durch. Der vom Lebens-Urbild des Stieres geprägte Menschentyp ist in seinem positiven Aspekt ruhig, friedlich, stetig und zäh, dazu erdgebunden und mit praktischem Sinn begabt. Mit einer reich ausgebildeten Sinnlichkeit eint sich eine lebensbejahende Genußfähigkeit und Liebe zum Schönen, zur Musik sowie oft eine hohe Kraft des künstlerischen Formens.

Im negativen Aspekt entwickelt sich der Stiertyp leicht zum

egoistisch-sinnlichen Materialisten, der vor allem seine Ruh' haben will, träge und bequem ist, schlampig und leichtlebig, dazu eigensinnig, halsstarrig und trotzig. Natürlich gibt es auch hier wieder mannigfaltige Zwischenstufen zwischen dem positiven und dem negativen Typus.

Die Körperlichkeit des Stiermenschen zeigt gewöhnlich eine starke, breitschultrige und gedrungene Gestalt, dazu den typischen Stiernacken. Bei Frauen oft schwellende Formen, eine zierliche Rundlichkeit der Glieder und natürliche Anmut.

Als beliebte Stierberufe seien genannt: Kunstgewerbler, Juweliere, Dekorateure, Tapezierer, Friseure, Schneider, Landwirte, Gärtner, Weinhändler, Köche, Bäcker und Konditoren, Nahrungsmittelchemiker, aber auch Bankiers, Volkswirtschaftler und Sozialpolitiker, ganz speziell materiell orientierte, rationalistische Machtpolitiker wie Machiavelli, Karl Marx, Lenin und Hitler. Endlich auch Architekten, Plastiker, Maler, Dichter, Musiker, insbesondere Sänger, aber auch metaphysische Denker wie Immanuel Kant.

Der ungeheure Niveau-Unterschied in der Realisierung der Stierqualitäten fällt deutlich in die Augen im Hinblick auf die Verschiedenheit dieser Berufe. Noch deutlicher kann uns dieser Niveau-Unterschied werden bei Betrachtung einiger berühmter Stiergeborener:

Leonardo da Vinci, geb. 24. 4. 1452 greg.
Der florentinische Staatsmann und Politiker Macchiavelli, geb. 3. 5. jul. bzw. 12. 5. greg. 1469 zu Florenz
William Shakespeare, der größte Dramatiker Englands und der Weltliteratur, geb. zu Stratford am Avon, am 23. 4. jul. bzw. 3. 5. greg. 1564.
Oliver Cromwell, der große englische Diktator, geb. 24. 4. 1599
Kaiserin Maria Theresia von Österreich, die Gegenspielerin Friedrichs des Großen, geb. 13. 5. 1717
Immanuel Kant, geb. 22. 4. 1724
Kaiserin Katharina II. von Rußland, geb. 2. 5. 1729
Johann Peter Hebel, geb. 10. 5. 1799

Honoré de Balzac, geb. 20. 5. 1799
Justus Liebig, geb. 12. 5. 1803, der große Chemiker
Richard Wagner, geb. 22. 5. 1813
Johannes Brahms, geb. 7. 5. 1833
Peter Tschaikowsky, geb. 7. 5. 1840
Alphonse Daudet, geb. 13. 5. 1840
Karl Spitteler, geb. 24. 4. 1845
Sigmund Freud, geb. 6. 5. 1856, Begründer der Psychoanalyse
José Ortega y Gasset, geb. 6. 5. 1885
Adolf Hitler, geb. 20. 4. 1889
Königin Juliane von Holland, geb. 30. 4. 1909.

Die zwölf Menschentypen (Zwillinge bis Löwe)

♊

ZWILLINGE (21. 5. bis 21. 6.)

In der Zeit vom 21. Mai bis zum 21. Juni durchwandert die Sonne das Zeichen Zwillinge. Es ist der letzte Frühlingsmonat, der hinüberführt zur Sommersonnenwende. Das Zeichen gehört daher zum leicht beweglichen Sattva-Kreuz der schwindenden Jahreszeiten. Der im Mai voll verkörperte Frühling schwindet jetzt allmählich dahin, exkarniert sich gleichsam. Es ist die Zeit, wo es nach der Baumblüte zur vielgestaltigen Verästelung und Verzweigung, zur vollen Entfaltung der Blätter und des Atmungsorganismus bei Pflanzen und Bäumen kommt. Im alten Ägypten wurde das Zeichen durch zwei Pflanzen dargestellt (𓏥). Diese Hieroglyphe bedeutet nach De Rouge soviel wie „Ähnlichkeit" oder „Gleichheit". Sie wurde später zum heutigen Zwillingszeichen vereinfacht, das an eine römische II erinnert.

Dieses Zeichen, das gelegentlich auch als ein Tempeltor mit einer lichten und einer dunklen, einer Tag- und einer Nachtsäule, dargestellt wurde, weist hin auf die Aufspaltung der Einheit, die Polarisierung des Lebensstromes in der materiellen Welt, die Scheidung in Männlich und Weiblich, Bewußtsein und Unbewußtheit, Helle und Dunkel, Himmel und Erde, Gott und Mensch. Ein Götter- und ein Menschensohn versinnbildlichen in der Mythologie, bei den Griechen z. B. Kastor und Pollux, diesen Zwiespalt des Zwillingsmenschen. Der bewegliche Götterbote Hermes-Merkur, der Sohn eines Gottes und einer Nymphe war und als Vermittler zwischen Himmel und Erde gilt, ist der Herrscher des Zwillingszeichens. Diese Aufspaltung und Polarisierung der Einheit, die Subjekt-Objektspaltung und der Zweifel sind die Voraussetzung für das vermittelnde Inbeziehungsetzen von Menschen und Dingen, für alles Denken, Forschen,

Suchen, Finden und Reisen. Im Altertum war darum Merkur Gott der Wissenschaftler, Händler und Reisenden. Während das Stierzeichen weiblich-rezeptiv ist, ist das Zwillingszeichen wieder männlich-aktiv wie der Widder. Aber es gehört nicht dem Feuerelement an wie der Widder, sondern ist das bewegliche Zeichen des Luft-Trigons. Luft ist das Himmel und Wasser-Erde verbindende Element. Das bewegliche Luftzeichen Zwillinge stiftet gerne luftig bewegte, intellektuell orientierte Verbindungen unter den Menschen, insbesondere Verbindungen kollegialer Art, ohne tiefer reichende persönliche Beziehung.

An der Menschengestalt beherrscht das Zwillingszeichen Schlüsselbeine, Arme, Hände und Lungen, die wie die Blätter am Baum zur Atmung und Bewegung dienen. Die ganze körperliche Gestalt des Zwillingsmenschen wird von diesen aufspaltenden und zergliedernden Kräften beherrscht, wie auch in diesem Monat die Kräfte des Wachstums in der Natur sich verästeln und verzweigen, sich in Blättern und Zweigen auswirken. Der Zwillingstyp ist daher feingliedrig, grazil, leicht beweglich und mit den Händen sehr geschickt. Am leichtesten ist er zu erkennen an seiner schlanken Gestalt, dem schmalen und kurzen Rumpf mit langen Beinen und Armen. Auch die Mentalität dieser Menschen neigt zum aufspaltenden, zergliedernden, analysierenden und systematisierenden Denken. Ihr Mentalkörper, so könnte man sagen, ist ebenso feingliedrig, leicht beweglich und behende wie ihr physischer Körper. Auch der Baum des Nervensystems im Menschen mit seinen weit verzweigten, feinen Verästelungen untersteht dem Zwillingszeichen. Daher haben Zwillingsmenschen besonders empfindliche Nerven, sind empfindsam und leicht reizbar, oft ruhelos und fahrig, neigen zu nervösen Störungen. Sie sind feinspürig und können ihre eigenen Empfindungen verstandesgemäß zergliedern.

Die Stimmen der Vögel durchtönen die Luft am stärksten im Zwillingsmonat. So hat das Zwillingszeichen auch zu Ton und Sprachlaut eine innere Beziehung. Auf den Tierkreisbildern der Antike trägt einer der Zwillinge immer ein Musikinstrument, eine Leier. Im Mittelalter wurden die Zwillinge deshalb zu Schutzpatronen der Musiker, Instrumentenmacher und Orgelbauer. Zwillingsmenschen sind in der Regel rede- und sprachgewandt, schlagfertig und witzig, oft auch dichterisch begabt.

Wort und Ton, die zu den Zwillingen gehören, ermöglichen den geistigen Austausch, schaffen Verbindungen von Mensch zu Mensch. Im Zwillingsmonat, zur Zeit der ständig längenden Tage ist das Leben in Wald und Feld mannigfach verbunden; Pflanze, Tier und Mensch sind in vielfältiger Beziehung, in regem Austausch miteinander. Reise- und Wanderlust erwacht im Menschen. „Sich verbinden" ist ebenso ein Kennwort des Zwillingsmenschen wie „in Beziehung setzen, Denken, Austauschen und Wechselverkehr". Literatur und Wissenschaft, Korrespondenz, Lokalverkehr und Nachrichtenverbreitung, aber auch Handel und kaufmännische Geschäfte sind typische Bereiche des Zwillingsgeborenen. Gelb ist die Farbe des Zwillingszeichens und seines Herrschers Merkur.

Im Tierkreis auf Java wurde das Zwillingszeichen durch einen Schmetterling dargestellt. So schwebend und leicht beschwingt, so spielend bewegt, vielseitig interessiert, gerne den Ort wechselnd und unbeständig, luftig, sanguinisch und oberflächlich ist oft die Zwillingsnatur. Der Zwillingsgeborene bekennt sich gerne zu dem „Geschlecht, das aus dem Dunklen ins Helle strebt". Denn er ist in der Zeit der längsten Tage, der hellsten Nächte geboren. Aber in seinem Streben nach Helle und Klarheit, nach Bewußtheit wirkt er oft wie eine überbelichtete photographische Platte. Er faßt die Wirklichkeit des Lebens nicht in ihrer Tiefe, weil er als Tagmensch die fruchtbare Dunkelheit der geheimnisvollen Nacht nicht mehr spürt und das Dunkel nur noch als Gegensatz zum Licht erlebt. Flächenhaft wird da in seinem Erkennen die Welt, sie verliert ihre Tiefe. Er meint mit dem Intellektualbewußtsein alles beurteilen und kritisieren zu können; aber all sein Theoretisieren bleibt dabei leicht oberflächlich. Alle Dinge sieht er perspektivisch von zwei, drei oder mehr Seiten, er ist ein Mensch des „sowohl als auch", des „einerseits, andererseits", neigt deshalb zum individuellen Relativismus, hat Ansichten, aber keine Einsichten, findet nicht die einigende Verwurzelung im objektiven Geist, in der seienden Wahrheit.

Als typische Zwillingsberufe seien genannt: Kaufleute, Reisende, Agenten, Briefträger, Spediteure, Reporter, Sekretäre, Journalisten, Kritiker, Buchdrucker, Buchhändler, Buchbinder, Bibliothekare, Propagandisten, Redner, Buchprüfer, Detektive, Diplomaten, Rechtsanwälte, Wissenschaftler, Sprachforscher, Mathematiker, Lehrer, Schriftsteller und Dichter.

Zuletzt seien noch einige typische und berühmte Repräsentanten des Zwillingszeichens genannt:
Unter den Aposteln Christi war der ungläubige Thomas eine Zwillingsnatur. Thomas heißt zu deutsch „der Zwilling".
Julian Apostata, der große christliche Renegat auf dem römischen Kaiserthron (geb. 6. Juni 331 n. Chr.).
Carl von Linné (geb. 23. Mai 1707), der bekannte, System schaffende Botaniker.
Jakob Burckhardt (geb. 25. Mai 1818), der feinsinnige und wahrhaft souveräne Historiker, persönlich ausgesprochener Individualist und sensibler Skeptiker.
Oswald Spengler (geb. 29. Mai 1880), der berühmte Historiker, Autor des Buches „Der Untergang des Abendlandes".
Thomas Mann (geb. 6. Juni 1875), der bekannte Dichter und Romanschriftsteller.
Jean Paul Sartre (geb. 5. Juni 1905), der Begründer des französischen Existenzialismus und Vertreter eines pessimistischen Skeptizismus.
John F. Kennedy (geb. 29. Mai 1917), der bekannte Präsident der Vereinigten Staaten von Amerika.

Die bisher genannten Zwillingsmenschen zeigen deutlich die für dieses Zeichen charakteristische starke Verhaftung an die mentale Bewußtseinssphäre. Zum Abschluß aber seien auch noch einige Vertreter des Zwillingszeichens genannt, die den geistigen Durchbruch in die supramentale Sphäre des heilenden und heiligen Geistes vollzogen und in ihren Werken zur Darstellung brachten:
Der große griechische Weise Platon (geb. 27. Mai 427 vor Chr.). Er war der bedeutendste Schüler des Sokrates und Grün-

der der Platonischen Akademie zu Athen. Das platonische Denken bildet den Übergang vom Bilderdenken der Urzeit zum heutigen Verstandesdenken. Platons Ideenlehre wirkte tief befruchtend durch alle Jahrhunderte bis in die Gegenwart hinein.

Dante Alighieri. Er war ein ähnlicher Quellgeist philosophischer und religiöser Art wie Platon. Davon zeugt seine „Vita Nuova" und seine „Divina Commedia". Vielleicht darf man Dante als den größten aller Zwillingsgeborenen des abendländischen Kulturkreises bezeichnen. Dante ist geboren zwischen dem 18. Mai und dem 17. Juni 1265. Mit einer gewissen Wahrscheinlichkeit kann man seine Geburtszeit setzen auf den 5. Juli 1265 jul., kurz vor Sonnenaufgang. Da liegt der Aszendent im Zwillingszeichen. Ebenfalls im Zwilling stehen die von Pluto opponierte Sonne sowie Merkur und Saturn. Der Jupiter steht im letzten Grade des Venuszeichens Stier. Merkur steht als Geburtsgebieter in den Zwillingen stark im eigenen Zeichen zwischen den großen Planeten Saturn und Jupiter. Diese große Dreiergruppe von Saturn, Merkur und Jupiter befindet sich nahe am Aszendenten, aber noch im XII. Hause, dem Hause des schweren Schicksals. Sie trigoniert das in Himmelsmitte gelegene Wassermannzeichen, in dem das zweite Hauptlicht, der Mond, unter nahezu exaktem Trigon zur Sonne steht, und wirft gleichzeitig einen günstigen Sextilschein auf die im dritten, dem für Schriftsteller und Dichter besonders bedeutsamen Hause stehende Planetengruppe, auf Venus im Krebs sowie Mars und Neptun im Löwen. Zu dieser Planetengruppe sendet der im Venuszeichen Stier stehende Planet Uranus aus dem XII. Hause, dem Hause des schweren Schicksals, einen Quadratschein. Die uranische Wassermannqualität tritt also in diesem Geburtsbilde Dantes besonders stark hervor.

Albrecht Dürer (geb. 30. Mai 1471 greg., 21. Mai 1471 jul.), der große deutsche Maler und Graphiker. Bei seiner Geburt stand nicht nur die Sonne, sondern auch der Mond im Zwillingszeichen sowie Merkur und Saturn, welche die Sonne flankierten. Der höchste Stern aber im Geburtsbild war Venus im Stier, die von Jupiter trigoniert wurde. Diese große Konstellation stand nahe der Himmelsmitte im Berufsfeld, während der Aszendent das Sonnenzeichen Löwe war. Unter den Bildern Albrecht Dürers zeigen vor allem die Handzeichnungen, Holzschnitte und Stiche die Wesensart des Merkur und des Zwillingszeichens in der Freude am Erzählen, in den unerschöpflichen Details, in den klaren Linien, in der Schwarz-Weiß-Technik, im ausgesprochen Zeichnerischen dieser Kunst. Dürers feurige religiöse und theologische Interessiertheit kommt markant im Geburtsbild zum Ausdruck durch die Stellung des Mars im Widder auf der Spitze des Religion und Philosophie betreffenden IX. Feldes unter dem günstigen Sextilaspekt zu Merkur und Sonne. Daher sein Streben, Religion und Wissenschaft zu vereinen, seine Begeisterung für den Humanismus und für Luther, für die Passion Christi und für die Johannes-Apokalypse. Paracelsus hat von Dürer gesagt: „Wäre er ein Theologe, er würde unter uns Wunder getan haben, wie einst der Meister selbst."

Johannes Kepler (geb. 27. XII. 1571 jul., 6. I. 1572 greg., während der Aszendent bei 25° Zwillinge lag). Im Zwilling standen auch Mond und dazu Neptun nahe am Aszendenten. Der Zwillingscharakter prägt sich bei Kepler deutlich aus in seiner schlanken, hageren Figur und seinem leptosomen, feingliedrigen Körperbau sowie in der Klarheit seines mathematisch-wissenschaftlichen Denkens. Sonne, Venus, Merkur und Uranus aber stehen im Saturnzeichen Steinbock, wobei Sonne und Venus in günstigem Sextilaspekt von Jupiter und Saturn bestrahlt werden, während der Merkur in enger Konjunktion mit dem Intuitionsplaneten Uranus und im Quadrat zum Mars steht, der seinerseits den Zwillingsmond trigoniert. Diese große Stellung charakterisiert den tiefschürfenden, methodischen Denker, den zähen und beharrlichen Rechner und Forscher, der durch die intuitiv machende Uranuskonjunktion mit Merkur, dem Geburtsgebieter, zu glücklichen Entdeckungen und fruchtbaren Hypothesen kommt. Das Quadrat des Mars zu Merkur aber kennzeichnet den Kritiker und streitbaren Kämpfer. Der im eigenen Zeichen der Fische stehende Jupiter wird herrlich bestrahlt von einem Trigon des Saturn aus dem VI. Feld im Skorpion und von dem günstigen Sextilschein von Merkur und Venus. Diese

Konstellation gab ihm die tiefreligiöse, mystische Geisteshaltung, die schöpferische Phantasie und das anschaulich-symbolisch-bildhafte Denken. Der Waage-Mars aber im Trigon zum Mond machte ihn zum Harmoniker. Dieser überragend geniale Zwillingsgeborene hat die Einseitigkeit intellektuell-mentaler Verhaftung, der so viele Zwillingsnaturen erliegen, durch seine übrigen Konstellationen glücklich überwunden. Er war zugleich Astronom und Mathematiker, Astrologe und Philosoph, Mystiker und Harmoniker.

Ferner sei noch genannt: Blaise Pascal (geb. 19. Juni 1623), der berühmte französische Mathematiker und tief religiöse Mystiker.

Ralph Waldo Emerson (geb. 25. Mai 1803). Was Dante und Pascal für Europa waren, das war Emerson für Amerika, ein zum kosmischen Bewußtsein durchgedrungener, wahrhaft säkulärer Denker.

Walt Whitman (geb. 31. Mai 1819), der auch zum kosmischen Bewußtsein durchgedrungene amerikanische Dichter und Mystiker.

C. W. Leadbeater (geb. 17. Februar 1847) mit Zwilling und Jupiter am Aszendenten, Merkur, Neptun und Sonnen-Konjunktion im Wassermann, Mond, Venus, Saturn in den Fischen und Uranus und Pluto im Widder, während Mars als Realisator erhöht im Steinbock auf der Spitze des IX. Feldes, des Feldes für Religion und Kosmologie, steht. Leadbeater war einer der führenden Geister der theosophischen Bewegung und Begründer der liberalen katholischen Kirche.

Rabindranath Tagore (geb. 7. Juni 1861), der große indische Denker und Dichter.

Paul Sédir (geb. 2. Januar 1871 mit Aszendent im Zwilling 26°), der große französische Schriftsteller und christliche Mystiker.

Schließen wir unsere Betrachtung des Zwillingsmenschen mit den hymnischen Versen, mit denen Dante das Zwillingszeichen preist, in dem bei seiner Geburt Sonne und Aszendent standen:

„O ruhmesreiche Sterne, Licht, das trächtig
Von großer Kraft, von dem ich hergenommen
All meinen Geist, wie immer er gewesen.

Mit euch stand einst im Auf- und Untergange
Die Sonne, Urquell alles irdischen Lebens,
Als ich Toscanas Luft zuerst geatmet.

Zu euch erhebt sich nunmehr meine Seele
Mit frommen Seufzern, um die Kraft zu finden
Zum schweren Gange, den sie angetreten."
(Paradiso XXII, 112 ff.)

KREBS (22. 6. bis 23. 7.)

Am 22. Juni tritt die Sonne in das Zeichen der Sommersonnenwende, in den Krebs, ein und durchwandert dieses Zeichen bis zum 23. Juli.

Das Symbol für das Zeichen Krebs (♋), das heute gewöhnlich als Darstellung der Scheren des Krebses gedeutet wird, war ursprünglich eine Darstellung der beiden Spiralen der aufsteigenden und absteigenden Sonnenbahn. Dieses Symbol kennen wir bereits aus der jüngeren Steinzeit und der älteren Bronzezeit. Es ist aus dem Sommersonnwendzeichen (⌽) entstanden durch Trennung der beiden Hälften des Jahreskreises:
◯ ↄ ☉ ☉ (Dr. H. Rudolf Engler, Die Sonne als Symbol, Küsnacht-Zürich 1962, S. 150). Auch der von griechischen Künstlern im 7. Jahrhundert vor Christ gebildete goldene Fisch von Vettersfelde zeigt am Sonnen-Auge des Fisches diese beiden, die aufsteigende und die absteigende Sonnenbahn symbolisierenden Spiralen.

Mit dem Eintritt der Sonne in den Krebs beginnt der Sommer:

„Nun fallen leise die Blüten ab,
Und die jungen Früchte schwellen.
Lächelnd steigt der Frühling ins Grab
Und tritt dem Sommer die Herrschaft ab,
Dem starken, braunen Gesellen."

(Gustav Falke)

Die Sonne hat den höchsten Stand ihrer Bahn erreicht. Wir durchleben die längsten Tage und die kürzesten Nächte. Allmählich nehmen die Tage wieder an Länge ab. Die Erde hat voll ausgeatmet in der Zeit der Sommersonnenwende und beginnt ihren ätherischen Atemstrom wieder aus den Höhen der Lichtwelt ins bergende Innere einzuziehen. Der Vogelsang in den Lüften verstummt. Die Pflanzenwelt hat ihre höchste Entfaltung nach außen hin erreicht. Die Wachstumskräfte wenden sich nach innen. Es kommt zum Fruchtansatz, zur Verinnerlichung. Es ist die Zeit der mütterlichen Empfängnis und Befruchtung. Krebs oder Krabbe sind als Schalentiere Symbole des knospenden, keimenden Lebens; denn überall in der Natur ist ja der Keim, das Ei, der Fötus, die Knospe von einer schützenden Hülle, einer Schale, umgeben. Empfängnis, Befruchtung, Schwangerschaft unterstehen astrologisch dem Monde. Luna-Diana-Artemis, die vielbrüstige, allnährende Muttergottheit von Ephesus, ist die Herrscherin des Krebszeichens. An der Menschengestalt untersteht die nährende Mutterbrust und der Magen dem Krebs.

Aber auch die Göttermutter, Hera-Juno, die Gattin Jupiters, der im Krebs erhöht steht, wird diesem Zeichen zugeordnet. Jupiter beherrscht die Pflanzenwelt. Der Krebs aber, das Zeichen des Fruchtansatzes und der vegetativen Keimbildung, ist wesensverwandt mit der naturhaften Lebensfülle der Pflanze. Auch von da aus wird die erhöhte Stellung Jupiters im Krebszeichen verständlich.

Der Krebs ist als Mondenzeichen weiblich. Der Mond beherrscht alle vegetativen und wäßrigen Prozesse in der Natur, das Steigen und Fallen der Säfte in den Pflanzen, das Drüsensystem bei Tieren und Menschen, Ebbe und Flut beim Weltmeer. Der Krebs ist ein Monden- und zugleich ein Wasserzeichen. Da mit ihm der Sommer beginnt, gehört er dem kardinalen Rajas-Kreuz an. So kombiniert er die intuitive Empfänglichkeit des Wasserzeichens mit der Sensibilität und Labilität des Mondes und mit der Aktivität des kardinalen Zeichens. Als erstes, als kardinales Wasserzeichen im Tierkreis symbolisiert der Krebs das Ur-Wasser, das Quell-Wasser, das Frucht-Wasser. Wir erinnern uns daran, daß alles Leben auf der Erde seinen Ursprung im Wasser hat. So wird der Krebs zum Symbol des Reiches der Mütter, des mütterlichen Urgrundes der Welt.

Die im Wasser lebenden Schalen- und Weichtiere wie Krebs, Krabbe, Muscheln werden in besonderer Weise vom Monde beeinflußt. Es gibt Schalentiere, die sogar ihre Farbe je nach Mondzeit und Tagesstunde verändern. Krebs und Muschel sind ganz zarte, weiche Tiere, die sich durch harte Schalenbildung nach außen schützen müssen. Die Muschel ernährt sich, indem sie ihren Körper vom Wasser durchfluten läßt. Halt und Schutz geben ihr nur die festen Schalen. Fremdkörper, die in das weiche Innere eindringen, vermag die Muschel nicht mehr zu entfernen. Sie umgibt sie mit eigener Körpersubstanz und wandelt sie zu kostbaren Perlen.

So sind Krebs, Krabbe, Muscheltiere ein treffliches Symbol für die im Sternzeichen der Sommersonnenwende geborenen Menschen. Sie sind im Innern weich, empfindsam, zärtlich, weiblich empfänglich und anpassungsfähig, aber bilden nach außen gerne eine harte Schale. Es sind sensitive Menschen, die leicht zum Spielball ihrer Gefühle und Stimmungen oder Launen werden. Das deutsche Wort Laune ist abgeleitet von „luna", Mond, der Herrscher im Krebs ist. Der Mond beherrscht das unterbewußte Seelenleben, das Wasserelement vermittelt Empfindungs- und Gemütstiefe. Einfühlungsfähigkeit, lebendige Phantasie, Intuition und Gedächtnis sind hervorragende Eigenschaften der Krebsgeborenen. Sie leben gerne in ihren Träumen, in einem Meer verschwommener Empfindungen, sind getrieben von den mondenhaften Kräften des Unbewußten im Gefühl und Instinkt. Schwärmerisch sind sie, schüchtern, sensibel und anlehnungsbedürftig. Darum kapseln sie sich gerne ab gegen die rauhe Außenwelt, der sie nicht gewachsen sind. So suchen sie auch Anlehnung an historische Traditionen, an Volk und Heimat. Viele Heimat- und Mundart-Dichter wie Ignaz Franz Castelli, Johann Gabriel Seidl, Arthur Maximilian Miller sind Krebsgeborene. Wie der Krebs gerne rückwärts schwimmt, so ist auch der Krebsgeborene gerne rückwärts gewandt und an die Vergangenheit gebunden, hat einen ausgeprägten historischen Sinn, kann sich lebendig einfühlen in vergangene, geschichtliche Epochen. Er hat ein gutes Gedächtnis, kann schwer vergessen und trägt leicht nach.

Bei aller wäßrig-gefühlvollen Sensibilität hat nun der Krebsgeborene, weil Krebs ein Kardinalzeichen ist, doch kardinale Führerqualitäten. Gefühlsmäßiges Erleben und Empfindlichkeit vereinigt er mit Drang zur Aktivität und Produktivität. Er fühlt sich nur wohl in einer vertrauten, liebevollen Umgebung, im kleinen Kreise, und drängt doch romantisch in die Ferne. Er ist empfindlich und schüchtern, entwickelt aber trotzdem moralischen Mut.

Die Mondkomponente zeigt sich neben der weiblichen Empfänglichkeit und Wandelbarkeit auch in einem Gespür für das Hintergründige und Magische. Da der Mond Kindheit und Mutter beherrscht, sind die Krebsgeborenen oft in besonderer Weise ihrer eigenen Kindheit und ihrer Mutter verhaftet. Zum Kind überhaupt besteht ein nahes Verhältnis. Sie sind kindlich und verharren gerne in der Kindheit. Mutterbindungen und Mutterkomplexe treten häufig auf. Diese leicht verletzbaren, zärtlichen Wesen streben gerne zurück in die sanfte Geborgenheit des Mutterschoßes. Rückerinnerung und Anhänglichkeit an Mutter und Heimat spielen oft eine große Rolle. Da besteht dann die Gefahr, daß der Mensch sich einlullt in ein weiches, verzärteltes Leben, sich von Frauen verwöhnen läßt und sich eine innere Welt schafft, die ihm zum Ersatz wird für die äußere. Aber auch die gegenteilige Haltung ist bei Krebsgeborenen häufig: Sie geraten in Opposition zur Mutter, lehnen sie ab, kritisieren, ja hassen sie, überbetonen in sich selber männliche Härte und rationale Klarheit. Doch auch das ist ein neurotischer Irrweg. Normal vollzieht sich die Entwicklung des Krebsgeborenen nur dann, wenn er weder von der Mutter abhängig wird noch sie ablehnt, sondern die quellenden, ihm zuteil gewordenen mütterlich-mondenhaften Kräfte des Krebses in einer reichen und lebendigen, selbständigen Persönlichkeit verwirklicht.

Zwischen Mutter und Natur besteht ein enger gefühlsmäßiger Zusammenhang. In der Natur sucht der Krebsgeborene gerne Zuflucht, wenn er sich von den Menschen enttäuscht zurückzieht und der städtischen Zivilisation entfliehen will. Krebsmenschen waren es, welche den Ruf erhoben: „Zurück zur Natur!" So z. B. Rousseau (28. 6. 1712), Henry David Thoreau (12. 7. 1817) und F. Th. Vischer (30. 6. 1807). Bei dichterisch begabten Krebstypen geht da Natur, Phantasie und Traumwelt ineinander über und läßt leuchtende Blüten echter Poesie, seelenvolle Märchen und Volkslieder entstehen. Die klangätherischen Kräfte des Wasserelementes machen die Krebsmenschen auch besonders empfänglich für Musik, die sie lieben und auch gewöhnlich in irgendeiner Form ausüben. Manchmal steigert sich die Empfänglichkeit und Sensibilität der Krebstypen so sehr, daß sie sich auswirkt als Hellsichtigkeit, Psychometrie und in anderen medialen Fähigkeiten. Viele gute Medien gehören diesem Typus an, darunter auch H. P. Blavatzky, die Begründerin der modernen Theosophie (geb. 1. August 1831 mit Sonne im Löwen und Aszendent im Krebs). Bei ungünstigen Bestrahlungen kann es bei medialen Krebstypen leicht zu Besessenheitsphänomenen kommen, wie das Buch des amerikanischen Arztes Dr. Wickland „Dreißig Jahre unter den Toten" zeigt.

Neben den hochgearteten Krebstypen gibt es wie bei allen Tierkreiszeichen auch hier ein mittleres und ein niederes Niveau von Krebsmenschen. Auf mittlerem Niveau finden wir viele bildende Künstler, Dichter, Romanschreiber und Musiker. Auch der niedere Typus dieses Zeichens sei kurz charakterisiert. Von ihm gilt, daß er empfindsam, phantasievoll, anlehnungsbedürftig ist und viel Familiensinn hat. Er kann, wenn er gut bei Laune ist, sehr mitfühlend und freundlich sein, auch tüchtig im Beruf, besonders bei Arbeit im kleinen, persönlichen Kreis. Aber durch seine Überempfindlichkeit ist er außerordentlich abhängig von seiner Umgebung. Leicht wird er mißmutig und verdrießlich, ist schnell gekränkt und explodiert bei jeder Kleinigkeit.

Der Krebsmann möchte immerzu von allen Frauen bewundert sein, entwickelt leicht Pascha-Allüren. Gelegentlich wird er dabei zu einem Ausbund von Launenhaftigkeit und Unbeherrschtheit. Die Krebsfrau ist in der Ehe ein guter Hausgeist. Es ist ihr Bedürfnis, andere zu bemuttern. Sie geht ganz auf in der Sorge für ihre Familie, ist aber für Lob und Tadel sehr empfindlich und leicht gekränkt. Doch kommt die Krebsfrau wesentlich leichter zu einer harmonischen Lebensgestaltung als der Krebsmann, da die weiblich-mondenhafte Art des Krebszeichens im Einklang steht mit der weiblichen Natur der Frau.

Der Körperbau des Krebsmenschen ist feinknochig mit zarten Gelenken. Die Haut ist oft schwammig und aufgedunsen mit weiten Poren. Ihr Händedruck ist weich und mollig, ihre Stimme zart und schüchtern, wenig männlich. Die Gesichtszüge sind unbestimmt und verschwommen. Die Tradition spricht von Vollmondgesicht, Stupsnase, vollen Lippen, ausdrucksvollem Mund, Neigung zu Hängebacken und Doppelkinn. Doch sollte man mit solch physiognomischen Merkmalen vorsichtig sein. Sie finden sich durchaus nicht bei allen Krebsgeborenen. Wie der Mond sein Gesicht ändert vom schmalen Sichelmond bis zum breiten Vollmondrund, so zeigen auch die Gesichtszüge der Krebsmenschen stark voneinander abweichende Formen. An der Physiognomie des Gesichtes ist darum der Krebstypus schwer zu erkennen. Haltung und Gang sind behäbig, gemütlich und lässig.

Krebstypen zeigen in der Jugend meist eine schwächliche Konstitution. Sie gehören dem Empfindungs- und Ernährungsnaturell an, legen großen Wert auf Essen und Trinken und zeigen im allgemeinen ein lymphatisches Temperament, das eine träge und langsame Entwicklung bewirkt. Oft sind sie im Wachstum als Kinder zurückgeblieben, holen das aber später nach. In der Jugend sind sie meist schlank, im späteren Alter neigen sie zur Fülle. Ihre große Empfänglichkeit macht sie anfällig für alle möglichen Infektionen. Seelische Erregungen wirken sich oft körperlich aus. So ist ihre Gesundheit in der Regel eine zarte. In hohem Maße sind sie abhängig von körperlichen Trieben, von Natur stark materiell gebunden, sogar im Denken zum Materialismus neigend. Die astrologische Tradition schreibt den mondbestimmten Krebstypen die Mondsüchtigkeit zu. Richtig ist, daß diese überempfindlichen Stimmungsmenschen zu allen möglichen Nervenstörungen neigen, die von abnormer seelischer Verletzlichkeit bis zur Hysterie und Schizophrenie reichen.

Dem weiblichen, vom Mond beherrschten, vegetativen Wasserzeichen Krebs sind zuzuordnen alle typisch weiblichen Berufe. Hausfrauen, Hausangestellte, Kindermädchen, Kindergärtnerinnen, Hebammen, Krankenschwestern, Nonnen. Ferner Berufe, die mit dem Vertrieb von Flüssigkeiten in Verbindung stehen: Bierbrauer, Gastwirte, Kellner, Milchverkäufer, Besitzer einer Tankstelle. Weiter Berufe wie Seeleute und Fischer. Berufe, die das vegetative Wachstum der Pflanzen betreuen, wie Gärtner, Förster, Landwirte. Ferner Berufe der Lebensmittelbranche, wie Köche, Bäcker, Obst- und Lebensmittelverkäufer. Auch Berufe, die in Beziehung zum Volk stehen, wie Volkswirtschaftler, Politiker, Volksredner, Volksmusikanten, Schauspieler.

Aus hochgearteten Berufen seien abschließend noch einige berühmte Krebsgeborene angeführt:

Als Maler:
Rembrandt van Rijn (geb. 15. Juli 1606 gregor.)
Max Liebermann (geb. 20. Juli 1847)
Vincent van Gogh (geb. 30. März 1853 mit Aszendent Krebs)

Als Philosophen:
Gottfried Wilhelm Leibniz (geb. 21. Juni 1646 jul. = 1. Juli 1646 gregor. in Leipzig). Das Geburtsbild zeigt eine Konjunktion von Sonne und Jupiter im Krebs mit Sextil Saturn aus dem Stier, eine wahrhaft königliche Stellung, die aufschlußreich ist für dieses philosophische Universal-Genie.
Henri Bergson (geb. 18. Oktober 1859) mit Waage-Sonne und einer starken Mond-Jupiter-Stellung im Krebs, die von Neptun in den Fischen trigoniert wird. Das ist charakteristisch

für Bergsons grundlegende philosophische Untersuchungen über die Rolle von Intuition und Gedächtnis.
Graf Hermann Keyserling (geb. 20. Juli 1880))
Eduard Spranger (geb. 27. Juni 1882)

Als Dichter:
Gustav Freytag (geb. 13. Juli 1816)
Gottfried Keller (geb. 19. Juli 1819)
Ricarda Huch (geb. 18. Juli 1864)
Hermann Hesse (geb. 2. Juli 1877)

Als Musiker:
Franz Schubert
Arthur Nickisch
Otto Jochum
Georg Jochum
haben alle den Aszendenten im Krebs
Richard Strauß (geb. 11. Juli 1864) mit Sonne im Krebs.

Als Wissenschaftler:
Carl Ludwig Schleich (geb. 19. Juli 1859), der bekannte Mediziner und Psychologe, der Erfinder der Lokalanästhesie.
Alexis Carrel (geb. 28. Juni 1873), der große französische Mediziner, der 1912 für seine medizinischen Forschungen den Nobelpreis erhielt und weithin auch in Laienkreisen bekannt wurde durch sein Buch „Der Mensch, das unbekannte Wesen".
Leo Frobenius (geb. 29. Juni 1873), der berühmte Afrikaforscher und Begründer der Kulturkreislehre.
Edgar Dacqué (geb. 8. Juli 1878), der bekannte Münchner Paläontologe, der den Nachweis führte, daß nicht der Mensch vom Affen, sondern der Affe vom Menschen abstammt.
Hugo Winckler (geb. 4. Juli 1863), der große Assyriologe, der uns die babylonische Geisteskultur neu verstehen ließ.
Albert Einstein (geb. 14. März 1879), mit Sonne in Fische und Aszendent im Krebs, der Begründer der Relativitätstheorie.

Als Mystiker:

Jakob Lorber (geb. 22. Juli 1800) mit Sonne, Mond, Jupiter und Venus im Krebs. Durch seine von ihm als Hörmedium aufgenommenen mystisch-gnostischen Schriften verschaffte er uns tiefe Einblicke in die geistige Welt.

Mrs. Mary Baker Eddy (geb. 16. Juli 1821), die Begründerin der Christlichen Wissenschaft.

H. P. Blavatzky (geb. 1. August 1831) mit Sonne im Löwen und Aszendent im Krebs wurde schon oben genannt als Begründerin der modernen Theosophie.

Auch seien in diesem Zusammenhang noch genannt: Agnes Günther (geb. 21. Juli 1862) mit Sonne und Merkur im Krebs, die Verfasserin des okkulten Romans „Die Heilige und ihr Narr".

Helen Keller (geb. 27. Juni 1880) mit Sonne, Merkur, Venus im Krebs, die trotz ihrer Blindheit und Taubheit zu einer Führerin für viele Menschen und zu einer begeisterten Prophetin Swedenborgs wurde.

Es fällt auf, daß das vom Mond beherrschte Krebszeichen offenbar trotz seiner stofflich-materiellen Gebundenheit eine besondere Beziehung zum Reiche der Mütter, zu den schöpferischen Quellgründen des Seins hat. Einfühlungsfähigkeit, lebendige Phantasie, Intuition und Gedächtnis, dazu Kontakt mit dem Unbewußten und gelegentlich sogar mit dem Weltgedächtnis der Akasha-Chronik lassen die Krebsmenschen manchmal in geistige Tiefen dringen, die anderen unerreichbar sind.

♌
LÖWE (23. 7. bis 22. 8.)

Der Löwe ist das Sternzeichen der Sommermitte. Es wird von der Sonne durchlaufen vom 23. Juli bis zum 22. August. Das Symbol für das Zeichen Löwe (♌) geht zurück auf das schon in der Steinzeit übliche Schlangenzeichen. Die Schlange ist ein uraltes solares Tiersymbol. Kombiniert man die Tageskreise der Sonne mit ihrem Jahreslauf, so ergibt sich die Schlangenspirale. Zugleich ist die Schlange, die aus ihrer Haut fahren kann, um im neuen Kleide sich weiterzubewegen, ein Symbol des sich immer wieder erneuernden, allen Tod überwindenden Sonnenlebens. Das Sonnenzeichen Löwe wird mit Recht durch das solare Sonnensymbol charakterisiert. Dieses Symbol wurde als Wellen- oder Zackenlinie geschrieben. Als Zackenlinie kennen wir das Symbol aus dem germanischen Runenalphabet, wo es die Bedeutung Sol, Sal, Sieg hat, also Zeichen ist für Sonne, Heil und Sieg. Der Nationalsozialismus hat mit diesem altgermanischen Sonnenzeichen einen verwerflichen Mißbrauch getrieben, indem er die doppelte Sonnenrune (ᛋᛋ) zum S.S.-Zeichen entwürdigte. Man vergleiche dazu die Ausführungen über die Sonnen-Schlange bei Dr. H. Rudolf Engler, Die Sonne als Symbol, S. 135 — 149.

Das männlich-aktive Feuerzeichen Löwe, das die Sonne im Juli-August durchläuft, bringt die Früchte zur Reife. Die Sonne durchglüht mit ihrer Feuerkraft in diesem Monat alles Irdische. Golden erglänzt das reifende Korn in sommerlicher Fülle und Glut. Die Macht der Sonne läßt auch die Birnen und Pflaumen, die Äpfel und Frühtrauben reifen. Geballte weiße Cumulus-Wolken durchziehen das blaue Himmelsgewölbe.

„Mein Herz ist hoher Sommerfreude voll,
Des Sonnenleuchtens goldne Strahlengarben
Säumt weißer Wolken Rand im Himmelsblau.
Nun reift die Frucht. Die hellen Blüten starben
In dienendem Verzicht, daß rauschesvoll
Sie heiliges Geheimnis nicht verdarben,
Das aus der Schönheit reift im Opfer nur."

(Walter Gradenwitz)

Der Löwe kennzeichnet diese Reifezeit, den heißesten Monat des Jahres, und wird darum das „Haus der Sonne" genannt. Wie die Sonne Mittelpunkt des Planetensystems ist, so ist das Herz im menschlichen Körper Zentrum des Blutkreislaufes.

Beim Löwen, dem König der Tiere, ist Herz, Brust und rhythmisches Blutkreislaufsystem besonders stark entwickelt. Der Kopf, umgeben von der mächtigen Mähne, versinkt beim Löwen geradezu in der Brust- und Herzregion. Sonne, Herz und Löwe gehören zusammen.

Darum haben Herz- und Willensmenschen, Könige und Fürsten sich den Löwen immer wieder zum Wappentier gewählt. Im Jakobssegen des Alten Testamentes werden die zwölf Stämme Israels den zwölf Sternbildern der Sonnenbahn zugeordnet und dabei wird der Stamm Juda durch den Löwen charakterisiert. Es heißt dort: „Juda, du bist's, den deine Brüder preisen werden; deine Hand wird deinen Feinden auf dem Nacken liegen. Vor dir werden sich verbeugen die Söhne deines Vaters. Ein junger Löwe ist Juda. Nicht wird das Zepter von Juda weichen noch der Herrscherstab zwischen seinen Füßen hinweg, bis er kommt, dem er gebührt, und die Völker werden ihm Gehorsam leisten" (1. Buch Moses, Kap. 49, 8 ff.). Diese Worte deuten darauf hin, daß aus dem Stamme Juda die Könige Israels und zuletzt der Messias hervorgehen sollen. Darum wird später auch Christus genannt „der Löwe aus dem Stamme Juda".

Bei den Griechen gehört Helios-Apollon, der Gott des hellen Sonnentages, zum Löwen. In Rom wurden die leontischen Spiele im Löwe-Monat gefeiert, bei denen der persische Sonnengott Mithras in Löwengestalt dargestellt wurde.

Naturkraft, Machtgefühl und Willensbetontheit kennzeichnen den Löwemenschen. Wie der Mond, das Gestirn der Nacht, das triebhaft-unbewußte und vegetative Leben beherrscht, so ist die Sonne, das Gestirn des Tages, Sinnbild unseres bewußten, tagwachen, willensbetonten Lebens.

Der Löwe gehört dem Feuertrigon an. Wie das Kardinalzeichen Widder das schöpferische oder zerstörende Urfeuer darstellt, so symbolisiert das feste, dem Tamas-Kreuz angehörige Zeichen Löwe das im Dienste des eigenen Ich gemeisterte und gebändigte Feuer.

Wie die Früchte im Löwe-Monat zur Reife kommen, so reift auch der Löwegeborene zur vollen, eigenständigen Persönlichkeit heran. Lebendige Impulskraft, Festigkeit und Selbstbewußtsein zeichnen ihn aus. Der Löwe ist das vital stärkste Zeichen des Tierkreises. Der Löwemensch ist furchtlos und großzügig, ein Beschützer der Schwachen. Vornehme Gesinnung, sicheres Auftreten, selbstbewußtes Benehmen kennzeichnen die Löwenaturen. Immer fühlen sie sich als Zentrum ihres Lebenskreises, wollen sich auch nach außen hin die Geltung verschaffen, die ihrem inneren Wertbewußtsein entspricht. Auf Ehre und Ansehen sind sie bedacht. Selbstachtung verbindet sich dabei mit starkem Selbstvertrauen und Verantwortungsgefühl. Der Löwemensch packt alles mit Schwung und herzhafter Begeisterung an. Er ist „mit dem Herzen dabei".

Auch Herzensangelegenheiten spielen in seinem Leben eine wichtige Rolle. Der Löwe, das fünfte Zeichen des Tierkreises, ist ebenso wie das fünfte Haus, das Zeichen des persönlichen Eros. Es geht eine starke, lebenspendende Sonnenkraft vom Löwemenschen aus, wenn die Konstellation positiv bestrahlt ist. Er ist der Lehrer, für den die Schüler sich begeistern. Pädagogik ist eine Angelegenheit des fünften Zeichens und des fünften Hauses, das von der astrologischen Tradition „das Kinderhaus" genannt wird. Durch seine starke Persönlichkeit weiß der Löwegeborene die Kinder zu fesseln. Auch ist er milde und großmütig. Sein Herz ist weich und liebebedürftig. Darum wird er von Kindern und Tieren, die eine besonders feine Witterung für Herzensgüte haben, sehr geliebt. Der Löwe ist auch der Geistliche, dem die Gläubigen blindlings anhangen, der Künstler, der neue Wege durch sein Schaffen weist.

Willens- und Tatmensch ist der Löwe. Sein Wille entspringt unmittelbar seiner überquellenden Vitalität. Doch oft läßt ihn seine Ich-Betontheit auch zum Egoisten und Tyrannen für seine Umgebung werden. Er lebt aus sich und weiß sein Feuer, seine Leidenschaften, zu bändigen. Die Meinungen und eventuell gegen ihn gerichtete Sticheleien der Menge sind ihm gleichgültig. Er hält alles von sich fern, was die geheiligte Sphäre seines Ich-Bewußtseins stören könnte, und verwirklicht ruhig und siegesgewiß seine Ziele. Überall, wo Menschen gelenkt und geführt werden sollen, wo organisiert werden muß und praktische Verwaltungsarbeit zu leisten ist, ist der Löwemensch am rechten Platze. Zum Regieren, zum Organisieren, zum Repräsentieren ist er geboren. Das sind echt königliche Qualitäten.

Wenn wir von dem Löwen als einem königlichen Zeichen sprechen, so darf das nicht so mißverstanden werden, als ob wir diesem Zeichen einen höheren Rang zuerteilen wollten als irgendeinem anderen des Tierkreises. Die Tierkreiszeichen an sich sind nicht dem Wert nach unterschieden, sondern tragen alle das gleiche Maß von günstigen und ungünstigen Möglichkeiten in sich. Es gibt hochgeistig-ideale, mittelmäßig-durchschnittliche und verbrecherisch-minderwertige Verwirklichungen in jedem Zeichen. Nicht das Tierkreiszeichen entscheidet über den Wert des Menschen, sondern die Art, wie er das Zeichen verwirklicht, sein persönliches Niveau. Oft ist z. B. mit den stolzen Ansprüchen des Löwen, mit seinem Streben, Mittelpunkt seines Kreises zu sein, nicht der entsprechende Leistungswille verbunden, dann wird das majestätisch selbstbewußte Gebaren zur hohlen Maske. Großspurigkeit, Prahlerei, eitle Selbstgefälligkeit, Prunksucht sind häufige Fehler des niederen Löwetypus. Wo Löwegeborene nicht die erste Geige spielen können, werden sie leicht mißmutig und verlieren die Freude an ihrem Wirkungskreis. Entartete Löwetypen finden sich z. B. zahlreich unter den römischen Caesaren der ersten nachchristlichen Jahrhunderte. Sie ließen sich im Kaiserkult als „Söhne der Sonne" verehren, verkörperten aber nur den Sonnendämon als höchste Steigerung des persönlichen Machtwillens im niederen Ich.

Der echte Löwetypus zeigt meist einen kräftigen Körperbau und eine stattliche Gestalt. Der Oberkörper ist gewöhnlich stärker als der Unterkörper. Die Schultern sind breit. Auf ihnen ruht ein mächtiger Kopf mit dichtem Haarwuchs. Wenn bei Männern sich im Alter eine Glatze bildet, hält sich das Haar doch am Hinterkopf lange. Die Nase ist verhältnismäßig klein, wohlgeformt, aber an der Spitze etwas rund bzw. abgeplattet. Der Mund ist groß und das Kinn stark ausgebildet. Charakteristisch ist auch die stolz majestätische, manchmal herausfordernd hochmütige Kopfhaltung und der leuchtende, offene, furchtlose Blick. Die Stimme klingt warm, hell und laut. Der Händedruck ist kräftig und herzlich, oft etwas zu heftig. Der Löwemensch nimmt gewöhnlich große Schritte und zeigt einen selbstsicheren Gang. Sein Auftreten wirkt leicht etwas theatralisch.

Die Sonne im Löwen verleiht, wie schon gesagt, eine große Vitalität und eine kräftige Gesundheit. Doch nimmt der Löwegeborene gewöhnlich zu wenig Rücksicht auf seine Gesundheit und treibt Raubbau mit seinen Kräften. Allzugroßer Energieverbrauch und Kräfteverschleiß bedrohen dann sein Leben. Herzkrankheiten und Kreislaufstörungen sind darum bei Löwemenschen besonders häufig. Genaueres über die Gesundheit kann natürlich nur aus den gesamten Konstellationen des persönlichen Horoskopes abgelesen werden.

Die echten Löwenaturen halten es in untergeordneten Stellungen nicht aus. Es drängt sie nach Unabhängigkeit und einflußreicher Stellung, die sie gewöhnlich auch erreichen, sei es als Unternehmer oder als höhere Beamte, als Offiziere, als Heerführer, Staatsmänner, als Könige, als Direktoren, Dirigenten, Regisseure, Schauspieler, Künstler, Juweliere, Goldschmiede, schöpferische Pädagogen.

Als typische, berühmte Löwemenschen seien genannt:

Peter Paul Rubens (geb. 28. Juni 1577) mit Sonne im Krebs, aber einer dominierenden Merkur-Venus-Konjunktion im Löwen. Jakob Burckhardt (Erinnerungen an Rubens) sagte von ihm: „Das sonnige Tageslicht, welches er bevorzugt, entspricht ganz offenbar und glorreich seinem sonnigen Naturell." Worte wie Reichtum, Fülle, Größe, Kraft, Mut, Pracht, Licht drängen sich einem auf bei Betrachtung seiner Werke, lauter Worte, die den Löwecharakter kennzeichnen.

Ludwig XIV., der Sonnenkönig (geb. 5. September 1638, 11^h 11^m a. m. zu Saint Germain en Laye) mit Jungfrau-Sonne im Zenit und Venus-Mond-Konjunktion im Löwen. Die Sonne im Zenit und die Venus-Mond-Konjunktion im Löwen geben ihm eine doppelte Löwe- und Sonnenprägung, wozu sich noch glückverheißend Jupiter im Skorpion am Aszendenten gesellt. Mazarin, sein Premierminister, sagte von ihm: „In ihm steckt Stoff für vier Könige."

Napoleon I. (geb. 15. August 1769, 11^h 15^m a. m. O. Z. in Ajaccio), mit Sonne, Merkur und M. C. im Löwen, Skorpion und Jupiter am Aszendenten. Die Ähnlichkeit mit dem Kosmogramm Ludwigs XIV. ist auffallend. Beide haben eine starke Löweprägung, bei beiden steht die Sonne nahe dem M. C. und Jupiter im Skorpion am Aszendenten. Außerdem empfängt Napoleons Jupiter ein harmonisches Trigon von der Venus und wirft einen günstigen Sextilschein auf Mars, Neptun und Pluto. Napoleon als Feldherr der Revolution aber wird gekennzeichnet durch Uranus am Deszendenten im Stier in Opposition zu Jupiter im Skorpion und im Trigon zu Mars, Neptun und Pluto, während sein Sturz durch den hochstehenden Saturn im Krebs in Opposition zum Mond im Steinbock angezeigt wird.

Kaiser Franz Josef I. (geb. 18. August 1830) mit Sonne, Mond und Saturn im Löwen.

Fürst Otto von Bismarck (geb. 1. April 1815) mit Sonne im Widder und Aszendent im Löwen.

General Ludendorff (geb. 9. April 1865) mit Sonne im Widder und Aszendent im Löwen.

Benito Mussolini (geb. 19. Juli 1883) mit Sonne, Merkur und M. C. im Löwen.

Henry Ford, der Auto-König (geb. 30. Juli 1863), mit Sonne, Merkur und Mars im Löwen.

Franz Liszt, der große Musiker (geb. 22. Oktober 1811), mit Sonne-Venus-Konjunktion in der Waage nahe dem M. C. und Aszendent Löwe.

Roland Manuel sagt von ihm: „Liszt ist der Musiker der ornamentalen Pracht, der Überfülle, des Pomps. Seine Musik blendet, verzaubert, strahlt wie Feuerwerk; sie trägt die zweifache Prägung des Löwen und der Sonne."

Der Philosoph Ludwig Feuerbach (geb. 28. Juli 1804). Er hat eine mächtig löwehafte Wirkung gehabt auf das Geistesleben seiner Zeit. In seinen philosophischen Schriften entwickelte er einen kritisch-naturalistischen Pantheismus und deutete die Gottesidee als bloßes Erzeugnis menschlicher Vorstellungen und Wünsche. Gottfried Keller nennt ihn „die Nachtigall, die Gott aus seinem Herzen herausgesungen" habe.

Wilhelm Wundt (geb. 16. August 1832), der Begründer der experimentellen Psychologie in Deutschland, Autor vielbändiger philosophischer, psychologischer und völkerpsychologischer Werke. Um die Jahrhundertwende galt er als der bedeutendste deutsche Philosoph, doch blieb seine Philosophie sensualistisch gebunden. Kuno Fischer in Heidelberg, der selbst übrigens auch eine Löwe-Sonne hatte und mit ihm rivalisierte, sagte von sich und von Wundt in Leipzig: „Es gibt nur zwei Philosophen in Deutschland, der andere wohnt in Leipzig."

Max Heindel (geb. 23. Juli 1865) mit Sonne, Mond, Merkur und Aszendenten im Löwen, der Begründer der amerikanischen Rosenkreuzergemeinschaft und Autor des Buches „Die Weltanschauung der Rosenkreuzer". Wesentlich für Heindels rosenkreuzerische Kosmosophie sind auch seine Bemühungen um eine zeitgemäße Wiedergeburt der Astrologie.

Carl Gustav Jung (geb. 26. Juli 1875), der große Züricher Psychotherapeut, dem eine überragende Stellung innerhalb der modernen Seelenforschung zukommt, weil er die menschliche Seele in ihrer Universalität und zugleich in ihrer Abhängigkeit von einem geistigen System des Kosmos begriff. Seine geistige Grundhaltung wird deutlich gekennzeichnet im Geburtsbild durch die Achse Wassermann-Löwe. Im Löwen stehen im Feld der Ideale Sonne und Uranus. Im Aszendenten steht im Uranus- und Saturnzeichen Wassermann der Saturn, der als Geburtsgebieter von Jupiter aus der Waage und dem okkulten VIII. Haus einen gradgenauen Trigonalschein und von Mars aus dem Schützen einen harmonischen Sextilschein empfängt. Das deutet hin auf eine Fülle von okkulten Erlebnissen, wie Jung sie schildert in seinem Buche „Erinnerungen, Träume, Gedanken", Zürich 1962, Rascher-Verlag.

Die erhöhte Fortbildung der Freud'schen Psychoanalyse durch Jung wird einem besonders klar, wenn man sieht, daß Freud, der Vater der auf Sexualkomplexen gegründeten Psychologie des Unbewußten, statt der spiritualistischen Achse Wassermann-Löwe die materiell-sexuelle Achse Stier-Skorpion betont hat, wobei die gleiche Stellung von Sonne und Uranus im Feld der Ideale steht, aber statt im Löwen im materialistischen Stierzeichen. Die Tragik im Leben und Denken Jungs jedoch liegt in seiner Selbst-Beschränkung auf die Welt der Psyche, die ihn zur Erkenntnisunsicherheit verurteilt. Er sagt wörtlich: „Wir müssen uns darüber klar sein, daß es keine Möglichkeit gibt, Sicherheit über Dinge zu gewinnen, welche unsern Verstand übersteigen." Damit bekennt Jung eindeutig, daß sich ihm die Wirklichkeit des supramentalen Geistes nicht erschlossen hat. So tief also Jung auch in das persönliche und überpersönliche Unterbewußtsein vordrang —, den Durchbruch in das Überbewußtsein, das supramentale kosmische und überkosmische Bewußtsein, konnte er nicht vollziehen. Im Geburtsbild drückt sich diese Gebundenheit aus in der ungünstigen Bestrahlung der drei transsaturnischen Planeten: Der Uranus steht unter gradgenauem Quadrat des Mondes, der Neptun unter gradgenauem Quadrat des Saturn.

Im Rückblick auf die Löwegeborenen müssen wir feststellen, es gibt unter ihnen viele Willens- und Tatmenschen, dagegen verhältnismäßig wenig Philosophen. Wo aber unter den Löwemenschen Philosophen auftreten, bleiben sie häufig einer sensualistischen Philosophie verhaftet und machen das sinnlich-gebundene Verstandesdenken zur Grundlage ihrer Weltanschauung, ohne zu beachten, daß es übersinnliche Welten gibt, die nicht weniger wirklich sind als die sichtbaren.

Die zwölf Menschentypen (Jungfrau bis Skorpion)

♍

JUNGFRAU (23. 8. bis 23. 9.)

In der Zeit vom 23. August bis 23. September steht die Sonne im Jungfrau-Zeichen, mit dem der Sommerrhythmus endet. Die Jungfrau mit der Ähre ist das Erntezeichen.

Das Symbol für das Jungfrauzeichen (♍) ähnelt dem Symbol des Skorpion-Zeichens (♏). Gemeinsam ist beiden Symbolen das scheinbare m. Die Waage, welche Jungfrau und Skorpion trennt, wird im Sternkatalog des Almagest von Ptolemäus noch als „Scheren des Skorpion" bezeichnet. Jungfrau und Skorpion folgten also früher einmal unmittelbar aufeinander und in noch älterer Zeit wurden sie als ein Sternbild betrachtet, als das große Sternbild der Herbstzeit im alten zehnteiligen Tierkreis. Dieses Herbststernbild wurde durch das m dargestellt, das mit seiner Dreistrichsymbolik eine Abwandlung der steinzeitlichen Sterbe-Rune (ᛉ) darstellt, welche auf das schwindende Leben im Herbst hindeutet. Die umgekehrte Rune (ᛉ) weist auf Geborenwerden und Frühling hin. Wir kennen dieses Zeichen bereits als Urform des Widder-Zeichens. Beide Runen sind Symbole des auferstehenden und sterbenden Jahrgottes, für deren steinzeitlichen Ursprung Hermann Wirth („Der Aufgang der Menschheit", Jena 1928, und „Die heilige Urschrift der Menschheit", Leipzig 1931 ff.) ein geradezu erdrückendes Material zusammengetragen hat. Man vergleiche dazu auch Dr. H. Rudolf Engler, Die Sonne als Symbol, Küsnacht-Zürich 1962, S. 206—223).

Wir kennen auch aus dem sechzehnstäbigen germanischen Runenalphabet die gleichen Zeichen als Man-Rune (ᛉ), die auf „Mann, Geist, Tag, Leben" hinweist, und als Yr- oder ti-Rune (ᛉ), welche die Bedeutung „Weib, Materie, Nacht, Tod" hat.

Die ti- oder Yr-Rune (ᛦ), welche der Herbstzeit zugeordnet war, stellt die Urform des m dar, das noch heute in den Symbolen für Jungfrau (♍) und Skorpion (♏) auftritt. Als der alte zehnteilige Tierkreis durch den zwölfteiligen ersetzt wurde und das einheitliche, große Herbstbild in drei Sternzeichen (Jungfrau, Waage, Skorpion) aufgeteilt wurde, erhielt sich das Symbol des alten, großen Herbstbildes beim Jungfrau- und Skorpion-Zeichen. Der Jungfrau mit der Ähre, die im Samenkorn das Leben durch den winterlichen Tod hindurchträgt, wurde als Symbol des ewig unvergänglichen Lebens der Kreis hinzugefügt (♍), der Skorpion aber erhielt den Todesstachel des giftigen Tieres als Anhängsel (♏).

Das Schriftsymbol der Waage, das Zeichen der Herbst-Tagundnachtgleiche, welche Jungfrau und Skorpion trennt, kann gedeutet werden als eine stilisierte Waage (♎), geht aber in Wirklichkeit zurück auf ein viel älteres Symbol, welches die im Horizont versinkende Sonne darstellt (♎). Es sei nur erinnert an die ägyptische Hieroglyphe (♎) mit der Bedeutung „Horizont". Sie zeigt deutlich die im Horizont versinkende Sonne, die hinweist auf den jahreszeitlichen Sonnenuntergang der Herbst-Tagundnachtgleiche (vgl. Prof. Dr. Adolf Erman, Die Hieroglyphen, Berlin und Leipzig 1923, S. 32).

Das Zeichen Jungfrau, mit dem der erste Halbbogen des Tierkreises endet, der mit dem Widder beginnt, weist hin auf die letzte Phase des Sommers, auf die Ernte-Zeit. Im Rückblick auf jenen ersten Halbbogen des Tierkreises, der Frühling und Sommer umfaßt, erinnern wir uns, daß der Widder die Zeit des beginnenden Wachsens, der Energie-Entfaltung war, der Stier die Blütezeit; die Zwillinge brachten die Polarisierung des Lebensstromes, das Aufspalten und Sich-Verbinden der Kräfte. Der Krebs, das erste Sommerzeichen, war die Zeit des Fruchtansatzes. Im Löwen reiften die Früchte, in der Jungfrau werden sie geerntet.

Auf diese Erntezeit, die letzte Phase des Sommers, weist das Bildzeichen der Jungfrau mit der Ähre, der Ernte-Jungfrau hin. Die Mutter Erde gibt ihre reifen Früchte her und wird nach der Geburt wieder jungfräulich. „Das irdische Abbild der Jungfrau mit der Ähre ist das abgeerntete Getreidefeld, das darauf wartet, den neuen Samen aufzunehmen. So gesehen ist die Jungfrau mit der Ähre Mutter und Jungfrau zugleich. Als Mutter hat sie das Getreide ausgeboren und ist als Jungfrau in ewiger, unzerstörbarer Jugend wieder bereit, neuen Samen in sich aufzunehmen, um ihn von neuem auszugebären" (Dr. Otto Lankes, Das Weltbild der Astrologie, Diessen 1956, S. 164 f.).

Nach dem männlichen Sonnenzeichen Löwe ist die Jungfrau wieder ein weibliches Zeichen. Sie gehört dem Erdtrigon an. Das erste, das kardinale Zeichen des Erdtrigons, ist der Steinbock, mit dem der Winter beginnt. In der naß-kalten Januar-Erde ruht tief verborgen unter dem Schnee die junge Saat. Das feste Tamas-Zeichen Stier symbolisiert im Erdtrigon die fette, feucht-warme, zeugungsfreudige Mai-Erde. Das bewegliche Sattva-Zeichen im Erdtrigon, die Jungfrau, stellt gleichsam die Endstation dar, die sommerlich ausgedörrte Erde der Erntezeit, wo das Getreide in die Scheuern gebracht wird. Wie der Steinbock das Zeichen der im Erdinnern ruhenden, keimenden Saat, der zukünftigen Lebenshoffnung ist, wie der Stier das Zeichen der zeugungsfreudigen Erde, des Lebensgenusses darstellt, so ist die Jungfrau das Zeichen der gewonnenen Lebensfrucht und Lebensleistung.

Das Erdelement verbindet sich hier mit der weiblich-passiven Qualität und der beweglich-neutralisierenden Dynamik des Sattva-Zeichens und stellt so im Dreitakt des Erdtrigons das Resultat des Eindringens des Geistes in den Stoff, die Ernte, die Arbeitsfrucht dar.

Das Erntefeld der Jungfrau, die zugleich mater und virgo, mütterlich und jungfräulich ist, weist hin auf die Nutzbarkeit der nährenden Erde und ihres mütterlichen Stoffes, der Materie; materina heißt „Mutterstoff". Am menschlichen Körper untersteht Darm- und Verdauungssystem der Jungfrau. Dem nährenden Ackerfeld vergleichbar ist der Darm mit seiner Darmflora, der die Nährsubstanzen assimiliert, lebenswichtige Stoffe auswählt und Abfälle ausscheidet.

Dieses Auswählen, Ernten, Sichten, Unterscheiden und In-Beziehung-Setzen ist eine Fähigkeit des Planeten Merkur. Darum ist Merkur der Herrscher in der Jungfrau. Merkur ist Nachbar der Sonne, wie Jungfrau Nachbar des Sonnenzeichens Löwe ist. Merkur als Herrscher des Luftzeichens Zwillinge hat luftige, theoretisch-abstrakte Qualitäten, Merkur als Herrscher des Erdzeichens Jungfrau ist praktisch und sachlich-real orientiert. Er steht da in seiner Erhöhung. Merkur als „Merker" faßt hier die Fülle der Einzelerscheinungen am klarsten auf. Durch das Element Erde gewinnt er an Substanz. Er will hier nicht mehr nur in Beziehung setzen und vermitteln, sondern auch ordnen, arbeiten und systematisieren, den Stoff gestalten und fruchtbar machen. Klare Abgrenzungen, fest umrissene Formen, allgemeingültige Normen, Regeln, Gesetze und Formeln sucht der erdgebundene, kritisch sichtende Jungfrau-Merkur zu gewinnen.

So weckt das Erdzeichen Jungfrau im Menschen die Fähigkeit, geistig zu ernten, Fruchtlese und kritische Auslese zu halten. Abstraktem Theoretisieren sind die Jungfraugeborenen abgeneigt. Ihr Wahlspruch lautet: „Was fruchtbar ist, allein ist wahr" (Goethe). Sie wollen die Güter der Erde erkunden und nutzbringend verwenden. In praktischer Zielstrebigkeit handelt der Jungfrau-Mensch gemäß dem Bibelwort: „Machet euch die Erde untertan!" Daher sind die Jungfraugeborenen materiell stark verhaftet, vorsichtig, kritisch, oft überkritisch und negativ, methodisch und systematisch. Sie halten auf Klarheit, Ordnung und Reinheit. Ihre Blickschärfe für das Einzelne, ihr Sinn für Realitäten, ihre Präzision in der Arbeit sind unübertroffen. Auch verstehen sie sparsam zu wirtschaften und haushälterisch zu rechnen. Eine „Jungfrau"-betonte Wirtschafterin ist die beste, die man finden kann.

Aber die Jungfraumenschen haften zu sehr an der äußeren, sinnlichen Erscheinung, verwechseln oft die wahrnehmbaren Farben, Formen und Kräfte mit dem Wesen der Dinge. Als erdverwurzelte Erkenntnis- und Empfindungsmenschen sind sie besonders begabt für wissenschaftliche Forschung und Spezialistentum jeder Art. Daher finden sich unter den hochbegabten Jungfraugeborenen besonders viele exakte Forscher auf allen Gebieten. Geistige Beweglichkeit, große Verstandesschärfe, sachliche Nüchternheit, gepaart mit Gefühlskälte und Reserviertheit, dazu Gewandtheit im schriftlichen und mündlichen Ausdruck sind typische Jungfrauqualitäten.

Thomas Ring charakterisiert die stoff- und sachgebundene Mentalität der Jungfraugeborenen in den verschiedenen Wissenschaftsgebieten gut mit folgenden Worten: „Beim Naturforscher glänzen die Tugenden dieses Zeichens: Kritische Stoffbeschränkung und experimentelles Geschick, vorsichtige, doch schlüssige Diktion, klare Beschreibung. Den originalen Köpfen reiht sich das Heer tüchtiger Laboranten an. Häufig Mediziner, spezialisierte Techniken und Einzeldiagnostik. Geisteswissenschaften gebunden an anschaulichen Stoff; in der Geschichte z. B. redliche Urkundenprüfung, mehr Schilderung historischer Persönlichkeiten als Erfassen großer Zusammenhänge, bzw. Blick auf solche vom Wirtschaftlichen aus. In der Psychologie meist Anklammern an Meßgerät, Tests usw. Ersetzen unmittelbarer Einfühlung durch Regeln, zuweilen spitzfindige Konstruktionen. Bei Nationalökonomen, Juristen, Schriftleitern und der übrigen Fülle intellektueller Berufe drängt sich die dem praktischen Nutzen zugewandte Seite vor" (Thomas Ring, Astrologische Menschenkunde, Bd. II, Zürich 1959, S. 209 f.).

Die ausgezeichneten materiellen Fähigkeiten lassen die Jungfraugeborenen sich ferner erfolgreich betätigen in verschiedenen Handelsgebieten, im Bankfach, als Techniker, Chemiker, als Facharbeiter in Laboratorien und Fabriken. Ihre ordnende, systematisierende, klassifizierende Fähigkeit bewährt sich auch beruflich bei Bibliothekaren, Archivaren und Sammlern, ihre rechnerische Sicherheit und Zuverlässigkeit bei Buchhaltern und Kassierern, ihre Beziehung zum geschriebenen und gedruckten Wort bei Verlegern, Buchdruckern, Buchbindern, Buchhändlern.

Neben den exakten Wissenschaftlern gehören dem Jungfrauzeichen auch viele Schriftsteller an, insbesondere Romanschreiber sowie Redakteure und Kritiker. Sorgfältige Kleinmalerei und methodische Ordnung des Stoffes sind charakteristisch für die literarische Produktion der Jungfrau-Autoren. Ein typischer Vertreter ist hier etwa Thomas Mann (geb. 6. Juni 1875), der eine Zwillings-Sonne und einen Jungfrau-Aszendenten hat.

Im allgemeinen sind die Jungfraugeborenen ungemein fleißig,

ordentlich, zielbewußt und verstehen als praktisch veranlagte Menschen alle Situationen zu meistern. In moralischer Hinsicht sind sie lauter, aufrichtig und gewissenhaft. Sie streben nach Vervollkommnung und Meisterschaft, neigen aber dazu, ihre Mitmenschen nach ihren perfektionistischen Idealen zu richten und zu kritisieren, auch wenn sie selber diese Ideale in keiner Weise erfüllen. Die gute Form und Konvention wird überbetont, oft bis zur Manie und Pedanterie. Viele Lehrer sind Jungfrautypen, aber die Jungfraumenschen sind geborene Schulmeister, auch wenn sie selber beruflich nichts mit Pädagogik zu tun haben.

Das Sternzeichen der Jungfrau ist Sinnbild der Reinheit, der weiblichen Scheu und Zurückhaltung, macht geneigt zu selbstlosem Dienst, zu pflichtbewußter Arbeitsleistung. Von da aus ist die kritische Reserve und das Streben nach Vollkommenheit bei diesen Menschen zu verstehen. Sie kritisieren und moralisieren, aber sie wollen helfen und der Gemeinschaft dienen.

Die Jungfrau, das sechste Zeichen, hat wie das sechste Haus eine besondere Beziehung zu Dienst, Arbeit, Helfen und Heilen. Hans Stein, Charaktertypen, Berlin-West 1952, S. 70 f., sagt richtig: „Alle, die ein paar Lebensjahre in der Schule durch die Hand einer Jungfraulehrerin gingen, denken zurück an ihr Wissen, das sie sorgfältig übermittelte, an ihre sichtbare Reinheit, die in der Entwicklungszeit ein Halt war und für kurze Zeit eigenes Ideal wurde, sie verehren noch die stille, geschickte Handarbeitslehrerin und die Helferin in manchen praktischen Nöten. Ehre ihr, die sich nie hinreißen ließ, die gerecht war und mit ihren ruhigen, beobachtenden Augen eins ums andere der kleinen Mädels vornahm und sachlich unterrichtete. Sachlich und unparteiisch war sie, ein wenig Gelehrte, und das gab ihr Würde und ließ ihre Schutzbefohlenen an sie glauben."

Lehren, Dienen, Helfen sind positive Jungfrautendenzen. Das sechste Haus, welches dem sechsten Zeichen, der Jungfrau entspricht, wird in der astrologischen Tradition geradezu als Arbeits- und Krankheitsfeld bezeichnet. Daher lebt im Jungfrau-Menschen ein starker Drang, zu heilen und Krankheiten zu beseitigen, der die Grundlage jeder Arzttätigkeit ist. Viele sorgfältige und exakt beobachtende Ärzte und Hygieniker, denen das Heilen ein idealer Beruf ist, gehören diesem Typus an. Der einfache Jungfrau-Mensch widmet sich ähnlich wie der Fische-Mensch gerne der Krankenpflege.

Weibliche Jungfrautypen zeigen oft eine hohe körperliche Schönheit, fast madonnenhafte Züge. Auch da wirkt im Physischen das himmlische Urbild. In schmerzendem Gegensatz dazu aber steht das kühle Verstandeswesen und die kritische Mentalität. Die himmlische Jungfrau mit der Ähre spiegelt sich irdisch in der sorgenden Hausfrau, die es versteht, in dienender Hingabe und kluger Vorsicht die Güter und Früchte dieser Erde für ihre Familie zu sammeln und zu verwalten. Ordnung und Sauberkeit im Heim sind ihr innerstes Bedürfnis. So fürsorglich und förderlich die Reinheit der Jungfrau sich auf diese Weise im gepflegten Heim auswirkt, sie kann auch entarten zu einer Sauberkeitssucht, die ans Krankhafte grenzt. Vor lauter Schrubben, Wischen und Stauben kommen diese Hausfrauen nicht mehr zur Ruhe. Aus Reinheitsstreben wird da Reinheitsfimmel. So kann auch Sparsamkeit zu Geiz, verstandesmäßige Kühle zu puritanischer Strenge, Ordnung und Sachlichkeit zu Pedanterie und Prinzipienreiterei, Begabung zu Kritik, zu unleidlicher Nörgelei ausarten. Diese Schattenseiten der Jungfrau-Natur stehen im Zusammenhang mit ihren Vorzügen.

Mit liebevoll beobachtendem Blick erfassen die Jungfraugeborenen die Natur. In den wechselnden Naturstimmungen und der Schönheit der Landschaften findet ihr Gemüt Ruhe und Frieden. Im Versenken in die Natur beglückt sie das Erlebnis ihrer Wesensgleichheit mit der Wirklichkeit der Welt. Diese Hingabe an die Wirklichkeit kann auf höherem Niveau den Menschen auch zur Klarheit und Reinheit des Weltweisen aufsteigen lassen, der, ergriffen von der Schönheit der Natur, wie z. B. Goethe, zum Verehrer der „Gott-Natur" oder der „Göttin Natura" wird. Auch Wieland, Herder und Hegel sind Repräsentanten dieses hohen Jungfrautypus.

Das Jungfrauzeichen in seinem höchsten, geistigen Aspekt weist hin auf die Maria-Sophia und das Geheimnis des todüberwindenden Lebens in der Mysterieneinweihung. In Griechenland wird der Jungfrau die Erdgöttin Demeter (Ge-Meter = Mutter Erde) zugeordnet. In Eleusis wurde der Mythos von Demeter, welche den Getreidebau begründet, und ihrer Tochter Persephone, die vom Unterweltsgott Hades geraubt wird, dargestellt in jenem heiligen Mysterienspiel, das auf Tod und Auferstehung, auf die geistige Erweckung des Menschen hindeutete. So wird das Zeichen der Jungfrau im höchsten Aspekt zum Zeichen der Geistseele und in christlicher Schau zum Zeichen der kosmischen Jungfrau, der reinen Menschenseele, die in sich selber das Christkind gebiert.

Aurobindo Ghose, in dessen Geburtsbild Venus, Merkur und wahrscheinlich auch M. C. in der Jungfrau stehen, charakterisiert diesen höchsten Aspekt der Jungfrau mit folgenden Worten: „Zwei Dinge allein sind notwendig, um dieses Leben ohne Furcht, ohne Gefahr und ohne Unheil zu durchschreiten, und sie sind voneinander untrennbar: die Gnade der göttlichen Mutter und — von deiner Seite — eine innere Beschaffenheit, gewoben aus Glauben, Lauterkeit und Hingabe. Dein Glaube sei rein, offen und absolut. Der ich-bezogene Glaube deines mentalen und vitalen Wesens ist eine kriechende, schwelende Flamme, die sich nicht aufrecht zum Himmel erheben kann. Habe Verlangen nach nichts anderem als nach Reinheit und Kraft, nach Licht, Weite und Ruhe, nach der Seligkeit des göttlichen Bewußtseins." (Die Mutter, Zürich 1945. S. 19 f.)

Der Körper der Jungfraumenschen ist in der Regel schlank, zierlich und nur mittelgroß, oft mager. Das Gesicht zeigt feine, schlichte Züge mit kräftigen Formen, hohe, reine Stirn mit plastischen Unterteilen, vortretende, etwas breite Nase, feiner Mund, ruhig beobachtender, kritisch denkender Blick. Ihr Gang ist aufrecht und ihr Äußeres meist schlicht, aber gepflegt. Ihre körperliche Konstitution, Kraft und Vitalität sind nicht besonders stark. Aber sie wissen mit ihren Kräften hauszuhalten.

Als berühmte Jungfraugeborene seien genannt:

Johann Georg Hamann (geb. 27. 8. 1730)
Christoph Martin Wieland (geb. 5. 9. 1733)

Heinrich Jung-Stilling (geb. 12. 9. 1740)
Johann Gottfried Herder (geb. 25. 8. 1744)
Johann Wolfgang Goethe (geb. 28. 8. 1749)
Georg Friedrich Wilhelm Hegel (geb. 27. 8. 1770)
Clemens Brentano (geb. 8. 9. 1778)
Justinus Kerner (geb. 18. 9. 1786)
Eduard Mörike (geb. 8. 9. 1804)
Carl Zeiss (geb. 11. 9. 1816)
Theodor Storm (geb. 14. 9. 1817)
Anton Bruckner (geb. 4. 9. 1824)
Leo Tolstoi (geb. 9. 9. 1828) mit Sonne-, Mond-, Merkur-Konjunktion in der Jungfrau
Wilhelm Ostwald (geb. 2. 9. 1853)
Maurice Maeterlinck (geb. 29. 8. 1862)
Maria Montessori (geb. 31. 8. 1870)
Max Reinhardt (geb. 9. 9. 1873)
Bei Mozart, Rainer Maria Rilke und Thomas Mann liegt der Aszendent in der Jungfrau.

WAAGE (23. 9. bis 22. 10.)

Mit dem Eintritt der Sonne in das Waagezeichen, welches sie vom 23. September bis 22. Oktober durchläuft, fängt der Herbst an. Sowohl die im Gleichgewicht schwebende Waage als die alte Hieroglyphe der im Horizont versinkenden Sonne (♎) deuten auf die Herbst-Tagundnachtgleiche hin. Wir erwähnten schon, daß die Waage ein „neues" Zeichen ist. Sie wurde etwa im 7. Jahrhundert vor Christus aus den Scheren des Skorpion gebildet, entweder, wie der Dichter Aratos (315 — 240 v. Chr.) bemerkt, „weil sie einer Waage gleichen, oder weil sie zu den Füßen der Jungfrau aufstrahlen, denn diese ist die Göttin der Gerechtigkeit (Dike)".

Mit der Herbst-Tagundnachtgleiche beginnt die zweite Hälfte des Sonnenjahres, der Winterrhythmus. Tag und Nacht sind hier in der Gleiche. Sommerwärme und Winterkühle durchdringen einander in wunderbarer Harmonie. Ein feines Silbergrau durchzieht den hellen, blauen, wolkenlosen Himmel. Nie zeigt der Garten eine solche Fülle von bunten Blumen wie jetzt, wo Sommer- und Herbstblumen einander begegnen. Bald prangen auch die Wälder im flammenden Schmuck gelber, roter und goldener Farben.

Was im Tagesrhythmus ein in allen Farben strahlender Sonnenuntergang ist, das ist im Jahresrhythmus die Zeit der Herbst-Tagundnachtgleiche. Da durchdringen einander Wärme und Kälte, Hell und Dunkel, Himmel und Erde, Geist und Natur. Die ganze Schöpfung wird gleichsam transparent für die ewigen, göttlichen Urbilder.

> „Herbstlich sonnige Tage,
> Mir beschieden zur Lust,
> Euch mit leiserem Schlage
> Grüßt die atmende Brust.
>
> Selig lern ich es spüren,
> Wie die Schöpfung entlang
> Geist und Welt sich berühren
> zu harmonischem Klang.
>
> Was da webet im Ringe,
> Was da blüht auf der Flur,
> Sinnbild ewiger Dinge
> Ist's dem Schauenden nur."

(Geibel)

Ausgleich und Gerechtigkeit im großkosmischen und im menschlichen Bereich ist der Sinn des Waagezeichens. Das große christliche Fest der Waagezeit ist der Michaelistag, der 29. September. Michael trägt die Waage in seiner Hand und ist Repräsentant der kosmischen Gerechtigkeit, des harmonischen Ausgleichs zwischen Himmel und Erde, darum auch Überwinder Luzifers, der sich in seinem Hochmut gegen Gott empörte und damit die Harmonie der ganzen Schöpfung gefährdete. Wo michaelische Geistigkeit lebendig wird, da wird die Schöpfung wieder heil, wird von neuem transparent für die ewigen Urbilder. Wenn wir innerlich lebendig mitschwingen mit diesem Transparentwerden der Natur für das Ewige, dann wird auch unsere Seele von Frieden und Harmonie erfüllt und überwindet die Spannungen zwischen Subjekt und Objekt, zwischen Ich und Du.

Die Liebesgöttin Venus ist die Herrscherin in der Waage. Doch nicht die stoffgebundene, sinnlich genießerische Venus-Pandemia ist gemeint, wie sie im weiblichen Erdzeichen Stier sich auswirkt, sondern die Venus Urania, die himmlische Venus. Denn die Waage ist ein Luftzeichen. Als kardinales und männliches Zeichen weckt sie den Drang zu aktiver, schöpferischer Produktivität, als Luftzeichen läßt sie Venus wirksam werden in geistigen Bereichen. Kultivierte Harmonie und künstlerische Schönheit sind Gaben der Venus-Urania. Das schwebende Gleichgewicht, göttlicher Einklang in allen Sphären, ist ihr Element.

Das Lufttrigon (Zwillinge, Waage, Wassermann) ist das sogenannte Gemeinschaftsdreieck und hat im Häuserkreis seine Entsprechung in den Häusern III (Geschwister), VII (Ehe) und XI (Freunde). Es wirkt gemeinschaftsbildend. Wie das bewegliche, von Merkur beherrschte Zeichen Zwillinge gerne luftig-bewegte, merkurialisch-intellektuell orientierte Vereinigungen kollegialer Art anstrebt ohne besondere persönliche Bindungen, so sucht das kardinale, von der Venus beherrschte Luftzeichen am liebsten persönliche Ich-Du-Bindungen, durch Liebesbeziehungen gefestigte Partnerschaften.

Die Waagemenschen sind entsprechend ihrem Zeichen Empfindungs- und Erkenntnis-Menschen mit feinem Anpassungsvermögen und starkem Gerechtigkeitssinn. In allen Lebenslagen suchen sie das innere Gleichgewicht zu bewahren und leiden unter jeder Disharmonie. Sie sind ausgesprochene Gemeinschaftsmenschen, für die Ehe ganz besonders geeignet und ausgezeichnete Mitarbeiter. Sie sind verträglich, tolerant und liebenswürdig, legen Wert auf gute Manieren und taktvolles Benehmen. Sie bemühen sich ernstlich, mit aller Welt in Frieden zu leben, und haben eine gute diplomatische Begabung. Sie entwikkeln einen feinen Geschmack und haben viel Sinn für künstlerische Werte, oft auch alle möglichen künstlerischen Talente. Sie basteln, malen, singen, musizieren, tanzen gern und spielen oft Liebhabertheater. Viele bekannte Schauspieler und Künstler gehören diesem Zeichen an.

Auf hoher Entwicklungsstufe gibt es besonders harmonische Persönlichkeiten, die feine Kultur mit sprudelnder Natürlichkeit vereinen. Erstaunlich ist, wie selbst Waagegeborene von einfachstem Herkommen sich schnell gute Manieren und kultiviertes Benehmen aneignen. Das Denken der Waagemenschen ist bildhaft und stark gefühlsbetont. Sie besitzen eine gute Beobachtungsgabe und eine lebhafte Phantasie, sind auch im gesellschaftlichen Leben recht gewandt.

Großen Wert legen sie auf ein gepflegtes und behagliches Heim. Sie wissen dem Leben viel Freude und Genuß abzugewinnen. In der Regel sind sie anlehnungsbedürftig und auf die Zuneigung ihrer Mitmenschen angewiesen. Bei aller geistigen Beweglichkeit sind sie aber in ihren Entschlüssen meist schwankend. Mars steht in der Waage im Exil und die Sonne im Fall, d. h. an männlicher Kraft und tatkräftiger Energie fehlt es ihnen oft. Wie der Tag zur Waagezeit in der wachsenden Nacht immer mehr hinschwindet, so wird das bloß naturhafte Leben hier immer stärker vom Geistigen durchdrungen. Saturn begünstigt diese Loslösung und den Verzicht des Menschen, fördert in der Waage die geistige Entwicklung, steht darum dort, wie die astrologische Tradition sagt, in seiner Erhöhung. Er distanziert den Menschen hier von triebgebundener Selbstverhaftung.

Wir müssen auch noch auf die Schwächen der Waagegeborenen hinweisen. Infolge ihrer seelischen und körperlichen Empfindlichkeit mangelt es ihnen an Durchsetzungskraft. Sie können sich nur schwer selbst behaupten und schließen oft höchst fragwürdige Kompromisse. Sie sagen, weil sie nicht enttäuschen wollen, „Ja" und tun dann doch „Nein". Das Streben nach Vermittlung und Ausgleich erzeugt dabei dann Heuchelei und Falschheit. Sie neigen zur Bequemlichkeit und verstehen es gut, sich von anderen bedienen zu lassen. Die schlechten Typen sind sogar faul bis zur Liederlichkeit. Aus ihrer geistigen Beweglichkeit wird oft Wankelmut, Flatterhaftigkeit und Ruhelosigkeit. Entartete Waagetypen findet man unter Hochstaplern, Kurtisanen, Heiratsschwindlern und Kupplern.

Am menschlichen Körper unterstehen Lenden und Nieren der Waage, die Gegend also, in welcher der Körper in der Waage ist. Die Lebenskraft der Waagemenschen ist nicht sehr stark. In ungeeigneten Verhältnissen gehen sie ein wie edle Tiere. Die körperliche Form entspricht der harmonischen und geistigen Struktur. Besonders zahlreich sind in diesem Zeichen ausgesprochen schöne Menschen. Die Gestalt ist schlank und gut proportioniert, sie wirkt elegant und bei Männern leicht etwas weichlich und weiblich. Ovales Gesicht. Plastische, harmonisch fein gewölbte Stirn. Zart geformte, griechische Nase, feingeschwungener Mund mit weichen Lippen. Gazellenhaft schlanker und weicher Hals. Die Handform ist in der Regel konisch, mit langen, konisch zugespitzten Fingern, also künstlerisch. Die Ohren sind mittelgroß bis klein und von sehr feiner Bildung. Die Stimme klingt melodisch.

In beruflicher Beziehung betätigen sich die Waagegeborenen gerne in der Welt des Rechtes, der Gesetzgebung, der Diplomatie und vor allem in der künstlerischen Welt, überall da, wo es um Schönheitswerte geht im hohen und auch im trivialen Sinne. So werden diese Menschen nicht nur Richter, Anwälte, Botschafter, Künstler aller Art, Maler, Musiker, Tänzer, Schauspieler, Dichter, schöngeistige Schriftsteller und Philosophen, sondern auch Kunstgewerbler, Juweliere, Dekorateure, Anstreicher, Tapezierer, Modisten, Hutmacher, Friseure, Kosmetiker, Konditoren, Blumenverkäufer u. a. mehr.

Als berühmte Waagegeborene seien genannt:

Der römische Dichter Vergil (geb. 15. Oktober 70 v. Chr.). Er hat Sonne, Venus, Merkur in der Waage.

Erasmus von Rotterdam (geb. 28. X. 1467 um $4^h\ 30^m$ a. m.). Sein Aszendent liegt in der Waage, die mit Merkur, Venus,

Uranus besetzt ist. Sonne, Neptun und Mars aber stehen im Skorpion.

Adolf Freiherr von Knigge, der Verfasser des bekannten Buches „Umgang mit Menschen" (geb. 16. X. 1752).

Der Musiker Guiseppe Verdi (geb. 10. X. 1813).

Der Dichter Conrad Ferdinand Meyer (geb. 11. X. 1825).

Der Maler Hans Thoma (geb. 2. X. 1839). Er hat Sonne, Venus, Jupiter in der Waage.

Friedrich Nietzsche (geb. 15. X. 1844, $9^h\ 30^m$ a. m.), Sonne und Merkur in der Waage.

Annie Besant, die Nachfolgerin von Frau Blavatzky in der Leitung der Theosophischen Gesellschaft (geb. 1. X. 1847, $5^h\ 29^m$ p. m. O. Z. zu London) mit Sonne, Venus, Merkur in der Waage im VII. Feld.

Der Dichter Oscar Wilde (geb. 15. X. 1856 um $2^h\ 30^m$ a. m. O. Z. Dublin) mit Sonne und Venus in der Waage.

Der französische Philosoph Henri Bergson (geb. 18. X. 1859).

Die Schauspielerin Eleonore Duse (geb. 3. Oktober 1859) mit Konjunktion Sonne, Merkur, Venus in der Waage.

Mahatma Gandhi (geb. 2. X. 1869).

Carl Huter (geb. 9. X. 1861).

Der Philosoph Martin Heidegger (geb. 26. September 1889), Sonne, Mond, Merkur, Uranus in der Waage.

♏

SKORPION (23. 10. bis 21. 11.)

In der Zeit vom 23. Oktober bis 21. November durchschreitet die Sonne das achte Tierkreiszeichen, den Skorpion. Das Symbol für dieses Zeichen haben wir bereits zusammen mit dem Jungfrausymbol erklärt. Das scheinbare m erkannten wir als eine Abwandlung der steinzeitlichen Sterberune (⋏). Ihr wurde der Todesstachel des Skorpions noch angefügt (♏).

Wenn man die Zeit der Herbst-Tagundnachtgleiche, wo die Sonne in der Waage steht, sinnvoll vergleichen kann mit einem strahlend schönen, in bunten Farben leuchtenden Sonnenuntergang, so entspricht der Totenmonat November, in dem die Sonne das Skorpionzeichen durchläuft, im Tagesrhythmus der Zeit nach Sonnenuntergang, wo die Nebel steigen, der Abendwind weht und alles Licht in einem trostlosen Grau dahinschwindet. Im November wird das letzte Laub durch die Herbststürme von den Bäumen gerissen, die dann wie Totengerippe am Wege stehen. Der Skorpion mit seinem Giftstachel ist Symbol dieser Todeskräfte, die das Leben in der Natur erlöschen lassen. Wo aber Gräber sind, da sind auch Auferstehungen. Hinter den fallenden Blättern sitzen schon im Herbst die Knospen des kommenden Frühjahrs und aus dem fallenden Laub der Bäume bildet sich auf der Erde Humus, Gärstoff neuen Wachstums.

In der germanischen Mythologie war der Wolf, der Fenriswolf, der in der Götterdämmerung den Göttervater Odhin verschlingen sollte, Symbol der durch den Skorpion im Tierkreis dargestellten Todesmacht. Über dem Westtor Walhalls, das die Sonne bei Sonnenuntergang im Tagesrhythmus und zur Herbstzeit im Jahresrhythmus durchschreitet, sah man den Wolf von einem Adler überschwebt, so wie auch am Sternenhimmel über dem sich in die Tiefe senkenden Tierkreisbogen das Sternbild des Adlers leuchtet. So wurde das Zeichen des Skorpions erlebt als das Zeichen des „Stirb und Werde" und deshalb zugleich als Skorpion und als Adler gedeutet.

Ein weiteres Ursymbol für das Skorpionzeichen ist die Schlange, die sich um den Baum der Erkenntnis windet. Sie reizt den Menschen dazu, durch Erkenntnis des Guten und Bösen nach Gottgleichheit zu streben. Zugleich aber wecken die Einflüsterungen der Schlange im Menschen die sexuellen Instinkte. Nach dem Genuß des Apfels sahen Adam und Eva, daß sie nackend waren. Der Strahlenglanz ihrer himmlischen Aura verblaßte und sie wurden geistig nun dem irdischen Körper und seiner Sinnlichkeit verhaftet, was den Verlust des Paradieses bedeutete. So mischt sich im Skorpion mit dem Erkenntnisdrang die sexuelle Begierde. Der Tod aber ist dann der Sünde Sold.

Da die Schlange auch altes Sonnensymbol ist — die Kombination des Jahreslaufes mit dem Tageslauf der Sonne ergibt die Sonnenspirale oder Sonnenschlange —, kann sie gleichgesetzt werden mit dem Sonnen-Adler. Weil die Schlange fähig ist, ihre Haut abzuwerfen und sich auf diese Weise zu verjüngen, gleicht sie dem Vogel Phönix, der aus der eigenen Asche neu ersteht, und ist ein altes Symbolum für Degeneration und Regeneration, für das „Stirb und Werde" in Natur und Mensch. Skorpiongeborene fühlen sich in besonderer Weise zu den Mysterien der Metamorphose, des Todes und der Zeugung hingezogen.

Im Sterbemonat November feiern wir unsere Totenfeste: Allerheiligen, Allerseelen, den Totensonntag und den Buß- und Bettag, den Tag der Umkehr und Einkehr. Das Fest Allerheiligen ist ein Gedenktag für alle Heiligen, für alle jene Verstorbenen, in denen die Adlergeistigkeit der himmlischen Verklärung endgültig gesiegt hat über die Macht der Finsternis. Am Tage Allerseelen aber gedenken wir jener „Armen Seelen", welche die Todesmacht des Skorpions noch festhält im Zwischenreich zwischen Erde und Himmel, fern vom göttlichen Licht.

Alle Toten, „Heilige" und sogenannte „Armen Seelen", haben aber die Schwelle von der Erdenwelt zur Geistwelt überschritten, sind als Sphären-Menschen den Lebenskräften des Sternenreiches und seinen Urbildern eng verbunden, waren darum nach Anschauung der alten Völker „Reiche Seelen". Bei den Griechen hieß der Herrscher der Totenwelt Pluton, d. h. „der Reiche", von Plutos, „Reichtum". Im Christentum, das die Sternsphären des Kosmos wie die ganze Natur seit dem 4. Jahrhundert nach Christus immer stärker entgötterte und sich genügen ließ an den dogmatisch-rationalen Vorstellungen von Himmel, Fegefeuer und Hölle, ging diese Vorstellung der „Reichen Seelen", die in den kosmischen Sternensphären weilen und dort die Quellen des Lebens hüten, leider völlig verloren.

Der Doppeldeutung des Skorpion-Adler entsprechend hat die christliche Tradition diesem Zeichen sowohl den Verräter Judas als auch den Evangelisten Johannes zugeordnet. Als Gegenbild des hochspirituellen Geistesmenschen Johannes gehört der Verräter Judas, der Typus des der Materie und den Finsternismächten verfallenen Menschen, zum Skorpion, dem magisch-mystischen Zeichen des „Stirb und Werde". In beiden Gestalten offenbart sich auf grundverschiedene Weise Novembergeistigkeit, die der Dichter Arthur Maximilian Miller so zu schildern versucht:

„Das Gold des Herbstes ist verschenkt wie Tand.
Die Raben fahren schreiend übers Land.
Was kreischen sie? Was schießen sie dahin?
Wie heißt die Weise, die sie ausgeschrien?

Hast du ein Gewand, ich reiß dir's ab!
Wo du auch gehst, du gehst zum Grab.
Wer du auch seist, dir kommt dein Tag.
Wie du auch zuckst, dich trifft der Schlag.

Noch hör' ich fernher ihren hohlen Sang.
Die Erle mir zu Häupten wirft sich bang.
Und siehe, aus dem Riß des Nebels bricht
Gespensterhaft ein ungeheures Licht!"

Erster Herrscher im Skorpion ist der Planet Mars, der hier im weiblichen Wasserzeichen sein Nachthaus hat. Das gibt den Kindern dieses Zeichens ein leidenschaftliches Herz, eine oft rücksichtslose, angreifende Neigung, aber auch Ehrgeiz, Energie und Durchschlagskraft. Wenn sie in ihrer Aggressivität mitunter auch scharf oder gar giftig sein können, nie sind sie hinterhältig, immer gehen sie offen und ehrlich auf den Gegner zu. Während der Widder-Mars physisch-irdische Energie und aktiv-feurige Geistigkeit manifestiert, äußert sich der Skorpion-Mars in seiner Beziehung zum wäßrigen Element vor allem als triebhaft-psychische Energie. Da Mars seiner Natur nach feurig-männlich ist, das Wasserzeichen Skorpion aber als weibliches Zeichen gilt, wird im Skorpion-Mars die zugleich männliche und weibliche Kraft lebendig. Als androgyne Qualität rotiert sie gleichsam um sich selber und aktiviert bei hohem Niveau das göttliche Urbild des Menschen.

Zweiter Herrscher im Skorpion ist Pluto-Hades-Osiris, der Gott der Unterwelt. Er repräsentiert die höhere Oktave zu Mars. Wenn dieser der Planet der Energie und irdischen Willenskraft ist, so ist Pluto kosmisch-magische Energie. Er setzt die Unterwelt in Bewegung und ist mit gewaltigen Sprengkräften geladen, die sowohl in den Untergründen der Seele des Einzelmenschen als auch in den Untergründen der Massenseele chaotisierend wirken. In sublimierter Form aber repräsentiert Pluto höchstpotenzierte, schöpferische Willenskraft, wie sie der Magier, der Yogin, der Adept besitzt. Die Kinder des Zeichens Skorpion spüren die Wirksamkeit dieser dunklen Tiefen der Unterwelt des Pluto-Hades-Osiris deutlich in sich selber. Die psychische Ambivalenz, die Zerrissenheit zwischen hochfliegenden Idealen (Adler))und dunkler Triebhaftigkeit (Skorpion) ist charakteristisch für sie.

Diese dunkle Triebhaftigkeit des Zeichens wirkt auf Venus ungünstig. Sie steht hier im Exil. Der Mensch wird durch diese Venusstellung in seinem erotischen Erleben gefährdet. Ebenso wirkt die Triebhaftigkeit des Skorpion-Mars ungünstig auf den Mond, der hier in seinem Fall steht. Erhöht dagegen steht im Skorpion der Uranus, der hier spirituelle Intuition, oft auch Begabung für Astrologie schenkt. Bei schlechter Bestrahlung aber deutet er auf einen übersteigerten Individualismus und Radikalismus.

Der Skorpion ist ein Zeichen des Tamas-Kreuzes. Tamas meint Finsternis im Sinne erdgebundener Verkörperung. Das schafft eine Beziehung zum erdhaft-festen Prinzip und macht die Kinder dieses Zeichens tüchtig im Lebenskampf, gibt ihnen einen ausgesprochenen Sinn für Realitäten und eine kritisch-forscherische Neigung.

Der Skorpion gehört dem Wassertrigon an. Wie das Kardinalzeichen Krebs lebendiges Quellwasser, Urwasser, symbolisiert, so stellt das feste Zeichen Skorpion stehendes Wasser, Sumpf- und Moor-Wasser dar, in dem die Todeskräfte sich als Verwesung realisieren, aus der neues organisches Leben entstehen soll. Das Wasserdreieck (Krebs, Skorpion, Fische) ist das sogenannte okkulte Dreieck und hat im Häuserkreis seine Entsprechung in den Häusern IV (Herkunft), VIII (Tod und Wiedergeburt), XII (Schweres Schicksal und mystische Versunkenheit). Da das wäßrige Element dem Unbewußten, den Tiefen der Gefühlswelt eng verbunden ist, so sind Skorpion-Menschen in der Regel aufgeschlossen für alles Geheimnisvolle, Okkulte, Jenseitige. Auf hohem Niveau aber führt das zur Mystik, die alle Tiefen und Höhen von Seele und Kosmos durchdringt.

Die Skorpion-Menschen, die von Mars beherrscht werden, und die Qualitäten des Wasserelementes sowie des festen Tamaskreuzes in sich tragen, sind energische Empfindungs- und Willensmenschen, die im Leben ihren Mann zu stehen und zäh und ausdauernd sich zu behaupten wissen. Bei ihnen spielt Sexus und Eros, überhaupt das Triebhafte, eine große Rolle, da der Skorpion am menschlichen Körper die Zeugungsorgane beherrscht. In ihnen drängen und gären die Säfte. Das Sexualproblem ist für diese Menschen von zentraler Bedeutung. Die Niveau-Unterschiede aber sind hier ganz besonders groß. Auf der Unterstufe lebt sich der Sexus dieser Menschen als grobe Sinnlichkeit aus. Auf der Mittelstufe zeigen sie eine gefühlsstarke Sinnlichkeit, kraftvoll, lebensstark, gutmütig und egoistisch zugleich. Auf der Oberstufe aber manifestiert sich der Liebesdrang des Skorpion-Menschen als vergeistigte All-Liebe im Sinne der Religion. Der geläuterte Skorpion-Typus ist ein durch Lebenserfahrung reif gewordener Mensch, in dessen Seele Gott zu kraftvollem Leben erwacht ist, weil er den Teufel im eigenen Leibe lebensmäßig kennen und überwinden lernte in faustischem Ringen und göttlicher Begnadung. Goethe, dessen Aszendent im Skorpion lag, ist ein klassisches Beispiel für diese hohe Entwicklungsstufe des Skorpiontypus.

Die Sündenfallsgeschichte zeigt uns, wie im Skorpion die sexuelle Begierde sich verbindet mit dem Erkenntnisdrang. So ist neben dem Sexualtrieb in allen Skorpion-Menschen der Erkenntnisdrang ganz besonders rege. Aber es ist kein abstrakt-merkurialisches Erkennen wie beim Zwillingsmenschen, auch kein praktisch-sachlich-real orientiertes Erkennen wie beim Jungfraugeborenen, das hier angestrebt wird, sondern ein bohrender, grübelnder Forschungstrieb, der aus dem Drängen und

Gären der Säfte aufsteigt. Kritisch zergliedert er, bohrend und analysierend, Menschen und Dinge, sucht hinter den Schleier der Maja zu dringen. Seine Kritik hat oft etwas Bissiges, Ätzendes, Zersetzendes. Schonungslos wenden die Skorpion-Menschen sie nicht nur auf ihre Mitmenschen, sondern auch auf sich selber an. Auf den höheren Entwicklungsstufen verbindet sich mit einem schneidend scharfen Verstand eine intuitive Fähigkeit, welche in die okkulten Hintergründe von Mensch und Welt einzudringen vermag. Rudolf Steiner, der den Skorpion am Aszendenten hat, wäre hier ein charakteristischer Vertreter. Der Drang zum Okkulten, zum Jenseitigen, zum Spiritismus und zur Parapsychologie ist ja überhaupt typisch für das Todeszeichen Skorpion. Im Mittelalter waren Alchimisten, Magier, Mystiker charakteristische Repräsentanten dieses Zeichens. So wie im Skorpiongeborenen die Säfte gären und drängen, so zeigt er auch besonderes Interesse für das Mischen von Säften und Chemikalien, betätigt sich als Chemiker, Apotheker oder Alchimist. Umwandlung, Metamorphose, Entwicklung, das zieht ihn mächtig an.

Der Yogin aber und Adept, der die Schlangenkraft des Skorpion in geistiger Alchimie durch Begnadung von oben zu wandeln vermag und durch Aktivierung des ins Kosmische und Supramentale geweiteten Bewußtseins das physische, das vitale, das mentale Leben zu göttlicher Verklärung in mystischer Gnosis emporführt, stellt die höchste Entwicklungsstufe des Skorpion-Menschen dar.

In keinem Tierkreiszeichen sind die Niveau-Unterschiede krasser als im Skorpion. Heilige stehen hier neben Verbrechern, tief religiöse Naturen, Mystiker und Magier neben Intriganten, Okkultisten neben Spionen und Schwindlern.

Am Körper beherrscht der Skorpion den Unterleib, das Zeugungssystem und die Ausscheidungsorgane. Das stärkste physiognomische Merkmal des Skorpiontypus ist seine unproportionierte Gestalt. Der Oberkörper zeigt meist breite Schultern und ruht auf kurzen Beinen. Auch ein zu kurzer Oberkörper mit hohen Schultern, der auf zu langen Beinen ruht, kommt gelegentlich vor. Starke Disproportion im Körperbau und krumme Beine lassen immer auf Zugehörigkeit zum Skorpiontypus schließen. Das zweite ganz unverkennbare physiognomische Merkmal sind die faszinierenden Augen, immer sehr ausdrucksvoll, oft auch sehr schön und dunkel durchdringend und von magisch zwingender Wirkung. Bei blauen oder grauen Augen verrät das eigenartig Glitzernde den Skorpiongeborenen. Auch die Gesichtszüge sind oft wie der Körperbau unproportioniert.

Als typische Skorpionberufe führe ich an: Chemiker, Apotheker, Ärzte, Chirurgen, Biologen, Ingenieure, Atomforscher, Psychoanalytiker, Physiognomiker, Hypnotiseure, Detektive, Philosophen, Theologen, Mystiker, Magier, Alchimisten. Auf niederer Stufe: Köche, Schlächter, Jäger, Tierbändiger, Scharfrichter, Schmiede, Totengräber.

Als berühmte Skorpiontypen seien noch genannt:

Der heilige Augustinus, geb. 13. XI. 354.
Erasmus von Rotterdam, geb. 28. X. 1465.
Martin Luther, geb. 10. XI. 1483.
Theophrastus Bombastus Paracelsus, geb. 10. XI. 1493.
Voltaire, geb. 21. XI. 1694.
Johann Caspar Lavater, geb. 15. XI. 1741.
Johann Wolfgang Goethe, geb. 28. VIII. 1749, mit Aszendent im Skorpion.
Friedrich Schiller, geb. 10. XI. 1759.
Friedrich Schleiermacher, geb. 21. XI. 1768.
Helmut von Moltke, geb. 26. X. 1800.
Adalbert Stifter, geb. 23. X. 1805.
Robert Blum, geb. 10. XI. 1807 zu Köln.
Edgar Allan Poe, geb. 19. I. 1809 mit Aszendent Skorpion und Uranus am Aszendenten.
Iwan Turgeniew, geb. 9. XI. 1818.
Dostojewsky, geb. 11. XI. 1821.
Friedrich Nietzsche, geb. 15. X. 1844, mit Skorpion-Aszendent (30°).
Selma Lagerlöf, geb. 20. XI. 1858.
Rudolf Steiner, geb. 27. II. 1861 mit Skorpion-Aszendent.

Gerhart Hauptmann, geb. 15. XI. 1862.

Ricarda Huch, geb. 18. Juli 1864, Aszendent und Jupiter im Skorpion, trigoniert von Sonne-Venus-Merkur-Konjunktion im Krebs.

Hans Driesch, der große Biologe und Philosoph, geb. 28. X. 1867, mit Sonne, Mond, Merkur, Venus, Saturn im Skorpion.

Marie Curie, geb. 7. XI. 1867.

Pablo Picasso, geb. 25. X. 1881.

General Erwin Rommel, geb. 15. XI. 1891.